April

Allgemeines

stgabeln und Haken, die zum efestigen der niedergelegten tammrosen verwendet wur-en, säubern und trocken einla-ern.

Pflanzung

eu- und Umpflanzen der Ro-en abschließen.
egleitpflanzungen der Rosen orrigieren und eventuell durch eupflanzungen ergänzen.

Pflege und Pflanzenschutz

ückschnitt der Rosen been-en.
. Düngung der Rosen mit chlo-darmem Volldünger, etwa 0 g/m², vornehmen.
tammrosen pfählen und anbin-en.
odenlockerung, aber flach, urchführen.
oden mit organischem Mate-ial (etwa 3 bis 5 cm hoch) be-ecken, um u. a. der Verunkrau-ung vorzubeugen.

Vermehrung und Anzucht

m Vorjahr veredelte Rosen ab-äufeln.
esamte Wildkrone 3 cm über em »schlafenden Auge« der eredlung wegschneiden.

Mai

Pflanzung

Noch lassen sich Rosen aus dem Kühlhaus bis Monatsende pflanzen!

Pflege und Pflanzenschutz

Rosenbeete ohne Bedeckung flach lockern und ständig unkrautfrei halten. Dabei Wurzeln nicht verletzen und auf junge Triebe achten.
Bei Trockenheit möglichst am Tage wässern (20 bis 30 l/m² = 2 bis 3 Gießkannen/m²).
Auf Pilzbefall und tierische Schädlinge achten! Nach dem Blattaustrieb, nur wenn erforderlich, vorbeugend spritzen.
Prüfen, daß angedrahtete oder mit Kunststoffschnur angebundene Etiketten nicht einwachsen.

Vermehrung und Anzucht

Etwa Mitte des Monats die Rosenunterlagen der Herbstaussaat pikieren. Diese feucht halten und bei starker Sonneneinstrahlung einige Tage schattieren.

Juni

Allgemeines

Jetzt schon Rosenbestellungen aufgeben.
Ende des Monats Neuheiten im Rosarium oder bei Rosenfreunden ansehen.
Besuch von Schnittrosenausstellungen.
Rosen fotografieren.

Pflege und Pflanzenschutz

Weiterhin flaches Lockern der Rosenbeete. Diese unbedingt unkrautfrei halten.
Unterlagentriebe (Wildtriebe) an der Entstehungsstelle durch Abschneiden entfernen. Vorher freilegen!
Auf tierische und pilzliche Schädiger achten. Bekämpfung nur mit zugelassenen Mitteln. Schutzbestimmungen und Aufwandmenge strikt beachten.
Nur bienenungefährliche Mittel verwenden.

Vermehrung

Okulieren auf treibendes Auge.

Gottschalk · Ratschläge für den Rosenfreund

Werner Gottschalk

Ratschläge für den Rosenfreund

mit 71 Zeichnungen von Hans Preuße

Neumann Verlag Leipzig · Radebeul

Gottschalk, Werner:
Ratschläge für den Rosenfreund /
Werner Gottschalk. Mit Zeichn. von
Hans Preuße. – 2. Aufl. – Leipzig;
Radebeul: Neumann Verlag, 1988. –
220 S. : 202 Ill. (z. T. farb.)
ISBN 3-7402-0035-9
Best.-Nr. 799-063-8

ISBN 3-7402-0035-9

2. Auflage 1988

VLN 151-310/109/88 · LSV 1359
Gestaltung und Typographie: Petra Matzke
Printed in the German Democratic Republic
Lichtsatz, Druck und buchbinderische Weiterverarbeitung:
INTERDRUCK Graphischer Großbetrieb Leipzig – III/18/97
Reproduktionen: Sachsendruck Plauen
Bestell-Nr. 799 063 8

02300

Inhaltsverzeichnis

Vorwort

Über Rosen zu schreiben ist nicht leicht. Wo anfangen und wo aufhören? Zu umfangreich ist das Thema »Rose«! Rainer Maria Rilke bezeichnet sie als den »unerschöpflichen Gegenstand«!

Im vorliegenden Buch werden eine Anzahl Ratschläge erteilt, damit der Rosenfreund erfährt, wie er mit seinen Rosen Freude erleben kann. Besonders in der heutigen Zeit, in der es mitunter recht hektisch zugeht, ist Lebensfreude als Quelle steter Schaffenskraft für den Menschen unerläßlich. Die Verbindung zur Natur und ihren Schönheiten bringt diese Freude, und nichts ist mehr dazu angetan, sie zu vermitteln, als die Beschäftigung mit der Rose. Um aber diese Blume noch mehr zu lieben und zu verehren, sollen im ersten Teil dieses Buches auch einige Abschnitte das Allgemeinwissen über die »Königin der Blumen« vergrößern. Dieses Wissen wird ebenfalls dazu beitragen, der Rose den Weg zu den Herzen der Menschen zu ebnen.

Durch zahlreiche erläuternde Zeichnungen zum Text wird das Geschriebene leichter verständlich, und die Farbfotos zeigen, wie schön Rosen sein können.

Noch heute gilt das, was Aemilius Macer schon lange vor unserer Zeitrechnung sagte:

»Ja mit Recht wird die Rose als Blume der Blumen gepriesen, keine ist süßer im Duft, keine ist edler im Bild.«

Ich möchte nicht versäumen, den beiden Fachgutachtern, Herrn Prof. Dr. Helmut Rupprecht und Herrn Dipl.-Gärtner Eberhard Sehm, für ihre wertvollen Hinweise sowie dem Graphiker Herrn Hans Preuße für seine hervorragenden Zeichnungen zu danken. Dank gebührt ebenfalls dem Lektor und Betriebsteilleiter Herrn Bernhard Röllich und den am Buch beteiligten Mitarbeitern des Neumann Verlages für ihre gute Zusammenarbeit und für die reiche Ausstattung des Buches.

Forst (Lausitz), im Frühling 1985

Werner Gottschalk

Weltweite Rosenverehrung

In vielen Ländern der Erde gehört die Rose zu den beliebtesten Zierpflanzen. Der Name Rose erweckt zunächst die Vorstellung einer langstieligen Schnittrose mit einer edelgeformten, schlanken Knospe. Diese Knospe wünscht man sich zumeist leuchtend rot, dunkelrot, zartrosa oder gelb, seltener weiß. Auch an den köstlichen Rosenduft denken wir. Diese als Schnittblumen verwendeten Rosen gelten als Symbole der Schönheit, als Ausdruck der Liebe, Verehrung und der Freude. Der Kenner spricht von Gartenrosen oder Teehybriden, doch werden sie meistens als Edelrosen bezeichnet. Sie begleiten uns durch das Leben; ihre Schönheit und Vielfalt, besonders das Beobachten einer sich langsam öffnenden Knospe, schenken immer wieder freudvolles Erleben. Aber Rosen sind nicht nur vornehme Schnittblumen für festliche Anlässe oder zur Verschönerung unseres Heimes, sondern Rosen wachsen auch überall in der Welt in fast allen Gärten. – Beetrosen, auch als vielblütige Rosen bezeichnet, verschönen in den Städten das öffentliche Grün und erfreuen uns mit ihrem Farbenreichtum bis zum ersten strengen Frost. Blühende Strauchrosen bringen Farbe in Parkanlagen. Auf manchem Dorfanger blühen Rosen, und auf Friedhöfen werden sie zum Gedenken an die Verstorbenen gepflanzt. Rosengärten und Rosarien zeigen die Schönheiten der Rosen aller Klassen, und in der Landschaft, an Waldrändern, Gräben, Hecken, an den Böschungen und Mittelstreifen der Straßen

Gartenrose

Wildrose
Rosa canina

Eine Rose entfaltet sich:

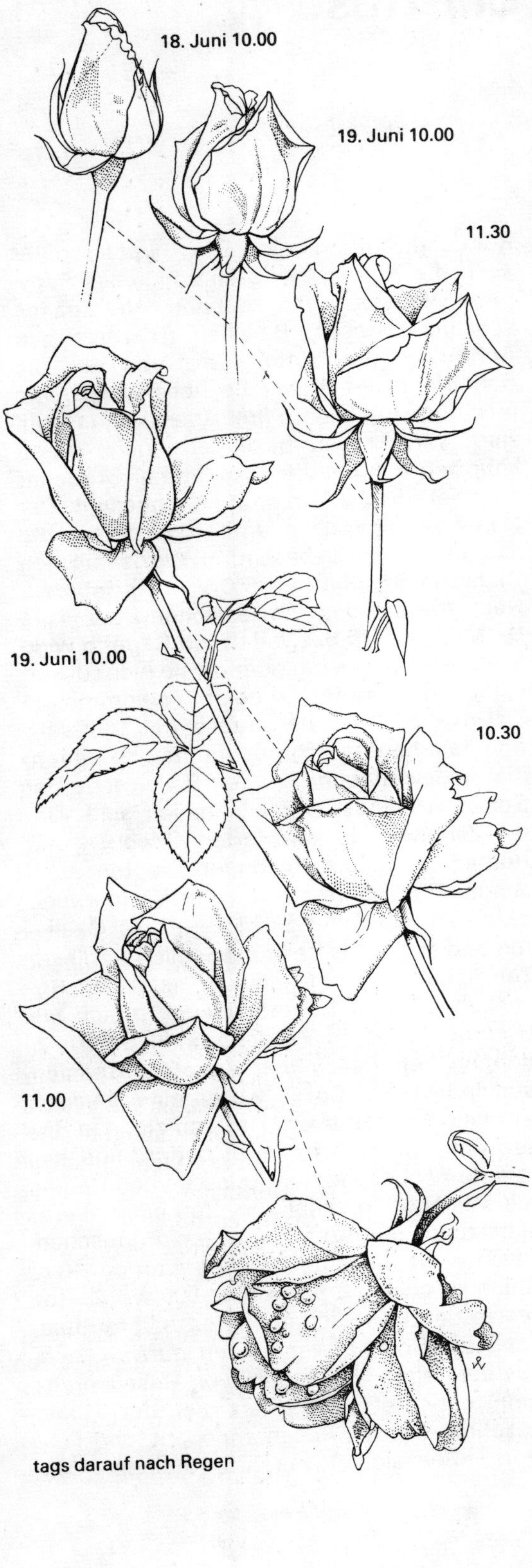

tags darauf nach Regen

und Autobahnen, selbst im trockenen Dünensand am Meer sind es Wildrosen, die uns Menschen grüßen.

Keine Blume der Erde ist so vielseitig verwendbar und wird so verehrt wie die Rose. Immer mehr Menschen begeistern sich an ihr, und bei vielen ist die Rosenpflege zu einer sinnvollen Freizeitbeschäftigung geworden. In einigen Ländern gibt es Rosenvereine, Gesellschaften und Arbeitskreise, die ihre Tätigkeit der Blumenkönigin gewidmet haben. Beliebt und von zahlreichen Menschen besucht sind jeweils Rosentagungen, Rosenkongresse und ganz besonders Schnittrosenausstellungen, die herrliche Rosenarrangements zeigen oder Kombinationen mit Gegenständen der Kunst.

Obwohl es schwer sein wird, noch schönere und in ihren Eigenschaften noch bessere Sorten zu erzielen, werden in aller Welt Rosen weiter gezüchtet. So kommen jedes Jahr neue Sorten in den Handel. Wurden 1820 in Deutschland auf der Pfaueninsel bei Potsdam 140 verschiedene Rosensorten gezeigt, so stehen heute im Rosarium Sangerhausen nahezu 7000 Sorten. In dem Rosenlexikon, das August Jäger 1936 herausgegeben hatte, waren 16000 verschiedene Rosen verzeichnet. 22000 Rosensorten sollen insgesamt registriert sein, aber auch die Zahl 30000 war schon im Gespräch.

Die Sehnsucht der Menschen nach Schönheit wird durch die Rosenverehrung und das Bemühen um neue Rosen erkennbar.

»Vielgestaltiger Wunderstrauch, abgerückt von allen Pflanzen der Erde – nach jahrtausendealter Volkstümlichkeit noch im Anfang der Entfaltung voll alljährlicher Überraschungen jeder Art!«
Karl Foerster

Zur Kulturgeschichte der Rose

Kleiner Rückblick in die Kulturgeschichte der Rose

Im Leben vieler Kulturvölker stellten Rosen schon immer etwas Besonderes dar. Sicherlich war es die Vollkommenheit der einfachen, fünfblättrigen, schalenförmigen Blüte der wilden Rose, die den Menschen anzog. Aber auch andere Eigenschaften, wie die zartrosa Farbe, die goldgelben Staubgefäße und der angenehme Duft, erweckten Freude und gaben Anlaß zum Nachdenken, besonders, weil »dornige« Zweige den Zugriff zum Schönen verwehrten. Bestimmt übten auch die roten Hagebutten im Herbst Reize auf den Menschen aus.

Diese wilden Rosen gab es schon vor mehr als 20 Millionen Jahren. Paläobotaniker fanden Reste von Rosen in Schichten des Tertiärs, also der Zeit, in der die Braunkohlenlager gebildet wurden. In Alaska konnten Wissenschaftler Rosen sogar in Ablagerungen aus dem älteren Tertiär nachweisen. Wann der Mensch das erste Mal eine Rose bewußt erlebt hat, ist nicht bekannt. Annahmen, daß es bereits um das Jahr 5000 v. u. Z. Silbermünzen mit Rosen gegeben haben soll, sind nicht richtig, da Silbermünzen erst etwa 600 v. u. Z. geprägt wurden. Die älteste, nicht anzuzweifelnde Darstellung einer Rose liefert ein Ornament auf dem berühmten Fresko im Palast des Minos auf Kreta, das im 17. Jahrhundert v. u. Z. entstand. Es handelt sich um eine Wildrose. Wann Rosen in Kultur genommen und somit zu Gartenrosen wurden, wird sich wohl nie genau feststellen lassen. Wahrscheinlich geschah dies in Persien. Etwa um 1000 v. u. Z. brachte man persische Rosen nach Kleinasien. Im Jahre 400 v. u. Z. soll es auch in Griechenland bereits Gartenrosen gegeben haben, und von dort gelangten sie schließlich mit der hellenischen Kultur nach Ägypten, Tunis, Sizilien, Rom und Südfrankreich. Die Ägypter, später auch die Römer, fertigten sogar aus Papyrus, Webstoff und dünnen Holzspänen künstliche Rosen. Bei den Griechen galt Aphrodite, die Göttin der Liebe, als die Schöpferin der Rose. Die Rose wurde, wie manches Besondere im Altertum, mystifiziert, verehrt und besungen. Viele Sagen knüpften sich um die Rose. Immer wurde ihr ein überirdischer Ursprung nachgesagt. Der Name »Königin der Blumen« wurde schließlich in einem Liebeslied der griechischen Dichterin Sappho (um 600 v. u. Z.) geboren. Nach Ansicht des schwedischen Botanikers Dr. Merker wird bezweifelt, ob Sappho wirklich die Rose besang oder ob sie nicht die im östlichen Mittelmeergebiet vorkommende Zistrose gemeint hat. Diese hat fünfblättrige, fast handtellergroße, ungefüllte Blüten, die einer einfachblühenden Rose, etwa der Sorte 'Frühlingsmorgen', ähnlich sind. Um die Zeitenwende kultivierten Griechen und Römer zahlreiche Rosen und legten auch schon Rosengärten an. Die Vermehrung durch Aussaat und Stecklinge, das Okulieren und sogar das Verfrühen sollen zu dieser Zeit schon bekannt gewesen sein. Der Rosenkult bei den Römern steigerte sich ins Unermeßliche. Im Winter kamen Schiffsladungen voll Rosen aus Ägypten, Spanien und Indien. Mit Rosen wurde eine sinnlose Vergeudung getrieben. So benutzte man Rosenwein, um sich darin zu baden, und bestreute bei besonderen Anlässen den Boden mit Millionen Rosenblüten. Von einer Wertschätzung der Rose konnte im Römischen Reich nicht mehr gesprochen werden. Von China ist bekannt, daß schon 500 v. u. Z. Rosen in den kaiserlichen Gärten blühten und der Adel Rosenöl verwenden durfte. Auch aus dem alten Indien wird von Rosenverehrung berichtet. Besonders bei der Stadt Kaschmir wurden Rosen angebaut, und Fürsten ließen sich Rosengärten anlegen. Mit

Die Rose in der lebendigen Vergangenheit – stilistisch als Wappenbild.

Rosenheim

Bismark (Altmark)

Osterwieck (Harz)

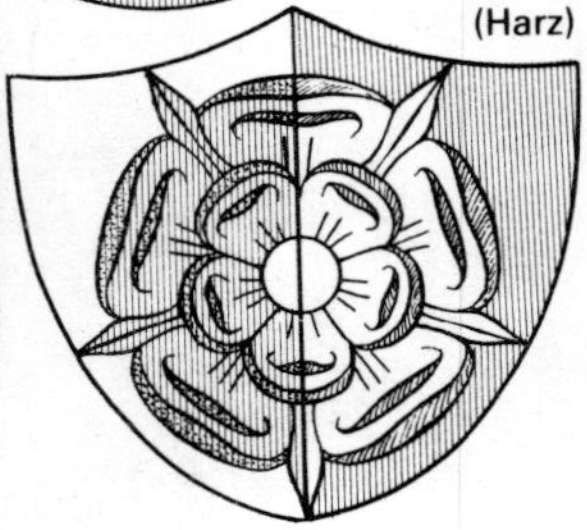

künstlerisch in »Neues Blumenbuch« 1680

ein Stengel Holländischer Rosen (nach M. Sybilla Merian)

dem Islam erfuhr die Rose eine weitere Verbreitung vom 7. bis 12. Jahrhundert. Erwähnt sei noch die wegen ihrer Rosengärten berühmte persische Stadt Schiras. Hier lebte im 14. Jahrhundert der Scheich Hafis, bekannt durch seine Liebeslieder, in denen Rosen und Nachtigallen besungen wurden. Die Perser feierten Rosenfeste, bereiteten Rosenwasser, und über Jahrhunderte spielte in der persischen Lyrik die Verehrung der Rose eine große Rolle. Die Rose wurde sogar zur Gottheit erhoben. Es wird angenommen, daß schon um 800 Mönche Gartenrosen nach dem Nordwesten brachten oder Rosen von den römischen Statthaltern in Gallien übernommen wurden. Die christliche Kirche distanzierte sich zunächst von der Rose und den mit ihr verbundenen heidnischen Gebräuchen. Später erklärte sie aber die Rose zum Symbol des Leidens und nach dem 6. Jahrhundert zum Sinnbild der Reinheit. Oft wurde in der Malerei und Plastik Maria mit einer Rose dargestellt. Im 8. und 10. Jahrhundert versuchten die Araber, neue Rosensorten aus Samen zu züchten. Nachgewiesen werden konnte, daß schließlich während der Kreuzzüge im 12. und 13. Jahrhundert die Rose aus dem Heiligen Lande nach Mitteleuropa kam. Hier machte die Rosenkultur zunächst kaum Fortschritte. Lediglich in Burggärten, Klöstern und an Fürstenhöfen blühten Rosen. Um 1250 beschreibt der große Philosoph und Naturforscher Albertus Magnus vier Rosensorten und eine Gartenrose, die 50 bis 60 weiße Blütenblätter hatte. Im Mittelalter besaß die Rose als Zierpflanze in Deutschland und Frankreich keine große Bedeutung. Hauptsächlich wurde sie zum Heilen von Krankheiten benutzt. In der Renaissance, etwa 1400 bis 1600, wurden in den Gärten reicher Bürger viele Rosen gepflanzt. Auf den Gemälden berühmter Maler erschienen immer wieder Rosen. Auch als Wappenzeichen und Ornament fand sich die Rose. Erinnert sei an einen Krieg in England im 14. Jahrhundert, der als »Rosenkrieg« bezeichnet wird, weil Herrschaftshäuser mit einer weißen Rose als Wappenzeichen gegen solche mit einer roten Rose kämpften. Um 1400 wurden dann in Frankreich bereits große Mengen Rosen kultiviert, und im 19. Jahrhundert begann schließlich durch bewußte Züchtung das Rosenzeitalter. In den letzten Jahrzehnten werden Rosen immer mehr zu Reklamezwecken benutzt. Rosen erscheinen auf Briefmarken, Künstler malen sie, und wie im Altertum wird die Rose in verschiedenster Form nachgebildet, meistens als Schmuck. So haben z. B. Moskauer Juweliere eine Rose aus Platin geformt und mit 1466 Edelsteinen besetzt. Mädchen tragen Rosennamen, viele Pflanzen werden als Rose bezeichnet (Sonnenrose, Pfingstrose, Alpenrose usw.), es gibt Fensterrosen an Kirchen und Domen. Eine wundervolle Arbeit stellt die Lutherrose dar. Die Rose erscheint in der Musik, Rosen sieht man auf Wandteppichen, Stoffen, Tapeten, auf Porzellan und vielen anderen Dingen. Die Ab- und Nachbildungen jedoch können noch so schön sein, sie sind nicht vergleichbar mit einer natürlichen Rosenblüte.

Bis zum heutigen Tag wurde die Rose als Zierpflanze ständig weiterentwickelt, nach den Wünschen der Menschen geformt, und überall in der Welt nimmt sie den ihr gebührenden Platz ein.

Von der Wildrose zur Gartenrose

Ein echter Rosenfreund sollte auch etwas von der Entstehung unserer heutigen Gartenrosen (Teehybriden) wissen. Daher nun eine, wenn auch nur kleine Abhandlung der umfangreichen und wohl nie ganz genau zu erforschenden Entwicklungsgeschichte der Rosen. Den Wissenschaftlern fiel es nicht leicht, den Verlauf von Entwicklung und Verbreitung der Rosen durch Jahrhunderte zu verfolgen. Auch bestehen unterschiedliche Meinungen. Unumstritten ist, daß es ganz am Anfang nur einfache, ungefüllte Wildrosen gab. Die Urformen, aus denen unsere Gartenrosen entstanden sind, hatten ihre Heimat entweder im Norden und Osten des Mittelmeerraumes oder im Fernen Osten. Die Rosen aus dem Fernen Osten waren ausschlaggebend für die Vielzahl der uns bekannten Hybriden. Sie wurden nach der Einführung in den abendländischen Raum mit bereits vorhandenen fremden Arten oder

alte Gartenrosen

vor 1800
Apotheker-Rose
(*Rosa gallica* var. *officinalis*)

1840
R. gallica
'Rose du Maitre d'Ecole'
(Miellez)

Kohl- oder Provence-Rose
(*Rosa centifolia*)

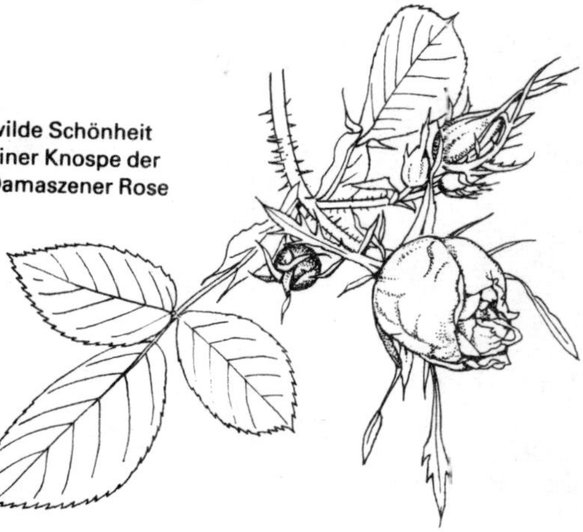

wilde Schönheit einer Knospe der Damaszener Rose

alte Rosen:

Rosa × *alba*
R. gallica
× *dumetorum*

Remontant-Hybriden (RH)
'Paul Ricault'
Portemer 1845

'Madame Thibaut' (RH)
Lévêque 1889

heimischen Wildrosen und den daraus vereinzelt entstandenen Gartenformen eingekreuzt. Den Persern soll es gelungen sein, die ersten gefülltblühenden Rosen zu züchten. Herodot (484 bis 425 v. u. Z.) beschrieb gefüllte Rosenblüten. Von den über 100 bekannten Rosenarten spielten bei den Züchtungen nur etwa zehn eine Rolle. Als wichtigster Ahne unserer Gartenrosen kann *Rosa gallica* L. angesehen werden, die mit ihren Formen bis zur Mitte des 18. Jahrhunderts die Menschen erfreute. Diese Rose war etwas gefüllt, blühte rosa bis rot und besaß einen guten Duft. *Rosa gallica* wird auch als Essigrose bezeichnet. Beide Namen sind irreführend, denn sie ist weder gallisch (französisch), noch riecht oder schmeckt diese Rose säuerlich.

Wenn bereits vor unserer Zeitrechnung von der »Hundertblättrigen Rose«, der *Rosa centifolia* L., gesprochen wurde, so war diese Rose wahrscheinlich auch eine stark gefüllte Form von *Rosa gallica* und stammte von ihr ab. *Rosa centifolia* (Zentifolie, Kohl- oder Provencerose) wächst im Kaukasus wild und wird 1 bis 2 m hoch. Auch den Griechen soll es gelungen sein, aus Samen gefülltblühende Rosen zu kultivieren. In Überlieferungen von Polinius dem Älteren (23 bis 79 n. u. Z.) ist zu lesen, daß es zu dieser Zeit *Rosa moschata* Herrm., *Rosa spinosissima myriacantha* Koehne, *Rosa sempervirens* L., *Rosa* × *alba* L., *Rosa gallica officinalis* Thory und *Rosa* × *damascena* Mill. gab. (Durch das ×-Zeichen wird jeweils vermerkt, daß es sich um eine Kreuzung, also um eine Hybride handelt.)

Rosa × *damascena* soll in der Türkei aus *R. gallica* und *R. canina* entstanden sein und wurde durch den Kreuzritter Robert de Brie zum zweiten Male wahrscheinlich 1254 nach Europa gebracht. De Brie pflanzte diese Rose in seinen Schloßgarten in Provins, wo er sie vermehrte. Echte rote Rosen verdanken wir der *Rosa chinensis* Jacq. Sie wurde 1789 von einem englischen Kapitän, der sie in einem Garten in Kalkutta entdeckte, mitgebracht und in England vermehrt. Diese als »Bengalrose« bezeichnete Rose blühte im Gegensatz zu den bisher vorhandenen Rosen mehrmals im Jahr. Später folgten noch weitere Rosensorten aus China, und nach 1870 begannen in Deutschland die ersten

planmäßigen Züchtungen. Zu dieser Zeit hatte in Frankreich das Züchten neuer Rosensorten und der Rosenanbau bereits einen beträchtlichen Umfang angenommen.
Mit zur Entwicklung der modernen Rosen in Europa haben dann 1814 die Noisetterosen (Hybriden von *R. moschata* und *R. chinensis*) und 1817 die Bourbonrosen *(R. chinensis* × *R.* × *damascena)* beigetragen. Schließlich kam es 1830 aus Kreuzungen von Noisetterosen und *Rosa gigantea* Coll. zu den Teerosen *(Rosa odorata* (Andr.) Sweet), die es schon im Südwesten Chinas als Kulturformen gab. Wenig winterhart und krankheitsanfällig, waren es nicht die idealen Rosen. Durch Kreuzungen der China-Hybriden mit den Bourbonrosen entstanden 1842 die wuchsfreudigen und öfterblühenden Remontantrosen. Aus dem Jahre 1901 stammt die noch heute manchmal anzutreffende Sorte 'Frau Karl Druschki'. Eine Kreuzung der Teerose mit einer Remontantrose ergab 1867 die erste Teehybride, die rosablühende 'La France', gezüchtet von Guillot. Auch die Züchtungen des Engländers Bennet, 'Lady Mary Fitzwilliam' (1882) und 'William Francis Bennet' (1884), gelten mitunter als die ersten Teehybriden und sind heute die Ahnen fast aller unserer Gartenrosen. Kräftige gelbe, orange- und kupferfarbene Töne in die Rosenblüten zu bringen, gelang dem französischen Züchter Pernet-Ducher Anfang des 20. Jahrhunderts durch Kreuzungen mit der gelbblühenden persischen Rose *Rosa foetida* J. Herrm. (Fuchsrose). Der Bastard, die Sorte 'Soleil d' Or', war dann Ausgangspunkt der Pernetiana-Rosen. Rosen dieser Klasse gibt es heute nicht mehr im Handel. Sie sind in den Teehybriden aufgegangen.

Informationen zur Botanik der Rosen

Die Rose ist ein Gehölz. Außer dem Hochstamm, den der Mensch künstlich geschaffen hat, sind Rosen mehr oder weniger große Sträucher. Die Rose gehört zur Familie der Rosengewächse *(Rosaceae)*, zu der über 2000 Pflanzenarten gerechnet werden. Zur Verwandtschaft der Rose zählen auch viele Obstgehölze, die uns Menschen unentbehrlich geworden sind. Als wichtigste seien Apfel, Birne, Kirsche, Pflaume, Mirabelle, Pfirsich und Quitte genannt. Aber auch das Beerenobst mit Erdbeere, Brombeere und Himbeere sowie die Wildfrüchte Eberesche, Traubenkirsche, Weißdorn und Schlehe sind Rosengewächse. Schöne Ziergehölze und Stauden sind Vettern und Basen der Rosen, zum Beispiel die Japanische Quitte *(Chaenomeles)*, Spiersträucher *(Spiraea)*, Zwergmispel *(Cotoneaster)*, Feuerdorn *(Pyracantha)*, Fingersträucher *(Potentilla)*, Geißbart *(Aruncus)*, Silberwurz *(Dryas)*, Frauenmantel *(Alchemilla)*, Nelkenwurz *(Geum)*, Odermennig *(Agrimonia)* und viele andere. Wie wir sehen, hat die Natur bei der Bildung dieser Pflanzenfamilie sehr viele gute Einfälle gehabt. Der Mensch hat dann diese Pflanzen zu seinem Nutzen ständig weiter vervollkommnet.

Die Gattungsbezeichnung für die Rose ist *Rosa*. Von der Rose gibt es viele Arten, die hauptsächlich in den gemäßigten und subtropischen Gebieten der nördlichen Halbkugel vorkommen. Wie viele wilde Arten es gibt, kann niemand genau sagen. Man spricht von 100 bis 200 reinen Arten. Die wohl bekannteste und sehr häufig in unserer Heimat anzutreffende wilde Art ist die Hecken- oder Hundsrose *Rosa canina* L. (canis = der Hund). Warum der Name »Hundsrose«? Angeblich wurde die Wurzel der wilden Rose im 1. Jahrhundert nach unserer Zeitrechnung als Mittel gegen die Hundswut (Tollwut) benutzt. Eine andere Erklärung, weshalb der schwedische Naturforscher Carl von Linné die Hek-

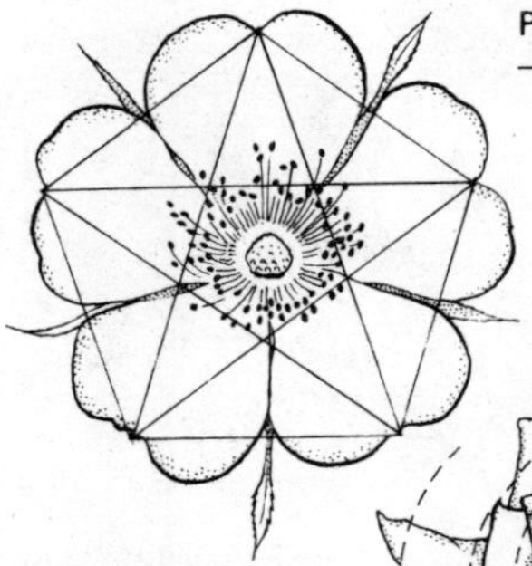
Die Rose ist nach dem Prinzip des Pentagramms – des Fünfsterns – gebaut.

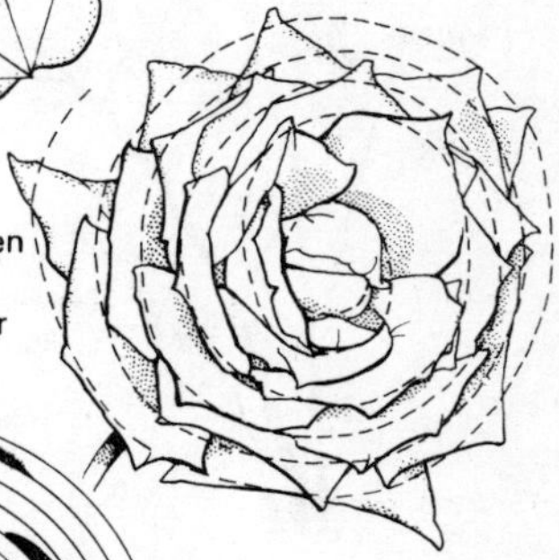
Bei gefüllten Gartenrosen erkennt man meist die spiralige Anordnung der Blütenblätter.

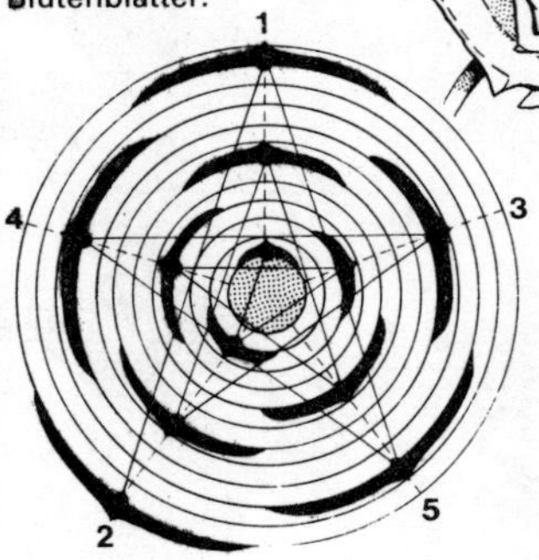

Blüten- und Laubblätter stehen – bei leichter Drehung – »fünfsternig«.

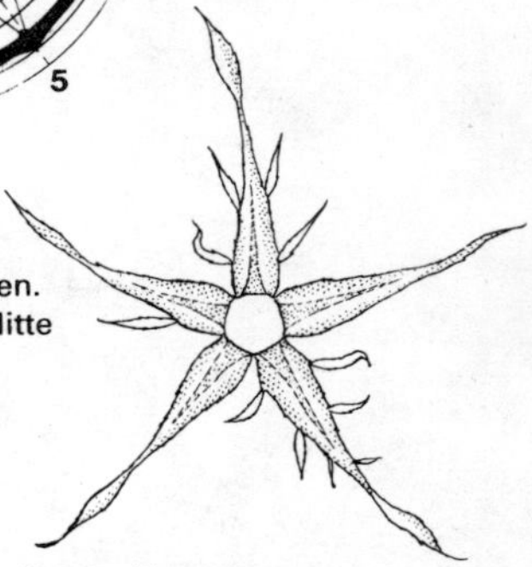
Zwei der Kelchblätter der Rose haben einen »Bart«, zwei haben keinen. Ein Kelchblatt hält die Mitte zwischen beiden.

Der Blütenboden der Knospe wird – befruchtet – zur Hagebutte (Scheinfrucht)

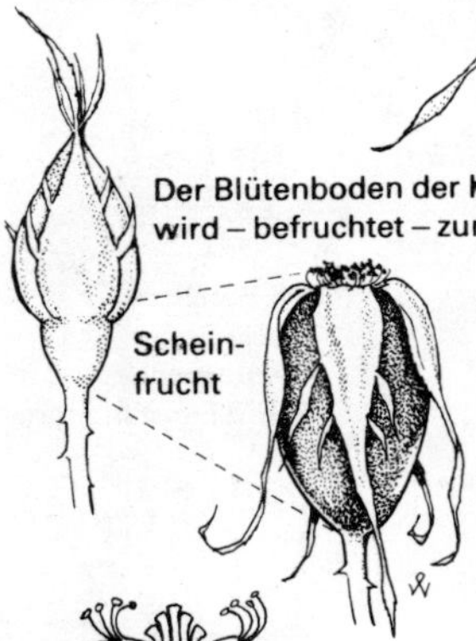

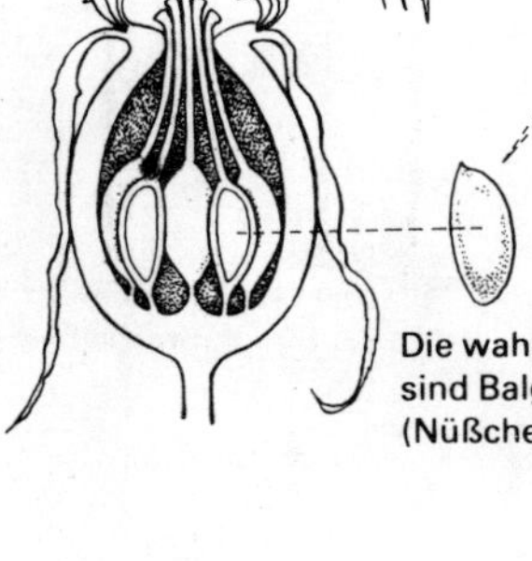

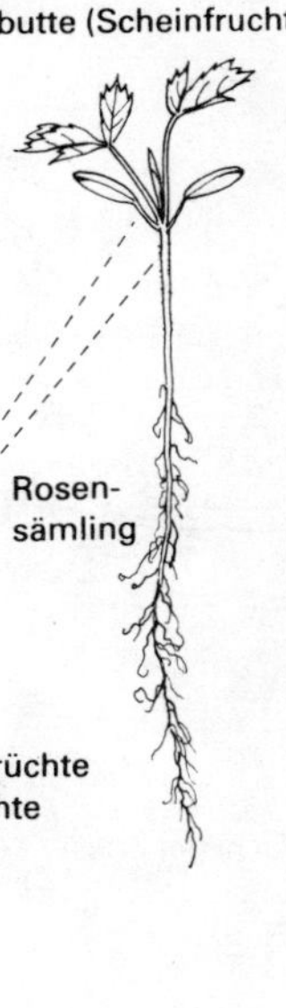

Die wahren Früchte sind Balgfrüchte (Nüßchen)

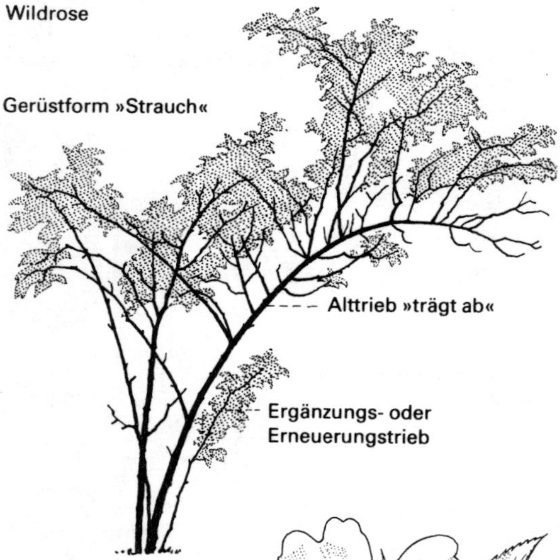

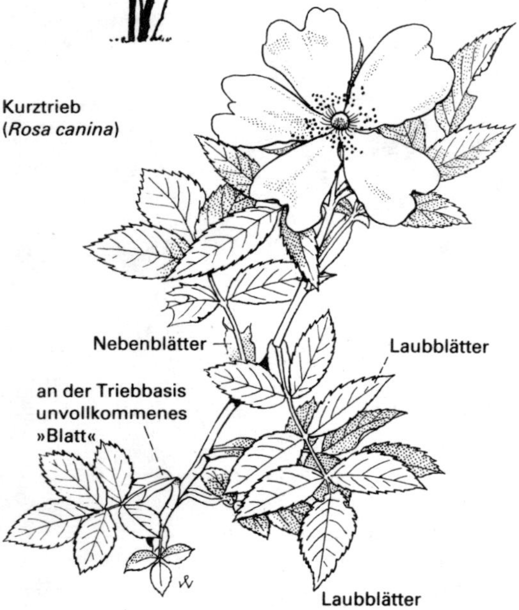

kenrose als Hundsrose bezeichnete, lautet, daß sie so vielfach variiere wie der Hund. Tatsächlich finden wir überall in unserer Umgebung eine recht große Zahl Varietäten von *Rosa canina* L. Am auffälligsten ist die Verschiedenartigkeit der Blätter in bezug auf Farbe, Größe, Form, Drüsen und Zahnung des Blattrandes. Die Bestachelung weist große Unterschiede auf.

Die Blüte der Rose besteht, wie es bei jeder höher entwickelten Pflanze der Fall ist, aus Blütenblättern, Kelchblättern, Staubblättern und Fruchtblättern. Bei den Wildrosen erkennt man die typische Fünfzähligkeit der Blüte, das uralte Zeichen des Pentagrammes. Es ist derselbe Fünfstern der Blüten wie bei den anderen zur Familie der Rosengewächse gehörenden Pflanzen.

Die Kelchblätter, ebenfalls fünf, umschließen schützend die Knospe und neigen sich während der Blütezeit nach unten. Sie sind unterschiedlich geformt. Wie so vieles Sonderbare in der Natur, macht eine Rose eine Ausnahme. Sie hat nur vier Blütenblätter und demzufolge auch nur vier Kelchblätter. Es handelt sich um die sogenannte Stacheldrahtrose (*Rosa sericea* Lindl. var. *pteracantha* Franch.), die mit ihren kleinen weißen Blüten als erste im Mai zu blühen beginnt und das Rosenjahr eröffnet. Die Blätter der Rose sind immer unpaarig gefiedert, lassen sich also nie durch zwei teilen. Am Blattstiel befinden sich noch kleine Nebenblättchen. Meistens haben die europäischen Wildrosen sieben Blätter.

Die allen bekannte Hagebutte wird in der Botanik als Scheinfrucht bezeichnet, da das Fruchtfleisch die echten Früchte, die Nüßchen (Samen), umschließt.

Der Ausspruch »Keine Rosen ohne Dornen« ist falsch! Dornen, wie sie zum Beispiel der Feuerdorn, der Sanddorn, die Schlehe und, kurioserweise, auch die Stachelbeere tragen, sind umgebildete Sprosse oder Blätter. Die Rose aber hat Stacheln! Stacheln sind Teile der Rinde, die sich im Gegensatz zu den Dornen leicht mit dem Daumen abbrechen lassen.

»Man sollte sich nicht ärgern, daß der Rosenstrauch Dornen trägt, sondern sich freuen, daß der Dornenstrauch Rosen trägt!«
Arabisches Sprichwort

Züchten von Rosensorten

Wie entsteht eine Rosenneuheit?

Jedes Jahr werden in Rosenkatalogen neue Rosen angeboten, und in Rosengärten sieht der Besucher immer wieder Neuzüchtungen und liest die eigentümlichsten Sortennamen. So ist zu verstehen, daß die Frage auftaucht: Wo kommt diese Rosenneuheit her, wie ist sie entstanden? Wurden um die Jahrhundertwende hauptsächlich in Frankreich und England Rosen gezüchtet, so wird heute die Rosenzucht in vielen Ländern betrieben. Jährlich kommen etwa 150 bis 200 neue Sorten in den Handel. Ob die neueste Rose schöner ist als eine schon vorhandene ältere Sorte, kann nicht immer mit Ja beantwortet werden. Hierbei spielt auch der persönliche Geschmack eine Rolle. Die vielen Rosenneuheiten erwecken den Eindruck, daß die Züchter ohne Schwierigkeiten neue Rosen entwickeln können. Dies ist aber nicht der Fall. Sehr viel Mühe und Kleinarbeit, aber auch Geduld und ein wenig Glück gehören dazu, damit sich eines Tages eine neue, schöne Rose herausbildet. Entstanden früher mehr oder weniger durch Zufall neue, brauchbare Sorten, so benutzt heute jeder Züchter die Kenntnisse der Vererbungslehre und Zellkernforschung. Die ersten einfachen Vererbungsregeln entdeckte der Botaniker Gregor Mendel 1865. Um ein bestimmtes Zuchtziel zu erreichen, sind mitunter Tausende von Kreuzungen notwendig, und es können viele Jahre vergehen. Grundsätzlich werden immer nur Sorten mit guten Eigenschaften ausgewählt. Untersuchungen im Zeitraum 1951 bis 1980 ergaben, daß z. B. die bewährte 'Gloria Dei' 165mal als Mutter- und 125mal als Vatersorte verwendet wurde. Von ihr gibt es heute insgesamt 312 Nachkommen! An zweiter Stelle steht 'Kordes Sondermeldung' (Vererbung der ziegel- bis mennigroten Farbe) mit 174, ihr folgt 'The Queen Elizabeth Rose' mit 157 Nachkommen.
Von den älteren Sorten steht 'Crimson Glory' an der Spitze, die die Züchter 34mal als Mutter- und 37mal als Vatersorte verwendeten. Von dieser 1935 gezüchteten Duftrose gibt es 124 Nachkommen, davon 53 vor 1951.
Die Rosenblüten sind zwittrig und vereinen in einer Blüte die männlichen Staubgefäße und den weiblichen Stempel. Die Befruchtung erfolgt durch Übertragen des Pollens der Vatersorte auf die Narbe der Muttersorte. Der daraus gewonnene Samen wird zu gegebener Zeit in einem Gewächshaus ausgesät, und eines Tages stehen viele Tausende Rosensämlinge in Reih und Glied. Sie erfahren eine ausgezeichnete Behandlung und werden mancherorts sogar in sterilem Sand kultiviert, der von einer Nährsalzlösung durchspült wird. So wachsen die Pflänzchen heran bis zu dem Tag, an dem sich dann endlich eine kleine Knospe öffnet. Das Züchterauge erkennt sofort, ob Farbe und Form etwas Neues und Wertvolles sein könnten. Tausende Sämlinge sind jeweils wertlos. Im Sommer entnimmt der Züchter von den auserwählten Sämlingen Augen und veredelt sie. Von einem Sämling sind höchstens fünf Augen zu verwenden. Das Veredeln dieser kleinen, an den schwachen Trieben sitzenden Augen gestaltet sich recht schwierig. Im folgenden Jahr, seit der Bestäubung sind inzwischen zwei Jahre vergangen, blühen die »Auserwählten« das erste Mal im Freiland. Hier bestehen jetzt vollkommen neue Umweltbedingungen, und das Beobachten sowie die Selektion (Auslese) gehen weiter. Die meisten Rosen erweisen sich wiederum als wertlos. Mitunter sind sogar 90 % mit Fehlern behaftet und scheiden aus. Von den wenigen noch verbleibenden Rosen werden dann 20 bis 30 Stück veredelt, damit sie im nächsten Jahr als kleine Gruppe beurteilt

Wie entsteht eine Rosenneuheit?

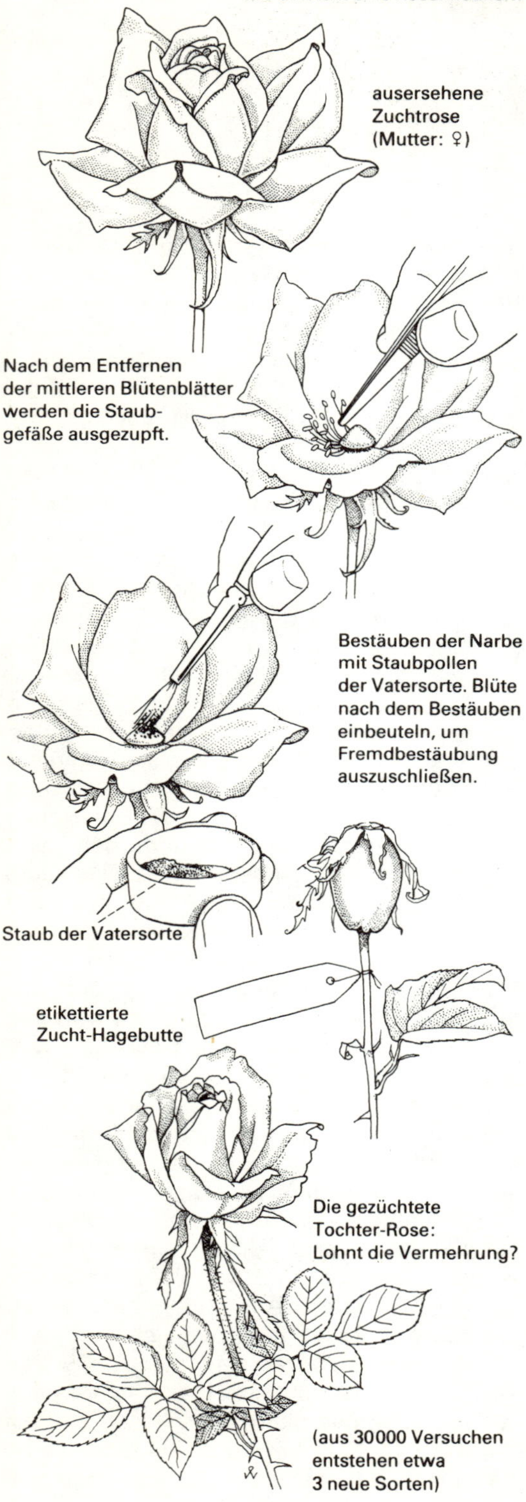

werden können. Erneut erfolgt eine Auslese. Von 5000 bis 10000 Sämlingen kommt manchmal nur eine Neuheit heraus. Es wird berichtet, daß der französische Rosenzüchter Meilland, der die Weltrose 'Gloria Dei' gezüchtet hat, jedes Jahr 30000 Kreuzungen durchführt, die etwa 300000 Sämlinge ergeben. Von dieser enormen Menge kommen aber nach achtjähriger Beobachtung und strenger Auslese oft nur drei Sorten als Neuheiten in Frage und werden vermehrt. Es ist zu erkennen, daß die Rosenzüchtung auch eine kostspielige Angelegenheit ist. So kann sich schließlich nur die allerbeste und schönste Rose behaupten.

Aber auch jetzt kann noch kein Züchter sagen, ob die neue Rose mit ihren guten Eigenschaften einmal eine wirklich begehrte Neuheit wird. An der Geburtsstätte kann die Neuzüchtung die herrlichste und gesündeste sein. Wie sie sich aber bei veränderter Umwelt und unter anderen geographischen und klimatischen Verhältnissen entwickelt, weiß noch niemand. Um die entscheidende Frage »Wird sie sich bewähren?« eines Tages mit »Ja« beantworten zu können, müssen jetzt die Neuheiten auf die Reise gehen. So werden in den unterschiedlichsten klimatischen und geographischen Zonen, in denen die Rosen jeweils andere Lebensbedingungen vorfinden, Prüfungspflanzungen durchgeführt. In der Deutschen Demokratischen Republik obliegt die Aufgabe der weiteren Sichtung und Erprobung der Zentralstelle für Sortenwesen. Bewertet werden die Neuheiten nach einem ganz bestimmten Punktsystem unter Berücksichtigung verschiedener Faktoren, wie z. B. Farbe, Duft, Wuchs, Frostwiderstandsfähigkeit und Krankheitsbefall. Für eine spätere Zulassung werden aber auch im Laufe der Prüfung ermittelte und durch Zahlen belegte ökonomische und ästhetische Eigenschaften und Merkmale zugrunde gelegt. Die Prüfungen erstrecken sich auf mindestens zwei Jahre. Während dieser Zeit laufen alle Neuheiten unter neutralen Nummern. Hat sich nun eine Rosenneuheit bestens bewährt, wird sie zur Vermehrung zugelassen. Nach der Namensgebung, manchmal findet sogar ein kleiner festlicher Taufakt statt, bereichert sie das Rosensortiment, und die neue Rose kann ihren Weg in alle Welt antreten.

Ob sie dann zu einer »Weltrose« oder, wie man sagt, zu einem Schlager wird, ist die zweite Frage. Die Entscheidung darüber fällt allein das Publikum.
Zumeist stellt der Züchter den Antrag, die neue Rose unter Sorten- bzw. Warenzeichenschutz zu stellen. Nach erfolgter Unterschutzstellung ist die Vermehrung der Neuheit im In- und Ausland grundsätzlich von der Zahlung von Lizenzen abhängig, und der Sortenname darf nur vom Rechtsträger verwendet werden. Jede illegale Vermehrung ist streng untersagt.
Es gibt aber noch eine Möglichkeit, die zur Bereicherung des Rosensortiments beiträgt: die Mutationszüchtung. Die Natur spielt dabei die Hauptrolle. An einer Sorte entwikkeln sich plötzlich Eigenschaften, die nicht mehr sortentypisch sind. So kann sich, wie es z. B. bei der 1930 aus einem Sport (s. u.) der alten 'Josef Guy' gezüchteten, rosablühenden Polyantha-Hybride 'Frau Astrid Späth' der Fall war, ein weißblühender Trieb bilden. Von diesem Trieb wurden Augen entnommen und veredelt. Da die Okulate wiederum weiß blühten, war eine neue Sorte entstanden, die den Namen 'Dagmar Späth' erhielt und 1936 in den Handel kam. Bis zum heutigen Tage hat sich diese Sorte erhalten. Nur ganz selten erscheint ein rotblühender Trieb mit der Farbe der 'Josef Guy' oder auch, sehr amüsant, mit roten und weißen Blütenblättern in einer Blüte. Manchmal ist sogar ein Blütenblatt halb rot und halb weiß! Man nennt solch eine Erscheinung Mutation oder Sport und die Vermehrung, wie schon erwähnt, Mutationszüchtung. Einige Sorten, besonders die des sogenannten »Koster Typs«, neigen stark zu Mutationen. Aus 'Dick Koster' sind drei neue Sorten hervorgegangen, unter anderem 'Muttertag' und aus dieser wiederum 'Vatertag'. Man hat versucht, durch Röntgenbestrahlung oder Chemikalien Mutationen zu fördern. Die erste durch den Einfluß von Röntgenstrahlen erzeugte dauerhafte Rosensorte war 'Desi' 1956 (Sport von 'Gloria Dei'). 1969 entstand die Sorte 'Permoser' als Röntgensport von 'Kordes Perfekta'.
Außer Farbmutationen entstehen auch Mutationen der Triebe. Bei Teehybriden, aber auch bei vielblütigen Rosen bilden sich plötzlich lange, kletterrosenähnliche Triebe,

die als Sporte bezeichnet werden. Kletterrosen, deren Sortennamen mit »Climbing« beginnen, sind aus solchen Trieben gezüchtet. So ist z. B. die Kletterrose 'Climbing Super Star' ein kletternder Sport von der Teehybride 'Super Star' und 'Climbing Orange Triumph' ein kletternder Sport von der Polyantha-Hybride 'Orange Triumph'.

Wünsche bei Züchtungen neuer Rosensorten

Im Verlauf der etwa 200jährigen europäischen Züchtungsgeschichte entstand ein umfangreiches Rosensortiment mit einem erstaunlichen Farben- und Formenreichtum. Aber noch immer sind die Rosenzüchter nicht fertig und nicht zufrieden. Oft ändern auch die Menschen, genau wie in der Mode, ihren Geschmack in bezug auf Knospenform, Farbe und Wuchs. Der Wunsch, wieder etwas ganz Neues herauszubringen, ist verständlich. Es sei aber vorweggenommen, daß es eine vollkommen perfekte Rose nie geben wird, da nichts auf der Welt vollkommen und fehlerfrei ist.
Erstrebenswerte Ziele neuer Rosenzüchtungen sind bei:

Gartenrosen (Teehybriden)

Schlanke, elegante Blüten, reine, leuchtende Farben, die licht- und wetterbeständig sind, möglichst duftende Blüten, gute Haltbarkeit als Schnittblumen, lange Blütezeit und rasches Nachwachsen junger Triebe sowie Frosthärte und große Widerstandskraft gegen pilzliche Krankheiten. Besonders Blumenbinderinnen würden sich freuen, wenn nicht allzu viele Stacheln am Trieb wären oder die Stacheln weich blieben. Ideal wären stachellose Sorten.

Beetrosen (Polyantha-Hybriden und Floribundarosen)

Sie sollen, wie schon der Name aussagt, Beete schmücken. Von dieser Rosenklasse wünscht man sich außer schönen, ansprechenden Farben, Reichblütigkeit, ständiges Durchtreiben neuer Triebe, Blüten bis weit

kulturpraktische Zuchtauslese – z. B. Wuchskraft

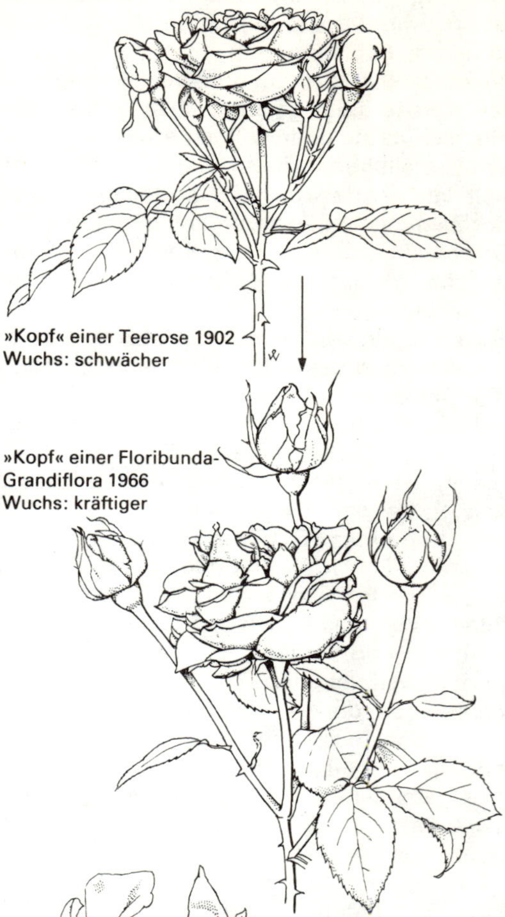

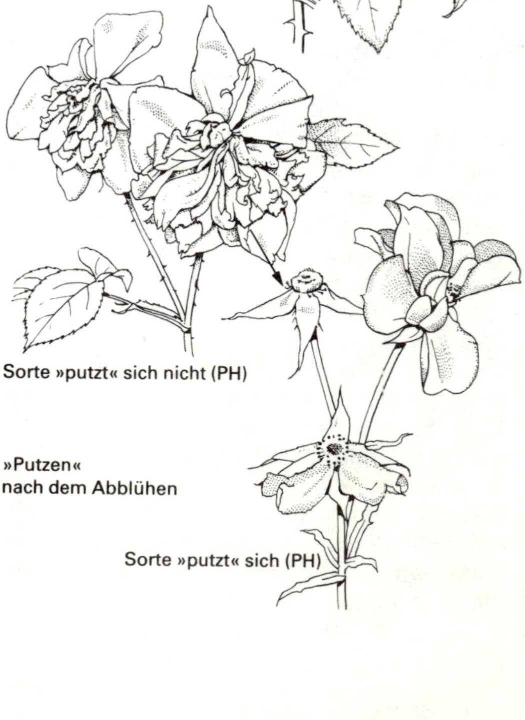

in den Spätherbst, gesundes, glänzendes Laub, für kleine Beete niedrig bleibende Sorten mit geschlossener Blütenwirkung und natürlich auch wieder gute Winterhärte. Weiter erwartet man von Neuzüchtungen, daß sie sich nach dem Abblühen selbst putzen, d.h., Wind und Wetter sollen das Abfallen der Blütenblätter bewirken. Auch Samenansatz (Hagebuttenbildung) wird aus Schönheitsgründen nicht gewünscht.

Kletter- und Strauchrosen

Die Züchtungsziele bei diesen Rosen sind Frosthärte, Widerstandskraft gegen Pilzkrankheiten und ein reiches, unermüdliches Blühen bis weit in den Spätherbst. Früh reif werdende Hagebutten des ersten Flores wären eine extra Zierde.

Für alle Rosenklassen sei noch ein Züchtungsziel erwähnt: lange Lebensdauer. Was nützt eine schöne Rose, wenn trotz allgemein guter Bedingungen ihre Lebenskraft von Jahr zu Jahr nachläßt, die Pflanze immer schwächer wird und kaum noch blüht. In der Fachsprache heißt es dann, die Sorte baut ab. Deshalb sei den Rosenfreunden empfohlen, sich in Rosarien die ausgepflanzten Sorten anzusehen oder sich beim Kauf der Sorten fachgerecht beraten zu lassen.

Wissenswertes von der Anzucht der Rose

Viele Menschen sind überrascht zu hören, daß ihre Gartenrosen aus zwei verschiedenen Teilen bestehen. Eine »Wildrose« und eine Edelrose wurden durch Menschenhand miteinander verbunden und ergänzen sich gegenseitig. Der »Wildling«, die richtige Bezeichnung ist Rosenunterlage, besteht aus der Wurzel mit dem Wurzelhals. Oberhalb des Wurzelhalses befindet sich der zweite Teil – die Veredlungsstelle ist zu erkennen –, die Edelrose, die von der Wurzel ernährt wird. Aber auch von den oberirdischen Teilen, den Blättern und Trieben, geht ein Saftstrom mit Nährstoffen zu den Wurzeln, damit diese ebenfalls wachsen können. Bis zur fertigen Rose ist es jedoch ein weiter Weg. Als erstes müssen Rosenunterlagen herangezogen werden. Das Saatgut für diese Veredlungsunterlagen stammt zumeist von unserer heimischen Hecken- bzw. Hundsrose (*Rosa canina* L.).
Da es von dieser Wildrose recht unterschiedliche Typen gibt, aber die herangezogenen Rosenbestände bei geschlossener Pflanzung einheitlich aussehen sollen, wurden seit vielen Jahrzehnten Wildrosen mit besonders guten Eigenschaften zur Saatgutgewinnung ausgewählt. Es ist also zu ersehen, daß die heute benutzten Unterlagen zwar von Wildformen abstammen, aber es schon lange nicht mehr sind. Sie entstanden als zielbewußte Auslesen, einige sogar aus Kreuzungen, sie sind gewissermaßen Züchtungsprodukte, Typen, ja, man könnte sogar von Sorten sprechen. Als Beispiel sei *Rosa canina* 'Inermis' erwähnt, die vor allem auf Stachellosigkeit für Hochstämme ausgelesen wurde (inermis = unbewehrt, waffenlos). Außer diesen sogenannten »Edelcanina«, deren Samen aus kultivierten Samenspenderanlagen gewonnen werden, wird auch die Büschelrose (*Rosa multiflora* Thunb. ex Murr.) als Unterlage benutzt. Sie hat den Vorteil, daß sie sich recht gut durch holzige Stecklinge (Steckholz) vermehren läßt. Bei Saatgutmangel kann diese Methode zur Unterlagengewinnung angewendet werden. *Rosa multiflora* wird mitunter gern als Unterlage für vielblütige Rosen, Kletter- und Strauchrosen genommen.
Der Einfluß der Unterlage auf die veredelte Rose ist unbestreitbar. Um eine für alle Ansprüche brauchbare Rosenunterlage zur Verfügung zu haben, bedarf es noch mancher wissenschaftlicher Untersuchungen.
Wie geht die Anzucht der Rosen vor sich?
Im September/Oktober werden reife Hagebutten gesammelt. Um die Samen, die vorher vom Fruchtfleisch getrennt wurden, keimfreudiger zu machen, schichtet man sie in Sand ein und hält sie ständig feucht. Dieser Vorgang wird als Stratifikation bezeichnet. Ein Jahr später, im Herbst oder im zeitigen Frühjahr des folgenden Jahres, erfolgt die Aussaat auf Freilandbeete. Bis zur Keimung sind nunmehr 18 Monate vergangen. Nur Saatgut von *Rosa multiflora* keimt bei Herbstaussaat bereits im ersten Frühjahr. Ende April bis Mitte Mai, je nach Witterung, haben sich die Rosenunterlagen so weit entwickelt, daß sie vereinzelt (pikiert) werden können. Da das Vereinzeln recht arbeitsaufwendig ist – es liefert aber gute Pflanzenqualitäten –, können die Sämlinge auch mit einem messerartigen Gerät »unterschnitten« werden. Durch das Unterschneiden wird die Pfahlwurzel durchgetrennt, und der Sämling bildet die für das spätere gute Wachstum notwendigen Seitenwurzeln. Im Herbst haben die Sämlinge die erforderliche Größe und Stärke des Wurzelhalses erreicht, um im nächsten Jahr als Veredlungsunterlage dienen zu können. Nun werden die Rosenunterlagen aus dem Boden genommen, in den Baumschulen entsprechend den Qualitätsforderungen sortiert und im Einschlag überwintert. Sobald im Frühjahr der Boden frostfrei ist, werden die Unterlagen in gut

Veredelte Rosen sind Unterlagen – Sorten-Kombinationen

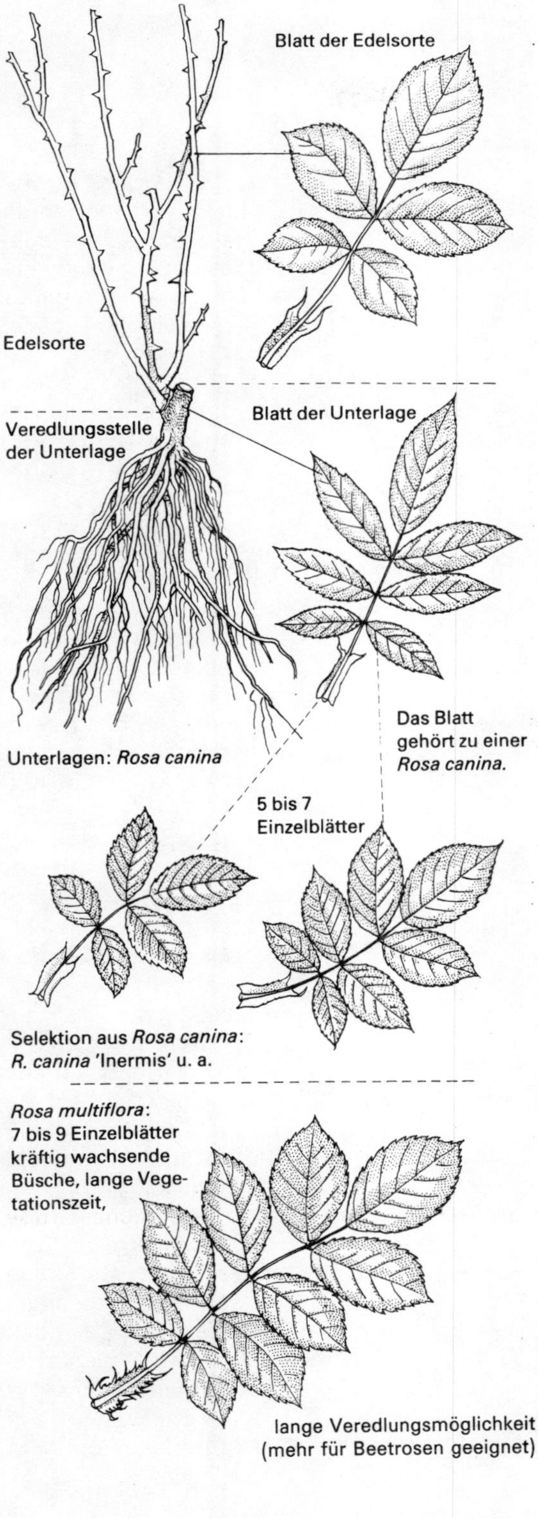

vorbereitete Rosenanzuchtquartiere reihenweise – der Abstand in der Reihe beträgt nur 15 cm – gepflanzt. Beim Pflanzen muß darauf geachtet werden, daß der Wurzelhals etwa 4 cm über der Bodenoberfläche bleibt, damit man später bequem veredeln kann. Zum Schutz gegen austrocknende Winde und damit die Rinde nicht verhärtet, wird anschließend angehäufelt. Sobald sich im Sommer die Rinde des Wurzelhalses lösen läßt und genügend ausgereifte Edelreiser zur Verfügung stehen, erfolgt das Veredeln bzw. Okulieren. Das Edelreis ist ausgereift, wenn die Rose in voller Blüte steht und der Stachel sich mühelos beseitigen läßt. Da die oberen Augen manchmal zu weich und die unteren oft schwach entwickelt sind, ist es angebracht, die Augen aus der Mitte des Triebes zu verwenden. Damit das Einsetzen des Auges schnell geht, werden die Blätter am Edelreis bis auf einen etwa 3 cm langen Blattstiel abgeschnitten und die Stacheln entfernt. Vor dem Schneiden und Einsetzen des Auges werden die Unterlagen abgehäufelt und die Wurzelhälse mit einem weichen Tuch sauber abgerieben. Nun erfolgt mit einem scharfen Okuliermesser am Wurzelhals der T-Schnitt, der aber nur durch die Rinde gehen darf und nicht bis ins Holz. Mit Hilfe des Lösers am Okuliermesser werden die beiden Rindenlappen zur Seite gebogen, damit das Auge mit dem Rindenschildchen in den T-Schnitt möglichst weit nach unten eingeschoben werden kann. Der überstehende obere Teil des Schildchens wird abgeschnitten. Mit sauberem Bast, geeigneter Folie oder mit Okulationsschnellverschlüssen (Gummiplättchen) wird die Veredlungsstelle verschlossen. Zum Schneiden des Auges wäre noch zu erwähnen, daß das scharfe Messer ganz flach unter dem Auge angesetzt werden muß und daß der dünne Holzteil im etwa 3 cm langen Rindenschildchen möglichst mit dem Messer entfernt wird. Dazu hält man das Auge am Blattstiel fest. Beim Schneiden des Auges zeigt die Spitze des Veredlungsreises zum Körper. Nach dem Veredlungsvorgang werden die Rosen, auch zum Schutz gegen die Okuliermade, wieder angehäufelt. Da das Auge im gleichen Sommer nicht mehr austreibt, nennt man diesen Vorgang »auf das schlafende Auge veredeln«. Im Frühjahr erfolgt

Anzucht bis zur verkaufsfähigen Rosenpflanze

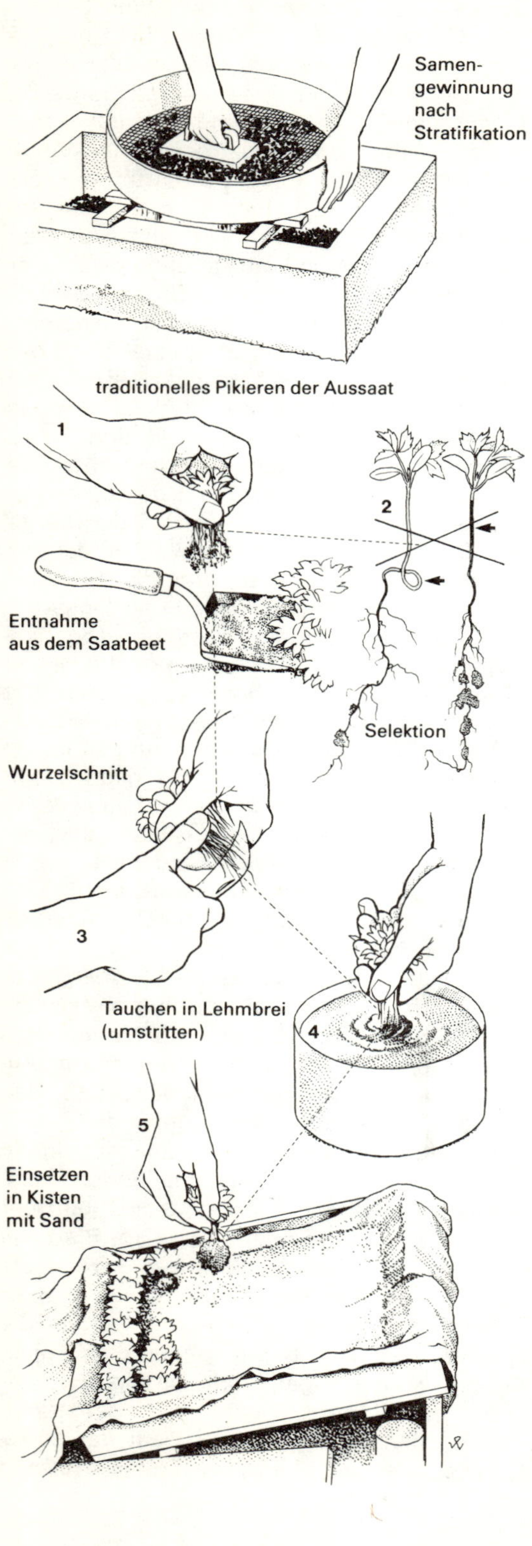

Pikieren der Rosenunterlagen

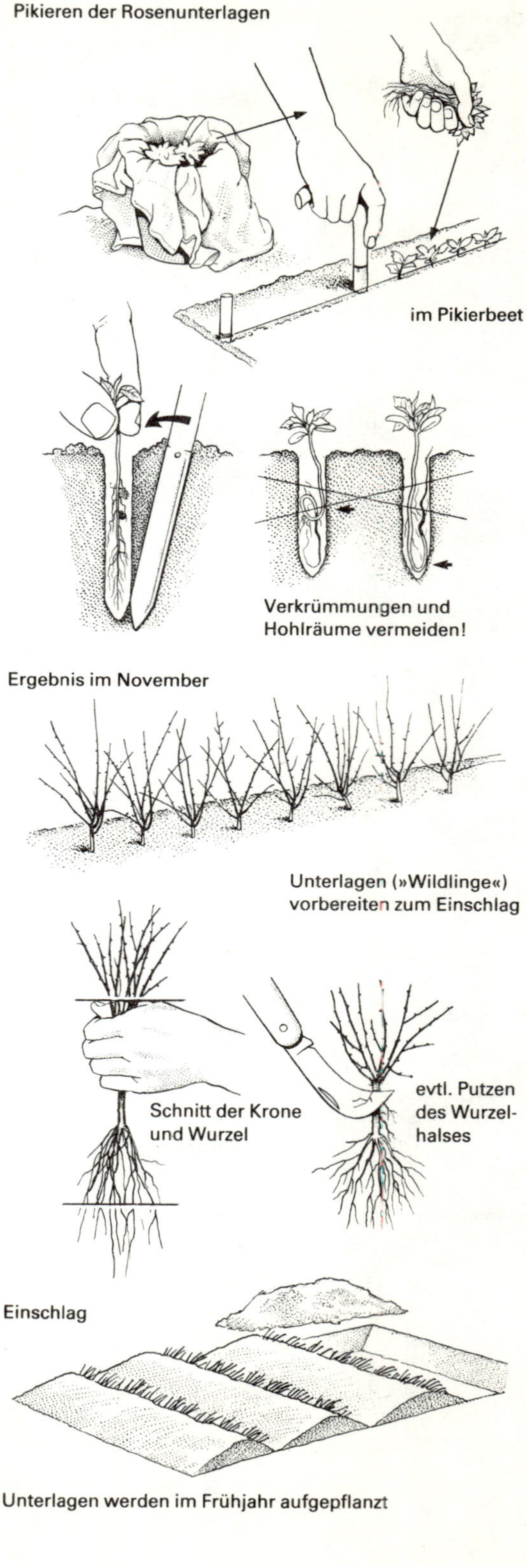

Okulation

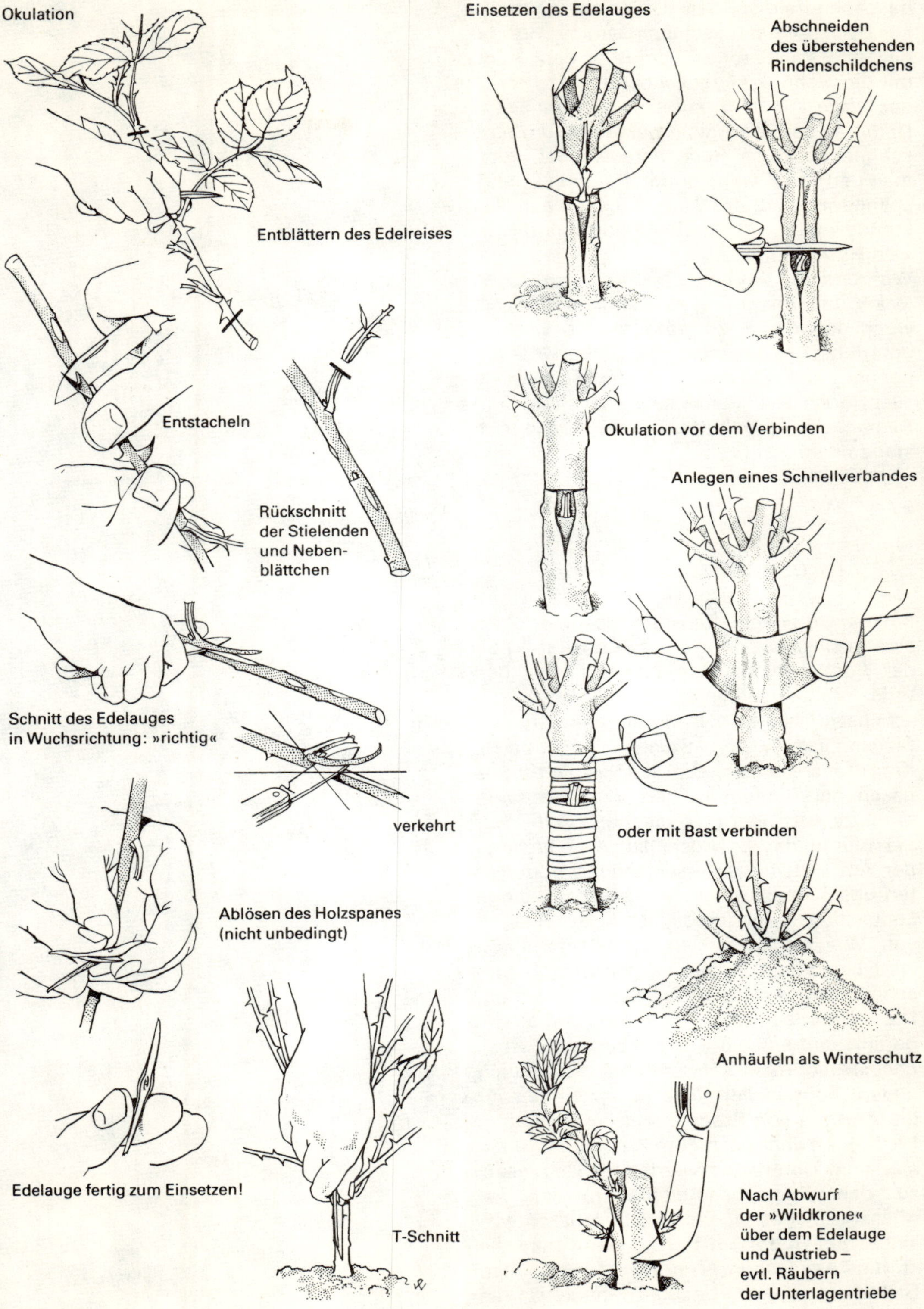
Entblättern des Edelreises
Entstacheln
Rückschnitt der Stielenden und Nebenblättchen
Schnitt des Edelauges in Wuchsrichtung: »richtig«
verkehrt
Ablösen des Holzspanes (nicht unbedingt)
Edelauge fertig zum Einsetzen!
T-Schnitt
Einsetzen des Edelauges
Abschneiden des überstehenden Rindenschildchens
Okulation vor dem Verbinden
Anlegen eines Schnellverbandes
oder mit Bast verbinden
Anhäufeln als Winterschutz
Nach Abwurf der »Wildkrone« über dem Edelauge und Austrieb – evtl. Räubern der Unterlagentriebe

das Abhäufeln so, daß die Veredlungsstelle aus der Erde herausschaut. Danach wird die gesamte »Wildkrone« 3 cm über dem Auge mit der Schere weggeschnitten. Jetzt treibt das Auge aus, und es bildet sich ein Trieb. Damit er bei Wind nicht ausbricht und eine schöne buschige Rose heranwächst, kürzt man den Trieb, wenn er ungefähr eine Handspanne lang ist, auf 3 bis 4 Blätter ein. Viel Freude bringen dann ab Anfang Juli die ersten Rosenblüten.
Während des Sommers heißt es, den Boden locker und unkrautfrei zu halten, zu düngen, wenn notwendig, zu wässern und Unterlagentriebe zu entfernen. Vier Jahre sind vergangen, bei Stammrosen dauert die Anzucht noch zwei Jahre länger, bis aus dem Samen der Hagebutte eine Edelrose entstanden ist.

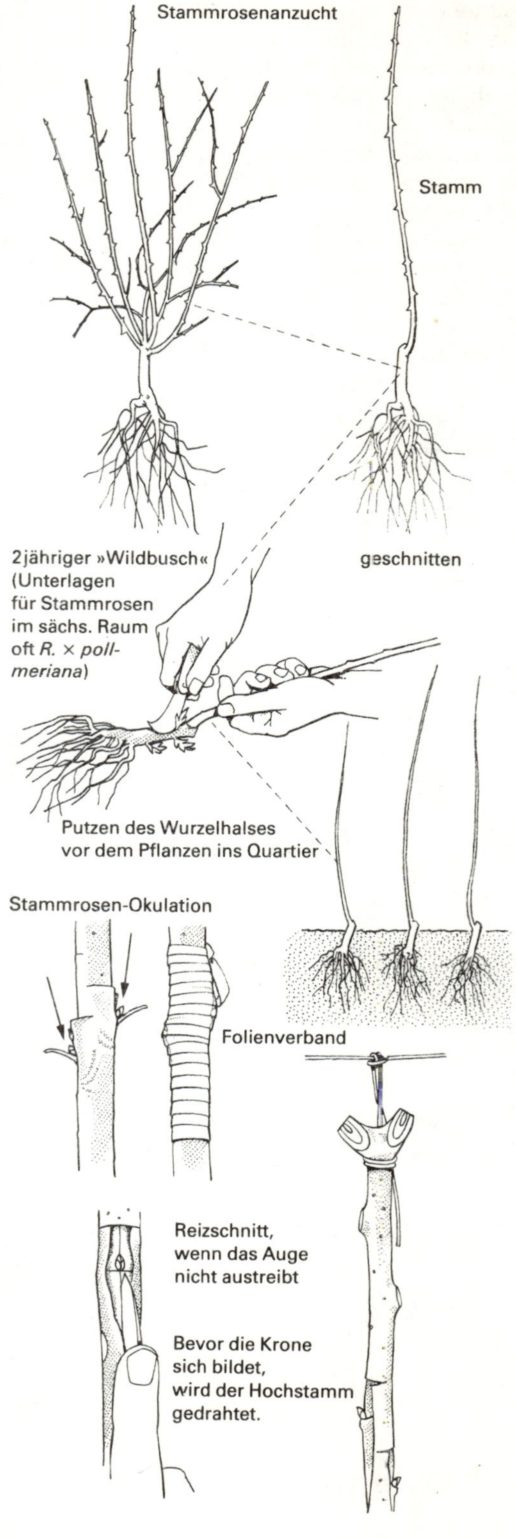

Stammrosenanzucht

Bei den Unterlagen für Stammrosen erfolgte eine Auslese aus den verschiedensten Typen der *Rosa canina*. Gute Eigenschaften des Wildstammes sollten sich vereinigen. Wünschenswert wären z. B. ein gerader Stamm, Biegsamkeit, wenig Stacheln, Frosthärte, Krankheitsresistenz, über längere Zeit gutes Lösen der Rinde (um den Veredlungszeitraum zu verlängern), günstiger Einfluß auf die Blüten der Edelrose, kurze Zeitspanne der Anzucht, für unterschiedliche Bodenarten und Klimabedingungen geeignet, lange Lebensdauer und möglichst keine Bildung von Wurzelschossen und Ausläufern. So wird besonders in den sächsischen Baumschulen *Rosa* × *pollmeriana* aufgeschult. Diese Unterlage wurde 1904 von Pollmer eingeführt und soll ein Bastard zwischen *Rosa canina* und *Rosa setigera* sein. Aber auch andere Formen der *Rosa canina* finden für die Anzucht von Stammrosen Verwendung. Im zweiten Jahr nach dem Aufschulen – die stärksten Unterlagen werden im Gegensatz zu den Buschrosenunterlagen tief gepflanzt – haben sich starke Büsche entwikkelt. Beim Roden im Herbst wählt man die kräftigsten langen Triebe als zukünftige Stämme aus. Alle übrigen Triebe sowie die

Augen am Wurzelhals werden entfernt und die Stämme durch Abstreifen mit einem Lederhandschuh entstachelt. Im nächsten Frühjahr pflanzt man dann die Stämmchen auf und veredelt sie im Frühjahr in der gewünschten Höhe. Der Veredlungsvorgang findet wie bereits bei den Buschrosen beschrieben statt, allerdings werden zwei Augen in möglichst gleicher Höhe auf gegenüberliegenden Seiten eingesetzt. Wird der Blattstiel nach 10 bis 14 Tagen abgestoßen oder läßt er sich leicht entfernen, ist das Auge angewachsen. Vor Einbruch stärkerer Fröste werden die Stämme umgelegt und mit Erde bedeckt. Ist der Winterschutz im Frühjahr beseitigt, wird die über der Veredlungsstelle befindliche »Wildkrone« entfernt. Ihre Triebe dienten bisher als Zugtriebe und förderten den Saftstrom. Bis zum Sommer hat sich dann, wiederum nach Pinzieren der jungen Triebe, eine kleine buschige Krone entwickelt, und die ersten Blüten erscheinen. In den Baumschulen werden die Stämmchen an einem über der Pflanzenreihe gespannten Draht aufgehangen, damit sich schöne, gerade Stämme bilden. Ständig sind Unterlagentriebe aus den Wurzeln und am Stamm zu entfernen.

Was gibt es für Rosen?

Klassen der Rosen

Die Vielzahl der vorhandenen Rosen, die Verschiedenartigkeit ihrer Blüten und der unterschiedliche Wuchs erforderten zur besseren Übersicht eine Einteilung in Klassen. In Rosenkatalogen und Rosenbüchern wurden inzwischen alle Rosensorten, die gleiche oder ähnliche Eigenschaften aufweisen, entsprechend eingeordnet.
(Zeichnungen siehe Seiten 29 und 30.)

Gartenrosen (TH)

Die Rosen dieser Klasse werden vom Rosenkenner als Teehybriden bezeichnet. Die meisten Menschen sprechen aber von »Edelrosen«, und dieser Begriff hat sich fest eingebürgert. Sind aber nicht alle veredelten Rosen »edel«? Sicherlich haben die oft edel geformte Knospe, die vornehme Erscheinung, die Schönheit ihrer Farben und der mitunter bezaubernde Duft bewirkt, daß die Teehybride bzw. die Gartenrose zum Sinnbild des Schönen erklärt wurde und sie demzufolge eine »Edelrose« sein muß.
Die Gartenrosen wachsen buschig, der Wuchs der Triebe ist meist straff, kräftig und aufrecht. Manche starkwachsenden Sorten erreichen bei guten Bedingungen Höhen über 1 m, andere wiederum bleiben niedriger. Nur wenige Teehybriden eignen sich als Beetrosen und wirken im Garten. Da die wohlgeformten Blüten mancher Sorten mitunter einzeln am Ende eines Triebes sitzen, verwendet man sie hauptsächlich für den Blumenschnitt. Vielfältig sind die Farben. Die Farbskala reicht vom reinsten Weiß bis zum schwärzlichen Rot, vom Zartrosa bis zum leuchtenden Orange. Ein Kornblumenblau gibt es nicht. Die Blütenform ist verschieden. Sehr beliebt sind Sorten mit schlanken Knospen und spiralig eingerollten Blütenblättern. Es gibt aber auch runde, abgeflachte und mitunter sogar bauchige, plump erscheinende Blüten. Die Anzahl der Blumenblätter, der Fachmann spricht von Petalen, spielt bei der Blütenform eine maßgebliche Rolle. So hat z. B. die bekannte weiße Teehybride 'Virgo' mit ihrer schlanken Knospe 30 und die lichtgelb bis lachsrosa blühende 'Kordes Perfekta' 65 Blütenblätter.
Der Vollständigkeit halber sei noch erwähnt, daß man früher bei den Gartenrosen auch Teerosen, Pernetianarosen und Remontantrosen (remontierend = öfterblühend) eingruppiert hatte. Da die Teerosen sehr leicht erfrieren, sind sie längst aus dem heutigen Rosensortiment verschwunden. Ab und zu findet man noch die schönste unter den Teerosen, die zartgelb blühende und herrlich duftende 'Maréchal Niel', in den Vorräumen alter Gewächshäuser, in botanischen Gärten oder ehemaligen Herrschaftsgärtnereien. Ihr Züchter Pradel taufte sie 1864 zu Ehren eines französischen Marschalls mit Namen Niel.
Pernetianarosen und Remontantrosen werden ebenfalls kaum noch in Rosenkatalogen angeboten, da sie längst in den Teehybriden aufgegangen sind. Wir finden sie noch in Rosarien und in den Gärten einiger Liebhaber alter Rosensorten. Vereinzelt entdeckt man aber auch, mitunter in Bauerngärten, die einstmals so beliebt gewesenen und noch heute durch reiches Blühen erfreuenden Remontantrosen 'Ulrich Brunner fils' (1882), mit großen, gefüllten und duftenden kirschroten Blüten, und die früher in der Welt als 'Schneekönigin' bekannte 'Frau Karl Druschki' (1901). Beide Sorten entwikkeln auch heute noch, sofern sie nicht stark zurückgeschnitten werden, eine unbändige Wuchskraft, so daß sie zu über und über blühenden Sträuchern werden.
(Zeichnungen siehe Seiten 32 und 33).

Es gibt nicht nur langstielige,
sondern auch hochstämmige, buschige,
zwergige und bukettartige Rosen.

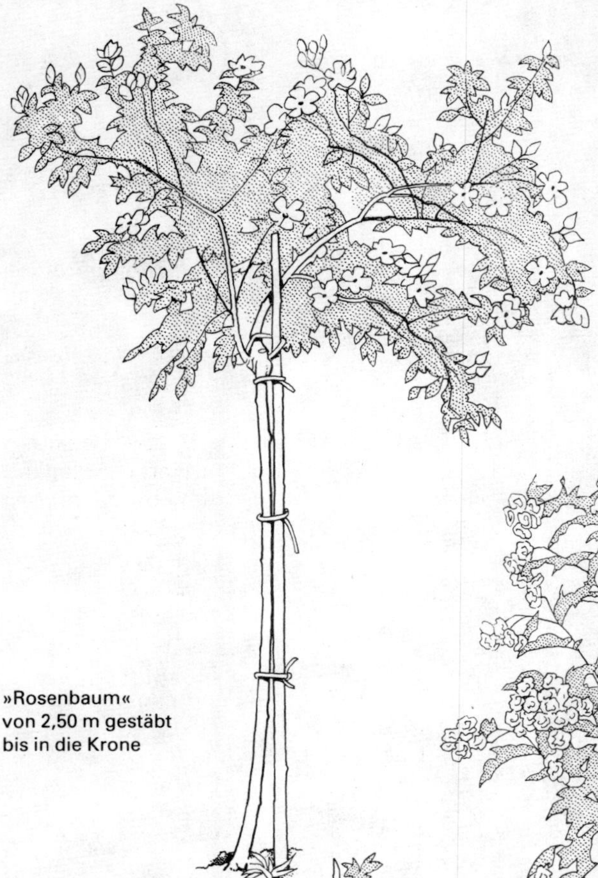

»Rosenbaum«
von 2,50 m gestäbt
bis in die Krone

Kletterrosen

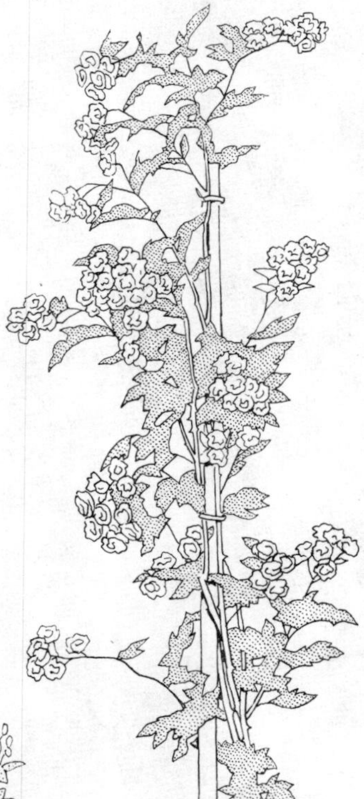

'Regierungsrat Rottenberger'
(Praskač *1926*)
Mult. H. 2,10 m

Kletterrosen-Pyramide

Pyramiden im Rosarium
Sangerhausen –
die größte
Rosensammlung
der Welt.

'Inermis Morletti'
Morlet 1883

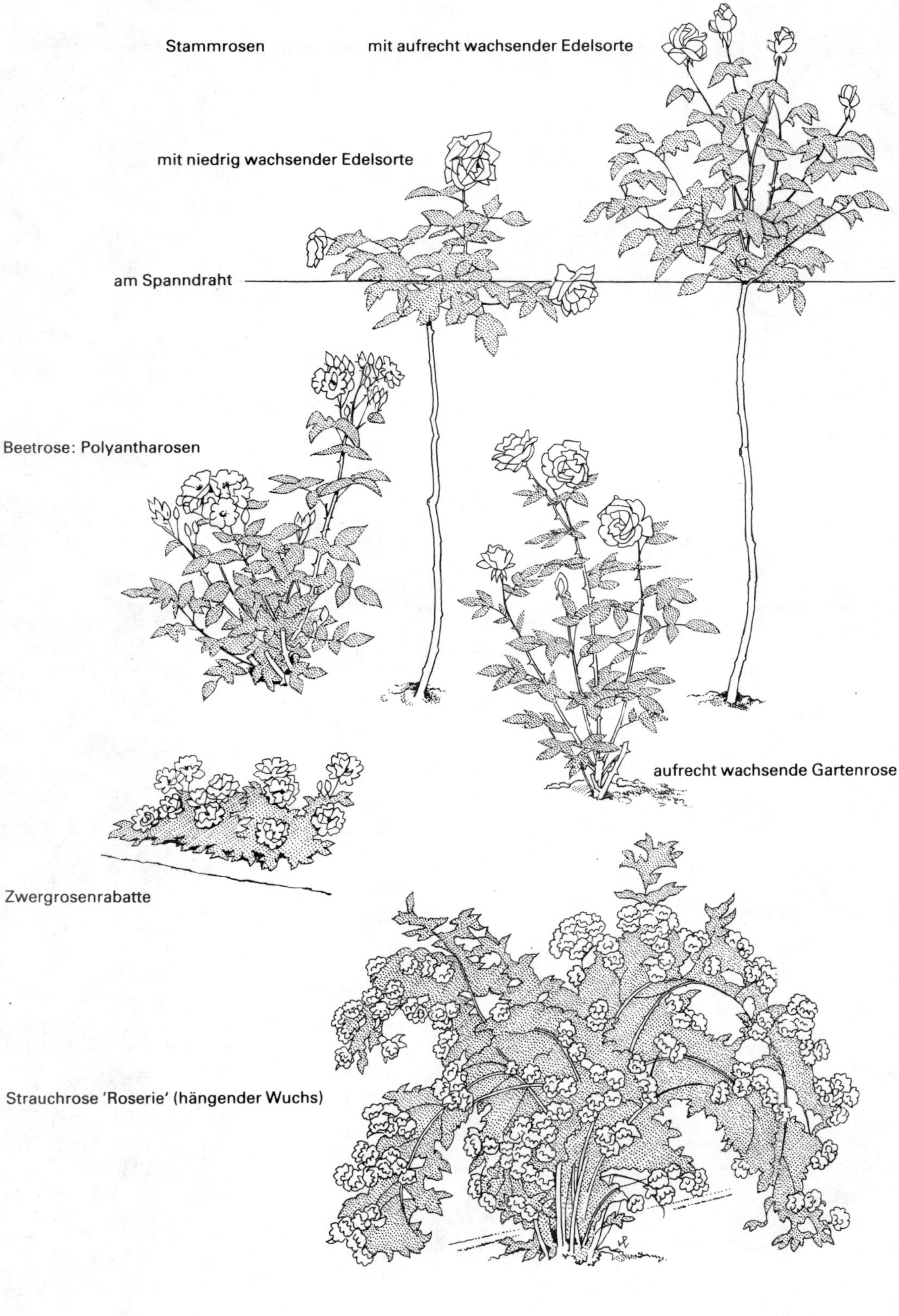
Stammrosen
mit aufrecht wachsender Edelsorte
mit niedrig wachsender Edelsorte
am Spanndraht
Beetrose: Polyantharosen
aufrecht wachsende Gartenrose
Zwergrosenrabatte
Strauchrose 'Roserie' (hängender Wuchs)

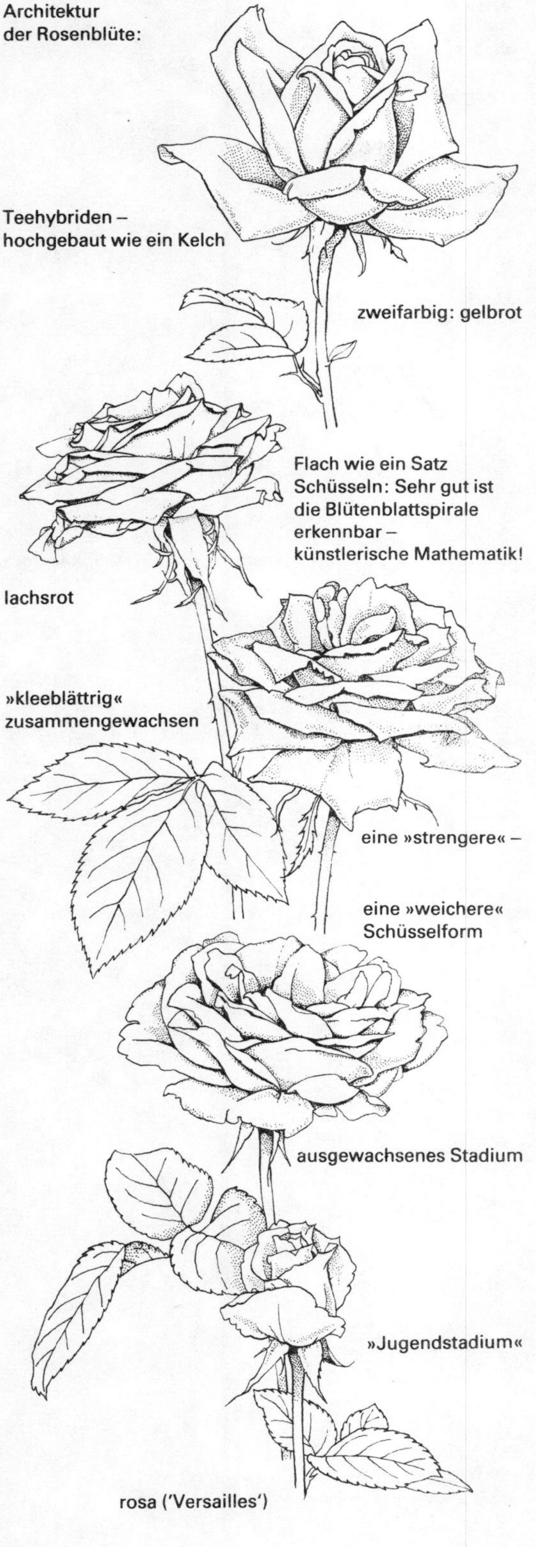

Beetrosen

Zu den Beetrosen gehören die vielblütigen Rosen, und zwar die Polyantharosen (Pol.), die Polyantha-Hybriden (Pol-H.), die Floribunda (Flor.) und die Floribunda-Grandiflora (Flor-Grandifl.). Das Hauptmerkmal dieser Gruppe ist die Vielblütigkeit (polyanthus = vielblumig, floribundus = reichblütig). Haben sie alle die Vielblütigkeit gemeinsam, so gibt es in der Größe und Form ihrer Blüten Unterschiede. Da Übergänge bestehen, wird es mitunter schwierig, eine Sorte in diese oder jene Gruppe einzuordnen.

Die vielblütigen Rosen gehen auf Kreuzungen von *Rosa multiflora* Thunb. ex Murr., *Rosa chinensis*-Formen und alte Teerosen zurück. Etwa 1830 entstand diese neue Klasse: öfterblühende Rosen mit vielen kleinen Blüten und niedrigem Wuchs.

Rosa mulitflora entdeckte Anfang des 19. Jahrhunderts der schwedische Botaniker Thunberg in Japan. Von Jahr zu Jahr eroberten sich die Beetrosen immer mehr die Gärten. Heute sind sie in den städtischen Grünanlagen und besonders dort, wo es auf Repräsentation ankommt, die am meisten verwendeten Rosen. Winterhart, gesundes Laub tragend – es wird kaum von den gefürchteten Pilzkrankheiten befallen – und unermüdlich bis zu Beginn des Winters blühend, verschönen sie mit herrlichen Farben unsere Umwelt.

Polyantharosen (Pol)

Die Polyantharosen besitzen meistens einfache, kugelige bis kelchförmige Blüten. Im heutigen Rosensortiment sieht man kaum Sorten dieser Klasse. Manchmal finden sie aber noch als Beetpflanzungen und für die Topfkultur Verwendung.
(Zeichnung siehe Seite 33 rechts.)

Polyantha-Hybriden (Pol-H)

Etwa um 1900 entstanden durch Einkreuzen von hauptsächlich Remontant- und Teehybridrosen aus den Polyantharosen die ersten Polyantha-Hybriden. Sie waren vielblütig wie ihre Vorläufer, doch hatten die Einzelblüten einen größeren Durchmesser und waren meistens halbgefüllt. Das Zustandekommen dieser Rosenklasse verdanken wir besonders dänischen Züchtern.
(Zeichnung siehe Seite 34 links.)

Gartenrosen bis zur ersten Teehybride

'Soleil d' Or'
(Pernet-Ducher 1900)
Luteahybride (LH)

Teerosen (T)

1883
'Sunset'-Teerosen
sind oft »kópfschwer«

1912
'Mrs. Herbert Hawkworth'

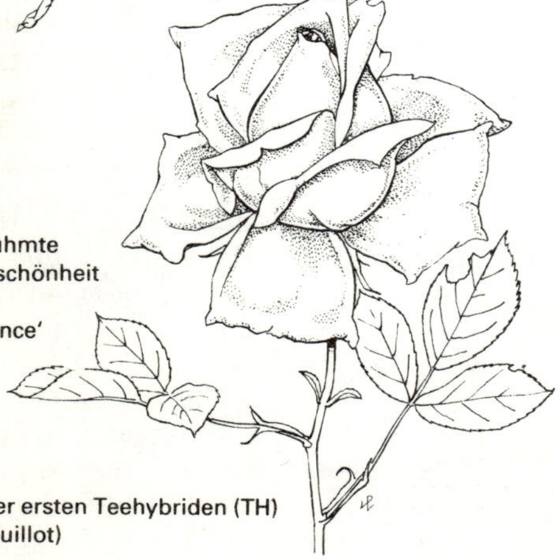

altberühmte
Rosenschönheit
1867
'La France'

eine der ersten Teehybriden (TH)
(von Guillot)

Gartenrosen –
Teehybriden (TH) –
können auch in der Form
sehr verschieden
schön sein.

Teehybride erinnert
an die Tulpenform

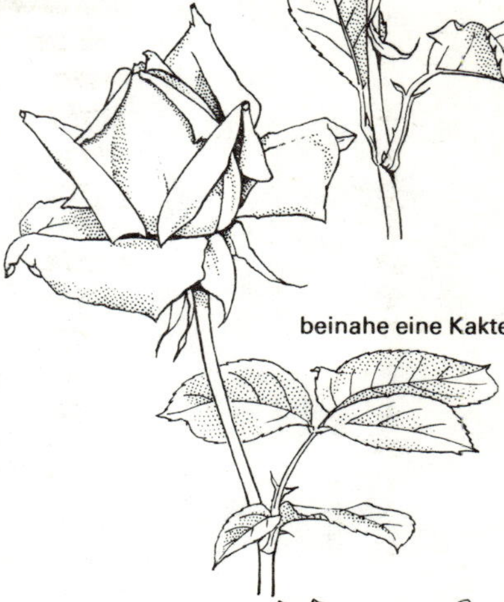

beinahe eine Kakteenblütenform

fast so groß
wie eine Dahlie...

Die individuelle
formenschöne Rose
als Einzelstück in die Vase.

weltbekannte
Gartenrosen

weiß

1901
'Frau Karl Druschki'
– Remontanthybride
von P. Lambert

hellrot

1882 RH
'Ulrich Brunner fils'

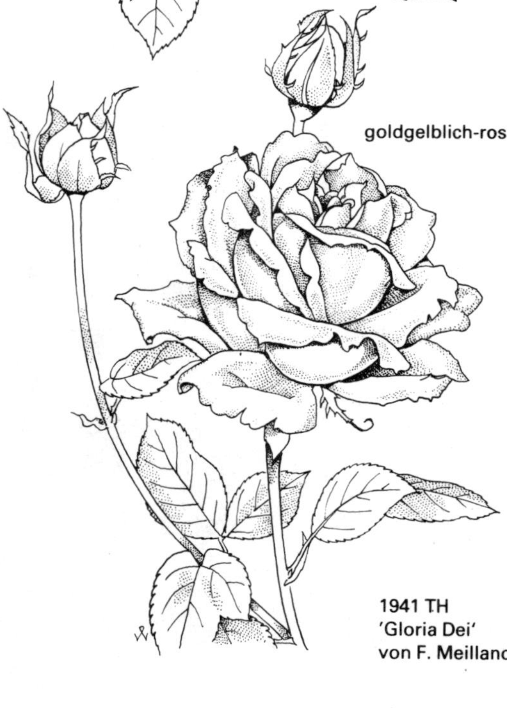

goldgelblich-rosa

1941 TH
'Gloria Dei'
von F. Meilland

Polyantha-Rosen (Pol.)

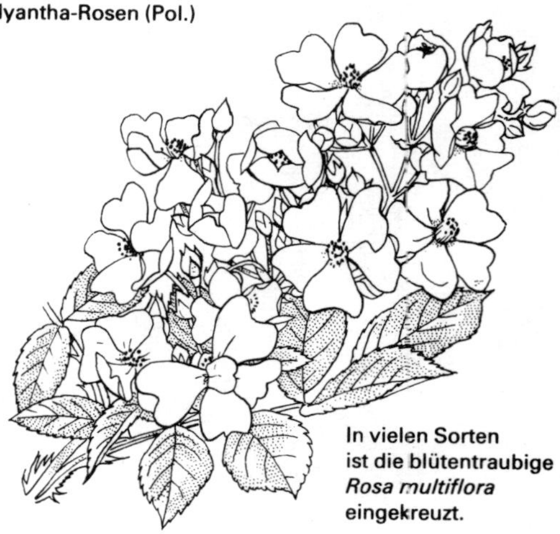

In vielen Sorten
ist die blütentraubige
Rosa multiflora
eingekreuzt.

1949 dunkelrot
'Muttertag'

Rosenzwerge: die »Kostersorten«

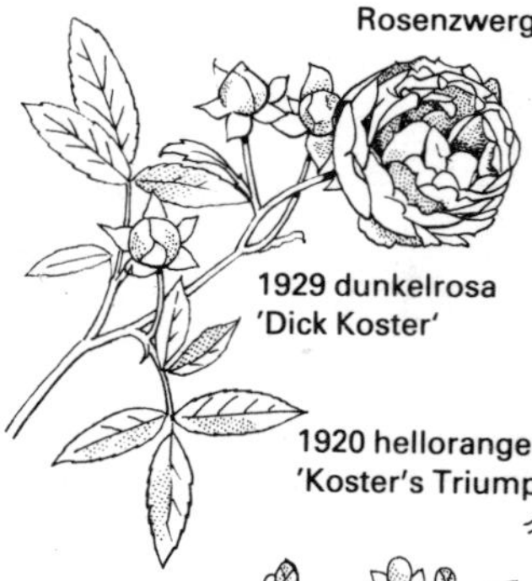

1929 dunkelrosa
'Dick Koster'

1920 hellorangerot
'Koster's Triumph'

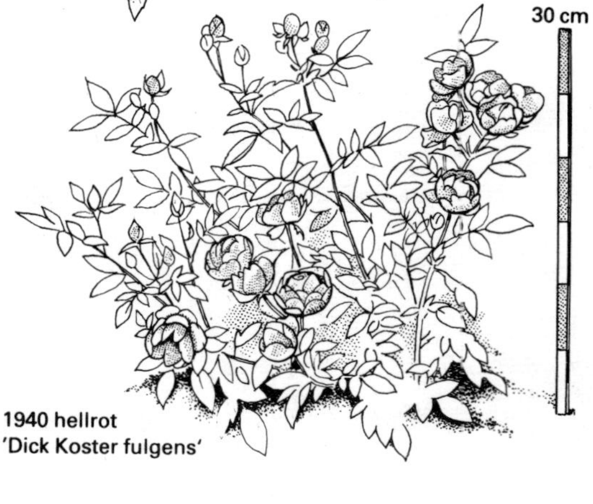

1940 hellrot
'Dick Koster fulgens'

Polyantha-Hybriden (PH)

‚Dagmar Späth',
weiß – eine der ersten

Typisch für *Polyantha-Hybriden* sind die Blütenbüschel.

Wie ein Bukett
kleiner Rosen –
daher sind Polyantha-Rosen
ideal für das Gartenbeet.

So vielgestaltig können Floribunda-Rosen sein!

lachsrosa
wie kleine Gartenrosen
'Da capo' 1960

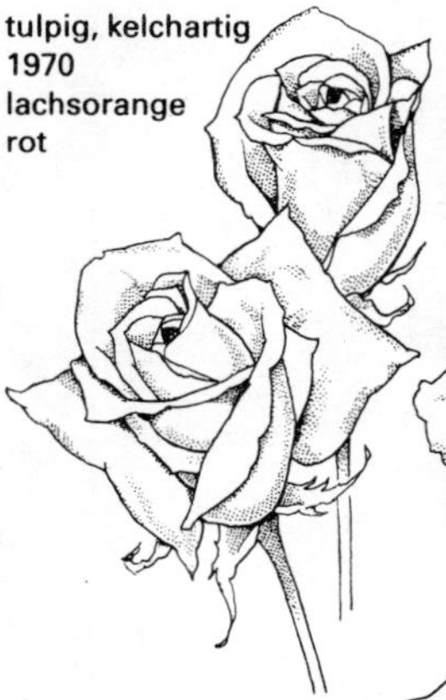

tulpig, kelchartig
1970
lachsorange
rot

offen wie eine einfache
»wilde« Rose –
aber zartlila 1976

Das soll eine Floribunda sein?
'Crimson Velvet'
dunkelrot

Floribunda (Flor)

Erst nach dem 2. Weltkrieg bildete sich eine weitere vielblütige Klasse heraus, deren Blüten wiederum größer waren als die der Polyantha-Hybriden, die Floribunda-Rosen. Ihr Name stammt von dem amerikanischen Rosenzüchter J. H. Nicolas. Sie blühen halbgefüllt bis gefüllt und sind eine besondere Augenweide. Da sie in der Knospe schon fast einer kleinen Gartenrose (TH) ähneln, werden Floribunden nicht nur für große und kleine Beetpflanzungen verwendet, sondern sind auch als Schnittblumen beliebt. Sogar in der Schnittrosenproduktion unter Glas finden bestimmte Sorten Verwendung. Beliebt waren die sogenannten »Babyrosen«, Sorten mit verhältnismäßig kleinen, aber gut geformten Blüten und hervorragender Haltbarkeit in der Vase. Sie stammten von der 1947 vom Rosenzüchter Tantau in den Handel gebrachten Sorte 'Garnette' ab. Mitunter liest man von Garnetterosen, Teenagerrosen und Sweetheartrosen.

Die in verschiedenen Rosen vorhandenen pelargonienroten Farbtöne stammen von der 1951 von Kordes gezüchteten Floribunda 'Kordes Sondermeldung' ab, die von vielen Rosenzüchtern zu weiteren Kreuzungen benutzt wurde.

Floribunda-Grandiflora (Flor-Grandifl.)

Floribunda und Gartenrosen wurden weiter eingekreuzt, bis eine riesenblütige Floribunda entstand. Einzelne oder zu mehreren in Blütenständen zusammenstehende Blüten erreichen die Größe von Gartenrosen. Die bekannteste Sorte dieser Klasse ist die Weltlieblingsrose des Jahres 1978, die hellrosa blühende 'The Queen Elizabeth Rose'.

Der buschige, gedrungene Wuchs und alle anderen Vorzüge der Floribunda werden vielleicht in der Zukunft den Gartenrosen Konkurrenz machen.

Kletterrosen (Kl)

Die Bezeichnung Schling- oder Rankrosen ist nicht richtig. Kletterrosen besitzen keine Ranken oder Haftorgane, mit denen sie sich festhalten können wie Weinarten und Clematis. Sie klettern auch nicht mittels eines windenden Wuchses an einem Halt empor, wie es beim Hopfen, bei der Winde oder bei

Floribunda-Grandiflora (Fl. grdfl.)
(großblütige Floribunda:
z. Z. interessantestes Zuchtgebiet!)

Die silberrosafarbene
'Elizabeth-Rose'
(The Queen-Elizabeth-Rose)
(Lammerts 1954)

'Samourai'
(M. L. Meilland 1966)
dunkelrot

Kletterrosen

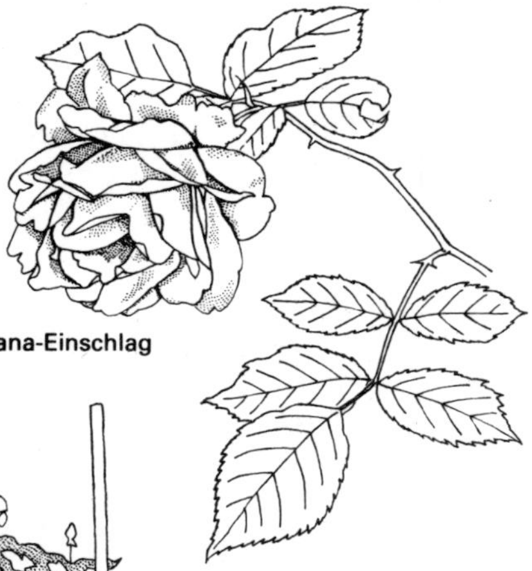

1935 rot
mit Wichuraiana-Einschlag

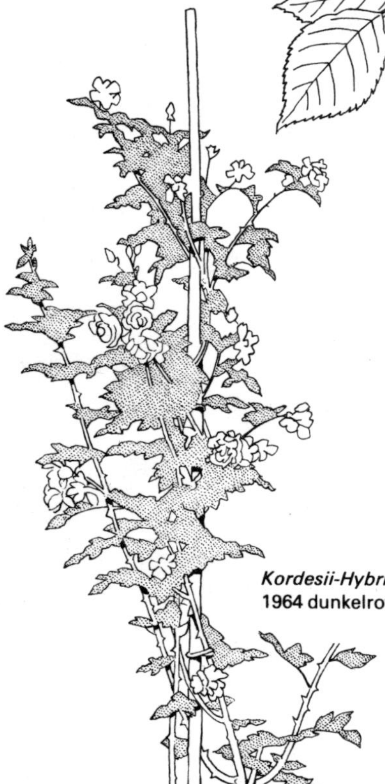

Kordesii-Hybride 'Sympathie'
1964 dunkelrot

1930
hellrosa

wie eine
Gartenrose
'New Dawn' (Wich. H.)
bis 3 m Höhe

der Stangenbohne der Fall ist. Kletterrosen werden als sogenannte Spreizklimmer bezeichnet und brauchen, genau wie die Brombeere, eine Stütze. Ihre Triebe werden allgemein über 2 m lang, können aber auch, wie z. B. bei der blutroten 'Flammentanz' oder bei der zartrosa blühenden 'New Dawn', 4 bis 5 m erreichen. Notwendig wird daher das Anbinden der Triebe an Häuserwänden, Lauben, Pergolen, großen Stützgerüsten, Zäunen usw. Man kann sie aber auch über Mauern und Böschungen wachsen lassen. Bei den Kletterrosen gibt es einmal- und öfterblühende Sorten. Der Blütenflor der einmalblühenden dauert aber mitunter 4 bis 5 Wochen. Die neuere Rosenklasse *Rosa kordesii* (Kord.), erst nach 1950 kamen von ihr eine ganze Reihe Sorten in den Handel, blüht unermüdlich bis zum Eintritt des Frostes. *Rosa kordesii*-Kletterrosen werden 2 bis 4 m hoch, zeichnen sich durch reiches Blühen, gesundes, glänzendes Laub und große Winterhärte aus. Auch als freiwachsende Büsche in Einzelstellung wirken Sorten dieser Klasse hervorragend, so die bekannte, mit ihren gefüllten, feurigroten Blüten an eine Edelrose erinnernde 'Gruß an Heidelberg'. Neuerdings wird bestritten, daß 'Gruß an Heidelberg' eine *Rosa kordesii* ist. Sie soll entstanden sein aus 'Minna Kordes' × 'Floradora'. *Rosa kordesii* stammt von der Sorte 'Max Graf' (Bowditch 1919), einer Hybride aus *Rosa rugosa* Thunb. × *Rosa wichuraiana* Crép., ab. Obwohl 'Max Graf' steril ist, entstand 1940 aus ihr bei Kordes durch Selbstung ein Sämling, der sich ausgezeichnet sowohl als Vater- als auch als Muttersorte für die Züchtung verwenden ließ.

Viele Kletterrosen stammen von *Rosa multiflora* (Mult.) ab, die auch bei der Entstehung der Polyantharosen eine große Rolle gespielt hat. Diese Kletterrosenart wurde als erste züchterisch bearbeitet. Multiflora-Kletterrosen blühen in großen Rispen, sehr reich, aber mit meistens kleinen Blüten und leider nur einmal im Jahr. Obwohl sie starkwüchsig sind und lange Triebe ausbilden, haben sie den Nachteil, mehltauanfällig zu sein. Andere Kletterrosen, wohl mit die schönsten und winterhärtesten, besitzen das Erbgut von *Rosa wichuraiana* (Wich.). Sie stammt aus Japan und wurde von dem deutschen Botaniker Dr. Wichura eingeführt.

Das glänzende, gesunde Laub und die bei manchen Sorten edelrosenartigen Blüten sorgten für große Beliebtheit der Wichuraianahybriden. Da sie ein hängender bzw. kriechender Wuchs auszeichnet, eignen sie sich auch gut für Trauerrosenstämme. Genau wie die von *Rosa multiflora* abstammenden Kletterrosen blühen sie nur einmal im Frühsommer des Jahres, dafür aber in überschwenglicher Fülle. Nur die Sorte 'New Dawn' und die später aus ihr entstandenen Sorten bilden Ausnahmen und blühen unermüdlich bis zum ersten strengen Frost. Das Öfterblühen der Weltrose 'New Dawn' trat als Sport auf und ist es bis zum heutigen Tag geblieben. 'New Dawn' war die erste remontierende Kletterrose und erhielt das erste amerikanische Pflanzenpatent.
Zu den Kletterrosen müssen auch noch die »Climbing-Sporte« gezählt werden. Sie sind nicht zielgerecht gezüchtet worden, sondern entwickelten sich aus Garten- und Beetrosen, bei denen sich spontan lange, kletterrosenartige Triebe bildeten. Der Züchter spricht von kletternden Sporten, und in den Katalogen liest man dann z. B. 'Climbing Gloria Dei' oder 'Climbing Orange Triumph'. Diese Climbing-Formen (englisch: climbing = kletternd) besitzen zwar die Eigenschaft des Öfterblühens wie die Ausgangssorten, aber besonders die starkwüchsigen blühen sehr wenig. Weder durch Schnitt noch durch Niederbinden läßt sich ein zufriedenstellender Blütenflor erreichen. Auch frieren sie oft zurück.

Strauchrosen

mit stark hängendem Wuchs
rot

1954 hellgelb

Strauchrosen (Str)

In manchen Rosenbüchern und Baumschulkatalogen gibt es folgende Gruppierungen dieser Rosenklasse:
1. Dauerblühende Strauchrosen (es müßte »öfterblühende« heißen!)
2. Parkrosen
3. Moos- und Wildrosen.

Da alle diese Rosen strauchartig wachsen und sowohl in Gärten als auch in Grünanlagen und Parken verwendet werden können, sollte die Bezeichnung Strauchrosen die richtige sein. Bei den Moos- und Wildrosen handelt es sich um botanische Arten und nicht gezüchtete Rosen. Ihre Vermehrung geschieht durch Samen oder Ausläufer.

1973
'Bastei' Strauchrose

Strauchrosen

1969 gelb
'Golddorf Seppenrade'

1952 rosa
Lambertiana
'Buisman's Triumph'

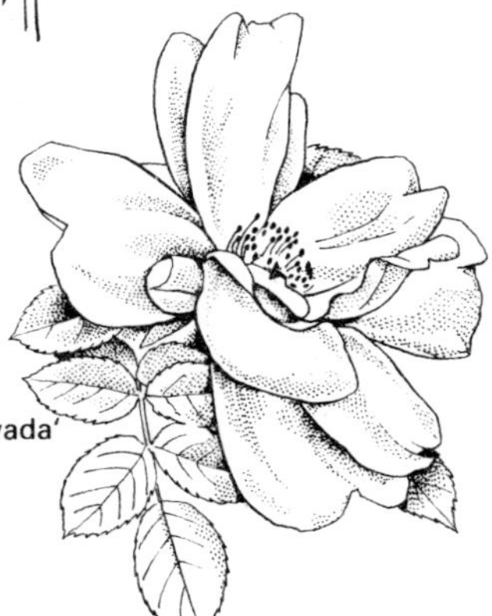

1928 weiß
Moyesii-Hybride 'Nevada'

rosa Strauchrose

Unsere heutigen wertvollsten Strauchrosen, die eine Höhe von etwa 1 bis 2 m erreichen, sind *Lambertiana-Hybriden* (Lamb.). Sie tragen deshalb den Namen Lambertiana, weil der Rosenzüchter Peter Lambert um 1900 mit den ersten Arbeiten für die Entstehung dieser frohwüchsigen, öfterblühenden und sehr winterharten Rosen begann. Heute gibt es eine ganze Anzahl dieser herrlichen Strauchrosen, die viel zuwenig gepflanzt werden und die manchen nur einmal im Jahr blühenden Zierstrauch ersetzen könnten. Züchtungen der letzten Jahre ergaben sehr reich und unermüdlich blühende Sorten, mit zum Teil edelrosenartigen Blüten. Die hellrote, in großen Dolden blühende 'Elmshorn' zeigte ihre mittelgroßen Blüten manchmal noch Anfang Dezember, als schon der erste Schnee liegenblieb.

Rosa rugosa (Rug.)
Die Entstehung weiterer Strauchrosen verdanken wir der Kartoffelrose *Rosa rugosa* Thunb. Die aus ihr hervorgegangenen Sorten erkennt man an zumeist starken Trieben, die stachelig bis borstig sind und runzeliges Laub tragen. Sie blühen mehrmals im Jahr und gedeihen auch auf weniger guten Böden. Die Wildform behauptet sich sogar im Dünensand. Beliebte Sorten sind 'F. J. Grootendorst' (rot) und 'Pink Grootendorst' (rosa), beide mit nelkenartigen Blüten, die in Büscheln zusammensitzen, sowie die schon 1899 gezüchtete 'Conrad Ferdinand Meyer' mit edelrosengleichen, stark duftenden rosa Blüten.

Rosa pimpinellifolia
Die Bibernellrose, *Rosa pimpinellifolia* L., bekannt auch als *Rosa spinosissima*, war ebenfalls Ausgangspunkt einiger sehr schöner, bis zu 3 m hoch werdender Strauchrosen. Da Rosen dieser Abstammung sich zu ziemlich großen, ausladenden Büschen entwickeln, kommen sie gut in Einzelstellung zur Geltung. Sie blühen nur einmal sehr reich, eröffnen bei günstiger Witterung aber schon Mitte Mai den Rosenflor und bringen manchmal im Sommer noch eine bescheidene Nachblüte. Bekannt sind besonders die Sorten mit den schönen Frühlingsnamen wie 'Frühlingsmorgen' (rosa, zur Mitte heller), 'Frühlingsduft' (gelblichrosa), 'Frühlingszau-

Moosrose
1843 weiß

Rosa centifolia muscosa
'Comtesse de Murinais' (1843)

Rosa rugosa rubra
(‚Rubra' –
eine Gartenform)

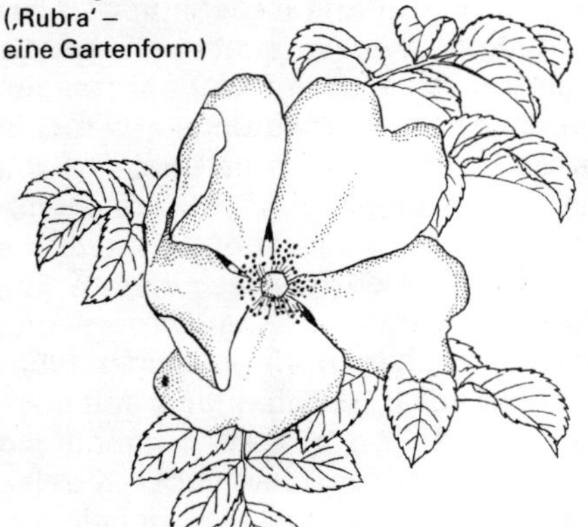

Pimpinellifoliae
Rosa xanthina spontanea
Nordchina/Korea

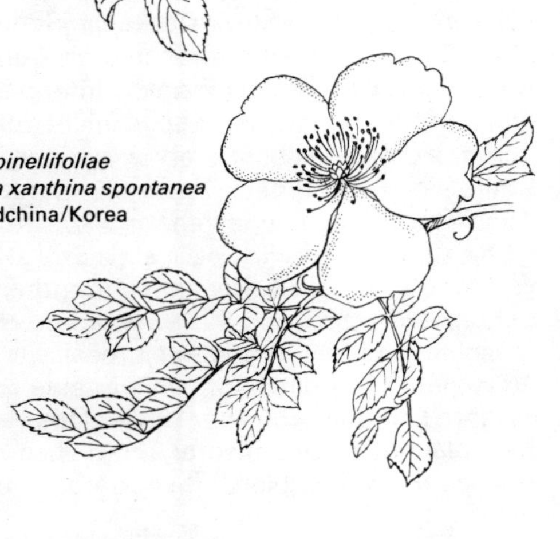

ber' (leuchtend rot, Mitte rosa) und 'Frühlingsgold' (hellgelb).

Wildrosen

Auch sie zählen zu den Strauchrosen, doch kommen sie für kleinere und mittelgroße Gärten weniger in Betracht. Da sie durch ihre Gesamterscheinung wirken, brauchen sie viel Platz und Sonne. Mit Ausnahme von *Rosa rugosa* Thunb., bei der oftmals neben reifen Hagebutten auch Blüten zu sehen sind, blühen sie alle nur einmal. Neben ihrer imposanten Erscheinung zieren Wildrosen noch durch das schöne Laub und den vielgestaltigen Hagebuttenschmuck im Herbst. Viele Menschen lieben Wildrosen mit ihren einfachen Blüten als Sinnbild des Ursprünglichen und Unverfälschten.

Zwergrosen (Zw)

Miniatur- oder Liliputrosen werden zumeist in den Rosenkatalogen unter der Überschrift »Zwergbengalrosen« aufgeführt. Da es sich um Abkömmlinge der *Rosa chinensis* Jacq. 'Minima' handelt, wäre der richtige Name Zwergchinarosen. Sie stammen von der »Urzwergrose« 'Pompon de Paris' (1839 oder 1823) ab, die, um 1910 wiederentdeckt, unter dem Namen Rosa roulettii in den Handel gebracht wurde. *Rosa* 'Roulettii' blüht hellrosa und wird bis zu 60 cm hoch. Die Züchtungen der letzten Jahre ergaben eine Anzahl sehr hübscher Sorten, die meistens nur Höhen von 20 bis 30 cm erreichen und ganz entzückende Blüten tragen. Bei einigen Sorten sehen die Blüten genau wie kleine Edelrosen aus. Diese »Mini-Rosen« blühen in vielen Farben. Einen reizenden Anblick bieten sie, wenn recht buschig wachsende Sorten auf 30 cm hohe Stämmchen veredelt wurden.

Ist von Zwergrosen die Rede, dürfen auch die sogenannten »Kußröschen« nicht unerwähnt bleiben. Sie gehören nicht zu den Zwergchinarosen. Eingeordnet werden sie deshalb zu *Rosa multiflora* 'Nana', da sie wahrscheinlich als Bastardierungen zwischen *Rosa multiflora* und *Rosa chinensis* entstanden sind. Diese entzückenden, kleinen Röschen tragen einfache, halbgefüllte oder gefüllte weiße bis rosa Blüten und werden aus Samen vermehrt. Im Februar/März

Wildform

1951 rosarote
Moyesii-Hybride

rosarot
aus dem chinesischen Formenkreis:
Bengal-Rose (Zwergform)

1856 grün
Rosa chinensis
'Viridiflora'
die grüne Rose

unter Glas warm ausgesät, nach dem dritten bis vierten Blatt in kleine Töpfchen pikiert, blühen sie schon ab Juni bis zum Herbst. Auch als Topfrosen im Zimmer und für die Bepflanzung von Schalen und Blumenkästen sind Zwergrosen geeignet. Seit etwa 150 Jahren gibt es Verehrer dieser zierlichen Röschen, die mit ihrem niedrigen, buschigen Wuchs auch im Steingarten Verwendung finden können.

Schwarze, blaue und grüne Rosen

In den Rosengärten fragen die Besucher immer wieder nach dem Standort der schwarzen Rose. Enttäuscht betrachten sie dann die von Max Krause 1932 gezüchtete 'Nigrette', die als schwarze Rose bezeichnet wird. Diese Rose, schwachwachsend, mit schwärzlich-roten Blüten, stellt nichts Besonderes dar. Auf einem Stamm veredelt, entwickeln sich kräftigere Triebe und etwas größere Blüten. Wieviel schöner sind die dunkelsamtroten und oftmals duftenden Teehybriden späterer Züchtungen, wie zum Beispiel die Sorten 'Josephine Bruce', 'Papa Meilland', 'Karneol-Rose', 'Norita' oder 'Charles Mallerin'! Sehr schön ist auch die kletternde Teehybride 'Guinèe', die an langen Stielen schwärzlich-scharlachrote und duftende Blüten hervorbringt. Leider blüht sie nicht sehr reich, und bei lang anhaltender trockener Kälte im Winter nimmt sie Schaden. Manche Menschen lieben Kuriositäten, und sie hätten gern eine geheimnisvolle »Schwarze Rose«. Dabei ist Schwarz keine Farbe, Schwarz ist absolutes Dunkel! Außerdem würden schwarze Blütenblätter die Wärmestrahlen der Sonne nicht reflektieren, sich dadurch zu stark erwärmen und schließlich verbrennen.

Auch kornblumen- oder enzianblaue Rosen gibt es nicht und wird es nie geben. Diese Farbtöne sind in den Rosen nicht enthalten. Schon die 1909 erschienene Kletterrose 'Veilchenblau' mit ihren zarten rosalila, amethyst-violetten kleinen Blüten war eine interessante Erscheinung, aber keine blaue Rose. Die »blauen« Rosen unserer Zeit blühen helllila, zart lavendelblau, fliederfarben oder silbrigblau. Manche dieser Sorten duften. Über die Schönheit solcher Rosen wird man geteilter Meinung sein. Sicherlich möchte der Rosenfreund in seinem Sortiment wenigstens eine »blaue« Rose haben. Einige Sorten davon sind: 'Delphin' (pastellila), 'Intermezzo', 'Mainzer Fastnacht' (hellila), 'Salzaquelle' (reinlavendelblau), 'Silver Star' (silberblau) und 'Sterling Silver' (hellviolett).

Die grüne Rose als Besonderheit steht oft nur als Einzelpflanze im Garten des Rosenfreundes. Auch in öffentlichen Rosengärten wird sie nie ein Beet schmücken, sondern nur in wenigen Exemplaren als interessantes Objekt vorhanden sein. Die aus China stammende *Rosa chinensis* 'Viridiflora', 1856 wurde sie bekannt, stellt keine Schönheit dar. Als Sport einer unbekannten Bengalrose blüht sie grün. Blütenblätter, Staubgefäße und Griffel sind zu Kelchblättern umgebildet. Sie ist steril. Auf einem Hoch- oder Halbstamm veredelte Pflanzen haben, genau wie die der 'Nigrette', größere Blüten.

Ölrosen

Es gibt Rosen, die nicht wegen ihres Zierwertes kultiviert oder angepflanzt werden, sondern wegen der in den Blütenblättern enthaltenen Bestandteile ätherischer Öle. Dieses Rosenöl ist unentbehrlich für die Kosmetik- und Parfümindustrie. Durch mehrmalige Destillation wird es aus den Blüten von *Rosa* × *damascena* Mill. gewonnen. Seit Mitte des 16. Jahrhunderts kommt diese Rose in europäischen Gärten vor. Am ergiebigsten ist die Form *Rosa* × *damascena* 'Trigintipetala', bekannt als die echte Ölrose des Orients. Die Pflanzen werden etwa 2 m hoch, und ihre bis zu 30 Blütenblätter zählenden rosafarbenen Blüten duften besonders intensiv. Vermutlich handelt es sich bei ihr auch um jene »Rose von Schiras«, die Hafis in seinen Liedern besang. Die einstmals blühende persische Stadt war berühmt wegen ihres Rosenöls und der herrlichen Rosen- und Granatapfelgärten.

Die erste Rosendestillation soll von einem indischen Arzt im Jahre 100 u.Z. erfolgt sein. Persien gilt als das Ursprungsland des Ro-

Die »schwarze« Rose

1933 schwarzrot Teehybride 'Nigrette' von M. Krause degeneriert: wird kleiner und schwächer im Wuchs

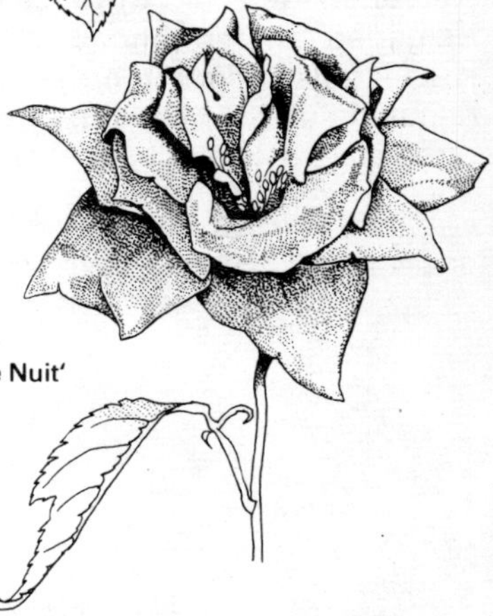

1966 schwärzlich dunkelrot Teehybride 'Bonne Nuit' (Gute Nacht!)

Die »blaue« Rose

1964 violette Teehybride 'Mainzer Fastnacht' – eine international bekannte »blaue« Rose

senöls. Vom 8. Jahrhundert an befaßte man sich dort in größerem Umfang mit der Rosenölgewinnung, die sich erst später auch über die arabischen Länder bis Spanien ausbreitete. Inzwischen ist der Beweis erbracht, daß nicht nur die Blütenblätter der Rosen des Orients (aufgrund des dort herrschenden Klimas) ätherische Öle enthalten bzw. einen starken Duft erzeugen, der technisch verwertet werden kann, sondern daß auch in nördlichen Gegenden Ölrosen wachsen, die ebenso gehaltreich sind. 1884 wurden bei Leipzig und in der Magdeburger Gegend Rosen angebaut, deren Öl in der Feinheit seines Geruchs zum Beispiel dem türkischen weit überlegen war. Um 1700 begann man in Bulgarien mit dem Anbau von Rosen zur Gewinnung des begehrten *Oleum rosae.* Bulgarien ist heute das Land mit den größten Kulturen. Das Hauptanbaugebiet befindet sich in der Umgebung von Kasanlak am Südabhang des Balkan-Gebirges. Im sogenannten Tal der Rosen sind mehrere tausend Hektar mit Rosen bepflanzt. Auch in der Sowjetunion, besonders auf der Krim, in Südfrankreich, Algerien, Marokko und der Türkei werden Ölrosen angebaut.

Rosenöl ist sehr kostbar, ja teurer als Gold. Zur Gewinnung von einem Kilogramm werden bis zu 5000 kg Rosenblüten benötigt. Ein Hektar liefert etwa 3000 bis 4000 kg. Da eine Blüte nur ungefähr 2,5 bis 4,5 Gramm wiegt, müssen also weit über 1 Million Blüten für ein Kilogramm reines Rosenöl gesammelt, d. h. mit der Hand gepflückt werden. Die Ernte der halbgeöffneten Blüten erfolgt morgens zwischen 5 und 9 Uhr, da der Ölgehalt der Blüten mit fortschreitender Temperatur sinkt. Gegen Mittag enthalten die Blüten nur noch 60 bis 70 % des Anteils vom Morgen.

Vom Duft der Rose

Von vielblütigen Rosen erwarten wir, daß sie mit ihrer Farbenpracht und lang anhaltenden Blütezeit Beete schmücken. Der Duft ist nicht das Bestimmende. Auch Kletter- und Strauchrosen brauchen nicht unbedingt zu duften. Wie sieht es aber mit den Gartenrosen (Teehybriden) und einigen zum Schnitt geeigneten Floribundarosen aus? Müssen diese Rosen mit zumeist schlanker, wohlgeformter Knospe und wundervollen Farben auch noch duften? Ja, sie sollten es! Eine duftende Rose wird immer einer anderen, sonst in ihren Eigenschaften gleichwertigen vorgezogen. Wie groß ist die Freude, die ein Mensch empfindet, wenn er beim Niederneigen auf die Blüten eines geschenkten Rosenstraußes Duft wahrnimmt. Auch im Garten, besonders beim Betrachten einer eben erblühten Rose auf einem Hochstamm, möchte der Rosenfreund nicht nur die Schönheit der Blüte genießen, sondern auch den Duft. Immer wieder beobachtet man, daß die Menschen geschenkte Rosen zuerst an die Nase führen. Züchtungen mit Duft waren die erfolgreichsten. Doch was nutzt auf der anderen Seite der Duft, wenn Form, Farbe und Wuchs nicht befriedigen? Die Züchter sprechen von seltenen Glücksfällen, wenn eine sehr schöne Rose mit vielen guten Eigenschaften auch noch duftet. Eine Vielzahl von Ahnen spielten dabei eine Rolle, und nur auf einen Bruchteil von Sämlingen wird jeweils der Duft duftender Elternsorten übertragen. Zweifarbige Rosen, in denen die Erbanlagen der Fuchsrose *Rosa foetida* J. Herrm. enthalten sind, und die von *Rosa multiflora* Thunb. ex Murr. abstammenden Kletterrosen werden in den seltensten Fällen duften.

Was gibt es nun für Düfte bei den Rosen? 25 Duftarten soll es geben. Viele Seiten ließen sich füllen, um die einzelnen Duftnuancen näher zu beschreiben. Es ist ein schwieriges Unterfangen, zumal jeder Mensch sicherlich anders empfindet. So wie manche Leute nicht das Zirpen einer Zikade wahrnehmen, so haben besonders Großstadtmenschen mitunter ihren Geruchssinn verloren. Die Intensität des Duftes ist auch vom Wetter abhängig. Bei kühlem, trübem Wetter duften manche Rosen nur sehr schwach, während bei Sonnenschein und schwüler Witterung viele Sorten einen intensiven Duft verbreiten. Im Verblühen ändert sich der Duft der Rose. Der Duft wird von den in den Blütenblättern befindlichen ätherischen Ölen hervorgerufen. Besonders rote, samtartige Rosen besitzen oftmals einen wunderbaren Duft. Erinnert sei an die berühmte 'Crimson Glory', deren Duft unbeschreiblich köstlich ist. Mitunter wird der Duft nach bestimmten Ausgangsarten bezeichnet, wie zum Beispiel Centifolienduft, Caninaduft, Damaszenerduft, Teerosenduft, oder man nutzt Begriffe aus der Parfümerie. Wer Veilchenduft liebt, pflanzt sich die Floribundarose 'Vogue'. Festgestellt wurde, daß auch der Boden und die Unterlage den Duft beeinflussen. Erwähnt sei noch, daß es »duftbewahrende« und »duftverströmende« Rosen gibt. Bei den »duftbewahrenden« bemerkt man den Duft erst unmittelbar an der Blüte, während bei anderen Sorten der Duft schon beim Näherkommen wahrnehmbar ist. Wundervoll und oft schon aus der Ferne feststellbar, besonders nach Regenfällen und warmer Witterung, ist der Duft der Schottischen Zaunrose (*Rosa rubiginosa* L.). Bei ihr sind es die Laubblätter, die angenehm nach Sommeräpfeln riechen. Bisher ist es noch nicht gelungen, diesen Duft bei Neuzüchtungen auf Rosen zu übertragen. Wissenschaftliche Untersuchungen ergaben, daß nur etwa 20 % aller Rosen einen guten Duft besitzen, 25 % überhaupt nicht duften und der Rest kaum oder nur schwach duftend ist. Deshalb ist das Zuchtziel, einen angenehmen Duft zu erreichen, wichtig.

Nicht nur Blüten erfreuen!

Neben vielen prächtigen Farben und Formen gibt es im Pflanzenreich auch zahlreiche kleine und nicht so auffällige Dinge, die viel Freude bereiten können. Die Kunst besteht nur darin, sie zu sehen, ein Auge dafür zu haben. So ist es auch bei den Rosen. Nachfolgend sei auf Merkmale hingewiesen, bei denen es sich lohnt, sie einmal näher zu betrachten.

Laubblätter

Ohne das zierende Grün des Blattes, das in schönem Kontrast zur Blüte steht, wäre die Rose unvollkommen. Ihre Schönheit käme nicht zur Geltung. Oberflächlich betrachtet, erscheinen alle Blätter gleich. Das ist aber nicht der Fall. Jede Sorte besitzt ihren eigenen Blattcharakter. Manchmal sind die Unterschiede kaum feststellbar. Am meisten Freude bereitet gesundes, dunkelgrünes und glänzendes Laub, ganz besonders, wenn nach einem Regen die Sonne darauf scheint. Sehr schönes Laub haben zum Beispiel 'Gloria Dei', aus ihr entstandene Züchtungen und 'Orange Triumph'. Bei manchen Sorten erscheinen die Blätter wie mit Reif überzogen. Andere besitzen stark ausgeprägte Blattnerven, die mitunter eine gelbe, bei jungen Blättern sogar eine rote Farbe haben. Auch die Blattunterseiten weisen viele Unterschiede auf. Einmal sind sie hell- oder sattgrün, tragen einen mattgrauen Reif oder kleine Stacheln, meistens an den Blattstielen, können aber auch leicht behaart sein. Interessant ist ebenfalls die Verschiedenartigkeit der Zähnung des Blattrandes. Beim Austrieb im Frühjahr zeigen die jungen Blätter zumeist eine zarte rötliche Färbung. Einen der schönsten Anblicke bieten immer wieder die rötlich gefärbten großen Blätter und jungen Triebe der kerngesunden Beet-

verschiedene vollentwickelte Rosenblätter

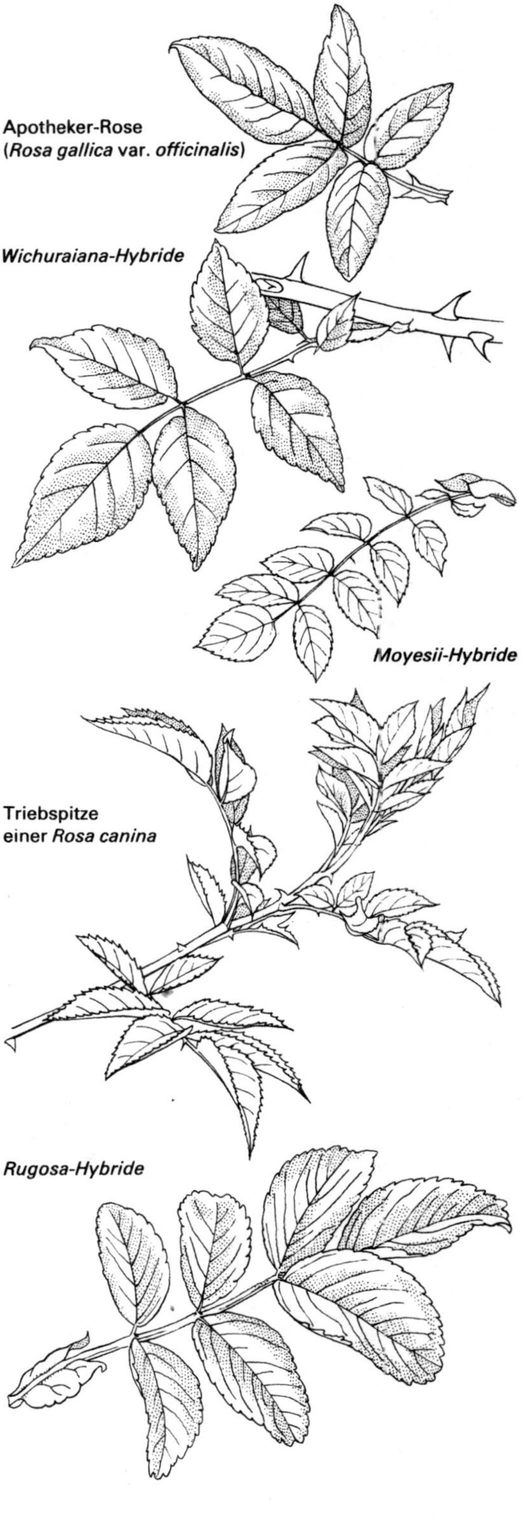

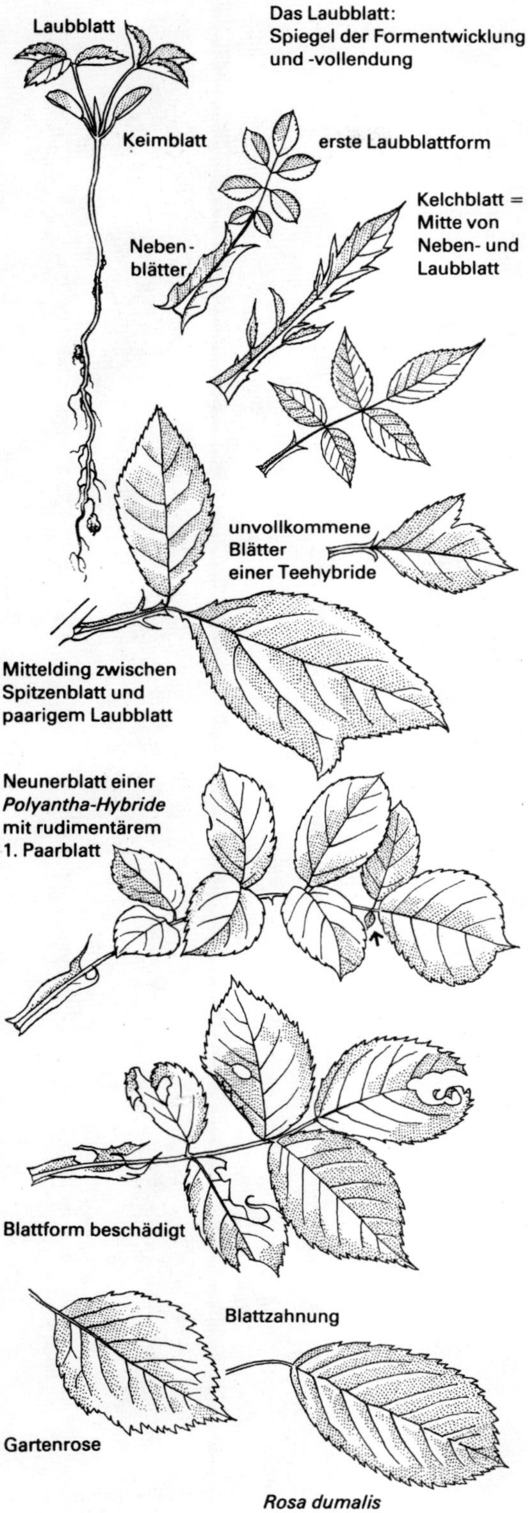

rose 'Europeana'. Eine Rose, die nur rötliche Blätter trägt, ist die Wildrose *Rosa glauca* Pourr. Sie wird als »Rotblättrige Rose«, aber auch als »Hechtrose« bezeichnet. Vorausgesetzt, das Blattwerk der Rosen bleibt im Sommer gesund, setzt im Herbst eine unterschiedliche Veränderung ein, die nach den ersten Frösten mitunter bei einigen Sorten zu einer prächtigen Verfärbung führt. Es erscheinen bräunlichgrüne und auch gelbliche Farben. Bei der Kletterrose 'Flammentanz' und auch bei einigen Strauchrosen, besonders bei den Sorten der *Rosa pimpinellifolia* L., werden die Blätter herrlich gelb, und mitunter bleiben die Blattnerven grün.

Triebe und Stacheln

Auch die Triebe und Stacheln der Rosen lohnen, einmal näher in Augenschein genommen zu werden. Genau wie die Blätter sind sie, je nach Sorte, recht unterschiedlich. Die Farbskala junger Triebe reicht vom zarten oder satten Grün bis zu rötlichbraunen Farbtönen. Besonders beeindruckend sind die starken, meterlangen Triebe mancher Strauchrosen. 'Sparrieshoop' hat an den voller Kraft strotzenden Trieben auch noch enorm große, gelbe Stacheln. Die Stacheln sind eine besondere Augenweide und haben Teil an dem Zauber, den die Rosen auf uns ausüben. Sie sind für den Rosenkenner auch ein Merkmal, um die Sorten voneinander zu unterscheiden. Es gibt viele Formen der Stacheln, und ihre Anordnung an den Trieben ist recht unterschiedlich. Genau wie bei den Blättern und Trieben, verändert sich ihre Farbe je nach Alter. Zart gelbgrün oder rot sind sie im Jugendstadium, später, wenn sie abgestorben sind, werden sie meistens sandfarbig oder bräunlich. Die Stacheln erhöhen den Schmuckwert der Rose, auch wenn sie uns oft Kummer bereiten. Leicht kann man sich an ihnen verletzen. Immer wieder herrlich anzusehen sind rote, vom Sonnenlicht durchschienene Stacheln. Die schönsten Stacheln trägt die Stacheldrahtrose, *Rosa sericea* Lindl. var. *pteracantha* Franch., die 1890 aus Westchina eingeführt wurde. Seltsame hellrote Flügelstacheln laufen an ihren jungen Trieben herab.

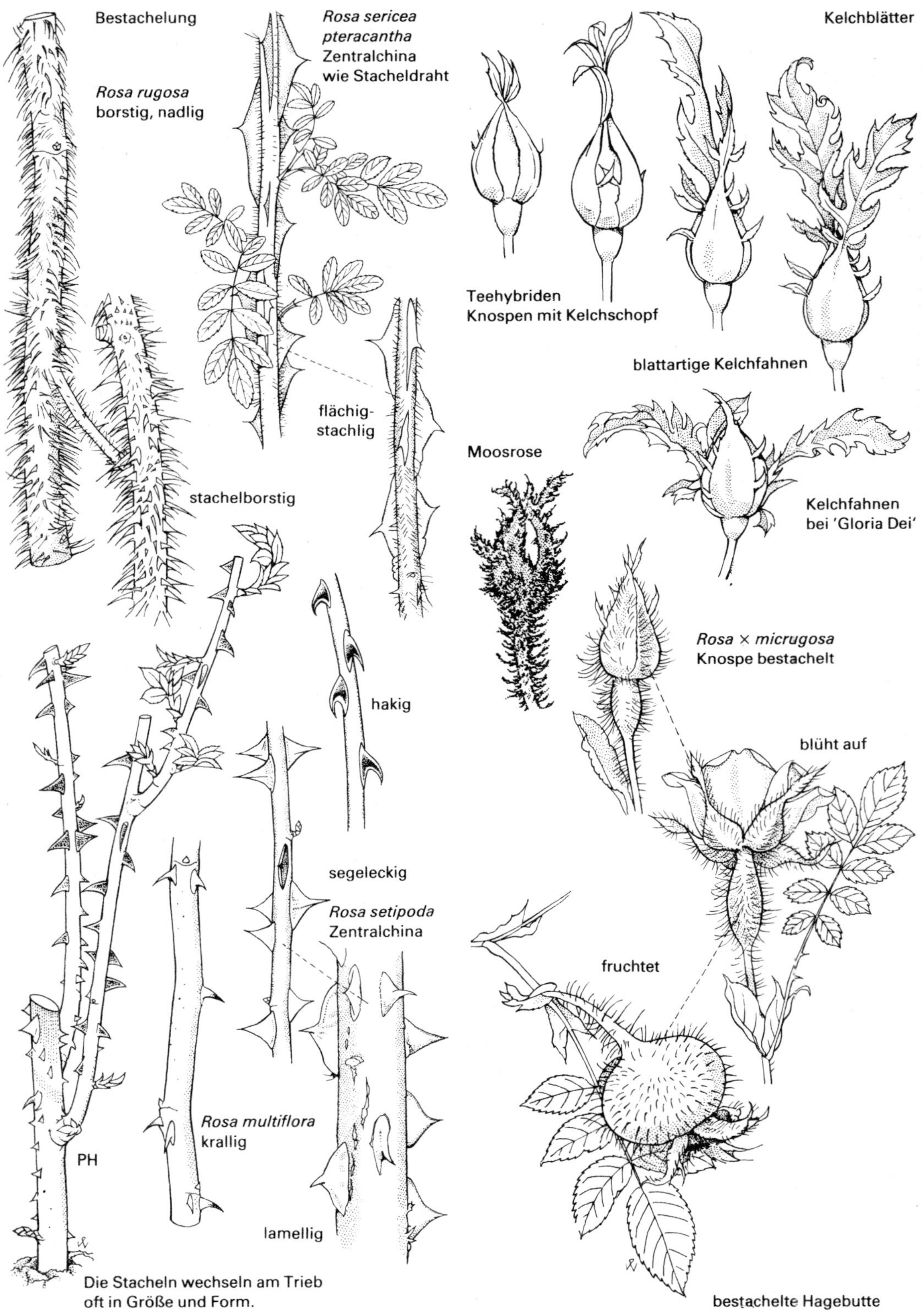
Bestachelung
Rosa rugosa
borstig, nadlig
stachelborstig
Rosa sericea
pteracantha
Zentralchina
wie Stacheldraht
flächig-
stachlig
hakig
segeleckig
Rosa setipoda
Zentralchina
Rosa multiflora
krallig
lamellig
PH
Die Stacheln wechseln am Trieb
oft in Größe und Form.
Kelchblätter
Teehybriden
Knospen mit Kelchschopf
blattartige Kelchfahnen
Moosrose
Kelchfahnen
bei 'Gloria Dei'
Rosa × micrugosa
Knospe bestachelt
blüht auf
fruchtet
bestachelte Hagebutte

Kelchblätter

Eine Rosenknospe ohne Kelchblätter wäre etwas Unvollkommenes. Viele Menschen übersehen diese zur Blüte gehörenden Gebilde, die der Rose erst eine besondere Note geben. Zunächst hüllen sie schützend die Knospe ein und biegen sich dann während der Blütezeit mehr oder weniger nach unten. Man freut sich wiederum an den vielen Formen und ist erstaunt, was es dabei alles zu entdecken gibt. So finden wir einfache, zierliche, lanzettförmige und breite Kelchblätter. Manche haben glatte Ränder, andere tragen verschiedenartige Zipfelchen. Bei vielen Rosen kann man eine interessante Beobachtung machen. Von den fünf Kelchblättern haben nämlich zwei glatte Ränder, zwei tragen an jeder Seite kleine Zipfelchen, und das fünfte Blatt hat nur an einer Seite kleine Auswüchse. Ein lateinischer Vers vergleicht die fünf Kelchblätter mit fünf Brüdern, von denen zwei einen Bart tragen, zwei bartlos sind und einer nur einen einseitigen Bart hat.

Achtet die Hagebutte!

Wie könnte es anders sein bei der Rose: Schön ist auch ihre Frucht, die Hagebutte. Am deutlichsten wird das an dem reichen Hagebuttenschmuck verschiedener Wildrosen. Solche Sträucher besitzen einen hohen Zierwert. Vom Spätsommer bis lange in den Winter hinein leuchten die lackroten Früchte und sind, wenn die Erde gefroren oder mit Schnee bedeckt ist, für verschiedene Vögel eine begehrte Nahrung. Es gibt auch gelbe und braune bis braunschwarze Hagebutten. Die Stacheldrahtrose hat sogar zweifarbige Hagebutten, die schon im Juli reifen. Der Stiel ist gelb, und die birnenförmigen Butten sind herrlich rot. Hagebutten können außerdem kugelig und dicht mit Stacheln besetzt sein (wie bei der kastanienfrüchtigen *Rosa roxburghii* Tratt.), aber auch flaschenförmig, breitrund oder erbsen- bis nußgroß. Wer genügend Platz in seinem Garten hat, sollte unbedingt einige Wildrosen pflanzen, die besonders schöne, zierende Hagebutten ausbilden. Außer der Hundsrose, *Rosa canina* L., die eigentlich jedes Jahr einen reichen

Hagebutte ist nicht gleich Hagebutte!

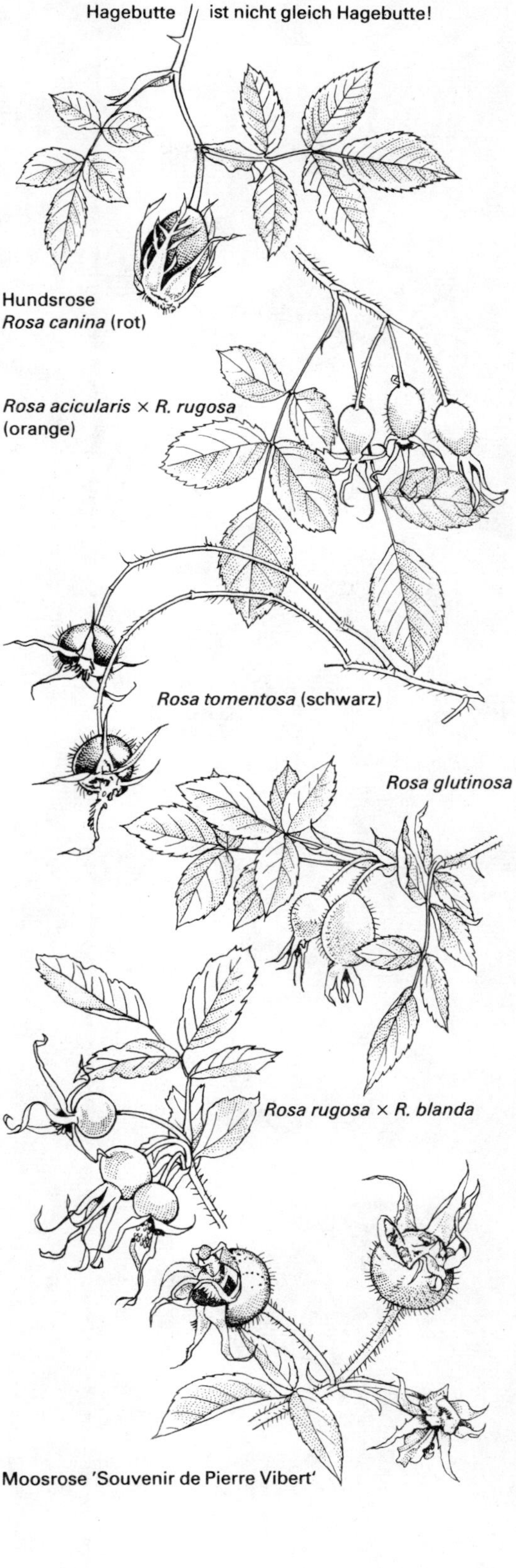

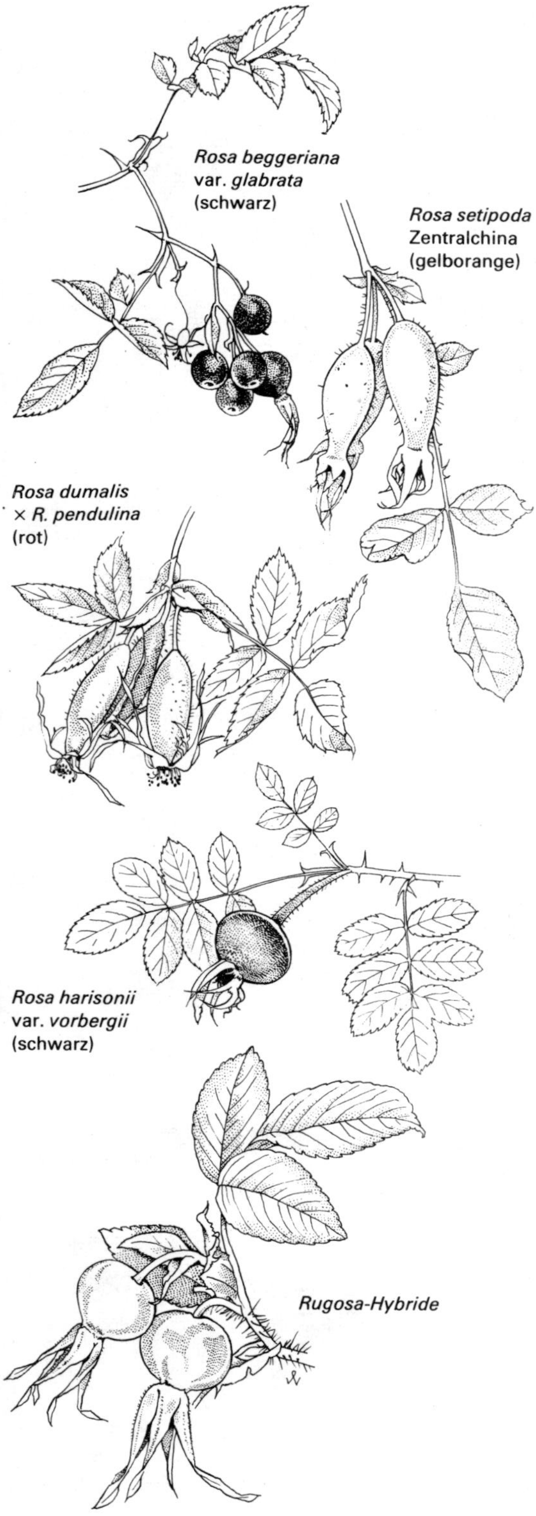

Hagebuttenschmuck trägt, und der kastanienfrüchtigen Rose sind zu empfehlen: *Rosa willmottiae* Hemsl. (orangerote, kugelförmige Früchte), die Kartoffelrose, *Rosa rugosa* Thunb. (hellrote, breitrunde, große Hagebutten, die oftmals unmittelbar neben noch blühenden Trieben sehr reizvoll anzusehen sind), *Rosa moyesii* Hemsl. (große, krugförmige, dunkelorangerote Hagebutten mit langem Hals), die nach Honig duftende Goldrose, *Rosa hugonis* Hemsl. (braune Früchte), die Essigrose, *Rosa gallica* L. (ziegelrote, borstige Hagebutten), die Apfelrose, *Rosa villosa* L. (trägt die größten Hagebutten, die bis zu 3 cm hoch und fast ebenso breit werden, sind leuchtend rot, rundlich und stachlig) und die Büschelrose, *Rosa multiflora* Thunb. ex Murr. (viele kleine rote Hagebutten). Ein schöner, sonniger Herbst läßt auch die Hagebutten verschiedener Strauch- und Kletterrosen reifen. Besonders prächtig anzusehen sind dann z. B. die zahlreichen großen, länglichen, gelben Hagebutten an den nach unten hängenden Trieben der recht hoch werdenden Kletterrose 'Flammentanz'. Auch die Strauchrosen 'Wilhelm', 'Erfurt', 'Dornröschen' oder 'Ilse Haberland' tragen oftmals schöne, große Hagebutten.

Hagebutten besitzen wegen ihres hohen Vitamin-C-Gehaltes einen beachtlichen medizinischen Wert. Ein erwachsener Mensch benötigt täglich ungefähr 75 bis 125 mg Vitamin C. 100 g Hagebuttenfleisch enthalten je nach Art 500 bis 1 500 mg davon. Die Zitrone dagegen, die bei vielen als der beste Vitamin-C-Spender gilt, enthält vergleichsweise nur etwa 60 bis höchstens 100 mg Vitamin C!

In der Sortenliste der DDR wird eine Vitaminrose aufgeführt, die vom Institut für Gartenbau Dresden-Pillnitz ausgelesen worden ist. Es handelt sich um die Sorte 'PiRo 3' (*Rosa glauca* × *pendulina* var. *salaevensis*). Je 100 g entkernte Frischsubstanz dieser Hagebutten enthalten etwa 1 150 mg Vitamin C. Außer Vitamin C hat die Hagebutte noch andere wertvolle Bestandteile, zum Beispiel Vitamin K, Vitamin P, Provitamin A, ätherische Öle, Zuckerarten, Gerbstoffe, Fruchtsäuren und die Mineralstoffe Kalzium, Kalium, Natrium, Magnesium, Eisen und Phosphor. Im Kapitel ›Rosenrezepte‹ werden viele Empfehlungen gegeben.

Obwohl hauptsächlich rote Rosen gepriesen und besungen werden, sie entsprechen den Vorstellungen der Liebe, geht auch von zartrosa Rosen 'Versailles' (TH) ein besonderer Liebreiz aus. Die glänzend grünen Blätter bilden einen wohltuenden Kontrast zum reinen, zarten Rosa der edelgeformten Blüten.

'Baccara' (TH)

'Apart' (TH)

'Gloria Dei' (TH)

'Piccadilly' (TH)

'Alte Liebe' (TH)

'Prof. Knöll' (TH)

Viele Sorten der Gartenrosen stehen dem Rosenfreund zur Verfügung, und jedes Jahr erscheinen Neuzüchtungen. Bei der Auswahl kommt es auf den persönlichen Geschmack an. 'Baccara' hält sich als Schnittblume sehr lange in der Vase. Die Weltrose 'Gloria Dei' verschönt fast jeden Garten.

'Basilika' (TH)

'Virgo' (TH)

'Michele Meilland' (TH)

'Karneol-Rose' (TH)

'Vulkan' (TH)

'Salzaquelle' (TH)

Gartenrosen vom reinsten Weiß der 'Virgo' bis zum dunkelsten Rot der 'Karneol-Rose'. 'Salzaquelle' liegt im bläulichen Farbbereich.

'Red Queen' (TH)

'Geheimrat Duisberg' (TH)

'Peer Gynt' (TH)

'Bonjour' (TH)

'Folklore' (TH)

'Citrina' (TH)

Ältere und neue Rosenzüchtungen gilt es zu beobachten. Vergleiche lohnen sich. Auch bei Rosen ist das Neueste nicht immer das Beste. Auf die 1933 von Kordes gezüchtete 'Geheimrat Duisberg' möchte mancher Rosenfreund, der ein Kleingewächshaus sein eigen nennt, nicht verzichten.

'Operettenrose' (TH)

'Sabrina' (TH)

'Magnet' (Flor)

'Diamond Jubilee' (TH)

'Mistica' (TH)

'Permoser' (TH)

Violette Farbtöne, wie bei der Sorte 'Mistica', üben einen besonderen Reiz aus. Echte blaue Rosen wird es aber nie geben. Seit 1909 die Kletterrose 'Veilchenblau' mit ihren kleinen, rötlich-violetten, einfachen Blüten für Aufsehen sorgte, erscheinen seit 1954 immer wieder »blaue« Rosen.

'Lady X' (TH)

'Schweizer Gold' (TH)

'Lady Rose' (TH)

'Feudor' (Flor)

Die Blüten von 'Lady X' sind eigenartig violett. Als Schnittblumen sollten sie in einer Vase für sich allein stehen. Wer diese Farben liebt, pflanze solche Sorten in kleine, lockere Gruppen neben weiße und gelbe Edelrosen.

'Rosenfest' (Kl)

'Gruß an Heidelberg' (Kl)

Bei der Kletterrose 'Rosenfest' stehen die gelben Staubgefäße im herrlichen Kontrast zu den schalenförmigen, offenen, roten Blüten. 'Gruß an Heidelberg' hat große edelrosenartige Blüten und kommt nicht nur als Kletterrose gut zur Geltung, sondern auch freiwachsend einzeln oder als kleine Gruppe.

'Schwarzer Samt' (Kl)

'Erfurt' (Str)

'Le Réve' (Kl)

Würden nicht die Kletterrosen 'Schwarzer Samt' und die über sechs Jahrzehnte alte 'Le Réve', an einen Rosenbogen gepflanzt, eine Augenweide besonderer Art darstellen? Wer Platz in seinem Garten hat, sollte auf die breitwachsende und unermüdlich blühende Strauchrose 'Erfurt' nicht verzichten.

Verschiedenfarbige Kletterrosen verschönen diesen Sitzplatz an der Pergola. Noch erhöht die Kiefer mit ihren grünblauen Nadeln und ihrem lockeren Wuchs den Reiz dieser Pflanzung. Etwas störend wirkt das rot gestrichene Lattengestell.

Oben: Die Floribunda-Rose 'Rumba' und *Chamaecyparis pisifera* 'Squarrosa Boulevard' harmonieren gut mit Königslilien und Rittersporn. Unten: Chinesischer Türkenbund, Purpurglöckchen, Blaustrahlhafer, Fingerstrauch und die Rosensorte 'Lilli Marleen' stören sich kaum.

Rote Rosen und blauer Rittersporn, welch schöner Anblick in diesem Kleingarten! Unmittelbar nach der Blüte wird der Rittersporn zurückgeschnitten, damit er willig durchtreibt und mit neuen Blütenrispen erfreut.

'Mädi' (Pol-H)

'Märchenland' (Flor)

'Fanal' (Pol-H)

'Muttertag' (Pol)

'Orange Triumph' (Pol)

'Masquerade' (Pol-H)

Fast unerschöpflich ist die Farbenpalette der uns bis zu den ersten strengeren Frösten erfreuenden vielblütigen Rosen. Sehr unterschiedlich sind die Wuchshöhen. Während 'Muttertag' nur 30 bis 40 cm hoch wird, kann 'Märchenland' als Strauchrose einzeln oder in kleinen Gruppen verwendet werden.

'Bernstein' (Pol-H)

'Elbeglut' (Pol-H)

'Charme' (Pol-H)

'Schneewittchen' (Flor)

'Elbegold' (Pol-H)

'Tantaus Überraschung' (Pol-H)

Immer gilt es, bei der Anlage von Rosenpflanzungen auf Farbe, Blütenreichtum, Wuchshöhe und Wuchsform zu achten. Diese Merkmale sind ausschlaggebend für die Harmonie des späteren Gesamtbildes.

'Living Fire' (Flor)

'Rosa Sinfonie' (Flor)

'Odette' (Flor)

'iga-Erfurt' (Pol-H)

'Referenz' (Flor)

'Kombination' (Flor)

Farbensprühende Beete lassen sich mit vielblütigen Rosen anlegen. Je nach Wuchshöhe können sie aber auch für Hecken sowie für Gruppen- und Grabbepflanzungen Verwendung finden. Natürlich eignen sie sich, besonders die Floribunda-Rosen, auch zum Blumenschnitt für die Vase.

'Responso' (Flor)

'Lilli Marleen' (Flor)

'Effekt' (Flor)

'Präsent' (Flor)

'The Queen Elizabeth Rose' (Flor-Grandifl)

'Blickfang' (Flor)

Auch bei Beetrosen werden rote Sorten bevorzugt, bei denen trotz Sonne und Regen das Rot sich nicht verändert, verblaßt oder bläulich wird. Zunehmend erfreuen aber auch Sorten mit neuartigen Farbtönen, wie sie bei den Floribunda-Rosen 'Responso' und 'Präsent' zu sehen sind.

Unermüdlich blüht die entzückende zartrosa Floribunda-Rose 'The Fairy'. Sie ist auch als Bodenbedekker verwendbar. Eine Augenweide besonderer Art stellt sie dar, wenn sie auf ein nicht zu hohes Stämmchen veredelt wird.

Rosenrezepte

Nicht nur als edle Schnittblume in Sträußen, als Einzelblüte in schmalen Vasen, auf Beeten in unseren Gärten und Stadtanlagen oder als blühende oder durch Hagebutten tragende Ziergehölze im Park und in der Landschaft erfreuen uns Rosen, auch die Verwertung ihrer Blüten, besonders aber ihrer Früchte, kann Freude und Begeisterung bringen. Bereits aus den duftenden Rosen des Altertums stellten die Menschen Nützliches her, es entstand aber auch Unsinniges. In der heutigen Zeit kennt man außer Hagebuttentee, Hagebuttenwein und Rosenbowle, von deren Zubereitung man schon gehört hat, leider nicht viel über weitere Verarbeitungsmöglichkeiten von Rosenblüten und Hagebutten. So soll die folgende Zusammenstellung einiger Rezepte dazu anregen, etwas Neues auszuprobieren, das vielleicht als fertiges Produkt begeistert.

Rosenbowle
Zutaten: 3 aufgeblühte Duftrosen, 1 Glas Weinbrand, 1 Flasche Wein, 1 Flasche Sekt, Zucker
Zubereitung: Von 3 frischen, aufgeblühten, duftenden Rosen setzt man die Blütenblätter mit einem Glas Weinbrand an. Der Ansatz soll 2 bis 3 Stunden stehen. Dann werden die Blütenblätter entfernt und je 1 Flasche Wein und Sekt dem Extrakt hinzugefügt. Mit Zucker nachsüßen. Für das Auge läßt man auf der Bowle einige frische rote Blütenblätter schwimmen.

Rosenlikör
Zutaten: 125 g frische, duftende Blütenblätter, ½ l Wasser, ½ l Weinbrand, 250 g Zucker, ½ Teelöffel Zimt
Zubereitung: 125 g Blütenblätter werden mit ½ l Wasser übergossen und zwei Tage zugedeckt stehengelassen. Diese Flüssigkeit durch ein Mulltuch gießen und mit ½ l Weinbrand auffüllen. Zimt und Zucker hinzufügen, 14 Tage stehen lassen, ab und zu gut durchschütteln. Nach dieser Zeit wird der Likör gefiltert und in kleine Flaschen gefüllt.

Rosencreme
Zutaten: 1 Tasse frische Rosenblütenblätter, ¾ l Sahne, 75 g Zucker, 6 Eigelb, 4 Eiweiß, 25 g Gelatine
Zubereitung: Von ¾ l Sahne nimmt man 1 Tasse ab und kocht die restliche Menge mit einer Tasse frischer Rosenblütenblätter und dem Zucker auf. Das Ganze soll eine Viertelstunde ziehen. Danach wird die Flüssigkeit durch ein Sieb gegossen. Nach Erkalten 6 Eigelb mit der ungekochten Sahne verquirlen, mit der gekochten Sahne vermischen und dann alles zusammen auf dem Feuer schlagen, bis die Masse im Topf steigt. Vom Feuer nehmen, 25 g gelöste Gelatine sowie den Schnee von 4 Eiweiß hinzufügen, in eine ausgespülte Schale gießen und erstarren lassen.

Rosenmarmelade
Zutaten: 500 g Rosenblütenblätter, 1 Tasse Wasser, 100 g Zucker, 2 g Zitronensäure
Zubereitung: Die von den hellen Spitzen befreiten Blütenblätter werden mit dem Zucker und dem Wasser in einem flachen Gefäß zugedeckt 8 bis 10 Stunden in die Sonne gestellt. Dann 20 Minuten unter ständigem Rühren kochen lassen. Zum Schluß die Zitronensäure hinzufügen und anschließend in Gläser füllen.

Rosengelee
Zutaten: 1 kg unreife Äpfel, ½ kg rote Johannisbeeren, 300 g frische Rosenblütenblätter, 1½ l Wasser, 1¼ kg Zucker, 1 Tropfen Rosenöl
Zubereitung: Der auf dem üblichen Wege gewonnene Obstsaft (Dampfentsafter) wird mit dem Zucker bis zum Beginn des Gelierens gekocht. Inzwischen werden die von

den weißen Spitzen befreiten Rosenblütenblätter in einem Sieb mit kaltem Wasser übergossen. Anschließend werden sie mit Sieb in kochendes Wasser getaucht und dann wieder sehr kalt abgeschreckt. Nachdem dieser Vorgang zweimal wiederholt wurde, kommen die Blütenblätter zum Abtropfen auf ein Tuch. Sie werden dem kochenden Obstsaft beigegeben, und diese Masse muß so lange leicht kochen, bis keine Blätter mehr oben schwimmen. Dem fertigen, etwas ausgekühlten Gelee einen Tropfen Rosenöl hinzufügen und dann in Gläser füllen.

Rosenpudding
Zutaten: 200 g frische Blütenblätter, 200 g Zwieback, 200 g Puderzucker, 12 Eier, ¼ l Sahne, Prise Zimt, Prise Salz
Zubereitung: Frische, kleingeschnittene Blütenblätter mischt man mit dem in kleine Stücke zerbrochenen Zwieback. Das Eigelb wird mit dem Puderzucker schaumig geschlagen. Dann die süße Sahne, die Blüten-Zwieback-Masse, Zimt und eine Prise Salz hinzugeben und das steifgeschlagene Eiweiß vorsichtig darunterziehen. Die Masse in eine gebutterte, mit Semmelbröseln bestreute Puddingform füllen und 90 Minuten im Wasserbad kochen.

Hagebuttenmark
Das von Hagebutten gewonnene Mark kann für verschiedene Zwecke verwendet werden. Es gibt zwei Arten der Herstellung.
Alte Art: Hagebutten von Stiel, Krone und dem haarigen Kerninhalt befreien. Die ausgehöhlten Schalen gut waschen, mit einem Glas Weißwein oder Wasser vermengen und 4 bis 6 Tage in den Keller stellen. Öfter umrühren und, wenn sie weich genug sind, durch ein Sieb streichen.
Neue Art: Die gereinigten Hagebutten werden mit dem Mixer zerkleinert, mit wenig Wasser 20 bis 30 Minuten lang gekocht, dabei öfter umgerührt und anschließend durch ein Sieb gestrichen.
Haltbar wird das Hagebuttenmark, wenn man es bei 90 °C 30 Minuten sterilisiert.

Hagebuttenmarmelade
Zutaten: 500 g Hagebuttenmark, 375 g Zukker
Zubereitung: Beides unter ständigem Rühren dick einkochen und in Gläser füllen.

Hagebuttenhonig
Zutaten: 1 l Flüssigkeit, 1 kg Zucker, Hagebutten nach Wunsch
Zubereitung: Die vom Stiel und von Blütenrückständen befreiten und gewaschenen Hagebutten werden mit Wasser bedeckt und gut weichgekocht. Dann streicht man sie durch ein feines Haarsieb. Diese Masse wird mit dem Kochwasser gemischt. Nun gibt man auf 1 l Flüssigkeit 1 kg Zucker und kocht so lange, bis alles eine honigartige Beschaffenheit hat. Heiß in die Gläser füllen.

Hagebuttencreme
Zutaten: 500 g Hagebuttenmark, 200 g Zukker, 4 Eier, 1 Glas Weißwein, ⅛ l Wasser, abgeriebene Schale einer Zitrone, 6 bis 7 Blatt Gelatine, ¼ l Sahne
Zubereitung: Wasser, Wein und Mark verrühren. Eigelb, Zucker und Zitronenschale schaumig schlagen, 8 Eßlöffel Mark hinzufügen und die aufgelöste Gelatine dazugeben. Rühren, bis die Masse halbsteif ist. Dann gibt man die reichliche Hälfte der geschlagenen Sahne mit dem Eischnee dazu und stellt die entstandene Creme kalt. Vor dem Servieren die Speise mit der restlichen Sahne und dem übrigen Mark verzieren.

Hagebuttensuppe
Zutaten: 6 Eßlöffel Hagebuttenmark oder Marmelade, 2 Eßlöffel Stärkemehl (Mondamin), ½ l Wasser oder ½ l Apfelsaft, Wein, Saft einer Zitrone, Zucker
Zubereitung: In die kochende Flüssigkeit Stärkemehl einrühren. Dann die Marmelade oder das Mark hinzutun. Mit Zucker, Wein und Zitronensaft abschmecken.

Hägenschäumchen
Zutaten: 2 Eßlöffel Hagebuttenmark, 500 g Zucker, 1 Eiweiß, Schale einer halben Zitrone
Zubereitung: 250 g Zucker, Hagebutten- bzw. Hägemark und Zitronenschale werden mit dem zu Schnee geschlagenen Eiweiß schaumig gerührt. Die restlichen 250 g Zucker kommen dazu. Diese Masse wird ausgerollt. Mit kleinen Förmchen ausstechen und bei sehr schwacher Hitze trocknen lassen.

Hägenmakronen

Zutaten: 4 Eiweiß, 250 g Puderzucker, 2 Eßlöffel Hagebuttenmark, 375 g geschälte und gemahlene Mandeln

Zubereitung: Das Eiweiß zu sehr steifem Schnee schlagen und den Puderzucker unterrühren. 2 Eßlöffel dieser Masse abnehmen und unter die übrige Menge Mark und Mandeln ziehen. Auf ein mit Pergament oder Oblaten belegtes Blech mit zwei Teelöffeln Häufchen setzen, in deren Mitte eine Vertiefung drücken und dieselbe mit der Eiweiß-Zucker-Mischung ausfüllen. Bei mäßiger Hitze hellgelb backen.

Hagebuttensoße

Zutaten: 6 Eßlöffel Hagebuttenmark, ½ l Wasser, 1 Eßlöffel Stärkemehl (Mondamin), Zucker, Salz, Senf, Rotwein, Zitronensaft

Zubereitung: Das Hagebuttenmark mit dem Wasser verrühren, erhitzen und mit dem Stärkemehl eindicken, mit Zucker süßen und mit den Gewürzen abschmecken. Die Soße eignet sich besonders zu Wild- und Kaninchenbraten.

Hagebuttensalat (gute Beilage zum Wildbraten)

Zutaten: 250 g getrocknete Hagebutten, 125 g Zucker, 5 Eßlöffel Zitronensaft, 3 Eßlöffel Johannisbeersaft, 1 Messerspitze Senfmehl, ½ l Wasser

Zubereitung: In ½ l Wasser werden die Hagebutten über Nacht eingeweicht. Dann kocht man sie in der gleichen Flüssigkeit so lange, bis dieselbe bis auf 1 bis 2 Löffel eingekocht ist. Die Hagebutten sollen nach Möglichkeit nicht zerfallen. Nach Beigabe des Zuckers wird der Johannisbeer- und Zitronensaft darüber gegossen. Den Salat mit dem Senfmehl bestreuen und auskühlen lassen.

Hagebuttenkompott

Zutaten: 500 g gereinigte Hagebutten, 500 g Zucker, Zimt, Zitronenschale und Wasser

Zubereitung: Die vorbereiteten Hagebutten werden mit wenig Wasser, Zucker, Zimt und Zitronenschale weichgekocht. Die Früchte füllt man in Gläser, kocht die Zuckerlösung, bis sie dicklich ist, ein und gießt sie dann über das Kompott.

Hagebuttentee

Zutaten: 2 bis 3 Eßlöffel getrocknete und zerkleinerte Hagebutten, 1 l Wasser

Zubereitung: Die getrockneten Hagebutten werden mit dem Wasser angesetzt und einige Stunden stehengelassen. Der Sud wird danach höchstens 10 Minuten gekocht und durch ein Sieb geschüttet.

Hagebuttenwein

Zutaten: 1 kg Hagebutten, 500 g Zucker, 4½ l Wasser, Weinhefe

Zubereitung: Die gereinigten Hagebutten werden zerkleinert und am besten in einer Fruchtpresse zerdrückt. Mit ⅔ der Wassermenge werden sie übergossen, mit ⅓ der Zuckermenge und der Weinhefe angesetzt. Der Ansatz bleibt zugedeckt 24 Stunden stehen. Danach wird das Gemisch, die Maische, abgeseiht und in einen Gärballon gefüllt. Den restlichen gelösten Zucker in zwei Gaben dem Ansatz beisetzen. Es empfiehlt sich, die vorgesehene Literzahl des Wassers erst dann voll zu ergänzen, wenn die stürmische Gärung vollends abgeschlossen ist. Die Lagerung des verschlossenen Gärgefäßes erfolgt möglichst bei 20 °C.

Nach Abschluß der Gärung wird der Wein filtriert und auf Flaschen abgezogen. Länger gelagerter Hagebuttenwein schmeckt fast wie Portwein.

Hagebuttenlikör

Zubereitung: Eine Literflasche füllt man bis zu ¾ mit gut gereinigten, von Stiel- und Kelchblättern befreiten Hagebutten. Mit Kornbranntwein auffüllen und die Flasche 6 Wochen an einen sonnigen Platz stellen. Während dieser Zeit die Flasche öfter gut durchschütteln. Danach den Inhalt filtrieren und Zucker hinzufügen. Bevor in kleine Flaschen abgefüllt wird, den Zucker bis zur Auflösung verrühren. Der Likör sollte noch Wochen stehen, ehe er getrunken wird.

Kauf und Behandlung der Rosenpflanzen

Der Gedanke, sich selbst an der Blütenpracht der Rosen mit ihrem Formen- und Farbenreichtum und dem mitunter herrlichen Duft zu erfreuen, kommt zumeist anläßlich eines Rosengartenbesuches oder eines Besuches im Garten eines Rosenfreundes. Rosen, die besonders gefallen, werden notiert, und oft wird auch noch ein Rosenkatalog zu Rate gezogen. Eine Rosenbestellung, möglichst zur Lieferung im Herbst, folgt. Empfehlenswert ist ein Vermerk, ob für eine evtl. schon vergriffene Rose diese oder jene Sorte als Ersatz geliefert werden kann. Sehr gern nehmen die Baumschulbetriebe Sammelbestellungen entgegen. Befindet sich der Lieferbetrieb in der Nähe, ist der direkte Kauf sehr vorteilhaft. Zumeist bestehen Selbstbedienungseinrichtungen, und man kann sich die Rosenpflanzen aussuchen. Mitunter gibt es auch einen Beratungsdienst. Beim Transport dürfen niemals die Wurzeln der Pflanzen trocken werden! Zu Hause sind die Rosen dann möglichst sofort an die im Garten vorgesehene und gut vorbereitete Stelle zu pflanzen oder einzuschlagen. Vor dem Einschlagen müssen die Bündel geöffnet werden, damit zwischen den Wurzeln keine Hohlräume entstehen. Sonst könnten die Pflanzen vertrocknen. Kommen die Rosen per Bahn oder Post, sollten sie sofort nach dem Auspacken in einen Behälter mit Wasser gestellt werden und etwa 24 Stunden darin verbleiben. Nach dieser Zeit hat sich das Gewebe wieder vollgesaugt. Eine bei Frost angekommene Sendung bitte nicht auspacken! Der Ballen muß zunächst in einem mäßig temperierten Raum lagern, bis er aufgetaut ist. Danach schlägt man die Rosen in nicht gefrorenen Boden so tief ein, daß die Veredlungsstelle hoch mit Erde bedeckt wird. Erwartet man spät im Jahr Pflanzenmaterial, ist stets ein Stück Land durch Abdecken mit Laub oder einer alten Strohmatte frostfrei zu halten.

Qualitätsbestimmungen

Der Rosenfreund sollte auch wissen, daß die von ihm erworbenen Rosen ganz bestimmte Qualitätsmerkmale aufweisen müssen. So dürfen nur Rosen der Güteklassen A und B in den Handel kommen. Die Baumschulen haben also die gerodeten Rosen nach den in den Güteklassen festgelegten Merkmalen zu sortieren.

Güteklasse A
Einjährige, durch Sommerokulation, oder zweijährige, durch Stecklingsvermehrung erzielte Pflanzen mit guter Bewurzelung und mindestens 3 normal entwickelten, gut ausgereiften Trieben, die bei Veredlungen aus der Veredlungsstelle oder höchstens 10 cm darüber entspringen.
Ausgenommen sind einige schwachwachsende Sorten (sie sind im Güteklassenverzeichnis aufgeführt), die bereits mit 2 normal entwickelten, gut ausgereiften Trieben in die Klasse A kommen.

Güteklasse B
Noch gut entwickelte Pflanzen mit mindestens 2 kräftigen, gut ausgereiften Trieben, die bei Veredlungen aus der Veredlungsstelle oder höchstens 10 cm darüber entspringen. Ausnahmesorten dürfen bereits mit nur einem gut ausgereiften Trieb als Güteklasse B gehandelt werden.
Beim Sortieren der Rosen fallen natürlich auch Pflanzen mit nur einem Trieb an, die aufgrund ihres schwachen Wuchses nicht den Anforderungen der Güteklassen A und B entsprechen. Sie werden als Güteklasse C bezeichnet, dürfen aber nicht gehandelt werden. Auch ein Aufpflanzen, damit sie sich kräftigen und ein Jahr später den Güteklassen A oder B entsprechen, wird nicht gestattet. Nur einjährige Sommerokulate sind für den Handel zugelassen.

Trifft die Rosenlieferung ein oder hat der Kunde die Rosen direkt in der Baumschule gekauft, erwartet er, daß die einzelnen Sorten sauber gebündelt und mit gut leserlichen Etiketten versehen sind. Bei ordnungsgemäß gebündelten Rosen müssen die Wurzelhälse in einer Höhe liegen, nach innen zeigen und die Triebe nach außen. Der Verkaufspreis regelt sich nach Preisgruppen. Für Neuheiten muß grundsätzlich der höchste Preis gezahlt werden, und für im Frühjahr gekaufte Rosen wird ein Überwinterungszuschlag erhoben.

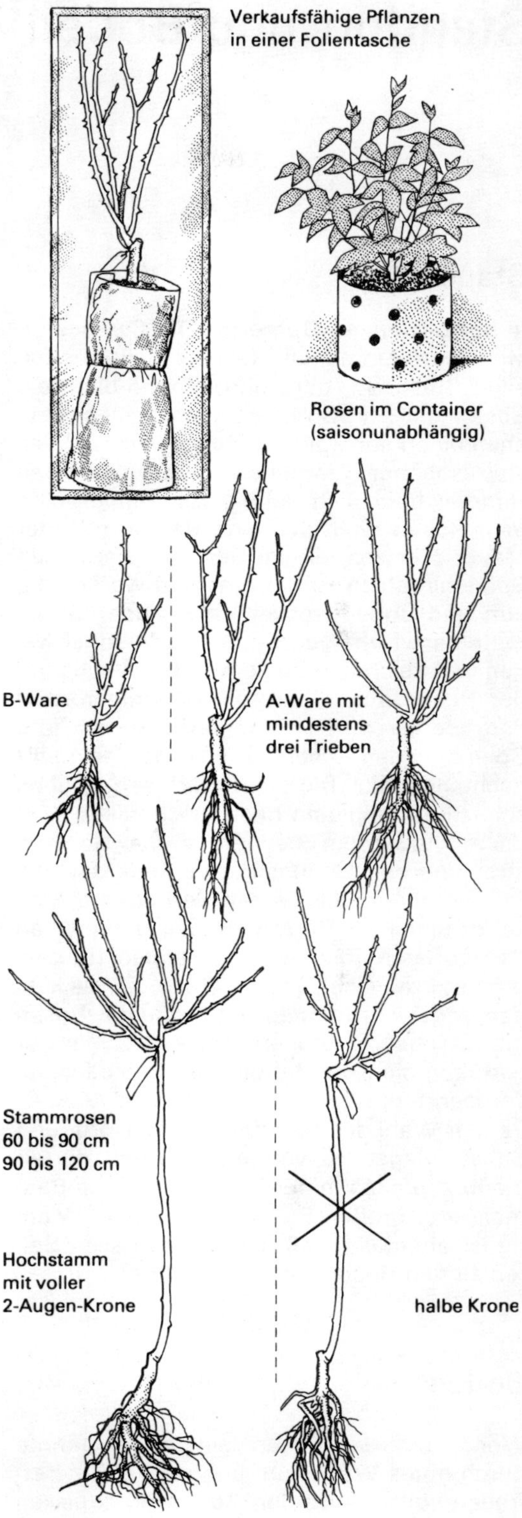

Stammrosen

Der Verkaufspreis und die mancherorts üblichen Bezeichnungen (Trauerrosen, Hochstammrosen, Halbstämme) sind von Höhenmaßen abhängig, gemessen vom Wurzelhals bis zum Beginn der Krone.

140 bis 160 cm und darüber:	Trauerrosen (auf Stämme veredelte Kletterrosen)
90 bis 120 cm und auch 60 bis 90 cm:	Hochstammrosen (auf Stämme veredelte Teehybriden, Polyantha- und Floribundarosen)
30 cm:	Halbstämme (zum Veredeln von Zwergrosen)

Für die Einstufung der Stammrosen in die Güteklassen A und B gelten folgende Qualitätsmerkmale:

Güteklasse A
Der Stamm muß kräftig und gerade gewachsen sein und gute Faserwurzeln haben. Er darf keine Brandflecken oder größere unüberwallte Wunden aufweisen. Die Krone muß mindestens 3 normal entwickelte, aus der Veredlungsstelle bzw. den annähernd gegenüberliegenden Veredlungsstellen entspringende Triebe haben.

Güteklasse B
Stamm und Bewurzelung müssen der Güteklasse A entsprechen. Die Krone muß mindestens 2 normal entwickelte, aus der Veredlungsstelle bzw. den annähernd gegenüberliegenden Veredlungsstellen entspringende Triebe aufweisen.

Standort und Boden

Standort

In der bekannten Operette »Die Csárdásfürstin« von Emmerich Kalman heißt es an einer Stelle: »... ganz ohne Sonne blüht die Rose nicht ...«! So ist es auch. Rosen brauchen einen sonnigen Standort. Wie die meisten schönen Ziergehölze wollen sie den Himmel über sich sehen. Allerdings sollte man Rosen nicht vor eine Hauswand oder Mauer pflanzen, die im Sommer die heißen Sonnenstrahlen zurückwirft und wo ständig Luft und Boden trocken sind. Auch die unmittelbare Nähe von Beton- und Asphaltwegen wirkt sich ungünstig auf das Wachstum der Rosen aus. Übergroße Wärme fördert den Befall durch die gefürchtete Rote Spinne an den Rosenblättern und beeinflußt nachteilig die Blüte. Die Rosen blühen schnell auf und sind dann rasch wieder verblüht. Außerdem bewirkt starke Sonnenstrahlung eine ungünstige Veränderung der Blütenfarbe. Helle Farben verblassen, dunkelrot blühende Sorten werden mitunter an den äußeren Rändern der Petalen (Blütenblätter) bräunlich (Karneol-Rose), ja, sie können sogar verbrennen, und manche Rosen mit rötlichen Farbtönen verblauen. Sehr gut entfalten sich die Blüten immer wieder bei Temperaturen zwischen +15° und +22°C. Bei der Wahl des Standortes sind Nord- und Schattenlagen zu vermeiden. Auch dürfen die Rosen nicht in der Regentraufe von Bäumen oder großen Sträuchern stehen. Wichtig ist ebenfalls, daß die Luft von allen Seiten zu den Rosenbeeten Zutritt hat.

Boden

Wenn uns die Rosen einige Jahrzehnte durch gutes Wachstum und reiche Blüte erfreuen sollen, muß den Bodenverhältnissen

Standortextreme

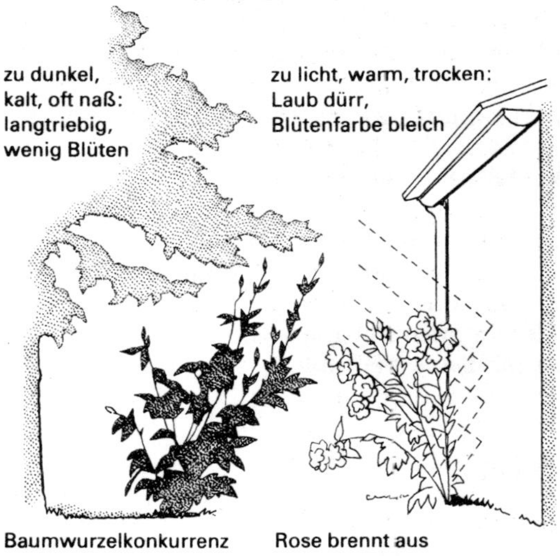

Bodenbearbeitung

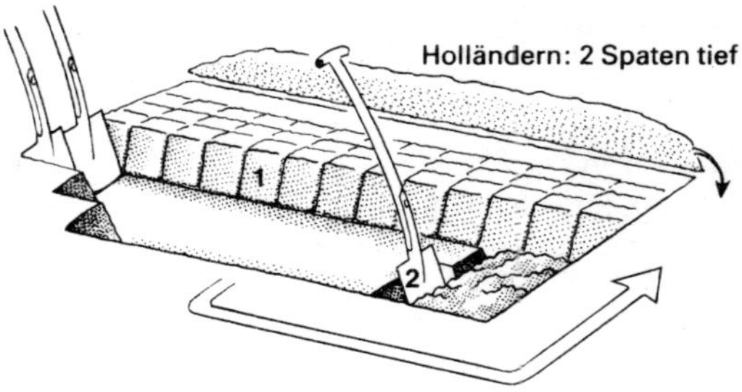

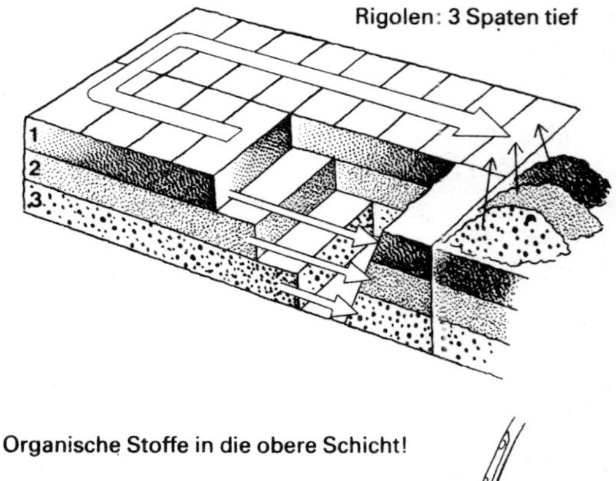

Organische Stoffe in die obere Schicht!

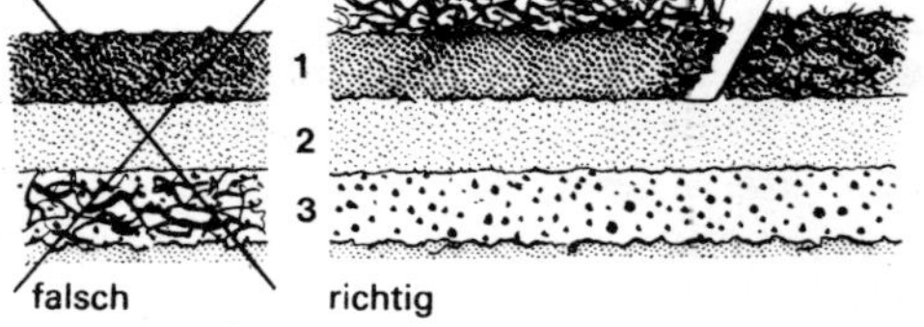

große Beachtung geschenkt werden. Ein idealer Rosenboden ist ein humusreicher, lockerer und tiefgründiger Lehmboden. Rosen gedeihen aber auch gut in jedem schon jahrelang bearbeiteten Gartenboden. Kalten und nassen Tonboden vertragen Rosen nicht. Aber auch er kann, genau wie leichter, sandiger Boden, durch Kompost, verrotteten Stalldung oder Torf brauchbar gemacht werden. Bei laufender Bearbeitung und gegebenenfalls durch Beimengung von Heidesand oder von sandreichem Kompostmaterial gedeihen Rosen in zwei bis drei Jahren auch in einstmals nassen Tonböden. Ständige Nässe in den oberen Bodenschichten muß natürlich durch Dränage beseitigt werden. Zu erwähnen wäre noch, daß der Grundwasserstand nicht zu hoch sein sollte. 70 bis 100 cm Tiefe und etwas darunter ist für Rosen gut. Der günstigste *p*H-Wert, darunter verstehen wir das Säure-Kalk-Verhältnis, liegt bei humusreichem Boden für Kulturrosen zwischen 5,5 und 6,5. Die Rosen lieben also schwach sauren Boden. Je kleiner die Zahl des Meßbereiches, desto saurer ist der Boden. Werte über 7,0 kennzeichnen eine alkalische Reaktion. Nach Feststellung des *p*H-Wertes kann durch Kalkgaben der Boden entsäuert oder, umgekehrt, durch Verabreichung von Torf saurer gemacht werden. Der *p*H-Wert läßt sich durch ein sogenanntes »Pehameter« ermitteln. In jeder größeren Stadt befinden sich aber auch Einrichtungen, die genaue Bodenuntersuchungen durchführen.

Bodenvorbereitung

Gut in Kultur befindlicher Gartenboden braucht vor einer Bepflanzung mit Rosen nur tief umgegraben zu werden. Bei noch nicht bearbeiteten Flächen (Brachland, Baugelände usw.) ist vor jeder Pflanzung eine gründliche Bodenbearbeitung notwendig. Da besonders die auf *Rosa canina* veredelten Rosen mit ihren Wurzeln weit in das Erdreich eindringen – Rosenwurzeln alter Stöcke wurden noch bis zu einer Tiefe von fast zwei Metern gefunden –, sollte der Boden einen halben Meter tief locker sein. Um dies zu erreichen, kann man das sogenannte »Holländern« anwenden, bei dem zwei Spatenblattlängen tief gegraben wird. Da der Boden des Untergrundes im Gegensatz zu den oberen Schichten kaum Bodenbakterien enthält, sie sind für das Leben der Pflanze von großer Bedeutung, darf er nicht nach oben gebracht werden. Viel tiefer als 25 cm gehen die Mikroorganismen nicht, die aus Stalldung, Kompost und anderen organischen Substanzen erst Pflanzennährstoffe herstellen. Deshalb ist stets beim Herrichten der Gartenbeete darauf zu achten, daß Stalldung nicht zu tief nach unten kommt. Ohne Luftzufuhr vertorft der Dung und kann sogar das Wurzelwachstum nachteilig beeinflussen. Auch Regenwürmer, die ja bekanntlich den feinsten Humus ausscheiden, leben nur in den oberen Bodenschichten. Während der Bodenbearbeitung sind alle ausdauernden Unkräuter, wie Quecken, Giersch, Winden, Disteln, Brennesseln, Ackerschachtelhalm, sowie Steine, Scherben, Wurzeln und dergleichen zu entfernen. Bei nährstoffarmen Böden, insbesondere bei Sandböden, ist die Zuführung von gut verrottetem Kompost oder Stalldung sowie abgelagertem, mit Gülle angereichertem Torf sehr vorteilhaft. Auch länger abgelagerter Teich- und Klärschlamm machen Sandböden humus- und nährstoffreicher. Stehen stark wurzelnde oder Ausläufer treibende Gehölze in der Nähe zukünftiger Rosenpflanzungen, muß das Eindringen der Wurzeln in die mit Nährstoffen angereicherten Rosenbeete durch das Einlegen von Kunststoffplatten, stärkerer Folie oder Lagen von Dachpappe verhindert werden. Baum- oder Strauchwurzeln wachsen bevorzugt immer in Richtung feuchter, nährstoffreicher Erde und beeinträchtigen damit erheblich das Wachstum der Rosen. Da sich tief gelockerter Boden nach geraumer Zeit immer etwas setzt, sollte man den Boden rechtzeitig bearbeiten. Für Frühjahrspflanzungen muß man die Rosenbeete schon im Herbst vorbereiten, für Pflanzungen im Oktober/November bereits im Spätsommer.

Das Pflanzen der Rosen

Pflanzzeit

Die Pflanzzeit der Rosen beginnt im Herbst. Treten keine strengeren Fröste auf, die den Erdboden gefrieren lassen, kann ohne Bedenken auch noch in der ersten Dezemberwoche gepflanzt werden. Allerdings darf der Boden nicht zu naß sein. Im März/April, je nach Witterung evtl. noch Anfang Mai, wird die Frühjahrspflanzung durchgeführt. Rosen aus dem Kühlhaus lassen sich sogar bis Ende Mai pflanzen. Natürlich blühen sie dann erst im Juli. Weil jeder Gartenfreund im Frühling wenig Zeit hat und er für die zu dieser Zeit gekauften Rosen einen Überwinterungszuschlag bezahlen muß, empfiehlt sich eine Herbstpflanzung. Außerdem ist bekannt, daß die im Herbst gepflanzten Rosen bis zum Einbruch des Winters noch Faserwurzeln bilden, so daß sie im Frühjahr rascher austreiben und etwas eher blühen. Rosen in Containern können zu jeder Jahreszeit gepflanzt werden, sofern der Boden offen ist.

Pflanzen

Sind die für die Rosen vorgesehenen Beete vorbereitet, die Pflanzabstände markiert und weiß man, wo welche Sorte ihren Platz finden soll, kann mit dem Pflanzen begonnen werden. Damit die Arbeit zügig vonstatten geht, schneidet man nach dem Öffnen der Bündel zunächst die Wurzeln auf die Länge einer Handspanne zurück, also auf etwa 20 bis 25 cm. Oft haben die Rosen, wenn sie aus der Baumschule kommen, doppelt so lange Wurzeln. Geknickte oder beschädigte Wurzeln schneidet man heraus. Erfreulich ist, wenn reichlich Faserwurzeln vorhanden sind, denn sie begünstigen ein schnelles Anwachsen. Auch wenn die Wurzeln schon die gewünschte Länge haben sollten, ist ein Zurückschneiden um etwa 2 cm wichtig, da sich an den glatten Schnittstellen in zwei bis drei Wochen neue Faserwurzeln bilden. Diese feinen Wurzeln nehmen die in den oberen Bodenschichten durch Kompost oder verrotteten Stalldung angereicherten Nährstoffe bald auf und sorgen für ein rasches Wachstum. Scheint während des Pflanzens die Sonne oder geht Wind, soll man stets die Rosen mit einem feuchten Sacktuch bedecken. Besonders die Wurzeln dürfen nie trocken werden. Bei einer Herbstpflanzung ist ein Zurückschneiden der Triebe nicht erforderlich. Sind sie aber besonders lang, was manchmal vorkommt, schneidet man sie, ohne auf die Augen zu achten, auf etwa 30 cm zurück. Bei allen Vorbereitungen dürfen die Sorten nicht durcheinander kommen. Sollten die Etiketten mit Draht oder Perlonschnur an den Pflanzen oder bei Stammrosen unter der Krone befestigt worden sein, sind sie zu entfernen. Da diese Materialien sich nicht ausdehnen, führt dies beim Dickenwachstum zu Einschnürungen und als Folge davon zum Abbrechen der Triebe. Besonders gefährdet sind Stammrosen.

Das Pflanzen der Busch-, Strauch- und Kletterrosen geht wie folgt vor sich: Mit dem Spaten wird ein ungefähr 30 cm × 30 cm großes Pflanzloch ausgehoben. Diese Größe reicht aus, damit die Wurzeln allseitig gut Platz finden. Niemals darf es umgebogene Wurzeln geben. Danach wird die Pflanze so tief in das Pflanzloch gehalten, daß sich die Veredlungsstelle, leicht erkennbar als Verdickung am Wurzelhals, ungefähr 5 cm unter der Bodenoberfläche befindet. Nun wird Erde beigefüllt und die Pflanze etwas gerüttelt, damit die Erde überall zwischen die Wurzeln kommt und keine Hohlräume entstehen. Anschließend tritt man die Pflanz-

Pflanzen der Rosen

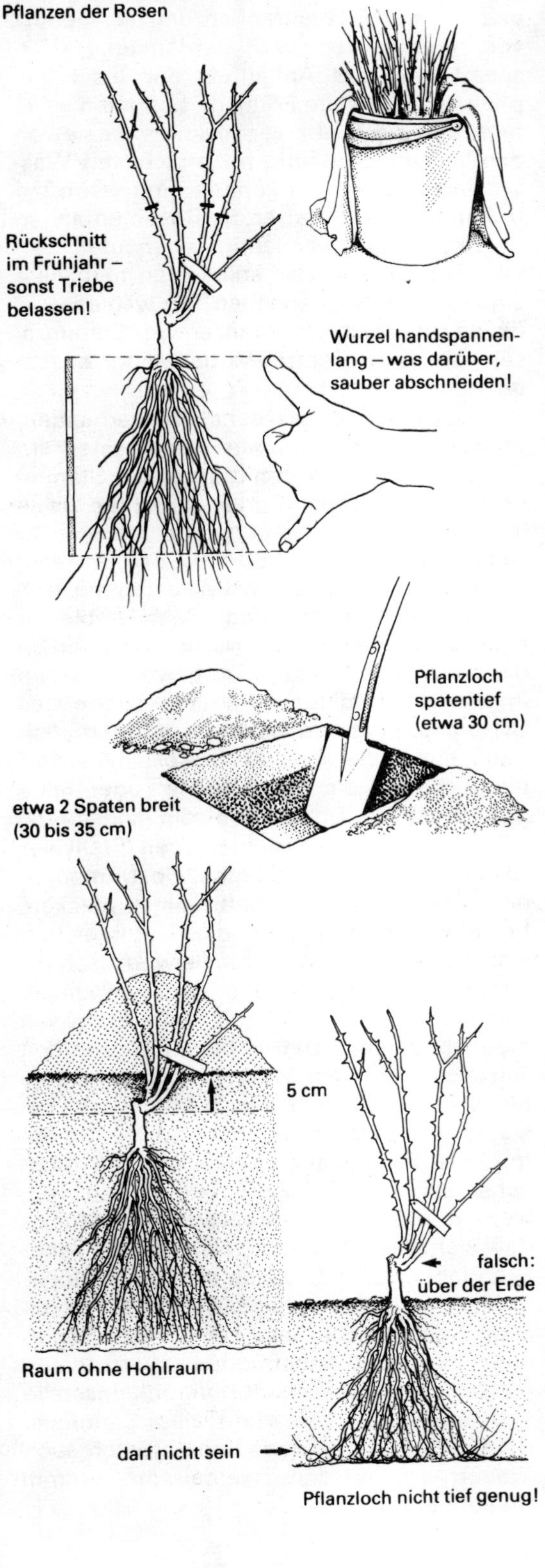

stelle mit dem Fuß fest. Wenn sich der Boden nach ein paar Wochen noch etwas gesenkt hat, wird bei dieser Art des Pflanzens die Rose richtig stehen, d.h., die Veredlungsstelle muß immer 3 bis 5 cm mit Erde bedeckt bleiben. Ist dies der Fall, werden trotz starker Frostschäden an den Trieben – ein strenger Winter kann alle paar Jahre kommen – die schlafenden Augen aus der Veredlungsstelle austreiben, und es gibt kaum Lücken in den Rosenbeeten. Zu hoch gepflanzte Rosen erfrieren nicht nur bei strengem Frost, sie begünstigen auch noch, genau wie umgebogene stärkere Wurzeln, die Bildung von Wildtrieben. Ein zu tiefes Pflanzen wirkt sich ebenfalls negativ auf die Entwicklung der Rosen aus. Läßt es sich nicht vermeiden, Rosen in feuchten, lehmigen Boden zu pflanzen – eigentlich sollte der Boden zur Pflanzzeit abgetrocknet sein –, soll man die angefüllte Erde nie zu stark festtreten. Die Rosen sind sonst wie eingestampft bzw. eingemauert, und es entstehen erhebliche Wachstumsschwierigkeiten. Da Rosenwurzeln sehr empfindlich reagieren, darf kein frischer Stalldung oder anderer Dünger in das Pflanzloch gelangen. Auch das Pflanzen bei Temperaturen unter 0 °C ist zu unterlassen. Das so oft empfohlene Eintauchen der Wurzeln in Lehmbrei bewirkt keine schnellere Wurzelbildung und somit auch kein besseres Anwachsen. Besonders wichtig ist, daß die Rosen recht schnell in die Erde kommen. Um sich beim Hineinhalten der Pflanzen in das Pflanzloch nicht an den Stacheln der Triebe zu verletzen, sollte man die linke Hand durch einen Lederhandschuh schützen. Gar zu oft entstanden durch Rosenstacheln böse Entzündungen an den Händen. Am besten pflanzt man zu zweit. Einer gräbt mit dem Spaten die Pflanzlöcher, während der andere die Rose, wie beschrieben, in das Pflanzloch hält und wartet, bis die Erde verfüllt ist. Danach tritt er sie fest. Gut voran geht die Arbeit, wenn der mit dem Spaten Hantierende mit dem Aushub des nächsten Pflanzloches das vorhergehende füllt. Bei trockenem Boden müssen die Rosen nach dem Pflanzen gut angegossen werden. Ist der Boden etwas abgetrocknet, wird mindestens 20 cm hoch angehäufelt. Das Anhäufeln geschieht bei der Herbstpflanzung als Winterschutz

Rütteln,
um Hohlräume zu füllen.

Festtreten,
um einen besseren
Schluß der Bodenteile
zu erreichen.

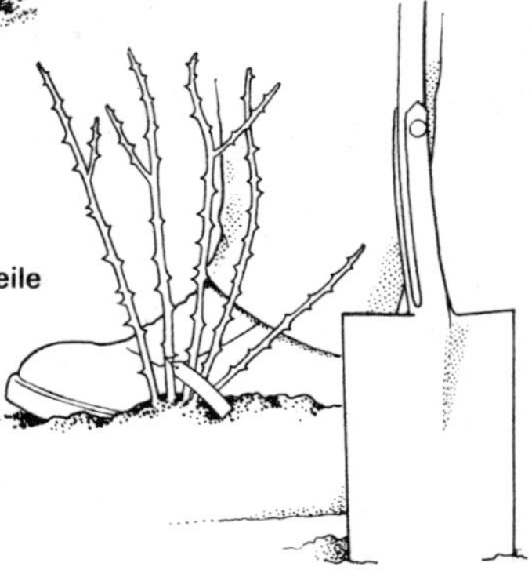

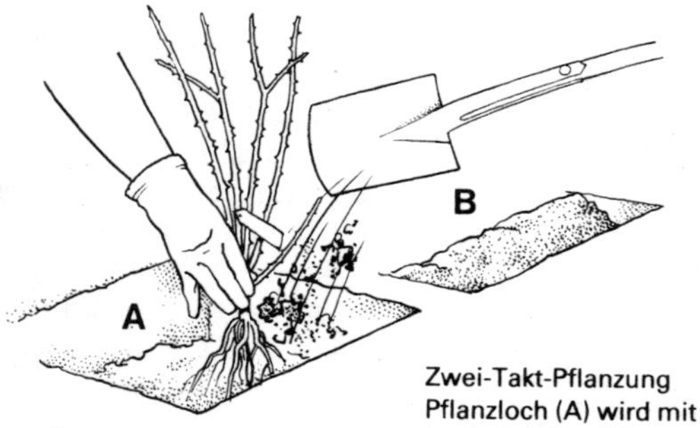

Zwei-Takt-Pflanzung
Pflanzloch (A) wird mit
Aushub (B) gefüllt

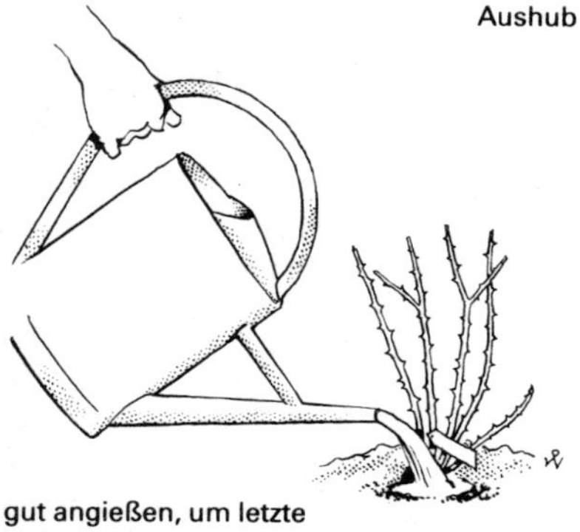

gut angießen, um letzte
Hohlräume
zu verschlämmen

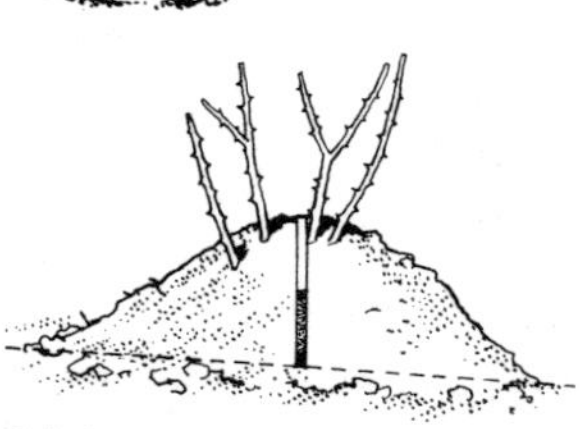

Winterschutz und Schutz
vor Austrocknung im Frühjahr!

und bei der Frühjahrspflanzung als Schutz vor Nachtfrösten und Verdunstung. Versäumt man das Anhäufeln der frisch gepflanzten Rosen im Frühjahr, besteht die Gefahr, daß die Triebe vertrocknen, da sie von den Wurzeln vorläufig noch nicht mit Wasser versorgt werden können. Erst wenn bei frühlingshaftem Wetter die Rosen anfangen zu treiben, kann vorsichtig abgehäufelt werden. Für diese Arbeit sollte man möglichst einen trüben, regnerischen Tag wählen.

Einige Hinweise zum Pflanzen von Stammrosen, die der Rosenfreund unbedingt beachten sollte:

Um Überwinterungsarbeiten zu vermeiden, pflanzt man Stammrosen am besten im Frühjahr. Beim Pflanzen müssen die Stämmchen in die Richtung zeigen, in der die Krone im Herbst niedergelegt werden kann. Der Stamm wird immer über die Schnittstelle, die bei der Anzucht der Wildstämme entstanden ist, heruntergelegt. Beim Umbiegen nach der anderen Seite würde unweigerlich der Stamm abbrechen. Dort, wo die Krone im Herbst, bedingt durch die Länge des Stammes, eingewintert wird, muß natürlich genügend Platz sein. An dieser Stelle darf nicht schon eine Buschrose oder eine Staude stehen. Um die Wurzeln nicht zu beschädigen, wird empfohlen, den Pfahl vor dem Pflanzen einzuschlagen. Sollte man an den Wurzeln kurze Wildtriebe entdecken, bei Stammrosen kommt dies mitunter vor, sind sie mit der Anwuchsstelle wegzuschneiden. Ein zu tiefes Pflanzen ist zu vermeiden. Der Wurzelkopf kann mit dem Erdboden gleich hoch sein. Hat es beim Pflanzen den Anschein, daß das Wetter trocken und sonnig bleibt, legt man die Stämme, wie beschrieben, herunter und bedeckt die Kronen mit Erde. Erst nach etwa zwei Wochen, möglichst auch wieder an einem trüben Tag, werden die Kronen herausgenommen, so daß sich das Stämmchen aufrichten kann. Der Pfahl erhält jetzt seine endgültige Höhe. Er muß mit seiner Spitze bis in die Krone reichen, sonst bricht diese bei starkem Regen oder Sturm aus. Angebunden wird dann einmal in der Krone an der Veredlungsstelle und einmal in der Mitte des Stammes. Stämme über 1 m Länge und natürlich auch Trauerrosen werden zweimal am Stamm festgebunden.

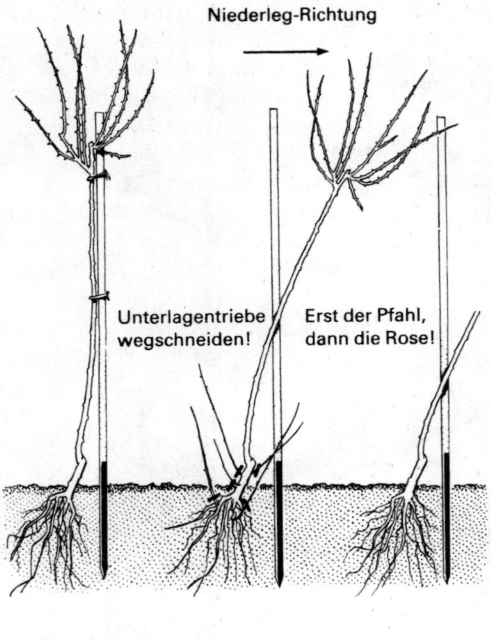

Schrägpflanzen (60°) erleichtert das Niederlegen.

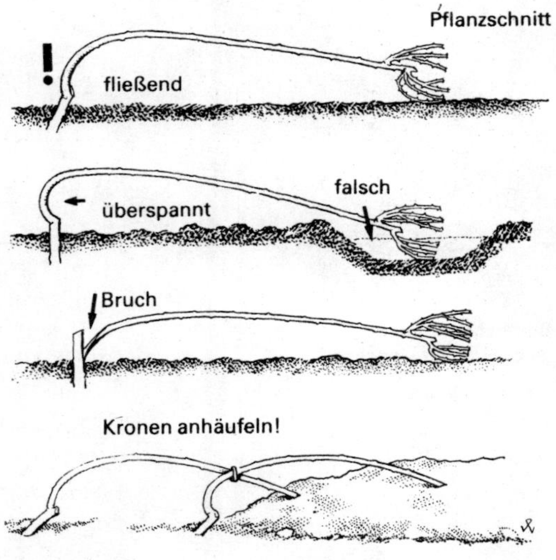

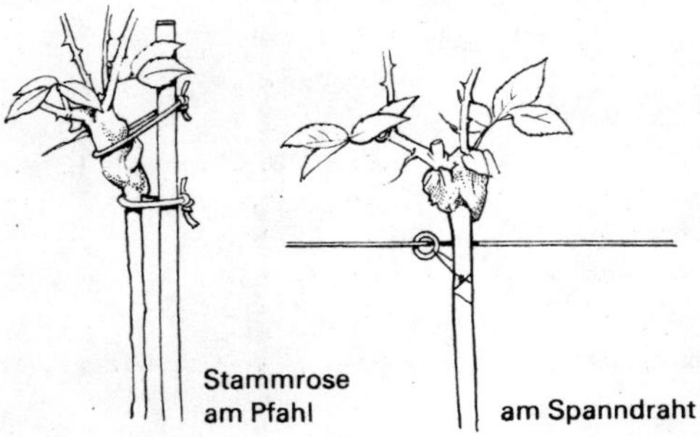

Pflanzabstände

Buschrosen

Bei Neupflanzungen von Rosen muß in erster Linie der Wuchscharakter der einzelnen Sorten Beachtung finden. Für normalwachsende, niedrige Beet- und Gartenrosen genügt ein Abstand von 30 bis 35 cm, für stärkerwachsende Sorten vom Typ 'Gloria Dei', 'Duftwolke' oder 'Europeana' sollten Abstände von 40 bis 50 cm gewählt werden. Auf einen Quadratmeter rechnet man im allgemeinen 8 bis 10 Pflanzen. Entsprechend einer Grundregel sollen sich im ausgewachsenen Zustand die Blätter der einzelnen Pflanzen berühren. Eine zu dichte Pflanzweise begünstigt bei nasser Witterung im Sommer die Verbreitung von Pilzkrankheiten, und außerdem wird das Anhäufeln im Herbst erschwert. Hinweise über den Wuchscharakter können den Sortenbeschreibungen in den Rosenkatalogen entnommen werden. Der Rosenfreund erhält dadurch Ratschläge für die zu wählenden Abstände (siehe Abschnitt »Ein Sortiment schöner Rosen«).

Kletterrosen

Die Pflanzabstände bei Kletterrosen hängen davon ab, wo sie stehen sollen. Um entlang eines Zaunes oder einer Mauer eine blühende Rosenwand zu bekommen, genügt ein Abstand von 1,50 bis 2,00 m von Pflanze zu Pflanze. Sollen sich aber Kletterrosen als freiwachsende Sträucher, Säulen oder Pyramiden einzeln zu voller Schönheit entfalten, so ist, je nach Wuchsstärke, ein Abstand von 3,00 bis 4,00 m zu wählen.

Strauchrosen

Die volle Schönheit der Strauchrosen kommt am besten bei Einzelstellung zur Geltung. Der Mindestabstand von sogenannten »Dauerblühenden Strauchrosen« (bis 1960 wurden sie der Klasse der Lambertiana zugeordnet) beträgt 1,00 m. Dazu gehören u. a. solche Sorten wie 'Abraxas', 'Berlin', 'Buisman's Triumph', 'Elmshorn', 'Feuerfunken', 'Fortissimo', 'Ilse Haberland', 'Wilhelm'. Bei stark und breit wachsenden und mitunter etwas überhängenden Sorten, wie der *Rosa pimpinellifolia* 'Frühlingsmorgen' und 'Frühlingsduft', der Kordesii-Rose 'Maigold', der *Rosa rugosa* 'Conrad Ferdinand Meyer' sowie auch bei den schönen Wildrosen *Rosa rubiginosa, Rosa glauca, Rosa hugonis, Rosa moyesii* und *Rosa multiflora*, läßt man einen Zwischenraum von 1,50 bis 2,00 m. Werden jedoch Rosenhecken gewünscht, wird dichter gepflanzt. Der Abstand von Pflanze zu Pflanze beträgt dann nur 0,50 bis 0,60 m. Strauchrosen, die als Windschutz oder zum Befestigen von Hängen und Böschungen Verwendung finden sollen – zumeist wird es sich um Wildrosen handeln –, erhalten einen Abstand von 0,80 bis 1,00 m.

Stammrosen

Auf einem geschlossenen Beet wählt man einen allseitigen Abstand von 0,80 bis 1,00 m. Wird nur eine Reihe auf einer langen, schmalen Rabatte gepflanzt, kann der Abstand von Stamm zu Stamm 1,50 bis 2,00 m betragen. Niedrige Stämmchen, auch als Halbstämme bezeichnet, werden im Abstand von 0,50 bis 0,60 m gepflanzt. Trauerrosen, auf Stämme von 1,40 m und höher veredelte Kletterrosen, brauchen zu ihrer Entfaltung Raum und sollten nur einzeln gepflanzt werden.

Zwergrosen

Die Pflanzweite dieser niedrigen, kleinblumigen und sehr reichblühenden Miniaturrosen, geeignet für den Steingarten, als Einfassung oder für Grabbepflanzung, beträgt nur 20 bis 25 cm.

Für alle Rosen wurden Von-bis-Abstände angegeben, d. h., nicht nur die Wuchsstärke ist maßgebend für den Platzbedarf, sondern auch Bodenverhältnisse, Ernährung und Schnittmethoden spielen dabei eine nicht unbedeutende Rolle.

Pflanzabstand

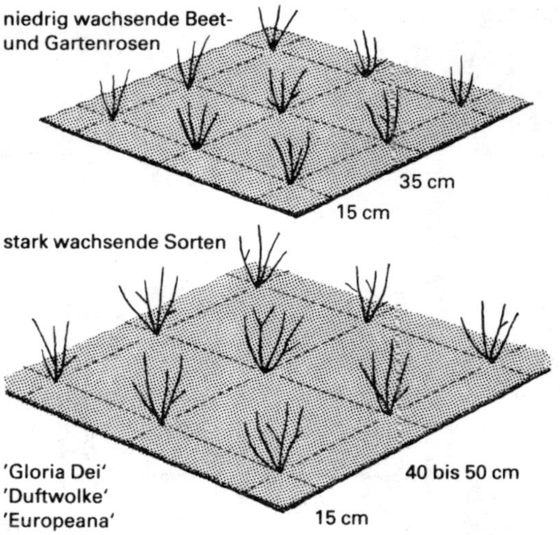

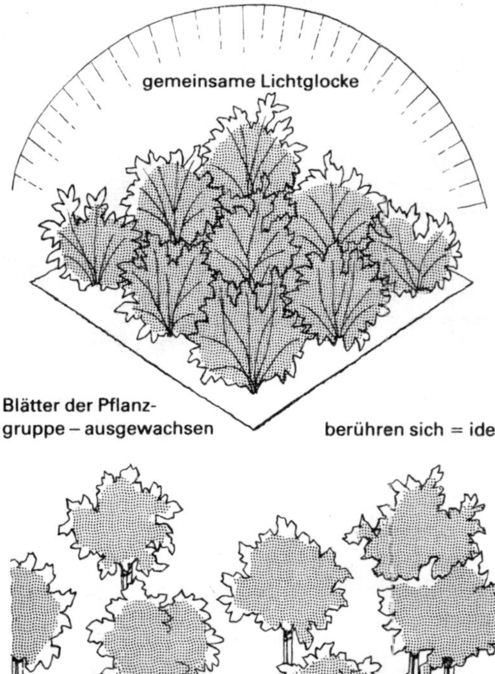

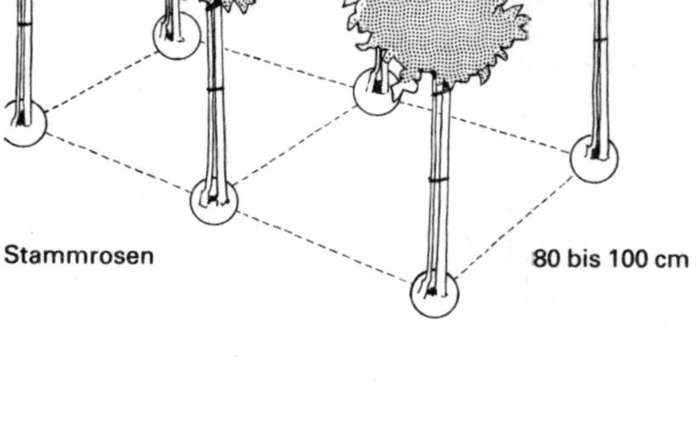

Können alte Rosen verpflanzt werden?

Umpflanzen älterer Rosen

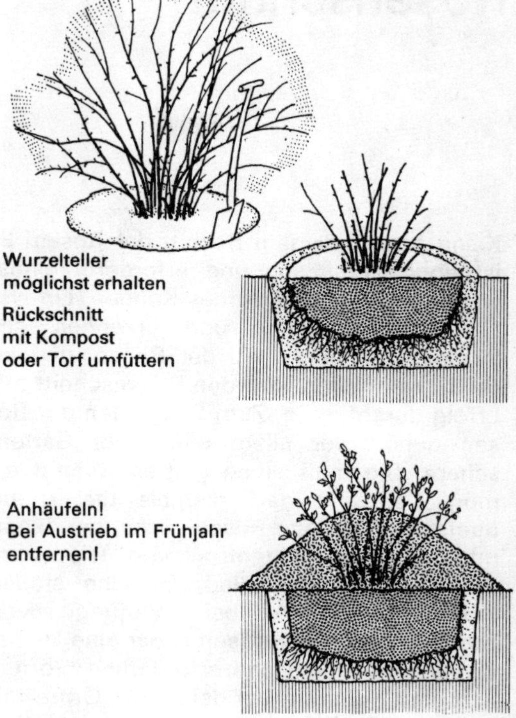

Ein späterer Abschnitt befaßt sich mit dem Alter der Rosen. Es ist verständlich, daß in diesem Zusammenhang die Frage nach dem Verpflanzen alter Rosen gestellt wird. Mitunter werden Veränderungen im Gartengrundstück erforderlich, z. B. durch Baumaßnahmen, oder es steht ein Umzug bevor. Nicht gern trennt man sich dann von liebgewonnenen Rosen. Wird das Umsetzen richtig gehandhabt, wachsen die Rosen am neuen Standort gut an. Deshalb kann immer wieder zum Verpflanzen alter Rosen geraten werden, selbst wenn der Wurzelstock schon recht dick ist und die Pflanzen bereits über 10 Jahre alt sind. Die beste Verpflanzzeit ist der Herbst. Die Rose wird sorgfältig mit allen Wurzeln ausgegraben und nach Glattschneiden verletzter Wurzeln genau so tief gepflanzt, wie sie vorher stand. Natürlich müssen, besonders bei Strauch- und Kletterrosen, die Triebe stark zurückgeschnitten werden. Trockenes Holz wird entfernt. Es empfiehlt sich, die Erde im Pflanzloch mit etwas Torfmull oder Komposterde anzureichern und gut festzutreten, danach wird angehäufelt. Bei Trockenheit muß angegossen werden. Stoßen die jungen Triebe im Frühjahr durch die angehäufelte Erde, kann man sie entfernen. Schon im ersten Jahr bedanken sich die verpflanzten Rosen durch Wachstum und erneutes Blühen für die aufgewendete Mühe.

Rosenschnitt

Keine Angst vor dem Schnitt der Rosen! Er ist unproblematisch und erfordert keineswegs großes gärtnerisches Können. Ein wenig Aufmerksamkeit und Erkennen der Wachstumseigenheiten der Rosen, und jeder Gartenfreund wird den Rosenschnitt mit Erfolg durchführen. Zum Schneiden der Rosen gehört vor allem eine gute Gartenschere. Sie muß einen glatten Schnitt ermöglichen und darf niemals die Triebe quetschen. Für alte Rosenstöcke, bei denen mitunter dicke, eingetrocknete Triebstummel wegzunehmen sind, ist eine stabile Schere, ja mitunter beim Verjüngen von Strauch- und Kletterrosen sogar eine kleine, verstellbare Baumsäge erforderlich. Vorteilhaft sind Scheren, bei denen die Griffe mit Plaste gegen Kälte isoliert sind.
Grundsätzlich werden Rosen auf »Augen« geschnitten. Die Augen sind nach Abfallen der Blätter als rötliche Pünktchen in der grünen Rinde zwischen den Stacheln zu erkennen. Aus ihnen entwickeln sich die neuen Triebe mit Blättern und Knospen. Der Schnitt muß stets etwa 5 mm über dem Auge erfolgen und nach hinten ein wenig schräg sein. Ein längerer Triebstummel darf nicht stehenbleiben. Er würde nach geraumer Zeit trocken werden und den Trieb schädigen. Ein zu nahe und zu schräg am Auge ausgeführter Schnitt hat das Eintrocknen des Auges zur Folge, oder ein sich entwickelnder Trieb könnte abbrechen. Nach Möglichkeit sollte man beim Schneiden darauf achten, daß das Auge nach außen zeigt. Besonders bei Stammrosen entwickelt sich dadurch eine schön aufgebaute Krone. Für alle Rosenklassen gilt der gleiche Grundsatz: Alles schwache, kranke und vom Winter geschädigte Holz wird weggeschnitten.

Herbst- oder Frühjahrsschnitt?

Im Herbst sollten Rosen nicht geschnitten werden, damit nicht der Frost in die Schnittstellen eindringt und die Triebe bei starker, trockener Kälte Schaden erleiden. Sicher sehen geschnittene Rosen besser aus und lassen sich auch leichter anhäufeln, doch sollte der Rosenfreund mit dem Schnitt seiner Rosen bis zum Frühjahr warten. Manchmal zeigen bei mildem Wetter etwas geschützt stehende Rosen mitunter noch bis kurz vor Weihnachten vereinzelte Blüten. Wie freut man sich, wenn man zu dieser Jahreszeit im Garten Farbe sieht!
Der Schnitt der Rosen beginnt im zeitigen Frühjahr, unmittelbar nach der Entfernung

Schnitt über dem Auge

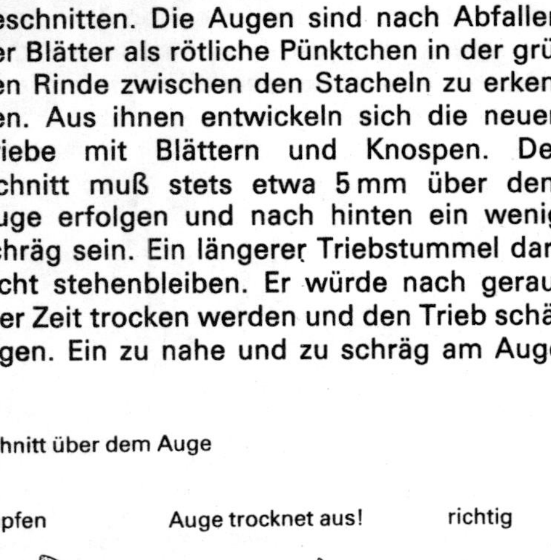

Rückschnitt ins gesunde Holz

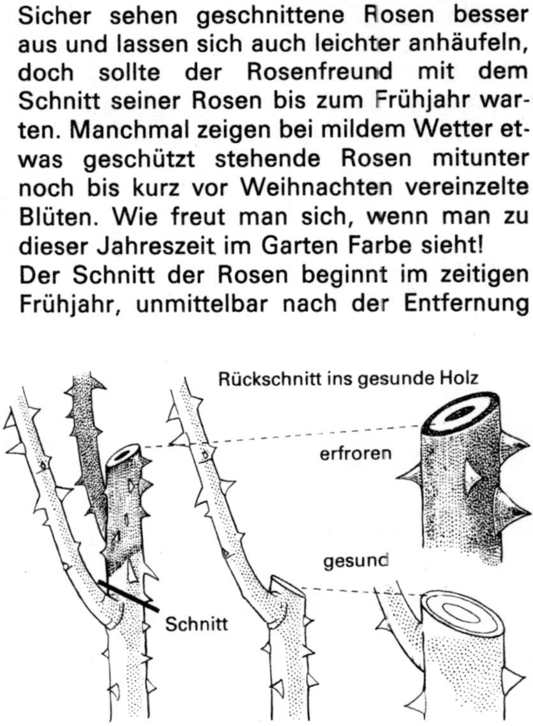

Schnittwerkzeuge

zweischneidige Gartenschere mit Rollgriff

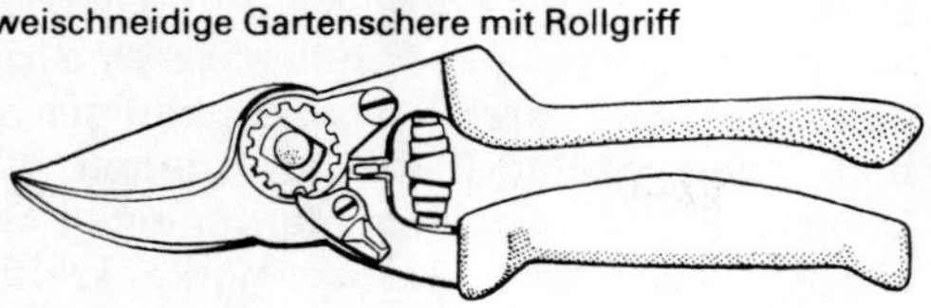

einschneidige Gartenschere mit ziehendem Schnitt

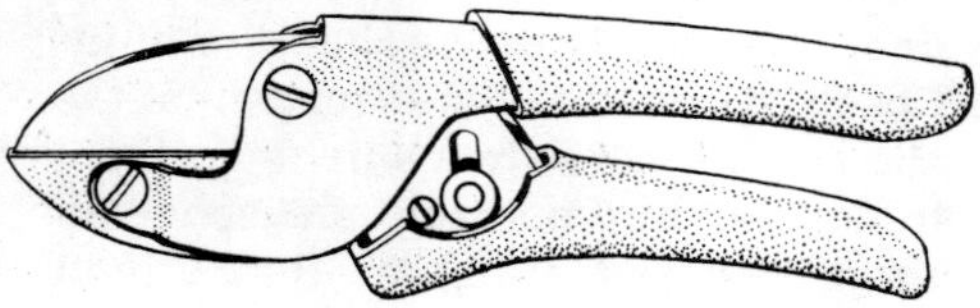

Astschere zum Auslichten von Strauchrosen

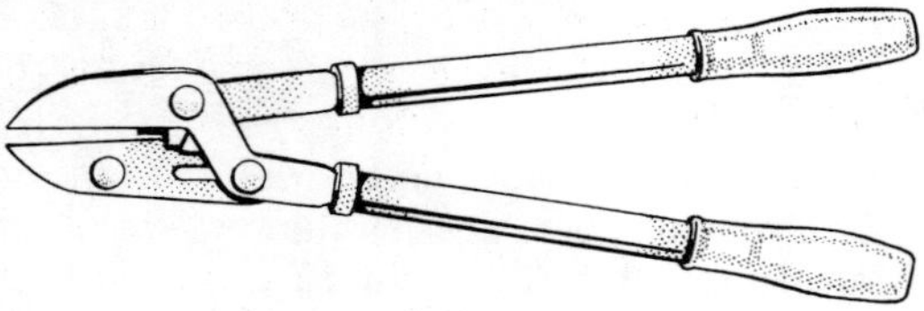

Baumsäge

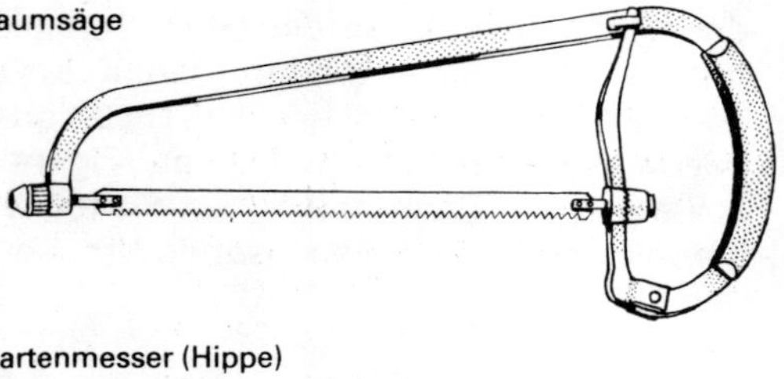

Gartenmesser (Hippe)

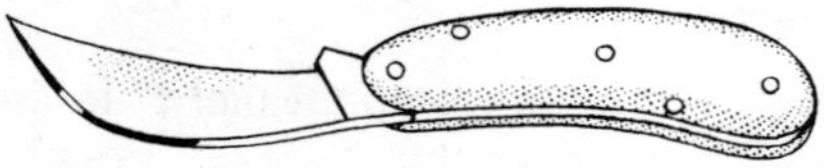

Okuliermesser mit Löser an der Klinge

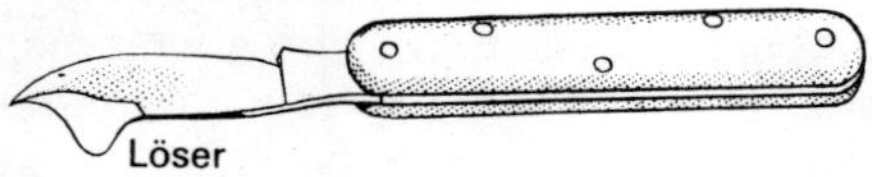

Okuliermesser mit getrenntem Löser

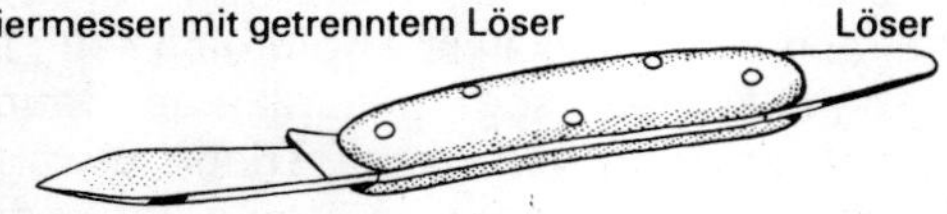

Rosenschere für Schnittrosen

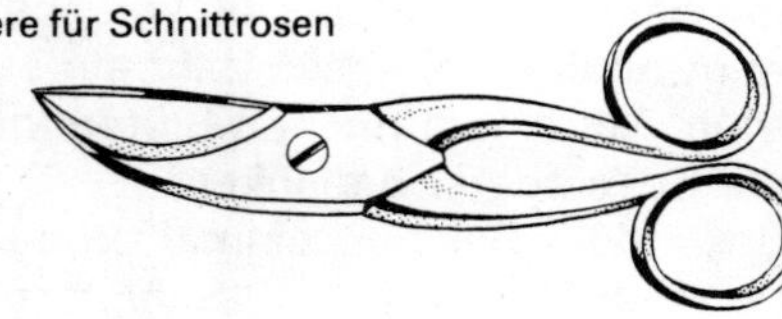

des Winterschutzes. Es ist nicht ratsam, noch länger zu warten; denn den durch die Frühlingssonne schon zum Leben erweckten und in Saft stehenden Pflanzen gehen, wenn sich schon kleine Triebe entwickelt haben, durch das Zurückschneiden wertvolle Kräfte verloren. Dadurch verzögert sich auch die Blüte.

Bei Frühjahrspflanzung muß der sogenannte Pflanzschnitt durchgeführt werden. Busch- und Stammrosen schneidet man auf 3 bis 5 Augen zurück. Bei Kletter- und Strauchrosen bleiben bei einer Pflanzung im Frühjahr je Trieb nur 6 bis 8 Augen stehen. Es hat keinen Zweck, bei Neupflanzungen lange Triebe zu lassen, denn erst müssen sich Wurzeln bilden, die den Wasserbedarf der oberirdischen Teile decken können. Bleiben die Triebe ungekürzt, bewirken die vorhandenen Reservestoffe zwar ein Austreiben der Augen, aber bald danach beginnt das Eintrocknen. Man sieht, wie sich die Pflanze »quält«, und nur bei länger anhaltendem feuchtem Wetter treibt sie vielleicht von unten neu aus. Die Rose ist gerettet, aber die Triebe müssen nun doch noch heruntergeschnitten werden.

Ab zweitem Jahr nach der Pflanzung und für alle Standrosen, das sind Rosen, die schon längere Zeit am Standort stehen und noch ein paar Jahre stehenbleiben sollen, gelten für den Schnitt die folgenden Ausführungen.

Garten- und Beetrosen

Zuerst schneidet man das schwache und trockene Holz heraus. Dann werden die bis unten abgestorbenen Triebe unmittelbar an der Veredlungsstelle abgeschnitten. Die jetzt verbleibenden starken Triebe werden auf 3 bis 6 Augen zurückgeschnitten. Bei Frostschäden erfolgt der Rückschnitt immer bis in das gesunde grüne Holz. Geschädigte Triebe erkennt man an der braunen Farbe. Manchmal sehen sie noch grün aus, haben aber innen braunes Mark. Trotz derartiger Winterschäden erfolgt meistens noch ein Austrieb, jedoch später, manchmal erst im Juni, stirbt dieser ab. Somit sollte bei braunem Mark auch gleich bis in das gesunde Holz zurückgeschnitten werden. Eine Grundregel besagt, daß man kräftige Triebe immer

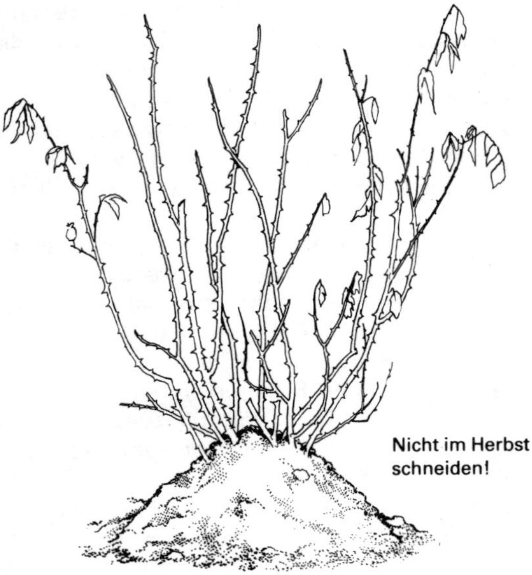

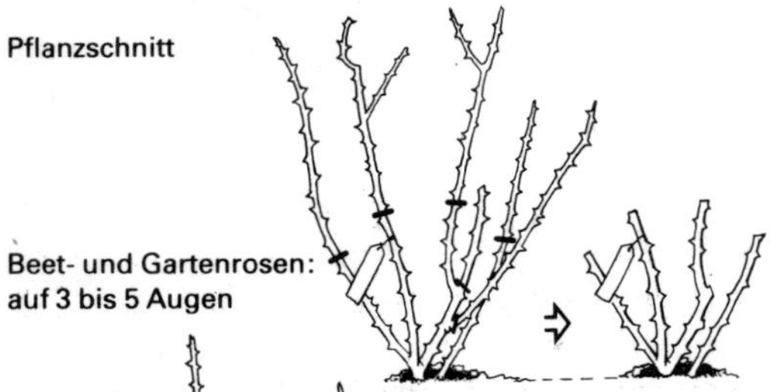

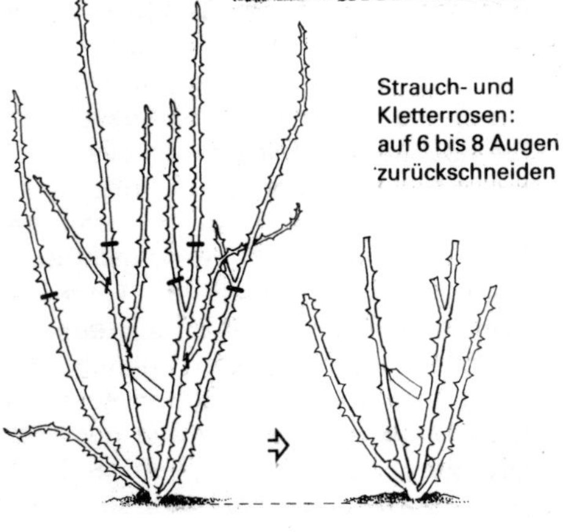

etwas länger läßt und schwächere Triebe stärker zurückschneidet. Werden die Triebe länger gelassen, entwickelt sich eine größere Anzahl kürzerer Triebe, die zeitiger blühen, einen reichen Blütenflor bringen, aber kleinere Blüten ausbilden. Durch einen starken Rückschnitt erzielt man starke, kräftige Triebe mit schönen, großen Einzelblüten. Daran ist zu denken, wenn Teehybriden für den Blumenschnitt gepflanzt werden. Bei Rosen, die man höher wachsen läßt, erfolgt alle drei bis vier Jahre, sofern der Frost nicht früher für ein tiefes Zurückschneiden gesorgt hat, ein stärkerer Rückschnitt. Dadurch wird die Pflanze verjüngt, und sie bleibt unten nicht kahl.

Stammrosen

Der Schnitt erfolgt wie bei den Garten- und Beetrosen, aber etwas stärker, damit die Krone mit der Zeit nicht zu groß wird. Um eine Kreuz- und Querverzweigung zu verhindern und um einen lichten, schönen Aufbau der Krone zu erzielen, ist beim Schneiden der Stammrosen besonders darauf zu achten, daß jeweils das obere, am Trieb verbleibende Auge nach außen zeigt. Eigentlich sollte man für Stammrosen nur Sorten wählen, die schöne, breitwachsende Kronen bilden.

Kletterrosen

An Kletterrosen braucht nicht viel herumgeschnitten zu werden. Altes, dürres Holz wird entfernt, zurückgefrorene Triebe kürzt man ein. Wichtig ist das Erhalten kräftiger Jungtriebe. Etwa alle drei Jahre nimmt man überalterte Triebe am Wurzelstock heraus und fördert damit einen neuen Austrieb. Bei sehr alten, unten total verholzten Kletterrosen kann eine Radikalkur erfolgreich sein: Im zeitigen Frühjahr sägt man mit einer Baumsäge alle starken, verholzten Triebe etwa 20 cm über dem Erdboden ab. Wenn der Boden gelockert, dabei mit Kompost angereichert und mit einer Volldüngergabe versehen wird, erfolgt noch im gleichen Jahr ein starker Austrieb. Mit einem reichen Blütenflor wird sich die Rose später bedanken.
Besonders bei den einmal blühenden Kletterrosen hat sich ein Schnitt unmittelbar

Schnitt

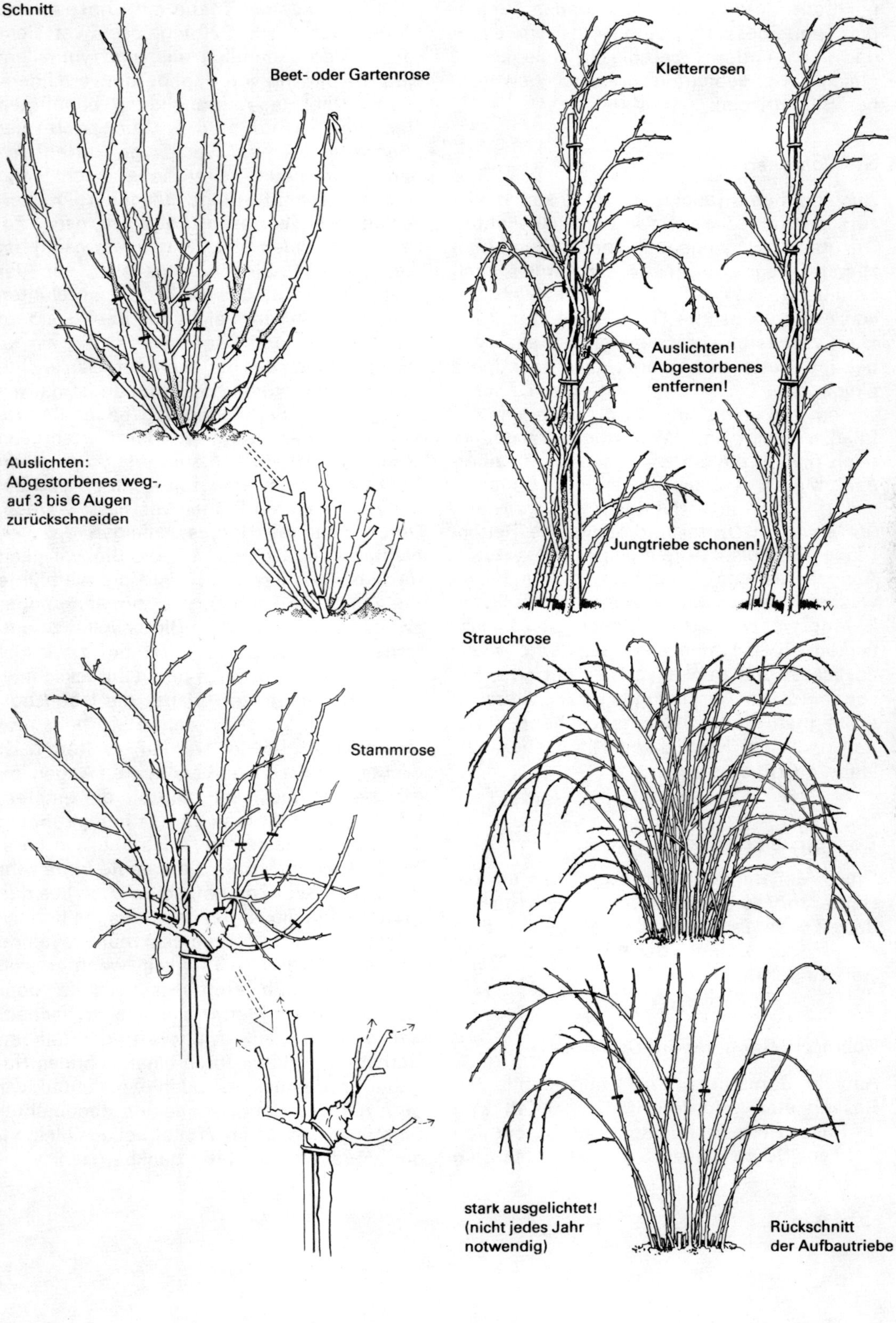
Beet- oder Gartenrose
Auslichten:
Abgestorbenes weg-,
auf 3 bis 6 Augen
zurückschneiden
Kletterrosen
Auslichten!
Abgestorbenes
entfernen!
Jungtriebe schonen!
Stammrose
Strauchrose
stark ausgelichtet!
(nicht jedes Jahr
notwendig)
Rückschnitt
der Aufbautriebe

nach der Blüte bewährt. So können die jungen Triebe besser bis zum Herbst ausreifen, und man entfernt bei dieser Gelegenheit gleich die abgeblühten, bräunlich gewordenen Blütenrispen.

Strauchrosen

Auch bei den Strauchrosen gibt es nicht viel zu schneiden. Sie werden nur ausgelichtet. Die über Kreuz stehenden Triebe nimmt man zuerst weg, vermeidet dadurch auch Scheuerstellen und erhält schließlich die von uns gewünschte Form, die dem natürlichen Wuchs entsprechen sollte. Genau wie bei den Kletterrosen werden alle paar Jahre einige alte Triebe ganz entfernt. Dadurch wächst von unten junges Holz nach, und die Pflanze bleibt im Wachstum. Besonders reich blühen die Strauchrosen der Lambertiana-Klasse (»Dauerblühende Strauchrosen«), wenn die vorjährigen starken Triebe um etwa ein Drittel und schwache Seitentriebe auf 3 bis 4 Augen eingekürzt werden. Ausgesprochene Wildrosen soll man so wachsen lassen, wie sie sich am natürlichen Standort entwickeln. Natürlich ist es nicht verkehrt, wenn man alle paar Jahre etwas auslichtet und trockenes Holz entfernt. Besonders beim Ausschneiden der Wildrosen sollte man immer Lederhandschuhe anziehen und nach Möglichkeit eine Schere mit langem Griff verwenden.

Zwergrosen

Diese Miniaturrosen schneidet man um die Hälfte zurück und entfernt trocken gewordene Triebe. Es ist etwas mühevoll, aus dem Gewirr der kleinen Büsche das trockene Holz zu entfernen.

Schnittmaßnahmen im Sommer

Auch im Sommer wird ein Schneiden in den Rosenbeeten erforderlich. Es handelt sich um das Herausschneiden der verblühten Blumen. Durch diesen Schnitt kommen die noch vorhandenen Triebe mit Knospen und Blüten besser zur Geltung, das Beet sieht sauber und ordentlich aus, und vor allem wird die Bildung von Hagebutten verhindert. Die für die Hagebuttenbildung benötigten Nährstoffe würden die Wuchskraft der Pflanze schwächen. Nur einige Sorten treiben sofort neue Seitentriebe, auch wenn kein Rückschnitt erfolgt. Besonders bei verschiedenen Beetrosen (Polyantharosen, Polyantha-Hybriden und Floribundarosen) ist dies der Fall. Sie »putzen« sich, wie der Fachmann sagt, das heißt, die verblühten Blumen verunzieren nicht das Beet, sondern Wind, Regen und Sonne sorgen für ein rasches Abfallen der Blütenblätter. Das leichte Abstoßen der verblühten Blumen ist mit ein Zuchtziel bei der Schöpfung neuer Beetrosen. Die meisten Sorten der Gartenrosen (Teehybriden) müssen aber erst durch einen Rückschnitt zum erneuten Austrieb und damit zum weiteren Blühen veranlaßt werden. Durch richtiges Herausschneiden der verblühten Triebe können wir die Blühwilligkeit fördern. Wichtig dabei ist, die verblühte Rose mit dem Trieb nur bis zum ersten oder zweiten Blatt unter dem Blütenstand zu entfernen. Auf keinen Fall darf tief zurückgeschnitten werden. Beim tiefen Zurückschneiden nehmen wir der Pflanze die lebensnotwendigen Blätter, in denen Aufbaustoffe (Assimilate) gebildet werden. Weiterhin ist wichtig zu wissen, daß die oberen Augen immer besser entwickelt sind als die unteren. Oftmals bemerkt man bereits in den oberen Blattachsen kleine rote Austriebe. Ein tieferer Rückschnitt würde die erneute Blüte sehr verzögern. Wer Zeit hat, sollte auch aus den Kletterrosen die abgeblühten Rispen herausschneiden. Es ist freilich eine mühevolle und Geduld erfordernde Tätigkeit, wenn es sich um riesengroße Kletterrosenbüsche oder um ein großes Kletterrosenspalier handelt. Bei Strauch- und Wildrosen, die uns im Herbst und Winter durch einen schönen Hagebuttenschmuck erfreuen, verzichten wir gern auf das Herausschneiden abgeblühter Blumen. Auch die im Winter bei uns bleibenden Vögel werden dafür dankbar sein.

Rosenpflege vom Frühjahr bis zum Herbst

Entfernen des Winterschutzes

Bei normalen Witterungsverhältnissen wird meistens Ende März der Winterschutz entfernt. Das Deckmaterial bleibt aber noch griffbereit, damit es bei starker Sonneneinstrahlung am Tage und bei eventuellen Nachtfrösten nochmals zum Bedecken der Rosen benutzt werden kann. Unmittelbar nach dem Abdecken häufelt man die Rosen ab und nimmt bei den Stammrosen die Kronen vorsichtig heraus. Ein trüber, regnerischer Tag ist für diese Arbeiten am günstigsten.

Bodenbearbeitung

Durch Regen und Sonne sowie durch Betreten der Rosenpflanzungen beim Blumenschnitt wird der Boden stellenweise hart. Er verkrustet, und die Krümelstruktur leidet. Deshalb muß durch Hacken wieder für eine lockere Bodenoberfläche gesorgt werden. Dadurch vernichten wir nicht nur das Unkraut, sondern wir verhindern auch die Verdunstung des Wassers aus den tieferen Bodenschichten und fördern den so wichtigen Luftaustausch im Boden. Bei schweren Böden sollte man möglichst nach jedem starken Regen hacken. Gelockert wird flach, höchstens bis 10 cm Tiefe, damit die Wurzeln nicht beschädigt werden. Das Umgraben zwischen den Rosen ist zu unterlassen.

Wässern

Stehen die Rosen nicht auf leichtem Sandboden, überstehen sie ohne Schaden eine Trockenperiode von zwei bis drei Wochen. Mit ihren Wurzeln, die tief in das Erdreich eindringen, können sie sich lange Zeit aus den Wasservorräten des Bodens versorgen. Trotzdem ist es gut, wenn den Rosen in regenarmen Sommern regelmäßig Wasser zugeführt wird. Erst durch Wasser werden die Nährstoffe frei, es gibt keine Wachstumsstockungen, und unsere Rosen blühen weiter. Sofern im Frühjahr Trockenheit herrscht, ist das Wässern der Rosen besonders wichtig. Unterbleibt dieses, entwickeln sich die Triebe und Blätter nur schwach. Die Rosen beginnen zwar zeitig, aber mit kleinen Blumen zu blühen, und die Pflanzen sind außerdem anfällig für Krankheiten und Schädlinge. So wie jahreszeitlich nicht zu spät gedüngt werden darf, müssen wir auch die Wassergaben im September langsam einschränken. Es ist nicht gut, wenn durch reichliche Bewässerung die Rosen zu dieser Jahreszeit neue Triebe bilden, die bis zum Einbruch des Winters nicht mehr ausreifen können. Frostschäden sind dann unvermeidlich. Die Grundregel sollte lauten: Wässern nur dem Entwicklungsstand der Pflanzen und dem Niederschlag entsprechend. Niemals regelmäßig wässern! Auf leichtem Sandboden sind natürlich bei länger anhaltender Trockenheit öfters Wassergaben erforderlich. Auch die Art des Wässerns ist wichtig. Im Hochsommer mit einem Rasensprenger zu arbeiten, nehmen die Rosen sehr übel. Das leitungskalte Wasser schockt die sonnendurchwärmten Blätter, und außerdem wird die Anfälligkeit für Pilzkrankheiten erhöht. Zudem dringt meistens bei oberflächlichem Spritzen die Feuchtigkeit nicht tief genug in den Boden ein. Auch die Rosenblüten leiden durch das Wasser von oben und werden oft fleckig, besonders, wenn bei starker Sonneneinstrahlung beregnet wird. Am besten bewährt sich das Wässern mit einem Berieselungsschlauch, der

Bodenbearbeitung

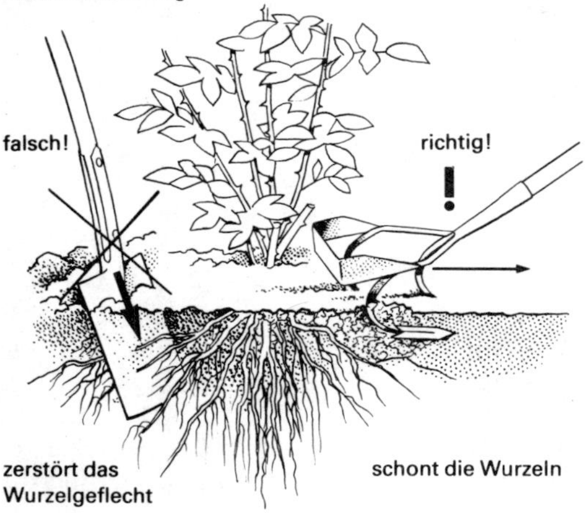

Bewässerung

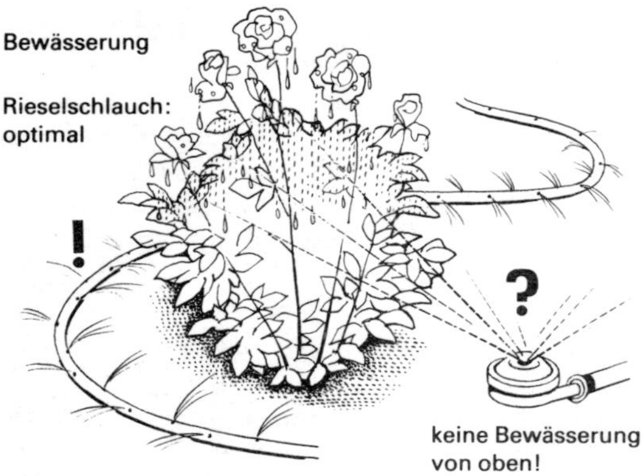

Bodenbedeckung

mit halbverrottetem Kompost

mit der Lochseite nach unten zwischen die Rosen gelegt wird. Mit einem gewöhnlichen Schlauch, durch den man das Wasser langsam laufen läßt, damit das Erdreich nicht ausspült, und den man schrittweise weiterlegt, lassen sich die Rosenbeete ebenfalls gut bewässern. Der Boden sollte bis zu einer Tiefe von 30 cm durchfeuchtet sein. Auf einen Quadratmeter rechnet man mindestens 15 Liter Wasser. Bei jeder Bewässerung ist darauf zu achten, daß abends die Blätter abgetrocknet sind.

Strauch- und Kletterrosen, die dicht an Hauswänden oder Mauern stehen, brauchen im Sommer öfter ein paar Kannen Wasser auf den Wurzelstock. Die Niederschläge erreichen nämlich nur selten ihre Wurzeln, da sie durch die Fundamente abgehalten werden. Diese Sonderbehandlung der Rosen an solchen trockenen Standorten beugt auch dem Befall der gefürchteten Roten Spinne vor.

Bodenbedeckung

Durch eine Bodenbedeckung ersparen wir uns zeitaufwendige Hackarbeiten und das Jäten, brauchen weniger zu wässern und erreichen einen für die Pflanze erstrebenswerten Zustand des Bodens. Die Bodenbedekkung sollte erst nach Erwärmung des Bodens Ende April, Anfang Mai vorgenommen werden. Geeignet sind für eine Mulchdecke – die Bodenbedeckung wird als Mulchen bezeichnet – verschiedene verwesbare Materialien. Am liebsten nimmt man Torf, der am saubersten aussieht. Er sollte aber vorher mit Kalk vermischt werden. Auf 1 m^3 benötigt man etwa 3 kg Kalk. Die vorher gelockerte Erdoberfläche erhält eine 3 bis 5 cm dicke Schicht. Anstelle von Torf eignen sich weitere organische Substanzen, wie z. B. kurzer, strohiger Stalldung, grob zerkleinerte Kiefernrinde oder der erste Rasenschnitt (ohne Löwenzahnsamen!). Da geschnittenes Gras zusammenfällt, aber dann eine geschlossene bräunliche Decke bildet, muß es mindestens 20 bis 25 cm dick zwischen die Rosen eingebracht werden. Amseln finden im Sommer im feuchten, humosen Boden unter der Bedeckung die begehrten, aber für uns nützlichen Regenwürmer. Durch die Nahrungssuche sehen leider die mit Gras bedeckten Beete bald unordentlich aus. Einen Nachteil haben alle Bodenbedeckungen, besonders wenn Wald oder Wiesen in der Nähe des Gartens sind, denn es können sich Wühlmäuse einfinden. Diese Nager fühlen sich unter den Bedeckungen wohl und machen leider auch vor den harten Rosenwurzeln keinen Halt. Die Vorteile einer Bodenbedeckung überwiegen aber bei weitem. So werden zunächst einmal die physikalischen und chemischen Eigenschaften des Bodens verbessert. Man spricht von einer guten Bodengare. Jeder Gartenfreund sollte wissen, daß die in der Humusschicht lebenden Millionen Mikroorganismen durch verschiedene Verbrennungs- und Atmungsvorgänge bei der Zersetzung des Bedeckungsmaterials Kohlendioxid (CO_2) ausscheiden. Dieser gasförmige Kohlenstoff ist für jede Pflanze zum Aufbau aller organischen Verbindungen unentbehrlich, also auch für die Bildung der Wurzeln, Triebe, Blätter und Blüten unserer Rosen. Der komplizierte Prozeß der Umwandlung anorganischer Substanzen in organische erfolgt durch die Assimilation. Diesen Prozeß nennt man auch Photosynthese. Besonders wenn sich die Rosenbüsche auf einem mit Mulchmaterial bedeckten Beet gegenseitig mit den Blättern berühren, hat man festgestellt, daß der CO_2-Gehalt unter dieser fast geschlossenen Decke ein Mehrfaches dessen der uns umgebenden Luft beträgt. In der Luft sind nur 0,03 % Kohlensäure enthalten. Steht den Pflanzen eine größere Menge CO_2 zur Verfügung, wird die Wachsleistung gesteigert. Weiterhin regelt das Mulchen den Wasserhaushalt des Bodens. Selbst bei Platzregen kommt es zu keiner Verschlämmung mehr. Das Regenwasser kann ungehindert eindringen, aber die Verdunstung bleibt gering. Nach tagelangem Sonnenschein mit austrocknenden Winden werden bedeckte Beete immer frischer aussehen als nicht bedeckte. Besonders erfreulich bei einer Mulchdecke ist, daß das Unkraut meist nicht keimt. Sollten trotzdem einzelne Unkräuter aufkommen, lassen sie sich auch ohne Hakken leicht herausreißen, was zeitaufwendige Arbeit erspart.

Chemische Unkrautbekämpfung

Die chemische Unkrautbekämpfung sollte man im Haus- und Kleingarten möglichst unterlassen. Wird trotzdem Wert darauf gelegt, dann nur zwischen Rosenpflanzungen, bei denen an Nach- und Neupflanzungen in den nächsten 10 bis 20 Jahren nicht zu denken ist. Durch Herbizide erhöhen sich mit der Zeit einige Bestandteile im Boden (z. B. Simazin), die das Wachstum neu- oder nachgepflanzter Rosen stark beeinträchtigen. Die im Handel erhältlichen Mittel sind genau nach Gebrauchsanwendung zu benutzen. Die Brühe muß gleichmäßig mit einer Spritze auf die Erdoberfläche verteilt werden, wobei die Benetzung junger Bodentriebe an der Basis zu vermeiden ist. Diese Arbeit erfolgt vor dem Austrieb der Rosen.

Entfernen der Unterlagentriebe

Eine weitere Arbeit, die wir im Sommer verrichten müssen, ist das Entfernen der Unterlagentriebe. Unterhalb der Veredlungsstelle bei Busch-, Strauch- und Kletterrosen sowie am Wurzelstock der Stammrosen (manchmal auch in einiger Entfernung vom Stamm, selten am Stamm selbst) entwickeln sich mitunter recht lange, wüchsige Triebe. Sie sind meistens dicht bestachelt, erkennbar am siebenfiedrigen, hellgrünen Blatt, und sie kommen aus der Unterlage. Diese Triebe gilt es recht schnell zu entfernen, da sie der Pflanze unnötig Kräfte entziehen. Niemals dürfen sie über der Erde weggeschnitten werden. Nach kurzer Zeit würden sie gleich mit mehreren Trieben erneut erscheinen. Lassen sich diese Triebe nicht mit der Hand von der Austriebsstelle nach unten abreißen, muß man ein wenig mit dem Handspaten freigraben, damit man sie dann mit der Schere direkt am Wurzelhals abschneiden kann. Wird diese Arbeit nicht sorgfältig ausgeführt, verdickt sich der an der Unterlage verbliebene Triebstummel des Austriebes. Er läßt sich nicht mehr mit der Hand durch Freilegen beseitigen und treibt immer wieder neu aus.

Winterschutz

Neigt sich das Jahr zu Ende und beginnen die Blätter zu fallen, muß langsam an das Einwintern der Rosen gedacht werden. Erfahrungsgemäß kommt aber selten vor Mitte Dezember so strenger Frost, daß der Erdboden nicht mehr auftaut. So braucht sich der Rosenfreund über den Winterschutz seiner Rosen keine allzu großen Sorgen zu machen und kann erst in aller Ruhe das Winterobst pflücken und das Spätgemüse ernten. Ein zu frühes Einwintern der Rosen ist nicht gut. Besonders, wenn der Sommer und Herbst viele Niederschläge brachten, sind die Rosentriebe noch weich und konnten nicht richtig ausreifen. So ist ab und zu ein leichter Frost für die Rosen sogar ganz gut, denn dadurch werden sie hart und widerstandsfähiger. Günstig für das Ausreifen des Rosenholzes ist ein warmer und trockener Herbst. Vor Mitte November braucht auf keinen Fall mit dem Anhäufeln der Rosen begonnen zu werden. Leicht erfriert die Rose sowieso nicht, zumal sich bei richtiger Pflanzung die gefährdete Veredlungsstelle 3 bis 5 cm unter der Erde befindet. Ernste Gefahr besteht nur, wenn im Winter sehr strenge Fröste auftreten und keine schützende Schneedecke vorhanden ist. Manche Jahre hätte man sich das Anhäufeln, besonders bei den Beetrosen, ersparen können. Doch welcher Rosenfreund möchte ein Risiko eingehen? Festgestellt wurde auch, daß die Ausfälle in den Rosenpflanzungen selten durch harten Frost erfolgten. Viel gefährlicher sind plötzliche Witterungsumschläge, wie öfteres schnelles Auftauen und wieder Gefrieren, nach starken Regengüssen anhaltender, strenger Frost oder Glatteisbildung.

Angehäufelt wird etwa 20 cm hoch, so daß der Wurzelhals mit der Veredlungsstelle gut mit Erde überdeckt ist. Bei Strauch- und Kletterrosen sowie bei Beetrosen, die einzeln oder in kleinen Gruppen stehen, empfiehlt sich ein höheres Anhäufeln. Wer es ganz gut mit seinen Rosen meint, kann auch noch verrotteten Stalldung, Kompost, Torf, Nadelstreu oder etwas Laub zwischen die Rosen bringen. Mit dieser Maßnahme sorgen wir dafür, daß der Boden im Frühjahr nicht so lange fest gefroren bleibt. Außerdem werden dem Boden wieder neue Humusstoffe zugeführt. Wegen der Fäulnisgefahr sollte aber Laub nicht zum Zudecken der Rosen benutzt werden; es dient nur zum Bedecken des Bodens. Stehen die Rosen dicht beieinander, darf man niemals die Erde zwischen den Rosen zum Anhäufeln hochhacken. Dadurch würden zwar die Triebe und die Veredlungsstelle geschützt, aber die Wurzeln lägen fast bloß und könnten Schaden erleiden. In dichten Rosenpflanzungen und auch dort, wo Gefahr besteht, Zwiebeln von Frühlingsblühern zu zerhacken, sollte man mit Kompost oder mit Erde von einer anderen Stelle des Gartens anhäufeln. Damit solche Beete nicht mit der Zeit zu sehr in die Höhe wachsen, nimmt man im Frühjahr immer wieder etwas Erde weg.

In rauhen Gebirgsgegenden erhalten die Rosen noch eine Decke von Fichten- oder Kiefernreisig. Dieses Material hält zwar nicht den Frost fern, schützt aber vor den Gefahren der Spätwintersonne und vor scharfen Ostwinden. Von manchen Rosenfreunden werden empfindliche Teehybriden immer noch zusätzlich mit Reisig bedeckt.

Das Einwintern der Stammrosen bereitet etwas mehr Mühe. Sie müssen vorsichtig niedergebogen werden, und zwar in die Richtung, die bereits beim Pflanzen vorgesehen war (siehe Abschnitt »Einige Hinweise zum Pflanzen von Stammrosen«). Mit Astgabeln, kreuzweise gesteckten Pfählchen oder Latten wird der Stamm befestigt. Anschließend erhält die Krone einen Erdumschlag, so daß sie völlig zugedeckt ist. Niemals darf die Krone in eine vorher ausgehobene Mulde gelegt werden, da sich besonders bei schweren Böden darin Feuchtigkeit ansammeln kann, die der Rose schadet. Um Fäulnis in der zugedeckten Krone zu vermeiden, sind vor dem Herunterlegen alle noch vorhandenen Blätter und Triebspitzen herauszuschneiden. Diese Arbeit ist oft recht mühevoll, da die Stammrosen später als die Buschrosen mit dem Wachstum abschließen und mitunter noch lange nach den ersten Frösten zahlreiche Blätter und Triebe mit Knospen tragen. Auch aus der zum Zudecken der Krone benutzten Erde sollten alle fäulniserregenden Stoffe entfernt werden, vor allem, wenn während des Sommers un-

Unterlagentriebe entfernen

falsch! richtig!

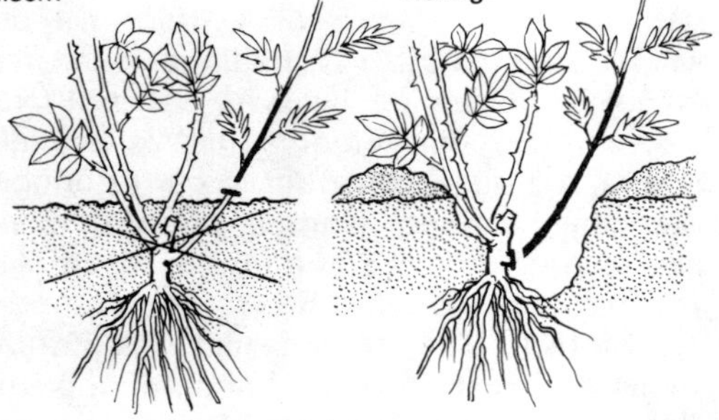

Winterschutz

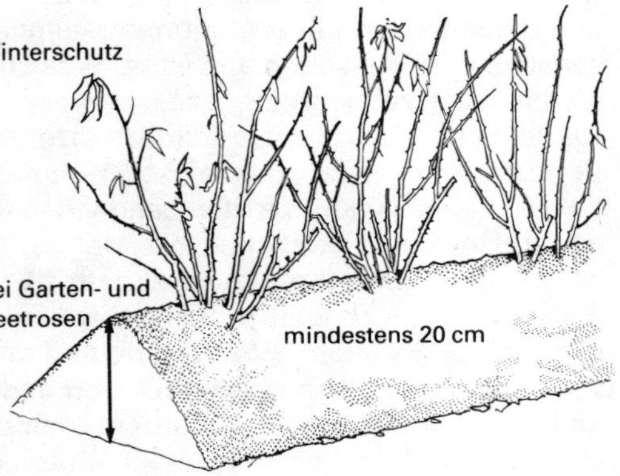

bei Stammrosen

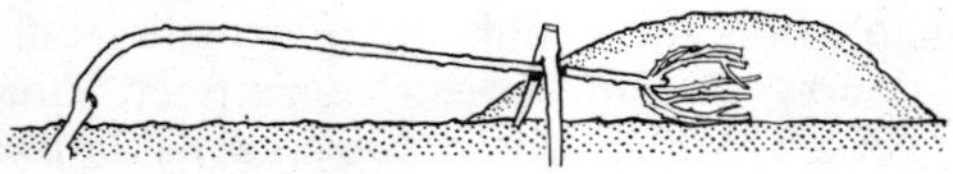

Verankerung

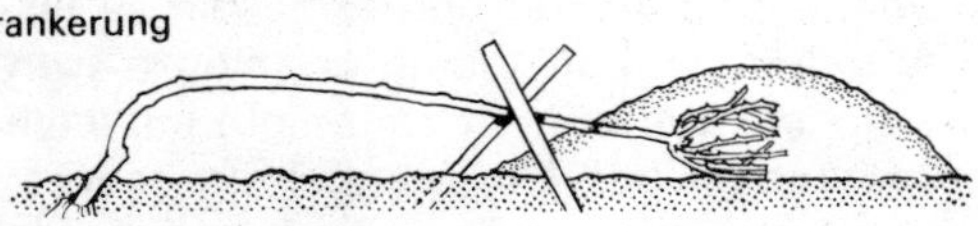

Stroh oder Reisig

ter den Hochstämmen zu den Rosen passende Einjahrsblumen gestanden haben. Die Stämme, es sind ja Wildlinge, vertragen ziemlich große Kälte. Um sie aber gegen Wintersonne und Eisbildung zu schützen, werden auch sie mit Reisig zugedeckt oder dünn mit Stroh umwickelt. Bei alten Hochstämmen und Trauerrosen, die sich nicht mehr zur Erde beugen lassen, werden die Triebe zusammengebunden, mit Stroh, Holzwolle, Heidekraut u. ä. leicht ausgestopft und anschließend mit Reisig eingebunden. Kletter- und Strauchrosen sind in gefährdeten Lagen ebenfalls nicht nur anzuhäufeln, sondern auch durch Einbinden mit Fichten- oder Kiefernreisig bis zu einer Höhe von etwa 80 cm zu schützen. Strauchrosen der Lambertiana-Klasse und die aus *Rosa kordesii* gezüchteten Kletterrosen vertragen bis −20 °C. Bei ihnen genügt eine Anhäufelung. Vor einem Einbinden der Hochstammkronen mit Folie oder Papier sei eindringlich gewarnt. Genauso falsch ist, Zementtüten oder Ölpapierhüllen einfach über die Kronen zu stülpen und am Stamm zusammenzubinden. Diese Art des Winterschutzes, der auch dem ganzen Garten ein äußerst unschönes Aussehen verleiht und nicht von der Liebe zur Rose spricht, kann sich sehr nachteilig auswirken. In den wasser- und luftundurchlässigen Hüllen entwickelt sich an sonnigen Tagen des Spätwinters ein Wärmestau, der den grünen, atmenden Trieben gar nicht bekommt. Außerdem kann ein strenger Nachtfrost die Rose nur um so heftiger treffen. Das Einwickeln der Kronen in dünne, luftdurchlässige Jutesackleinewand kann noch akzeptiert werden. Es sieht zwar auch nicht gut aus, aber Licht und Luft können an die Triebe, und eine Erwärmung durch die Spätwintersonne bleibt in Grenzen.

Wildrosen bedürfen keines Winterschutzes. In ganz extremen Wintern frieren sie zwar genauso zurück wie der Besenginster, den wir zusammen mit Hundsrosen an manchen Autobahnabschnitten finden, doch entwikkeln sich aus dem Wurzelstock neue Triebe, so daß die Rosen in 2 bis 3 Jahren ihre frühere Höhe wieder erreicht haben.

Je nach Klima, Standort und Sorte muß für einen entsprechenden Winterschutz gesorgt werden. Es gibt Gegenden, da häufelt man grundsätzlich nur die Teehybriden an.

Winterschutz bei Stammrosen

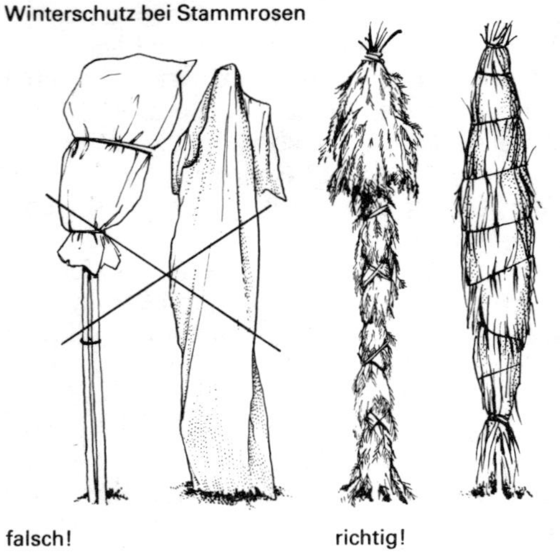

Kompostzubereitung

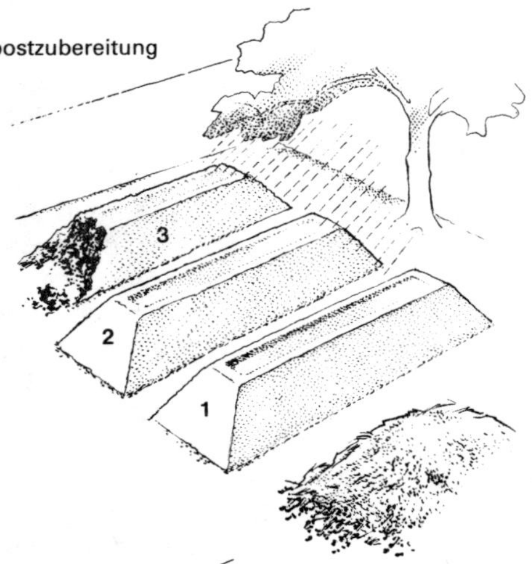

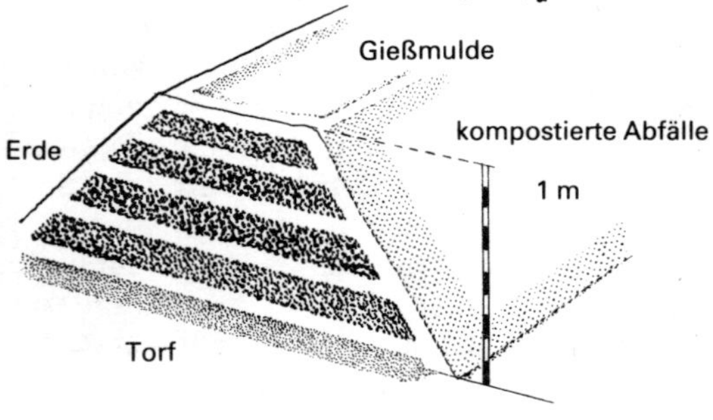

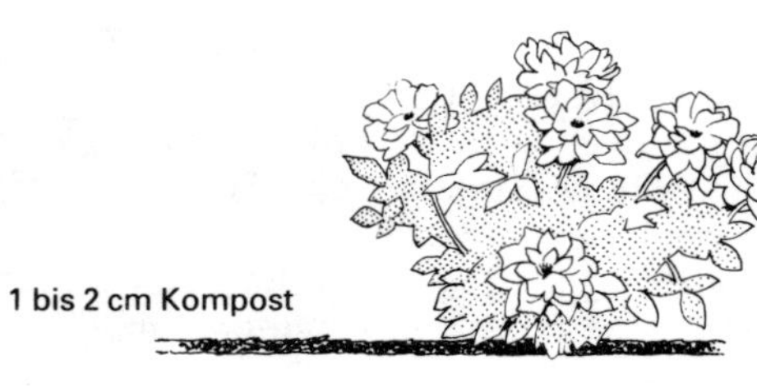

Der beste Winterschutz für Rosen wird immer eine harmonisch und terminlich richtige Versorgung mit Nährstoffen sein, damit das Triebwachstum rechtzeitig zum Abschluß kommt und die Rosen strengen Frösten durch ein festes Gewebe mehr inneren Widerstand entgegensetzen können.

Düngung

Alle grünen Pflanzen benötigen für ihr Wachstum 10 unentbehrliche Elemente: Wasserstoff (H), Kohlenstoff (C), Sauerstoff (O), Stickstoff (N), Phosphor (P), Schwefel (S), Eisen (Fe), Kalium (K), Kalzium (Ca) und Magnesium (Mg). Als bedingt lebensnotwendig kommen noch hinzu: Natrium (Na), Silizium (Si) und Chlor (Cl). Weitere Elemente, die die Pflanze nur in ganz geringen Mengen benötigt, werden als Spurenelemente bezeichnet. Es handelt sich um Aluminium (Al), Bor (B), Brom (Br), Fluor (F), Kupfer (Cu), Mangan (Ma) und Zink (Zn). Zumeist sind diese Spurenelemente im gesunden Boden in genügender Menge enthalten und brauchen nur bei bestimmten Mangelerscheinungen, die selten auftreten, zusätzlich verabreicht zu werden. (Manganmangel: Aufhellungen an älteren Blättern. Um die Verfärbungen bildet sich ein dunkelgrüner Saum. Ein Beispiel aus der Landwirtschaft ist die Dörrfleckenkrankheit des Hafers, die bei Mangan- und Kupfermangel auftritt).
Jede Pflanze, also auch die Rose, entnimmt dem Boden die angeführten Stoffe. Sie müssen deshalb stets ausreichend vorhanden und aufnehmbar sein. Außerdem müssen alle Nährstoffe im richtigen Verhältnis und zur richtigen Zeit zur Verfügung stehen, denn es werden recht unterschiedliche Mengen benötigt. Fehlt nur ein Nährstoff, läßt das Wachstum jeder Pflanze nach. Deshalb sei empfohlen, alle drei bis sechs Jahre eine Bodenuntersuchung durchführen zu lassen. Aus dem Ergebnis kann abgelesen werden, welcher Dünger fehlt oder nicht ausreichend vorhanden ist. Ein Mangel an einem bestimmten Nährstoff läßt sich dann leicht ausgleichen. Aber ein Zuviel, beispielsweise an Stickstoff, der zwar die Rose üppig wachsen läßt und bläulichgrünes Laub erzeugt,

kann böse Folgen haben. Die Lebensdauer solcher Pflanzen ist begrenzt. Sie sind anfällig für Pilzkrankheiten und werden mit weichen, nicht ausgereiften Trieben schließlich Opfer eines stärkeren Frostes.

Was ist bei der Düngung der Rosen zu beachten? Wurde der Boden vor der Pflanzung entsprechend vorbereitet und verbessert, brauchen wir im ersten Jahr nicht zusätzlich zu düngen. Ab zweitem Jahr beginnt dann die Zuführung von Nährstoffen, entweder durch organische Dünger, wie Stalldung und Kompost, oder anorganisch durch Mineraldünger. Die Beschaffung von Rinder-, Pferde- oder Schafdung dürfte nicht leicht sein und auch für die Zukunft immer schwieriger werden. Steht verrotteter Stalldung trotzdem zur Verfügung, wird er am besten im Frühjahr als Bodenbedeckung aufgebracht. Im Herbst vermischt er sich dann durch das Anhäufeln der Rosen mit dem Boden. Bei einem derartigen Verfahren erübrigen sich zusätzliche Gaben von Mineraldünger. Der Stalldung enthält alle Stoffe, die dem Boden durch die Pflanzen entzogen wurden. Eine gute Komposterde, in der ebenfalls alle Nährstoffe, einschließlich der Spurenelemente, in harmonischer Zusammensetzung enthalten sind, ist ein vollwertiger Ersatz für Stalldung. In einer Ecke jedes Gartens, am besten etwas beschattet, wird Platz für einen Komposthaufen sein. Natürlich muß er entsprechend gepflegt und mit nährstoffreichen Abfällen aus der Küche und Kleintierhaltung angereichert werden. Aber auch Ernterückstände, gesunde Pflanzenteile, Latrine, Schlick, Teichschlamm sowie ab und zu etwas Asche (außer Steinkohlen- und Koksasche) sind für einen Kompost verwendbar. Nach mehrmaligem Umsetzen im 1. Jahr kann der Kompost bereits im 2. Jahr als Humusdünger verwendet werden. Im 3. Jahr haben wir eine gute Komposterde verfügbar. Jedes Jahr Kompost zwischen die Rosen gestreut, ist Goldes wert. Die Schicht darf aber nur 1 bis 2 cm hoch sein. Wird sie mit der Zeit zu hoch, nehmen wir etwas ab und streuen sie auf den angrenzenden Rasen oder auf Gartenbeete.

Die meisten Rosenfreunde sind aber auf Mineraldünger angewiesen oder werden geringe Kompostgaben zu gegebener Zeit mit kleinen Mengen eines Volldüngers ergänzen müssen. Im Handel erhält man verschiedene Volldünger, die alle erforderlichen Hauptnährstoffe (Stickstoff, Phosphor und Kalium) für unsere Rosen im richtigen Verhältnis enthalten. Beim Kauf des Düngers ist darauf zu achten, daß der Kaliumbestandteil nicht an Chlor gebunden ist. Kurz vor dem Austrieb, am besten gleich nach dem Abhäufeln, streut man 60 bis 80 g auf einen Quadratmeter. Nach der ersten Blüte – es schadet auch nichts, wenn es etwas eher erfolgt – erhalten die Rosen abermals einen Volldünger in der gleichen Menge. Damit die Pflanzen rechtzeitig mit dem Wachstum abschließen und die Triebe frostwiderstandsfähiger in den Winter gehen, sollte nach Mitte Juli nicht mehr mit einem stickstoffhaltigen Dünger gedüngt werden. Eine zusätzliche Kaliumdüngung von etwa 20 g pro Quadratmeter Ende August fördert die Festigkeit des Gewebes und hat sich bestens bewährt. Ebenfalls empfohlen werden kann eine Spätherbst- oder Winterdüngung mit 30 g chlorfreiem Kalium und 100 g Thomasmehl auf einen Quadratmeter Rosenfläche. (Der Dünger kann vor dem Ausstreuen im richtigen Verhältnis gemischt werden.) Das Thomasmehl enthält 12 bis 16 % Phosphorsäure und zwischen 45 und 50 %Kalk. Wird mit Thomasmehl gedüngt, bedarf es bei normalen Böden keiner zusätzlichen Kalkdüngung, die sonst etwa alle drei bis vier Jahre nötig ist. Bei einer Kalkdüngung streut man etwa 20 kg kohlensauren Kalk auf eine Fläche von 100 m². Der Kalk kann im Herbst oder nach dem Anhäufeln, aber auch erst im zeitigen Frühjahr gegeben werden.

Beim Streuen des Mineraldüngers sollte man stets darauf achten, daß die Salze nicht auf den Blättern haftenbleiben, da sie leicht Verbrennungen hervorrufen. Ist das Laub abgetrocknet, kann ohne Bedenken gestreut werden. Um möglichen Blattschäden vorzubeugen, empfiehlt sich ein Abspritzen unmittelbar nach dem Ausstreuen.

Stickstoff

Der Stickstoff ist der gewaltigste Motor im Werden der Pflanzen. Er wird zur Eiweißbildung benötigt. Fehlt den Pflanzen Stickstoff, wachsen sie nicht, die Blätter werden gelb, sitzen lose und fallen auch leicht ab. Die

Wurzeln verholzen und bewirken schließlich einen frühen Abschluß der Entwicklung. Mitunter bilden die Rosen bei Stickstoffmangel auch Blindtriebe aus. Entwickeln sich trotzdem Blüten, bleiben sie klein und färben sich nicht intensiv. Zuviel Stickstoff führt zu starkem Trieb- und Blattwuchs, meistens auf Kosten der Blütenbildung. Die Gefahren einer Stickstoffüberdüngung bei Rosen wurden bereits erwähnt.

Phosphor

Auch der Phosphor wird zur Bildung von Eiweißkörpern benötigt. Er hat große Bedeutung im Energiestoffwechsel der Pflanze. Sind zu geringe Mengen Phosphor verfügbar, entstehen Hemmungen im Wachstum und in der Gesamtentwicklung der Pflanze. Ganz besonders beeinflußt Phosphorsäure die Blüten- und Fruchtbildung.

Kalium

Da in der Pflanzenasche ziemlich große Mengen Kalium enthalten sind, erkennt man seine stoffliche Bedeutung für die Pflanzensubstanz. Kalium steigert die Assimilation und ist an der Bildung der Kohlenhydrate beteiligt. Kaliummangel bewirkt eine weiche Ausbildung des Gewebes. Früchte, Samen sowie Wurzeln entwickeln sich nur unbefriedigend. Bei den Rosen führt Kaliummangel zu gewissen chlorotischen Erscheinungen an den Blättern, zu unbefriedigender Blütenbildung und blasser Farbe der Blüten. Dadurch, daß die Triebe nicht richtig ausreifen, bewirkt Kaliummangel bei Rosen während harter Winter erhebliche Frostschäden. Fehlt Kalium, breiten sich auch Pilzkrankheiten leicht aus.

Kalk

Nicht bei allen Pflanzen ist Kalk von gleich großer Bedeutung. Er wirkt selbst nicht als Nährstoff, sorgt aber für ein ausgeglichenes, harmonisches Verhältnis der verschiedenen Nährstoffe zueinander. Für unsere Rosenbeete benötigen wir Kalk, um den günstigsten *p*H-Wert des Bodens herzustellen.

Kampf den Krankheiten und Schädlingen

Der Mensch ist in der Lage, sich selbst vor Krankheiten und Schädlingen zu schützen. Tier und Pflanze sind auf die Hilfe des Menschen angewiesen. Auch für unsere Rosen müssen wir einiges tun, um sie gesund zu erhalten. Sie danken für unser Bemühen mit gutem Wachstum und einem reichen Blütenflor. Erste Voraussetzungen werden immer ein luftiger und sonniger Standort, ein ausreichend mit Nährstoffen versorgter Boden und ständige gute Pflege sein. Trotzdem können durch ungünstige Witterungsbedingungen, wie feuchtwarme, schwüle Tage oder länger anhaltende Trockenheit, Schädlinge und Pilzkrankheiten auftreten. Auch gibt es Sorten, die nicht so krankheitsresistent sind, aber auf die der Rosenfreund nicht verzichten möchte. Die meisten Rosensorten haben ja, dank unserer Rosenzüchter, gute Eigenschaften mit auf den Weg bekommen. Besonders unter den neuen Beetrosen (Polyantha-Hybriden und Floribundarosen) gibt es recht widerstandsfähige Sorten. Gesundheit, Widerstandsfähigkeit und Frosthärte bei allen Neuzüchtungen noch zu verbessern, bleibt eines der wichtigsten Züchtungsziele. Manche groß herausgestellte Gartenrosen-Neuheit (Teehybride) läßt in dieser Beziehung noch Wünsche offen. Was nutzt eine herrliche, duftende Rosenblüte, wenn die Pflanze, vom Sternrußtau befallen, schon Mitte Juli keine Blätter mehr hat?

Da Vorbeugen besser ist als Heilen, sollte man gegen die gefährlichen Blattkrankheiten unserer Rosen die in Rosenbüchern und in Katalogen empfohlenen, regelmäßigen Spritzungen durchführen.

Verwendet werden dazu sogenannte Fungizide, das sind Mittel in Pulverform gegen pilzliche Krankheitserreger. Bei Befall von Blattläusen und anderen tierischen Schädlingen werden Insektizide verwendet. Diese insektentötenden Mittel gibt es als Kontaktgifte und als systemische Mittel. Die erstgenannten töten die Schädlinge bei Berührung, während die systemischen Mittel in das Pflanzengewebe eindringen und erst durch den Saftstrom zu den Schädlingen gelangen. Sie wirken also von innen heraus. Somit können auch Schädlinge vernichtet werden, die sich im Inneren der Pflanzenteile oder in eingerollten Blättern befinden. Da auch die Wurzeln diese systemischen Mittel aufnehmen und durch die Leitungsbahnen in die gesamte Pflanze befördern, lassen sich die Schädlinge ebenfalls durch Gießen bekämpfen. Den Erfolg dieser Methode sieht man zumeist erst am nächsten Tag. Vorteile des Gießverfahrens sind: Nachbarpflanzen, evtl. Gemüsebeete, werden von keiner giftigen Spritzbrühe getroffen, und die manchmal nicht angenehme Handhabung einer Rückenspritze entfällt. Systemisch wirkende Mittel sind sehr konzentriert, gehören einer Giftklasse an und werden meistens nur 0,03%ig angewendet. Bei ihrem Gebrauch gilt es daher, besondere Vorsicht walten zu lassen. Treten Spinnmilben (Rote Spinne) auf, muß mit einem Akarizid gespritzt werden. Möglich sind auch kombinierte Spritzungen, so daß man gleichzeitig gegen die Weiterverbreitung von Pilzkrankheiten und gegen tierische Schädlinge spritzen kann. Ein Arbeitsgang wird dadurch gespart. Ob die Pflanzenschutzmittel mischbar sind – nicht alle lassen sich beliebig mischen –, ergeben die Hinweise der Herstellungsfirma. Gegebenenfalls können Auskünfte bei den Pflanzenschutzämtern eingeholt werden.

Der Einsatz von Bodeninfektionsmitteln erfolgt gegen Wurzelälchen, Wurzelnematoden, Bodenpilze und keimende Unkrautsamen. Diese Mittel heißen Nematizide. Obwohl sie der Rosenfreund kaum anwenden wird, seien sie mit erwähnt.

Von der chemischen Industrie entwickelt, gibt es heutzutage im Handel genügend

wirksame Mittel sowohl gegen pilzliche Erkrankungen als auch gegen tierische Schädlinge. Jeder Rosenfreund kann, ohne ängstlich zu sein, diese Mittel mit entsprechenden Geräten anwenden. Nicht immer muß gleich eine 5-Liter-Spritze oder eine noch größere zum Einsatz kommen. Einige Blattläuse, ein paar eingerollte oder angefressene Blätter oder ein Rosenkäfer brauchen absolut keine Panik auszulösen. Übrigens bringt manchem Rosen- oder Naturfreund der Anblick des grünlich schillernden Chitinpanzers eines Rosenkäfers, seine behäbige Verhaltensweise und sein tiefes Brummen beim Abflug sogar ein wenig Freude. Was bedeuten dagegen schon ein paar angefressene und zerwühlte Blütenblätter?
Möchte man aber trotzdem dem Befall von Blattläusen, Raupen und Zikaden in kleineren Rosenbeständen Einhalt gebieten, genügt der Einsatz eines Stäubegerätes. Es ist leichter zu handhaben als eine Spritze, jedoch ist die Wirkung nicht so nachhaltig, und nach einem Regen muß erneut gestäubt werden.
Stäubedosen gibt es im Handel zu kaufen. Nicht angebracht ist es, bei windigem Wetter zu stäuben. Nach Möglichkeit sollte man vermeiden, den Staub einzuatmen. Besser ist es, eine Atemmaske zu tragen, um gesundheitsschädigende Wirkungen von vornherein auszuschließen.
Bei größeren Rosenpflanzungen müßte also ein Spritzgerät gekauft werden. Von der Handspritze, die sich auch meistens gleich als Stäubegerät nutzen läßt, bis zur 12-Liter-Spritze sind Geräte aus Metall oder Plaste für kleine und größere Verwendungsbereiche entwickelt worden.

Hinweise für die Benutzung von Pflanzenschutzmitteln

1. Alle Pflanzenschutzmittel sind keine Allheilmittel. Durch richtige Sorten- und Standortwahl kann der Einsatz von Pflanzenschutzmitteln wesentlich eingeschränkt werden.
2. In allen Packungen der Pflanzenschutzmittel liegt eine Gebrauchsanweisung, die genau zu beachten ist. Zu niedrige Konzentrationen wirken nicht oder nur ungenügend, höhere können an den Pflanzen Schäden verursachen.
3. Leere Packungen, Behälter, Fläschchen usw. sofort vernichten.
4. Alle Pflanzenschutzmittel – giftige sind besonders gekennzeichnet (meistens mit einem Totenkopf) – stets unter sicherem Verschluß halten!
5. Immer nur die tatsächlich benötigte Menge an Spritzbrühe ansetzen.
6. Da sich die Wirkstoffe abbauen, die Spritzbrühe nicht in der Spritze oder in einem Behälter längere Zeit aufbewahren.
7. Spritzreste nicht in die Kanalisation schütten (Umweltschutz, Vergiftung der Gewässer!)
8. Nach jedem Spritzen Gefäße und Geräte einwandfrei säubern.
9. Beim Spritzen stets Schutzbekleidung und Brille, falls erforderlich auch Atemmaske tragen.
10. Um Abdrift von Mitteln zu vermeiden, nur bei windstillem Wetter spritzen oder stäuben!
11. Essen, Trinken und Rauchen hat bei der Vorbereitung der Spritzbrühe und während des Spritzens unbedingt zu unterbleiben.
12. Nach der Spritzung immer gründlich Gesicht und Hände waschen.
13. Treten trotz aller Vorsichtsmaßnahmen Vergiftungserscheinungen auf, sofort einen Arzt aufsuchen.
14. Beim Spritzen darauf achten, daß Gemüse, Küchenkräuter und Beerenobst nicht benetzt werden (Lebensgefahr!).
15. Bienengefährliche Mittel nur in den Abendstunden (nach Sonnenuntergang) spritzen. Ihre Anwendung ist die Ausnahme.
16. Beim Spritzen darauf achten, daß die Blätter der Rosen von oben und von unten benetzt werden. Ein übermäßig starkes Spritzen ist bei Rosen nicht erforderlich. Es genügt, wenn die Spritzbrühe gerade anfängt herabzutropfen.
17. Da tierische Schädlinge und auch Pilzsorten resistent gegen bestimmte Wirkstoffe werden, sollte man nicht immer dieselben Pflanzenschutzmittel benutzen, sondern während des Sommers abwechselnd zwei Mittel verwenden. Auch hier gilt die Regel: umweltschonender Einsatz aller Mittel!

18. Fällt dem Rosenfreund eine ihm unbekannte Krankheit auf, ist es ratsam, wenn er sich an einen Fachberater oder an ein Pflanzenschutzamt wendet.

Die wichtigsten Krankheiten und Schädlinge an den Rosen

Sämtliche Krankheiten und Schädlinge wurden nach der Häufigkeit ihres Auftretens bzw. ihrer Schadenswirkung geordnet.

Pilzerkrankungen

Echter Mehltau (*Sphaerotheca pannosa* var. *rosae*)
Schadbild: Weißer bis grauweißer mehliger Belag auf den Blättern und Trieben. Befallen werden auch Kelchblätter, Knospen, Blütenblätter und Stacheln. Bei der Polyantharose 'Orange Triumph' sind während der zweiten Blüte oftmals nur die Knospen und die darunter befindlichen Stiele bis zum ersten Laubblatt befallen. Ältere Kletterrosensorten, wie z. B. 'Excelsa' und 'Dorothy Perkins', leiden fast jedes Jahr stark unter Mehltau. Bei jungen Trieben des zweiten Durchtriebes mancher Sorten verkrüppeln die Blätter und werden mißfarbig. Echte Mehltaupilze gehören zur Familie der Schlauchpilze. Diese gefährlichen Parasiten leben im Gegensatz zu den Pilzen des Falschen Mehltaues, die im Innern der Pflanze ihr Dasein fristen, auf den befallenen Pflanzenteilen. Durch den weißlichen Myzelüberzug sehen die Pflanzen aus, als wären sie mit Mehl überstäubt. Zur Nahrungsaufnahme sendet der Echte Mehltau sogenannte Haustorien in die Oberhautzellen des Blattes. Auf dem weißlichen Überzug werden die Sporen ausgebildet, die sofort in der Lage sind, weitere Pflanzen zu infizieren. Besonders bei starken Temperaturschwankungen zwischen Tag und Nacht, wenn sich auf den Blättern Niederschlag bildet, und bei feuchter Witterung läßt sich manche Jahre der Mehltaubefall kaum noch bremsen. Das Pilzmyzel nimmt selbst in sehr kalten Wintern keinen Schaden, so daß bereits beim ersten Rosenflor im Juni die Krankheit erneut auftreten kann. Reichlich mit Stickstoff gedüngte und auf

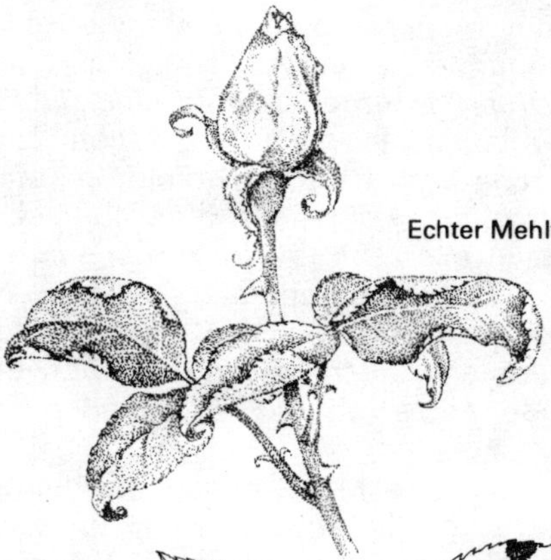

Echter Mehltau

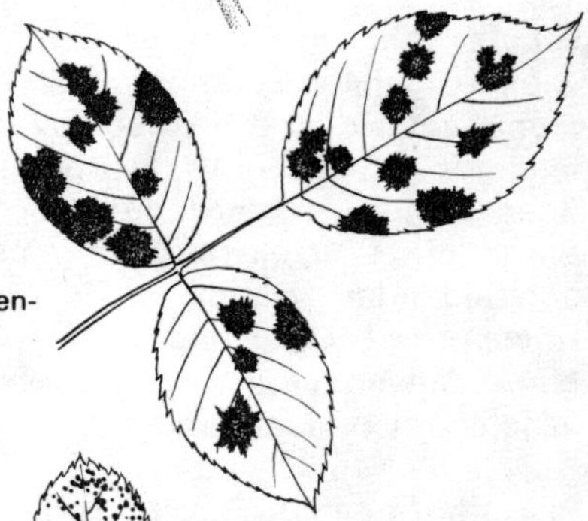

Sternrußtau
Schwarzflecken-krankheit

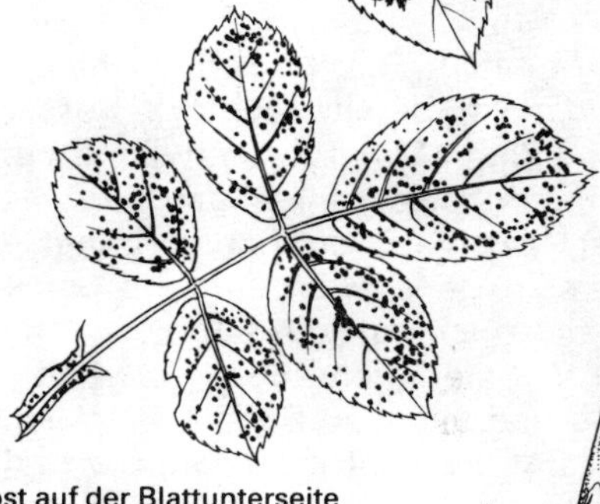

Rost auf der Blattunterseite

Rindenfleckenkrankheit
Rindenbrand

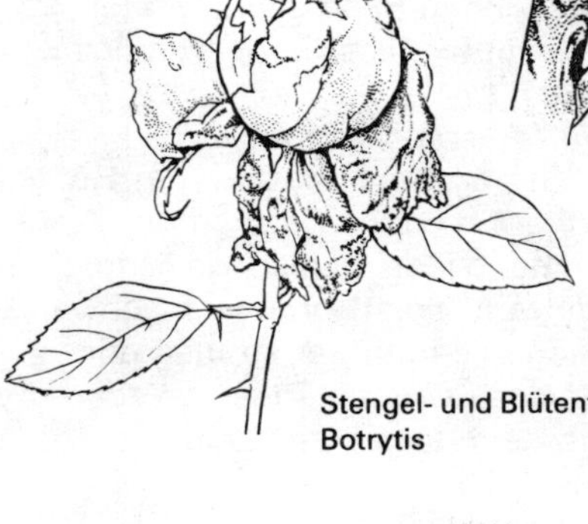

Stengel- und Blütenfäule
Botrytis

naßkalten, mageren Böden stehende Rosen sind besonders gefährdet.
Bekämpfung: Erforderlich wird eine frühzeitige Spritzung, je nach Vegetation Ende Mai/Anfang Juni, mit Schwefelpräparaten. Die Spritzungen sollten bis in den Spätsommer hinein alle 2 bis 3 Wochen wiederholt werden. Schwefelpräparate bleiben bei Temperaturen unter +18 °C wirkungslos! Man sollte aber auch wissen, daß Schwefel bei großer Hitze (ab +28 °C) Schäden hervorruft.
Empfehlenswerte Mittel gegen den Echten Mehltau sind die zugelassenen Pflanzenschutzmittel mit dem Wirkstoff Benomyl, wie z. B. Chinoin-Fundozol 50 WP. Dieses System-Fungizid ist von vorbeugender und heilender Wirkung. Der Wirkstoff wird nicht nur über die grünen Pflanzenteile, sondern auch durch die Wurzeln aufgenommen und im aufsteigenden Saftstrom in der Pflanze transportiert. Die beste Wirkung wird nach einer Anwendung während einer aktiven Wachstumsperiode erzielt.

Falscher Mehltau *(Peronospora sparsa)*
Schadbild: Wie bereits bei der Beschreibung des Echten Mehltaues erwähnt, befindet sich beim Falschen Mehltau der weißliche Belag, der die Sporen hervorbringt, auf der Unterseite der Blätter. Auf der Oberseite zeigen sich schmutzig-graubraune, ölige Flecken. Bei stärkerem Befall sterben die Blätter ab und fallen zu Boden. Glücklicherweise kommt diese Pilzkrankheit, die zu den gefürchtetsten der Rebe gehört, nicht so häufig bei den Freilandrosen vor. Durch starke Temperaturschwankungen tritt aber der Falsche Mehltau bei Rosenkulturen unter Glas oder Plaste auf.
Bekämpfung: Schaffung optimaler Kulturbedingungen und vorbeugende Spritzungen mit entsprechenden Handelspräparaten, vorwiegend auf Kupfer- und Zinebgrundlage.

Sternrußtau *(Marssonina rosae)*
Schadbild: Sternrußtau ist die vom Rosenfreund wohl am meisten gefürchtete Krankheit. Manchmal bilden sich schon Mitte Juni auf den Blättern violett-bräunlich-schwarze runde Flecken, die mitunter strahlig oder gefranst sind. Nach einigen Tagen werden die Blätter gelb und fallen ab. Leider werden einige Sorten bei anhaltender feuchter Witterung recht oft befallen. Die Blüten sitzen dann an blätterlosen Trieben, die Pflanzen bieten keinen schönen Anblick und sind durch den Blattfall erheblich geschwächt. Zumeist bilden sich bei einem zeitigen Befall neue Triebe, die aber bis zum Spätherbst nicht mehr ausreifen. Somit sind auch noch Frostschäden die Folgen des Sternrußtaues. Da bei gleichen Sorten örtliche Unterschiede in der Befallstärke auftreten können, wird angenommen, daß der Pilz geographische Rassen ausbildet. So hatte z. B. die bekannte Kletterrose 'Gruß an Heidelberg' im Garten eines Rosenfreundes trotz eines noch schönen Blütenflores Ende August fast keine Blätter mehr, während ein großer Busch derselben Sorte, einige Straßen weiter, überhaupt keinen Sternrußtaubefall zeigte.
Auch bei strenger Kälte kann der Pilz mehrere Jahre überdauern.
Bekämpfung: Rosen auf günstigen Standort pflanzen und für eine gute Ernährung sorgen. Vor allem darf es nie an Kalium mangeln. Da von den am Boden liegenden Blättern neue Infektionen ausgehen, kann im Haus- oder Kleingarten durch Aufsammeln und Verbrennen des befallenen Laubes viel gegen die Verbreitung des Sternrußtaues getan werden. Stammrosen sind nicht so gefährdet, da eine Spritzinfektion bei Regen kaum möglich ist. Die beste Bekämpfung ist wiederum eine vorbeugende Spritzung mit Handelspräparaten und speziellen Rosenspritzmitteln.
Wie bei der Bekämpfung des Echten Mehltaues ist ab Ende Mai in regelmäßigen Abständen, möglichst alle 10 bis 14 Tage, zu spritzen.

Rost *(Phragmidium mucronatum)*
Schadbild: Der Rosenrost stellt sich zumeist erst im Spätsommer ein. Man erkennt diesen gefährlichen Schmarotzer an kaum stecknadelkopfgroßen goldgelben Pünktchen, die sich an der Unterseite der Blätter befinden. An diesen Stellen stäuben Millionen Sommersporen und bilden neue Infektionsherde. Bis zum Herbst verfärben sich die Pünktchen dunkelbraun bis schwarz. Sie enthalten Überwinterungssporen. An der Oberseite der Rosenblätter macht sich der

Rost durch gelblich-rötliche Flecken bemerkbar. Befallene Blätter verkümmern und fallen schließlich ab. Von den Rostpilzen gibt es weit über 3000 Arten, die an zahlreichen Kulturpflanzen erhebliche Schäden verursachen. Unter unseren Rosen werden *Rosa* × *damascena* und *Rosa centifolia* bevorzugt vom Rost heimgesucht.
Bekämpfung: Ausreichende Versorgung mit Kalium. Aufsammeln und Verbrennen der am Boden liegenden kranken Blätter. Spritzungen im Winter mit Obstbaumkarbolineum oder mit Kupfermitteln. Während der Vegetationszeit sind vorbeugende Spritzungen mit speziellen Rosenspritzmitteln zu empfehlen. Die Spritzbrühe muß besonders die Blattunterseiten benetzen.

Rindenfleckenkrankheit *(Coniothyrium spec.)*
Schadbild: Der Pilz verursacht an den vorjährigen Trieben eigenartige langrunde Flekken. Die erkrankte Rinde bräunt sich und ist rötlich umrandet. Später trocknen die befallenen Stellen, die Rinde sinkt etwas ein, platzt, und der darüber befindliche Trieb stirbt ab. Glücklicherweise tritt diese Krankheit nicht sehr häufig in Erscheinung.
Bekämpfung: Sparsam mit Stickstoff düngen. Rosentriebe im Spätherbst gut ausreifen lassen und dann erst den Winterschutz geben. Erkennt man vor dem Einwintern befallene Triebe, muß man dieselben stark zurückschneiden. Im Sommer ist eine öftere Durchsicht, besonders bei Kletter- und Strauchrosen, angebracht. Werden dabei Rindenkrankheiten festgestellt, sind die befallenen Triebe sofort herauszuschneiden, um eine Verbreitung dieser Krankheit zu vermeiden.
Vorbeugend kann nach Entfernung des Winterschutzes mit einem Kupfermittel gespritzt werden.

Tierische Schädlinge

Blattläuse (*Macrosiphon rosae* u. a.)
Schadbild: Besonders bei anhaltender trokkener Witterung werden die jungen Triebe, Blätter und Knospen unserer Rosen mitunter massenhaft von Blattläusen befallen. In dichten Kolonien treten sie oftmals schon sehr früh auf und entziehen durch ihr Saugen der Pflanze wichtige Stoffe. Naßkalte

Blattläuse

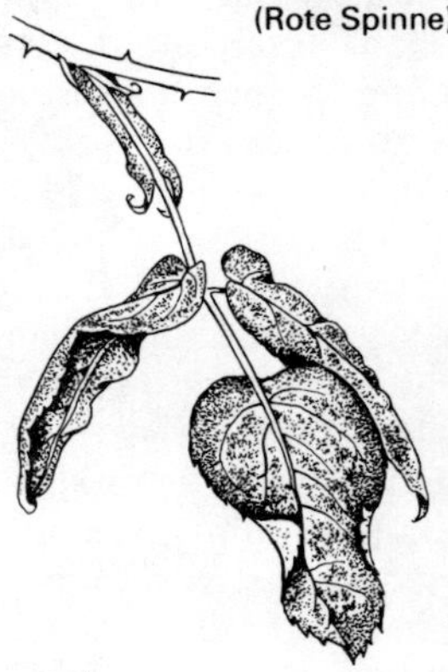
Schadbild Spinnmilbe (Rote Spinne)

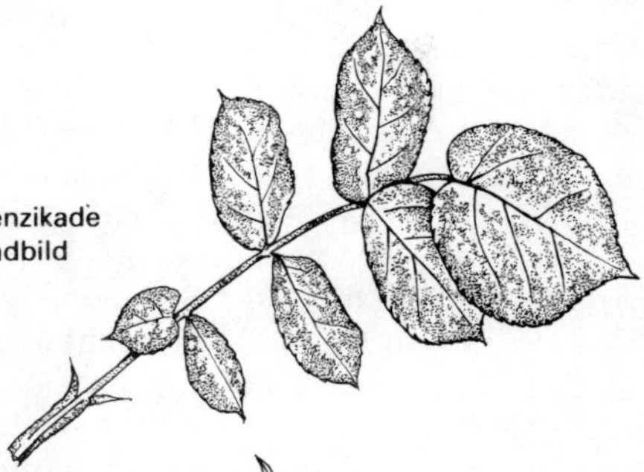
Rosenzikade Schadbild

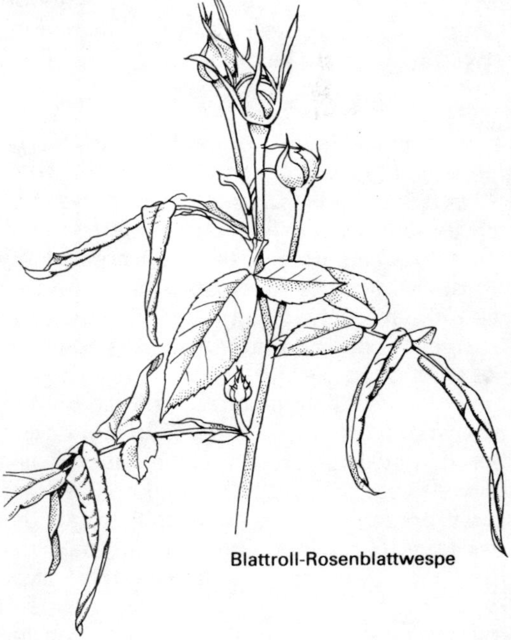
Blattroll-Rosenblattwespe

Witterung hemmt die Vermehrung der Blattläuse. Auf den Rosen kommen mehrere Blattlausarten vor. Die häufigste und schädlichste ist die Gemeine Rosenblattlaus,die eine grasgrüne oder schmutzigrote Grundfärbung hat. Im Sommer entdecken wir auch geflügelte Läuse mit derselben Färbung, jedoch haben sie einige dunkelbraune Farbflecken am Kopf, an der Brust und am Hinterleib. Einen Teil der im Pflanzensaft enthaltenen Kohlehydrate scheiden die Läuse mit dem flüssigen Kot wieder aus. Diese Ausscheidungen verursachen auf den Blättern unter den Blattlauskolonien den sogenannten »Honigtau«, einen lackartig glänzenden, süß schmeckenden Überzug.
Da alle Frühjahrs- und Sommerläuse lebendgebärende Weibchen sind, geht bei einer nicht rechtzeitigen Bekämpfung die Vermehrung unwahrscheinlich rasch vor sich. Die Männchen treten erst im Herbst auf und befruchten die zu dieser Zeit auf der Rose befindlichen Geschlechtsweibchen. Nach Ablage der Eier, die trotz Kälte gut überwintern, ist mit einem erneuten Blattlausbefall im kommenden Jahr zu rechnen.
Bekämpfung: Spritzen oder Stäuben mit Insektiziden. Im Handel werden genügend Mittel auf der Basis von Parathion angeboten. Bevorzugt werden in letzter Zeit innertherapeutische oder systemische Insektenbekämpfungsmittel, bei deren Anwendung etwa 14 Tage lang keine Blattläuse mehr auftreten.

Rote Spinne (Familie der Spinnmilben) *(Tetranychus urticae, Metatetranychus ulmi)*
Schadbild: An der Oberseite der Rosenblätter zeigen sich weiße Flecken und entlang der Adern eine gelblichbraune Sprenkelung. An der Unterseite der Blätter befinden sich die Kolonien der Spinnmilben, die ein feines Gespinst anlegen. Mit einer Lupe sind in diesem Gespinst die nur etwa 0,5 mm großen, meistens weißlichgelben, aber auch gelben, roten oder braunen Tiere zu erkennen. Neben den ovalen Körpern werden auch weiße Larvenhäute, kugelrunde Eier und Kotträpfchen erkennbar. Die Spinnmilben saugen das Pflanzengewebe aus und zerstören das Blattgrün. Dadurch wird die Assimilation erheblich beeinträchtigt. Nach geraumer Zeit krümmen sich die Blätter nach oben, verdorren und fallen ab. Hitze und trockene Luft fördern die Entwicklung der Spinnmilben. Rosen an Südseiten von Gebäuden oder vor Mauern sind besonders gefährdet. Genau wie bei den Blattläusen hemmen kühles Wetter und Regenfälle die Vermehrung der Roten Spinne. Gegen Kälte sind die Tiere unempfindlich. Sie überwintern im erwachsenen Zustand, versteckt unter Blättern oder Rinde, in der Nähe der Wirtspflanzen.
Spinnmilben besitzen einen sehr großen Wirtspflanzenkreis. Sie befallen weit über 90 Pflanzenarten, unter ihnen auch die beliebten und oft in der Nähe von Rosen gepflanzten *Primula vulgaris* und *Primula elatior.* Die Primelblätter werden sehr schnell gelb, verdorren förmlich, und bald wechselt dann die Rote Spinne auf die Rosen über.
Bekämpfung: Öfteres Spritzen mit Akariziden und systemischen Insektiziden. Insektizide kann man in einer etwas höheren Konzentration, als auf der Gebrauchsanweisung angegeben ist, anwenden und die Mittel unbedingt wechseln.
Keine Primel-Arten in die Nachbarschaft von Rosen pflanzen! Rosen auf trockenen Standorten vor Häuserwänden und Mauern öfter wässern und den Erdboden mit Stalldung oder Torf bedecken.

Rosenzikade *(Typhlocyba rosae)*
Schadbild: Die Oberseiten der Blätter werden durch ineinandergehende Flecke weißlich, und bei starkem Befall verliert sich langsam das Blattgrün. Besonders bei warmtrockener Witterung treten Rosenzikaden oft in Massen auf. Es sind kleine, kommaartige, mit Sprungbeinen ausgerüstete Tierchen mit weißlichen Flügeln, die an der Unterseite der Blätter saugen. Die Larven besitzen noch keine Flügel. Meist suchen Rosenzikaden Strauch- und Kletterrosen auf, die an trockenen, sonnigen Standorten stehen. Bei leisester Berührung der Triebe springen oder fliegen die Tiere in Schwärmen davon.
Bekämpfung: Wie bei den Blattläusen Insektizide verwenden. Besonders sind die Blattunterseiten zu erfassen. Um heruntergefallene Tiere abzutöten, muß auch der Erdboden um die befallenen Rosen mit gespritzt oder bestäubt werden. Systemische Mittel sollten bevorzugt angewandt werden.

Rosentriebbohrer

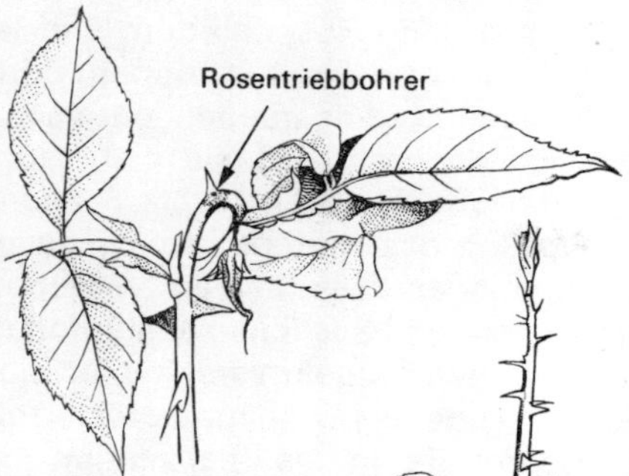

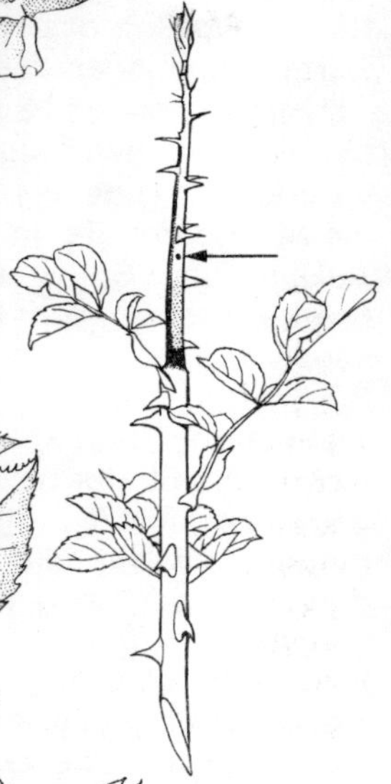

Beim Rosenwickler ist das versponnene Blatt unten aufgeklappt.

Blattschneiderbiene

Rosenblattwespe

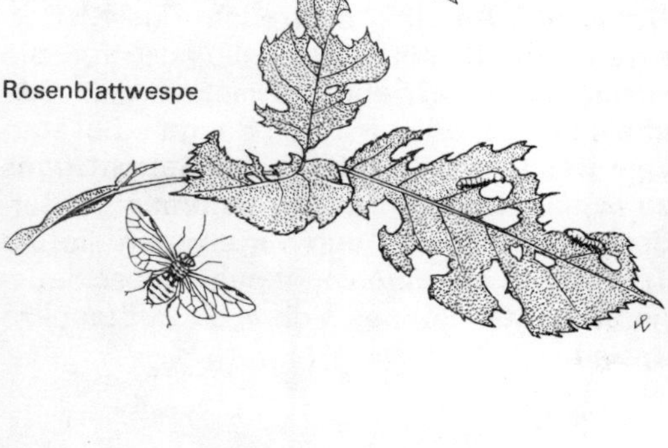

Blattroll-Rosenblattwespe *(Blennocampa pusilla)*

Schadbild: Eingerollte Blätter, manchmal wie eine Röhre aussehend, verunstalten die durch diese kleinste Rosenblattwespe geschädigte Pflanze. Wird das Blatt vorsichtig auseinandergerollt, entdeckt man winzige, gekrümmte, weißliche Larven. Frisch gepflanzte Rosen werden kaum befallen, da sich zur Zeit der Eiablage, die etwa Mitte Mai erfolgt, die Blätter noch nicht voll entwickelt haben.

Bekämpfung: Vorbeugende Spritzungen mit Insektiziden. Ist ein Befall bereits vorhanden, können nur systemische Mittel den Schädling im eingerollten Blatt vernichten. Leider rollt es sich danach nicht mehr auseinander, und der unschöne Anblick bleibt. Bei geringem Befall nur einzelner Pflanzen können die Blattröhren abgepflückt und vernichtet werden.

Rosentriebbohrer *(Ardis brunniventris, Monophadnus elongatulus)*

Schadbild: Die Triebspitzen welken und die daran sitzenden Blätter vertrocknen. Hervorgerufen werden diese Schäden durch einen Röhrenwurm, den Rosentriebbohrer. Es sind die Larven zweier Blattwespen, die das Mark in den Trieben fressen. Eine Art frißt von unten nach oben. Es ist die Larve des Aufwärtsbohrenden Rosentriebbohrers. Die andere Art, deren Fraßgang umgekehrt verläuft, also von oben nach unten, heißt Abwärtsbohrender Rosentriebbohrer. An den Bohrlöchern befindet sich stets weißes Fraßmehl. Beim Spalten des Triebes mit einem scharfen Messer erkennt man den Fraßgang und findet entweder am oberen oder am unteren Ende des Ganges die Blattwespenlarven.

Bekämpfung: Vorbeugende Spritzungen mit systemischen Insektiziden. Befallene Triebe müssen bis in das gesunde Holz zurückgeschnitten und anschließend verbrannt werden.

Rosenwickler *(Cacoecia rosarum)*

Schadbild: Vom Rosenwickler befallene Rosen erkennt man an zusammengezogenen und lose versponnenen Blättern an den Triebenden. Dieser Schädling tritt bereits Ende April/Anfang Mai auf. Die Räupchen

sitzen in den Gespinsten und zerfressen Blätter und Knospen.
Bekämpfung: Die Räupchen in den Gespinsten zerdrücken oder ablesen. Bei stärkerem Auftreten die geschädigten Spitzen abschneiden und vernichten. Da die Eier des Rosenwicklers an den Trieben überwintern, ist eine Winterspritzung mit Obstbaumkarbolineum von großem Nutzen. Um bei Beginn der Vegetation die geschlüpften Raupen zu bekämpfen, muß mit Insektiziden gespritzt oder gestäubt werden.

Blattschneiderbiene *(Megachile centuncularis)*
Schadbild: Die Blattschneiderbiene, auch als Tapezierbiene bezeichnet, schneidet halbkreisartige Stücke aus den Rosenblättern und stattet damit ihre Brutzellen aus. Nur wenn sie in großen Mengen auftritt, was sehr selten der Fall ist, könnte von Schäden gesprochen werden. Eine Bekämpfung wird kaum notwendig.

Nähfliege, Rosenbürsthornwespe *(Arge rosae)*
Schadbild: Zerfressene Blätter und Krümmung der jungen Triebe. Zur Eiablage erfolgen reihenförmige, nahtähnliche Einstiche in den noch weichen Trieb, der sich dadurch krümmt.
Bekämpfung: Mehrmaliges Spritzen oder Stäuben mit Insektiziden.

Schmetterlingsraupe
Schadbild: Eine Anzahl Raupen verschiedener Schmetterlings-Arten zerfressen Blätter, Knospen und Triebe. Besonders geschädigt werden fast jedes Jahr die Knospen der schon im Mai blühenden *Pimpinellifolia-Hybriden* 'Frühlingsduft', 'Frühlingsmorgen' u. a. Halb zerfressen öffnen sich dann die Knospen und bieten keinen schönen Anblick. Bei ständigem Befall auf diese Sorten verzichten.
Bekämpfung: Bei geringem Befall Raupen ablesen und töten, sonst eventuell spritzen oder stäuben mit bienenungefährlichen Insektiziden.

Rosenblattwespe *(Tenthredinidae)*
Schadbild: Oftmals mit Schmetterlingsraupen verwechselt, fressen die Larven der Blattwespen an den Rosenblättern und lassen manchmal nur die Hautrippen übrig. Von den Schmetterlingsraupen unterscheiden sie sich dadurch, daß sie mehr sogenannte Afterfüße besitzen (6 bis 8 Paare). Häufig ist auch das Hinterleibsende bauchwärts eingebogen. Die Larven verpuppen sich am Boden, und aus ihnen schlüpfen die mit vier häutigen Flügeln versehenen Blattwespen. Mit Hilfe des Legeapparates erfolgt die Ablage der Eier in das Pflanzengewebe.
Bekämpfung: Spritz- und Stäubemittel wie beim Auftreten von Raupen und Blattläusen.

Blattwanzen *(Lygus)*
Schadbild: Blätter mißgebildet, wellig gebogen, beulig und löchrig. Auch die Triebe sind mitunter verkrüppelt. Diese Schäden werden durch das Saugen von Blattwanzen hervorgerufen, die man nur selten zu sehen bekommt. Es sind sechsbeinige, 0,5 bis 1 cm lange Tiere mit plattem Körper, die bei Sonnenschein recht beweglich sind.
Bekämpfung: Spritzen oder Stäuben mit Insektiziden.

Okuliermade *(Clinodiplosis schneideri)*
Schadbild: Es handelt sich um eine Gallmückenart, die ihre Eier an die Veredlungsstellen legt. Aus den Eiern schlüpfen 2 bis 3 mm lange Larven von gelbweißer oder auch rötlicher Farbe, die unter dem eingesetzten Auge leben und dessen Anwachsen verhindern.
Bekämpfung: Schnelles Verbinden mit Foliebändern oder Okulationsschnellverschlüssen. Buschrosen sofort anhäufeln, damit sich Erde über der Veredlungsstelle befindet.

Schildläuse *(Aulacaspis rosae, Lepidosaphes ulmi, Eulecanium corni)*
Schadbild: An älteren Strauch- und Kletterrosen kommen mitunter Schildläuse vor. Sie sitzen an den Trieben zwischen den Stacheln und schädigen durch Saugen. Bei starkem Befall kann es infolge des Saftentzuges zu Wachstumsstockungen kommen. Außerdem verschmutzen und verunzieren sie die Triebe, und auf dem von ihnen abgeschiedenen Honigtau können sich auch Rußtaupilze ansiedeln.

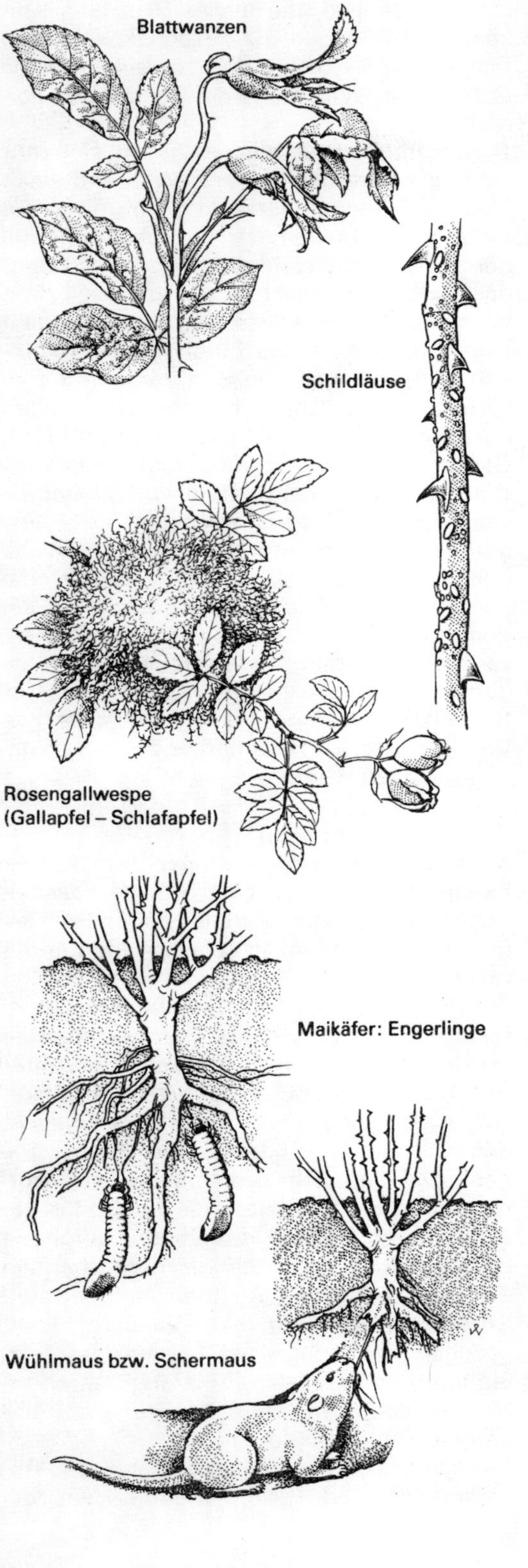

Blattwanzen

Schildläuse

Rosengallwespe (Gallapfel – Schlafapfel)

Maikäfer: Engerlinge

Wühlmaus bzw. Schermaus

Bekämpfung: Rosenpflanzungen pflegen, stark verholzte und befallene Triebe herausschneiden, alte Strauch- und Kletterrosen verjüngen (auf Stock setzen). Spritzungen mit systemischen Insektiziden.

Rosengallwespe *(Rhoditis rosae)*
Schadbild: Hauptsächlich an Wildrosen fallen mitunter moosbüschelartige, grüne oder rötliche, kugelige Gebilde auf. Diese auch als »Schlaf- oder Moosäpfel« bezeichneten Wucherungen sind Gallen der Rosengallwespe. In alten Schriften haben sie auch die Namen Bedeguar und Rosenschwämme. Am häufigsten sind sie auf der Hecken- oder Hundsrose (*Rosa canina* L.) und der Weinrose (*Rosa rubiginosa* L.) zu finden.
In früheren Zeiten wurden diese Gallen zu Heilzwecken verwendet. Man schrieb ihnen eine beruhigende, schlaffördernde Wirkung zu. Auch stellte man aus den getrockneten und zerriebenen Gallen ein Mittel gegen Würmer und Ruhr her.
Die Urheberin der »Schlafäpfel« ist eine kleine, schwarze Gallwespe. Sie fliegt im Mai, und durch einen Einstich in die jungen Rosentriebe legt sie ihre Eier ab. Danach beginnt die Gallenwucherung, in der mehrere kleine, weißliche Larven heranwachsen. Die Larven überwintern in der Galle und entwickeln sich in ihr bis zum Frühjahr zur Puppe.
Bekämpfung: Da diese »Schlafäpfel« selten in Massen auftreten und besonders im Herbst nach dem Laubabfall auch eine zierende Wirkung haben, können sie eigentlich kaum als schädlich angesprochen werden. Bei starkem Befall empfiehlt sich ein Herausschneiden der Gallen, die dann verbrannt werden sollten. Oft hacken auch im Winter Spechte und Meisen die Gebilde auf, um die Larven zu vertilgen.

Wildkaninchen

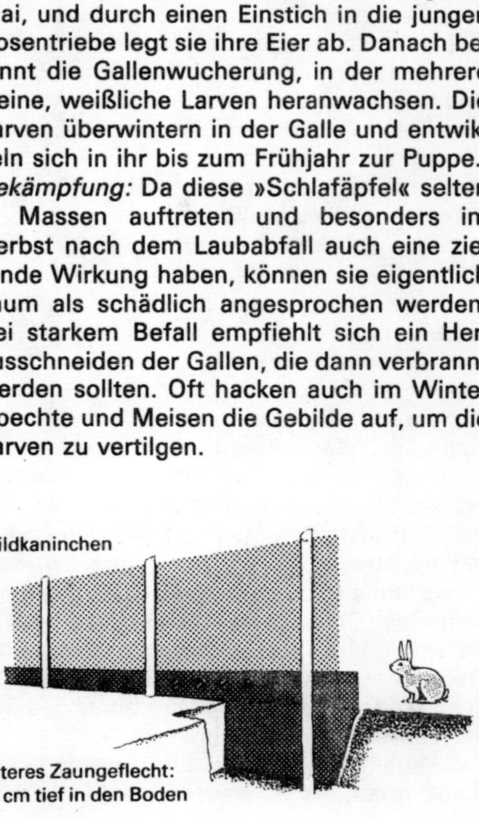

unteres Zaungeflecht:
30 cm tief in den Boden

Rosenkäfer *(Phyllopertha horticola, Cetonia aurata)*
Schadbild: Der grüngolden glänzende Rosenkäfer und auch andere Gartenlaubkäfer zerfressen und zerwühlen gelegentlich die Staub- und Blütenblätter. Von größeren Schäden kann kaum gesprochen werden, denn der Rosenkäfer zählt leider schon zu den seltenen Käferarten.

Thrips (*Thrips fuscipennis* u. a.)
Schadbild: Diese Insekten, auch Blasenfüße genannt, saugen auf Blättern und Blüten, die dann verkrüppeln und einschrumpfen. Weiterhin entstehen weiße Sprenkelungen, und später sind braune Korkflecken wahrnehmbar. Es sind winzige Tierchen von nur etwa 1 mm Länge. Ihre Farbe ist gelblich oder braunschwarz.
Bekämpfung: Bei Befall wiederholtes Spritzen mit amtlich zugelassenen Mitteln. Systemische Insektizide bleiben manchmal wirkungslos.

Engerlinge und Dickmaulrüßler (Larven von *Melolontha*- und *Ottiorrhynchus*-Arten)
Schadbild: Engerlinge, die bekannten Larven des Maikäfers, leben 3 bis 4 Jahre im Boden und fressen an den Wurzeln und am Wurzelhals. Bei stärkeren Fraßschäden welken die Pflanzen und sterben ab.
Auch die bis zu 12 mm langen, weißen Larven des Dickmaulrüßlers verursachen die gleichen Schäden. Die schwarzen Käfer, die sich am Tage in der Erde verstecken, fressen nachts an Blättern und Knospen.
Bekämpfung: Beete mit im Handel befindlichen Bodenstreumitteln behandeln.

Wühlmaus *(Arvicola terrestris)*
Schadbild: Besonders in Gärten, die in der Nähe des Waldes liegen oder an Wiesen angrenzen, können sich Wühlmäuse einfinden, die oft großen Schaden anrichten. Diese Nagetiere vernichten nicht nur Blumenzwiebeln und Stauden, sie zerfressen auch die Wurzeln vieler Gehölze. Bei den Rosen zernagen sie den gesamten Wurzelhals, so daß im Frühjahr beim Abhäufeln die Pflanzen umfallen. An den Fraßstellen erkennt man deutlich die Spuren der Nagezähne.
Die Wühlmaus wird bis zu 19 cm lang, ist dunkelbraun bis schwarz und lebt in unterirdischen Gängen, die bis zu 50 m lang sein können. Im Gegensatz zu den kreisrunden Maulwurfsgängen hat der Querschnitt eines Ganges der Wühlmaus ein hochovales Format.
Bekämpfung: Wühlmäuse lassen sich nur sehr schwer bekämpfen. Während man Maulwürfe verhältnismäßig leicht mit Fallen fängt (es sind eigentlich nützliche Tiere, die nur durch Unterwühlen schädigen), bringt das noch so geschickte Aufstellen von Wühlmausfallen selten Erfolg. Versucht wird, die Wühlmäuse durch Räucherpatronen und Auslegen von Köderpräparaten zu vernichten. Bewährt hat sich das Einleiten der Auspuffgase von Benzinmotoren in die Gänge. Stundenlang mit einem Schlauch Wasser in das Gangsystem von Wühlmäusen laufen zu lassen ist zwecklos. Als »Hausmittel«, aber nur zum Vertreiben der Wühlmäuse, wird das Auspflanzen der Wolfsmilch *(Euphorbia lathyris)* angewandt. Auch den eigenartigen Geruch der Kaiserkronenzwiebeln *(Fritillaria imperialis)* vertragen angeblich Wühlmäuse nicht.
Besteht die Gefahr des Einwanderns von Wühlmäusen, dürfen keine Bodenbedeckungen gegeben werden.

Kaninchen und Hasen
Schadbild: In einem Winter mit langen Frostperioden und einer geschlossenen Schneedecke sind Verbißschäden zu befürchten, besonders an Strauch- und Kletterrosen. Aber auch einzelne oder in kleinen Gruppen zwischen Stauden stehende Beetrosen, die man hat höher wachsen lassen, werden meistens in einem solchen Winter über der Schneedecke geschädigt. Im Stadtgebiet wird dies weniger der Fall sein als in den Gärten der Außenbezirke. Selbst bei ganz stark und dicht bestachelten Rosensorten nagen die Vierbeiner die Rinde der Rosentriebe ab, so daß im Frühjahr, durch die Unterbrechung des Saftstromes, oberhalb der Fraßstellen kein Austrieb mehr erfolgt. So müssen dann oft die nicht durch Frost geschädigten Triebe tief heruntergeschnitten werden. Erst in zwei bis drei Jahren erreichen die Rosen wieder ihre frühere Größe und die Fülle des Blütenflores.
Bei den Buschrosen entsteht durch das Abnagen der Rinde kein Schaden, denn bei

ihnen erfolgt ja ohnehin nach dem Abhäufeln der notwendige Rückschnitt.
Bekämpfung: Für dichte Zäune sorgen! Gefährdete Beete mit Maschendraht abgrenzen oder im Spätherbst mit einem Wildverbißmittel behandeln.

Viruskrankheiten

Viren sind außerordentlich kleine Gebilde (Eiweißkörper) von kugel-, stäbchen- oder fadenförmiger Gestalt, die nur mit Hilfe eines Elektronenmikroskopes bei etwa 10 000facher Vergrößerung erkennbar sind. Sie leben in den Zellen ihrer Wirtspflanzen und verursachen verschiedene Krankheiten. Übertragen werden Viren hauptsächlich durch saugende Insekten (Blattläuse, Zikaden u. a.), aber auch durch Kontakt mit bereits erkrankten Pflanzen und durch den Boden. Die Virusforschung steckt noch in den Anfängen, und da oftmals auch andere Störungen des Pflanzenwuchses virusähnliche Merkmale hervorrufen, kann nicht immer mit Sicherheit von einem Befall mit Viren gesprochen werden. Bei einigen Kulturpflanzen läßt sich ein sicherer Virusnachweis nur durch eine komplizierte Testmethode ermöglichen.
Auch bei Rosen sind Viruserkrankungen bekannt geworden. Nachfolgend seien zwei erwähnt.

Rosengelbmosaik (Rosa-Virus)
Schadbild: Gelbliche Flecken auf den Blättern, die ring- oder wellenförmige Gestalt annehmen oder eichenblattähnlich gemustert sind. Auch eine Veränderung der Blütenfarbe, gebleichte Knospen an kurzen Stengeln und Wachstumsstockungen können Ursachen dieses Virus sein.

Rosenwelke
Schadbild: Zurückgebogene Blätter, auf denen sich rundliche, braune Flecken bilden. An den Triebspitzen verdrehte, manchmal rosettenartige, brüchige Einzelblättchen. Die Blätter werden hell, es kommt zum Blattfall. Die Stengelbasis verfärbt sich braunschwarz. Junge Triebe sind gelbgrün durchscheinend.
Bekämpfung der Viruskrankheiten: Viren lassen sich nur vorbeugend bekämpfen. Da

Viruskrankheiten

Gelbmosaik

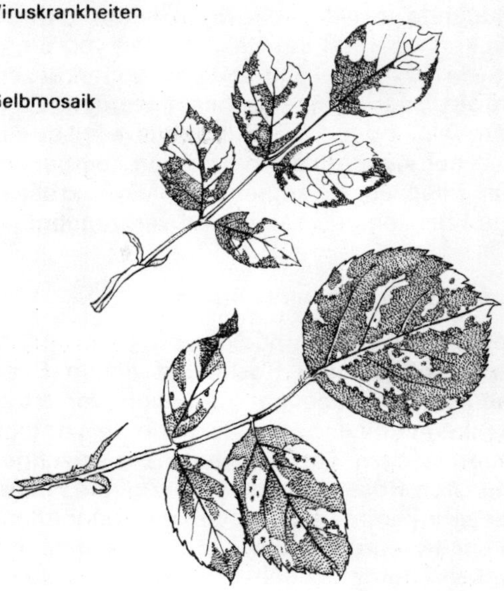

Ist Panaschierung eine Krankheit?

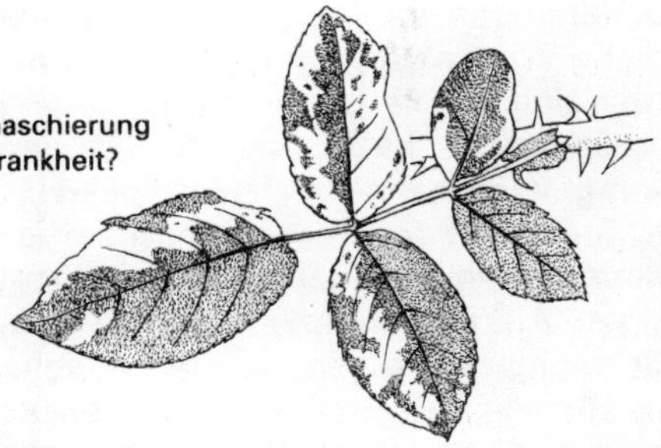

Rosenblatt mit Sonnenbrand nach Beregnung

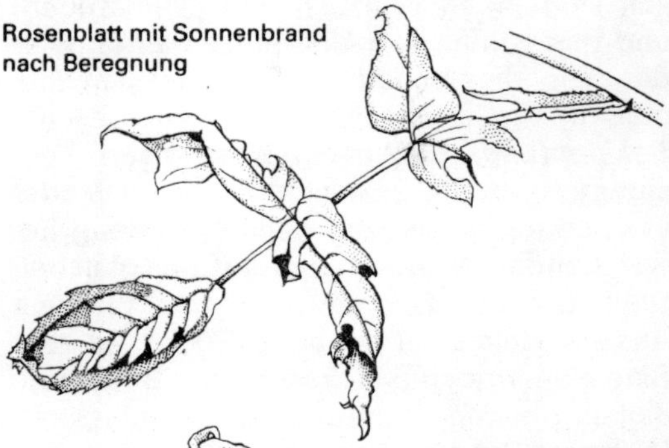

nach kaltem Schauer: Knospe bleibt sitzen, Basisblätter faulen

saugende Insekten die Krankheiten verbreiten können, muß der Bekämpfung von Blattläusen, Zikaden, Spinnmilben und Wanzen größte Beachtung geschenkt werden. Zum Veredeln oder zur Stecklingsvermehrung sind nur Augen bzw. Reiser von kerngesunden Pflanzen zu entnehmen. Virusverdächtige Pflanzen ausgraben und verbrennen!

Sonstige Schäden an Rosen

Boden- oder Rosenmüdigkeit
Standen jahrelang Rosen auf einem Beet und wird es nach der Räumung der alten Stöcke mit einer neuen Sorte bepflanzt, gibt es oft bittere Enttäuschung. Die frischgepflanzten Rosen wachsen trotz guter Pflege nur sehr kümmerlich. Auch beim Nachpflanzen in die durch Frostschäden entstandenen Lücken älterer Rosenbeete treten dieselben Erscheinungen auf. Den neuen Rosen fehlt jegliche Wuchskraft, und die Blüten werden immer kleiner. Die Ursachen dieser als »Rosenmüdigkeit« bezeichneten Wachstumsstörung konnten bisher nicht geklärt werden. Die Ansichten der Wissenschaftler und Gärtner gehen auseinander. Man spricht von giftigen Ausscheidungen der Wurzeln, die zwar nicht der eigenen Pflanze schaden, aber für alle neugepflanzten Rosen schädlich sind. Auch Wurzelälchen (Nematoden) und das Fehlen von Spurenelementen werden für die Schäden verantwortlich gemacht.
Bekämpfung: Rosenneupflanzungen auf »jungfräulichen« Boden, d. h., nicht wieder auf Beete pflanzen, auf denen jahrelang Rosen standen. Werden aber auf der gleichen Stelle wieder Rosen gewünscht, hilft nur ein Auswechseln der Erde bis zu 80 cm Tiefe.
Sind Nematoden die Ursache der Bodenmüdigkeit, helfen Nematodenbekämfungsmittel. Anstelle einer chemischen Bodenentseuchung wird auch das Anpflanzen von Studentenblumen *(Tagetes)* empfohlen.

Mangelkrankheiten
Fehler bei der Ernährung der Rosen (falsche Düngung) und ungünstige Bodenverhältnisse können zu Krankheiten führen.
Bleichsucht oder Chlorose ist eine dieser Mangelkrankheiten. An den Rosenpflanzen zeigen sich, besonders an den Spitzen der Triebe, gelbgrüne oder weißliche Blätter. Es ist verständlich, daß durch die Schädigungen des Blattgrüns die Rosen im Wachstum und in der Blütenbildung nachlassen. Die Ursache der Chlorose kann stauende Nässe, aber auch ein zu hoher Kalkgehalt im Boden sein. Auf einen zu hohen Säuregehalt (niedriger *p*H-Wert), auf Mangel an Eisen, Mangan oder Magnesium reagieren die Rosen ebenfalls negativ, und es kann zur Chlorose kommen.
Behebung: Herstellung guter Bodenverhältnisse (richtiger *p*H-Wert, gute Humusversorgung und Durchlüftung) sowie Verabreichung der durch eine Bodenuntersuchung festgestellten fehlenden Hauptnährstoffe und Spurenelemente.

Frostschäden
Trotz eines ordnungsgemäßen Winterschutzes können Rosentriebe stark zurückfrieren. Nicht immer erkennt man beim Schnitt im Frühjahr, wie weit durch Frost geschädigte Triebe zurückgeschnitten werden müssen. Ende Mai, mitunter sogar erst im Juni welken die Blätter, und die Triebe vertrocknen. Unangenehm sind auch Schäden, die durch Spätfröste im Mai entstehen. Durch ein zeitiges Frühjahr haben mitunter die Rosen schon etwa 10 cm lange Triebe entwickelt, die dann in einer Nacht dem Frost zum Opfer fallen. Nach Ansteigen der Temperatur am Tage welken die Triebspitzen, und nach ein paar Tagen sind die ehemals zarten Blättchen braun und hängen vertrocknet herab. Da die Jungtriebe auch innen geschädigt sind, erholen sie sich nicht mehr. Am besten bewährt hat sich bei einem solchen Zustand nach etwa einer Woche ein erneuter Rückschnitt der jungen Triebe bis in das saftige, grünlichrote Zellgewebe. Durch diese Maßnahme verzögert sich die Blüte allerdings um 10 bis 14 Tage, aber wir verhindern ein noch späteres Blühen und die Bildung unbrauchbarer, dünner Triebe. Außerdem sieht ein vom Frost geschädigtes Rosenbeet äußerst unschön aus, wenn die vertrockneten Triebe nicht zurückgeschnitten werden.

Düngerschäden
Gelangen beim Streuen von Mineraldünger Salze auf die Rosenblätter, sind häßlich aus-

sehende Verbrennungsschäden die Folge, und Blatteile können absterben. Auch zu reiche Düngergaben oder zu hoch konzentrierte Düngerlösungen können Schäden verursachen.

Hagel und Sturm

Nach Gewitterstürmen und Hagel sah schon mancher Garten trostlos aus. Auch die Rosen erleiden nach solchen Witterungsunbilden Schaden. Blätter und Blüten werden von Hagelkörnern zerschlagen, Triebe bricht der Sturm ab, und mancher, noch nicht so fest mit der Unterlage verwachsener Austrieb der im Vorjahr veredelten Rosen bricht heraus. Reicht bei Stammrosen der Pfahl nicht bis in die Krone und ist dieselbe dort nicht festgebunden, können besonders größere Edelkronen abbrechen.

Sonnenbrand

Durch starke Sonneneinstrahlung, besonders nach trüben, kühlen Tagen, können Blätter und Triebe Schaden erleiden. Geringe Luftfeuchtigkeit, mitunter auch trokkene, heiße Winde verursachen regelrechte Brandschäden. Die Knospen hängen, der Stiel verfärbt sich dunkel, die Blätter werden bräunlich und können sogar verdorren.

Helfer des Menschen im Kampf gegen Schädlinge

Jeder Garten- und Rosenfreund sollte wissen, daß es nicht nur Insekten gibt, die Rosen und andere Gartengewächse schädigen, sondern auch solche, die uns im Kampf gegen Schädlinge helfen. Es gilt, diese besonders zu achten und in jeder Beziehung zu schützen.

Beginnen wir mit dem als Glücksbringer bekannten Marienkäfer. Er und seine Larven sind fleißige Läusevertilger. Besonders die kleinen, schwarzvioletten Larven vernichten eifrig die Blattläuse an den Rosentrieben. Ein Käfer frißt pro Tag etwa 30 und die Larve 40 Blattläuse.

Mit dem Marienkäfer wetteifert die Larve der Schwebfliege, die zu ihrer Blattlausjagd keiner Augen bedarf. Am Trieb entlangkriechend, findet sie jede Blattlaus, sticht sie an und saugt sie blitzschnell aus.

Ein weiterer Blattlauslöwe ist die Larve der Florfliege. Mit zwei ungezähnten Saugzangen schlägt sie durch die dünnen Häute der Läuse. Schonen wir deshalb überall die Florfliegen mit ihren grünlichen, glashellen Flügeln und goldenen Augen. Im Spätherbst entdecken wir sie oft zwischen den Doppelfenstern und auf dem Boden. Schade, daß sie sich an warmen Sommerabenden, angelockt durch das Licht, an Lampen und brennenden Kerzen ihre zarten Flügel versengen und sterben müssen.

Auch eine Aphidius-Wespe vernichtet Läuse, indem sie ihren Legestachel in die Blattlaus sticht. Entdeckt man eine aufge-

Nützlinge unter den Insekten

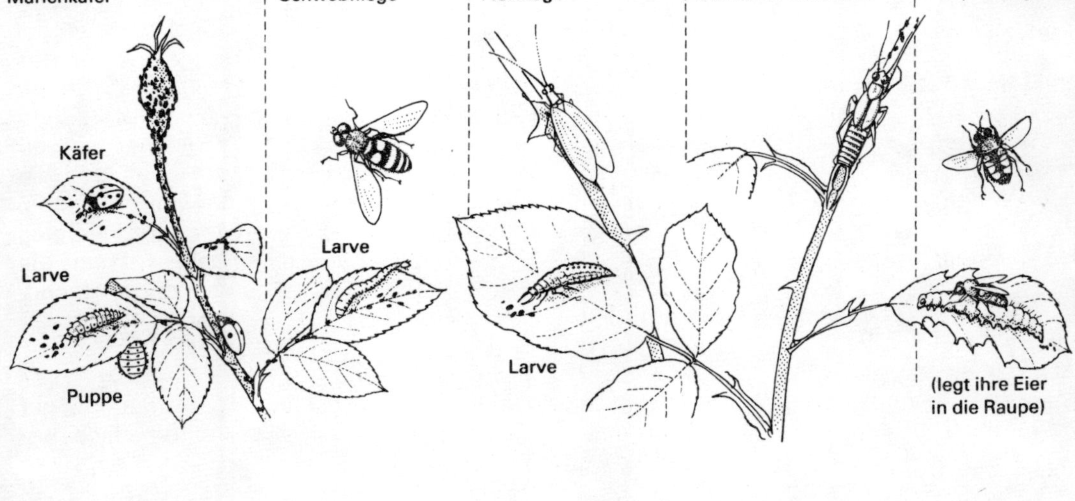

dunsene Laus mit weit gespreizten Beinen, war bestimmt diese Wespe am Werk. Oftmals ist auch ein Loch im Leib der Blattlaus zu sehen, aus dem sich der Schmarotzer bereits entfernt hat.
Wenig bekannt als Blattlausjäger dürfte der Ohrwurm sein. Auch wenn er im Verdacht steht, gelegentlich nachts an den Blüten unserer Rosen zu fressen, sättigt er sich gern in Blattlauskolonien.
Verschiedene Schlupfwespen, unter anderem auch die ruppige Raupenfliege, heften ihre Eier an die Körper mancher Raupen. Die aus den Eiern kriechenden Maden bohren sich in die Raupe ein, die zugrunde geht. Die ausgewachsenen Maden verlassen dann wieder den Körper der Raupe und verpuppen sich ganz in der Nähe des Opfers.
Als natürlicher Gegenspieler der Rosenzikade gilt ebenfalls eine Wespe, die Erzwespe.
Die gefährliche »Rote Spinne« wird von nützlichen Raubmilben verfolgt.
Sicherlich gibt es unter den Insekten noch mehr Helfer des Menschen. Wenden wir uns aber, dieses Kapitel abschließend, größeren Schädlingsbekämpfern im Garten zu. Es sind die Singvögel. Wohl die eifrigsten Raupen- und Blattlausvertilger sind die Blaumeisen. Neben anderen Meisen seien besonders erwähnt: Grasmücken, Fitislaubsänger, Gelbspötter, Garten- und Hausrotschwanz, Rotkehlchen und der Graue Fliegenschnäpper. Sogar bei Sperlingen konnte beobachtet werden, wie sie zur Zeit, wenn sie ihre Jungen füttern müssen, fleißig Blattläuse von den Rosentrieben ablesen.
Durch Anbringen von Nistkästen, Schutz der Nester vor Katzen, Aufstellen von Vogeltränken und regelmäßige Winterfütterung müssen wir versuchen, recht viele Vögel in unseren Gärten heimisch zu machen.

Von der Freude mit Rosen

Vom Alter der Rosen

Oft wird die Ansicht vertreten, nach 8 bis 10 Jahren sterben Buschrosen langsam ab und müssen durch neue ersetzt werden. Diese Meinung entspricht nicht den Tatsachen. Bei günstigen Standortbedingungen und entsprechender Pflege können Rosen ein Alter von mindestens 25 Jahren erreichen. Ausschlaggebend für eine lange Lebensdauer ist in erster Linie ein guter Boden, der regelmäßig mit Humus und den notwendigen Nährstoffen versorgt wird. Weiterhin kommt es bei der Pflege darauf an, Unterlagentriebe sofort zu entfernen und beim Rosenschnitt im Frühjahr trockene Triebstummel unmittelbar an der Basis abzuschneiden.

Im Forster Rosengarten stehen Beetrosen, wie z. B. die älteren Sorten 'Orange Triumph', 'Karl Weinhausen', 'Josef Guy', 'Frensham', 'Poulsen's Pink' und andere, schon über 30 Jahre am gleichen Standort, sind kerngesund und bringen jährlich einen reichen Blütenflor. Auch einige Gartenrosen, wie 'Gloria Dei', 'Elizabeth of York', 'Crimson Glory', 'Comtesse Vandal', 'Michéle Meilland' und 'Sutters Gold', haben bereits ein Vierteljahrhundert überschritten. Erfahrungen zeigen, daß robuste Rosensorten bei sorgfältiger Pflege ohne weiteres 40 bis 50 Jahre alt werden können, uns also fast ein Leben lang erfreuen! Manche Strauch- und Kletterrosen erreichen ein noch höheres Alter. Wildrosen schließlich sollen weit über 100 Jahre alt werden. Den Beweis bringt uns der »tausendjährige« Rosenstock am Hildesheimer Dom. Es handelt sich bei ihm um die Hunds- oder Heckenrose *Rosa canina* Linné. In einem Werk über die Geschichte Hildesheims, das etwa 1650 geschrieben wurde, wird der Rosenstock zum ersten Mal erwähnt. Da er bereits damals als »uralt« galt, in verschiedenen Sagen kam dies zum Ausdruck, dürfte er nach eingehenden Nachforschungen ein Alter von rund 500 Jahren besitzen.

Im März 1945 zerstörten Sprengbomben den Dombau. Feuersbrunst, Trümmer und Asche vernichteten zwar die oberirdischen Teile des Rosenstockes, aber aus den Wurzeln kamen neue Schößlinge, die heute bereits wieder eine stattliche Höhe erreicht haben und die sich jedes Jahr mit Blüten und im Herbst mit Hagebutten schmücken.

Die Lebenskraft der Wildrosen ist beachtenswert und durch den Rosenstock am Hildesheimer Dom erneut bewiesen.

Farbzusammenstellungen

Rosenfreunde, die bunte Rosenbeete lieben oder viele Sorten besitzen möchten, sollten ihre Rosen nicht wahllos durcheinander pflanzen. Wieviel schöner sieht es aus, wenn von einer Sorte mehrere Pflanzen zusammenstehen (mindestens 3 Stück) und wenn dann noch Farbe und Wuchscharakter zu den Nachbarsorten harmonieren. Die Farbabstimmungen, besonders bei den vielen Rotabstufungen, werden nicht leicht sein. Am besten, man vermeidet das Nebeneinandersetzen von unterschiedlich rot blühenden Sorten. Zwischen störenden Farben ist Weiß, als neutrale Vermittlerin, am besten geeignet. Die Grundfarben Gelb, Blau und Rot lassen sich im Garten immer gut benachbarn. Sehr schön wirken Rot zu Grün, Blau und Violett zu Orange, Gelb zu Violett, Hellrosa zu Hellblau und Weiß. Nicht gut stehen rote Rosen mit Orangeschein neben roten Rosen mit Violettschein. Auch paßt die scharlachrote Farbe nicht zu Karminrot.

Es sei stets daran gedacht, daß die Farbe ein wichtiges Schönheitselement ist, auf unser

Auge die höchste Anziehungskraft ausübt und das Empfinden des Menschen wesentlich beeinflussen kann.

Rosenverwendung im Haus- und Kleingarten

Die Verschiedenartigkeit der Gärten läßt für das Pflanzen von Rosen keine allgemeingültigen Regeln zu. Ideenreichtum, Geschmack und besonders das Empfinden für Harmonie spielen eine Rolle. Gewarnt sei immer wieder vor einem »Zuviel«. Niemals dürfen Pflanzungen in unseren Gärten zu einem heillosen Durcheinander führen. Deshalb sollten nachfolgende Hinweise Beachtung finden.

Beginnen wir mit dem Vorgarten. Viele Eigenheime – meistens stehen sie in den Außenbezirken unserer Städte – haben einen mehr oder weniger großen Vorgarten, der an die Straße grenzt. Zahlreiche Spaziergänger schauen sich, besonders an den Wochenenden, gern diese Gärten an. So kann man verstehen, daß die Besitzer bestrebt sind, ihre Vorgärten möglichst wirkungsvoll zu gestalten. Schön und farbenfroh wird ein Garten immer, wenn Rosen darin blühen. Das anzulegende Rosenbeet muß der Größe des vorhandenen Gartenraumes entsprechen. Es sollte unmittelbar vor dem Haus liegen, 1,00 m bis 1,50 m breit sein und könnte an einer Seite nach vorn ausschwingen. Damit die Feuchtigkeit beim Wässern nicht an die Hauswand kommt und die Rosen aber auch nicht durch die Trockenheit direkt am Haus leiden, empfiehlt sich die Anlage eines 40 cm breiten Platten- oder Betonweges entlang der Hauswand. Dieser Zwischenraum verhindert auch, daß längere Rosentriebe bei Wind am Sockel des Hauses kratzen.

Die Rosen, möglichst nur eine Sorte einer schönen Beetrose (Polyantha-Hybride oder Floribundarose), kommen besonders gut zur Wirkung, wenn sie nach vorn an eine gepflegte Rasenfläche angrenzen. Vor einer hell verputzten oder gestrichenen Hauswand sind leuchtend rote Rosen am wirkungsvollsten. Vor Klinkerwände pflanzt man Rosen mit hellen Farbtönen. Rosenbeete direkt in der Rasenfläche erschweren nicht nur das Mähen, sie heben die beruhigende Wirkung des grünen Rasens auf. Genauso bringen mehrere, auf einem Beet zusammengepflanzte Sorten Unruhe, besonders in kleinen Gärten.

Ist genügend Platz vorhanden, können hinter den Rosen vor dem Haus oder an den Seiten einige nicht zu groß werdende Ziergehölze stehen, wobei auf Kontrastwirkung und auf einen entsprechenden Abstand zu den Rosen zu achten ist. Immergrüne Gehölze eignen sich besonders gut. Hat man den Eindruck, daß ein etwas größeres Rosenbeet bei gleichmäßigem Wuchs zu sehr als Tep-

Gestaltung mit der Rosengehölzform

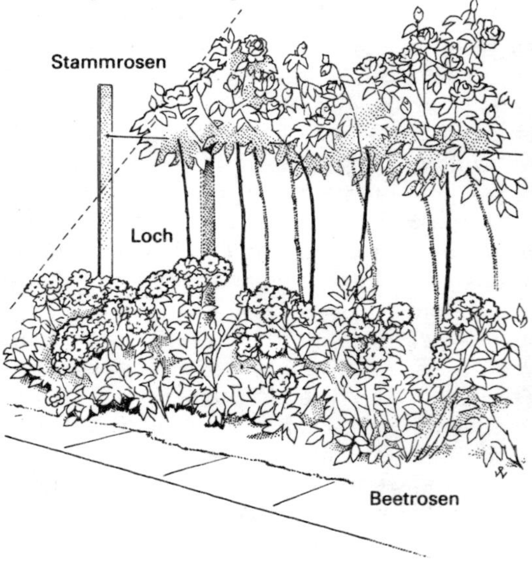

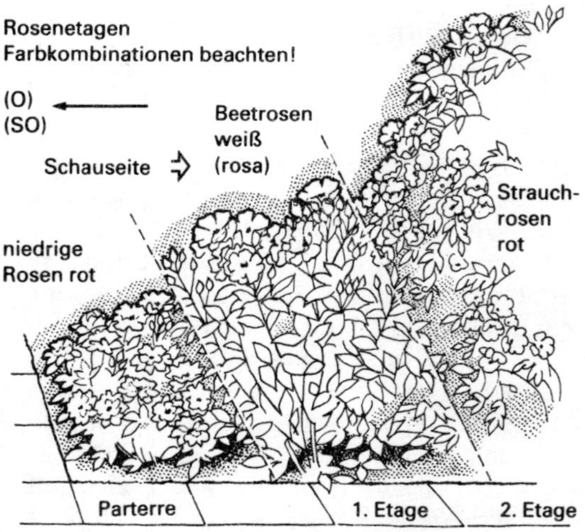

pichbeet wirkt, kann durch geschicktes Zwischenpflanzen von kleinen Gehölzen, Staudengräsern oder auch passenden Stauden (siehe auch Abschnitt »Rosenbegleitpflanzen«) die Pflanzung aufgelockert werden. Stammrosen lassen sich dagegen im Vorgarten nicht leicht einordnen. Rundbeete mit Stammrosen in der Mitte des Vorgartens gehören vergangenen Zeiten an. Sie wurden früher oft in Bauerngärten angelegt. Vertretbar wären Pflanzungen in kleinen Gruppen vor der Hauswand oder eine seitliche Anordnung. Auch der zumeist an einer Seite liegende Weg zum Hauseingang könnte beiderseits mit Stammrosen bepflanzt werden. Ein entsprechender Platz zum Niederlegen der Kronen als Frostschutzmaßnahme ist zu berücksichtigen. Polyantha-Hybriden vor den Stammrosen, nicht als Unterpflanzung, verkürzen den Raum zwischen Kronen und Erdboden und tragen zur Verschönerung der Ansicht bei. Auch zwischen einzelnen Stammrosengruppen können farblich und wuchsmäßig zu den Sorten der Stammrosen passende, vielblütige Rosen gepflanzt werden.

Rittersporn und Rosen

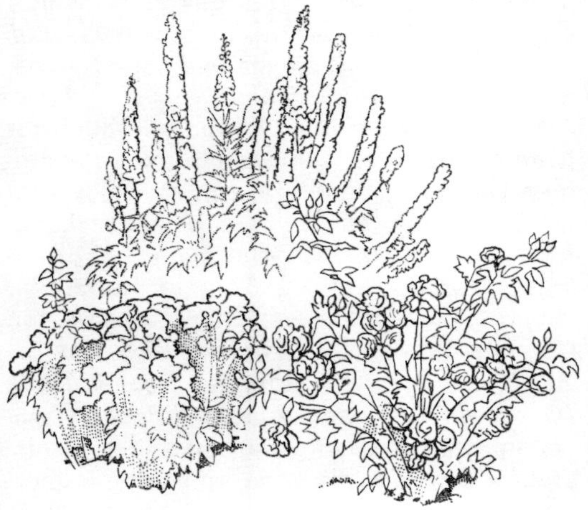

Öfterblühende Strauchrosen sieht man leider viel zu selten in den Vorgärten. Wenn entlang der Hauswand möglichst Sorten von gleicher Höhe stehen, haben sie einen großen Zierwert. Davor gepflanzte Beetrosen, farblich harmonierend, leiten dann über zur Rasenfläche. Gut eignen sich auch Strauchrosen als blühende Hecke, z. B. bei einem Doppelhaus zur Abgrenzung zum Nachbarn anstelle eines Zaunes. Gilt es, Vorgärten bei Eigenheimen, die in Reihenbauweise errichtet wurden, mit Rosen zu gestalten, lassen sich nach Absprachen mit den Nachbarn ineinander übergehende und in Farben abwechselnde Rosenpflanzungen anlegen.

Sehr beliebt sind Kletterrosen an Hauswänden, Eingängen, Zäunen und Mauern. An einer hell verputzten Hauswand wirken am besten leuchtend rote Kletterrosen, während gelb, weiß und hellrosa blühende an dunklere Hauswände und an Klinkerwände gehören.

Auch empfiehlt sich im Haus- und im Kleingarten eine Rosenpflanzung beiderseits des Hauptweges, entlang der Hofeinfahrt, besonders aber am Sitzplatz und vor der Gartenlaube. Vielblütige und den ganzen

Rosen begleiten unsere Wege

Sommer hindurch blühende Beetrosen werden wiederum bestimmend sein.

Natürlich wird ein Rosenfreund besonderen Wert auf Edelrosen (Teehybriden) legen. Die edle Form, die Schönheit, den Farbenreichtum, mitunter den Duft und andere Merkmale möchte er nicht missen. Auch die Hausfrau wünscht sich Teehybriden zum Schnitt zur Verschönerung ihres Heimes. Wie ordnen wir nun diese Rosen, ihrer hohen Rangordnung entsprechend, in den Hausgarten ein? Zu bedenken gibt es dabei, daß Teehybriden nicht pausenlos blühen, manche Sorten empfindlich auf Witterungseinflüsse wie Nässe und starke Sonneneinstrahlung reagieren, durch Sternrußtau und Mehltau mitunter vorzeitig das Laub verlieren und auch frostempfindlich sind. Mit nur wenigen Sorten lassen sich flächige Farbeffekte erzielen, und das auch nur zur Hauptrosenblüte. Aus diesen Gründen sollte man die Edelrosen in kleinen Sondergärten zusammenfassen, nicht auf runde oder ovale Beete in eine Rasenfläche pflanzen, sondern in rechteckiger Form, dem Grundstück angepaßt, möglichst seitlich vor Ziergehölzen anordnen. Die Sorten werden nicht wahllos durcheinander gepflanzt. Jede Sorte steht für sich und sollte auch farblich zur Nachbarsorte passen.

Bei allen Pflanzungen von Rosen achte man auf Farben und Wuchshöhen. Da die Farben der meisten Rosen im roten Bereich liegen, werden Neuzüchtungen von gelb- und weißblühenden Rosen sehr begrüßt. Um Abwechslung und damit auch Kontraste in die Rosenpflanzungen, besonders der Beetrosen, zu bringen, sind diese hellen Farbtöne unentbehrlich. Wie oft schaffen sie eine wohltuende Überleitung von einer Rosensorte zur anderen! Auch die Beiordnung von Stauden, Gräsern, Gehölzen und Sommerblumen kann, wenn sie überlegt erfolgt, zu reizvollen Pflanzungen führen. Pflanzen, die in Nachbarschaft mit Rosen stehen können, werden im Abschnitt »Rosenbegleitpflanzen« behandelt. Viele Möglichkeiten solcher lockeren und interessanten Zusammenstellungen gibt es, doch muß stets die Rose dominieren. Im Wuchs und Charakter haben sich die Begleitpflanzen unterzuordnen oder sollen bei sparsamer Verwendung, wie z. B. von blau blühendem Rittersporn der Belladonna- oder Elatum-Gruppe, Madonnen- und Königslilien oder gelb blühender Schafgarbe *(Achillea filipendulina)*, farblich kontrastieren. Gut zu Rosen passen immer Stauden und Sommerblumen mit blauen und silbergrauen Farbtönen. Die Ruhe ausstrahlende blaue Farbe steigert die Schönheit der Rose. Hervorragende Begleitpflanzen für Rosen im Staudenbereich sind Lavendel *(Lavandula angustifolia)* mit seinen blauen Blütenähren, blau und violett blühende Sorten der Kissenaster *(Aster-Dumosus-Hybriden)*, der leuchtend blauviolett blühende Storchschnabel *(Geranium platypetalum)*, die blau blühenden Ehrenpreis-Arten *(Veronica longifolia* und *Veronica spicata* subsp. *incana)*, die Sorten des dunkelviolett oder blau blühenden Sommersalbeis *(Salvia × superba)* und die lila blühende Katzenminze *(Nepeta × faassenii)*.

Als bewährte Sommerblumen, die auch für Unterpflanzungen von Stammrosen genommen werden können, gelten das violett und weiß blühende einjährige Steinkraut *(Lobularia maritimum)*, das violett blühende Eisenkraut *(Verbena rigida)*, Sommerrittersporn, violett blühende Schleifenblumen-Arten (*Iberis amara* und *Iberis umbellata*), das bis zu 50 cm hoch werdende Schleierkraut *(Gypsophila elegans)*, das sehr schön zwischen Stammrosen wirkt, und das Greiskraut *(Senecio cineraria)* mit den silbergrauen Blättern.

Kombinationen mit den auffallenden Farben bekannter Sommerblumen, wie rote Salvien, Knollenbegonien, Petunien, Pantoffelblumen, Pelargonien, Tagetes usw., sollten unbedingt vermieden werden. Sie würden durch ihre grellen Farben und unterschiedlichen Wuchsformen die Wirkung der Rosen beeinträchtigen.

Öfterblühende Strauchrosen eignen sich im Haus- und Kleingarten gut zum Abschirmen von Zäunen, Schuppen und unschönen Stellen. Da die meisten Zier- und Decksträucher kaum im Sommer blühen, bringt man mit den Strauchrosen zusätzlich Farbe in den Garten. Sollte genügend Platz vorhanden sein, kann man mit Strauchrosen oder starkwachsenden Polyantha-Hybriden, einzeln oder in kleinen Gruppen, als Vorpflanzung vor höheren Nadel- oder Ziergehölzen ebenfalls schöne Effekte erzielen.

Zauberhafter Rosenhag: ladet ein zum Lieben oder Lesen.

Polyantha-Hybriden

Die märchenhafte »Dornröschen-(H)ecke«, unbehelligt durch Sicht und Licht.

Für Wildrosen wird selten Platz vorhanden sein. Trotzdem wäre es schön, wenn ein möglichst einzeln stehender Strauch bis in den Winter hinein mit zahlreichen wohlgeformten, lackroten Hagebutten erfreuen könnte. Gern schneidet man sich auch einen kleinen Hagebuttenzweig für das Zimmer.

Natürlich dürfen Kletterrosen im Garten nicht fehlen. Die unerschöpfliche Fülle ihrer Blütenpracht verschönt zur Rosenblüte nicht nur manche Hauswand sowie Zäune und Mauern im Vorgarten, sondern auch Pergolen und Lauben. Wie schön, wenn man einen Kleingarten durch einen Rosenbogen betritt. Kletterrosen an Spalieren und Gittern geben hervorragenden Sichtschutz. Wer die Kletterrose besonders liebt, kann sie auch einzeln pflanzen. An einem starken Pfahl entwickelt sie sich in zwei bis drei Jahren zu einer prächtigen Rosensäule.

Schön sind Rosenpyramiden, wie wir sie im weltbekannten Rosarium Sangerhausen sehen können. Zu diesem Zweck werden etwa 3 m lange Holzpfähle oder Stahlrohre im Abstand von einem Meter aufgestellt und oben verbunden. Eine solche Pyramide kann mit einer, aber auch mit mehreren Sorten bepflanzt werden. Neben einer roten Kletterrose eine weiß oder blau blühende Clematissorte ranken zu lassen, ergibt bezaubernde Farbharmonien. Im Garten müßte aber die Anordnung solcher Rosensäulen oder Pyramiden möglichst vor einer höheren Gehölzkulisse mit ausreichendem Abstand in aufgelockerter Form erfolgen.

Auch Einzelbüsche am Rande einer Rasenfläche oder als Eckenbetonung mit nur einem kleinen Stützgerüst, das man nach Kräftigung der unteren Triebe wieder entfernt, sehen prächtig aus und setzen besondere Akzente, wenn die mit Blüten übersäten Kletterrosentriebe wie Kaskaden bis zum Rasen fallen.

Kletterrosen auf hohe Stämme veredelt, ergeben sogenannte »Trauerrosen«, was ein ungeeigneter Name für eine so schöne Pflanze ist. Trauer- oder Hängerosen lassen sich nicht leicht in einen Garten einordnen, sie sind etwas aus der Mode gekommen. Hat man aber einen geeigneten Platz gefunden, so stellt eine solche Rose eine Augenweide besonderer Art dar.

Rosen im Wohngrün

Es ist erfreulich, daß Gartenarchitekten bei der Projektierung von Freiflächen in neuen Wohngebieten mitunter auch Rosenpflanzungen vorsehen. Ist dies nicht der Fall, können die Hausgemeinschaften und Rosenfreunde, nach Absprache mit einem Fachmann und dem Rechtsträger, selbst Rosenbeete anlegen, die sie dann auch in persönliche Pflege nehmen. So verschönern sie ihre unmittelbare Umgebung und gestalten sie farbenfroh. Oft sind besonders ältere Bürger, die keinen eigenen Garten besitzen, erfreut, sich direkt vor ihrem Haus im Freien betätigen und Rosen pflegen zu können. Zur Anpflanzung eignen sich in erster Linie Beetrosen (Polyantha-Hybriden und Floribunda). Befinden sich vor den Gebäudekomplexen breite Grünstreifen, sind Rosenbeete beiderseits des Weges zum Hauseingang recht wirkungsvoll. Bei kurzen Zugängen genügt manchmal schon eine Reihe, gepflanzt von einer buschig wachsenden Rosensorte. Man entscheidet sich wieder nur für eine Sorte an beiden Seiten, jedoch könnte jede Hausgemeinschaft eine andere Farbe wählen. Es sollten Sorten ausgewählt werden, die möglichst eine Höhe von 60 cm nicht überschreiten, leuchtende Farben haben und sich »selbst putzen«. Vor den Hauswänden kommen auch öfterblühende Strauchrosen gut zur Geltung. Befinden sich hinter den Gebäuden größere Freiflächen, können dort Strauchrosen vor neutral wirkenden Ziergehölzen gepflanzt werden. Auch kleine Gruppen, auf zusammenhängenden Rasenflächen seitlich angeordnet, bringen Farbe in das Wohngrün, denn es gibt nur wenige Ziersträucher, die im Sommer und im Herbst blühen. Bedacht werden muß allerdings immer, daß die Mäharbeiten durch ihren Wuchs nicht zu sehr erschwert werden. Schließlich lassen sich Müllboxen und Containerstandorte mit robusten Strauchrosen verdecken.

Rosen im Wochenendgarten

Viele Menschen, besonders wenn sie in mehrgeschossigen Häusern inmitten einer Stadt wohnen, sehnen sich nach einem Garten, in dem sie Ruhe und Erholung finden. Nur wenige Bürger werden das Glück haben, am Rande der Stadt einen Kleingarten zu bekommen. Begünstigt durch die Motorisierung, findet sich schließlich doch eines Tages in einem landschaftlich schönen Gebiet, das für Bebauungszwecke freigegeben ist, ein Wochenendgrundstück. Sobald ein kleiner Bungalow oder eine massive Laube fertig ist, hat man eine ständige Unterkunft für die freien Wochenenden und für die Ferien gefunden. Viel Arbeit sollte mit der Anlage des Gartens und mit der späteren Pflege nicht verbunden sein. Zunächst sollte der Garten möglichst der Landschaft angepaßt werden. Zu pflanzen wären hauptsächlich einheimische Bäume und Sträucher und zur Abschirmung sowie zur Raumbildung Gehölze mit neutral wirkendem Grün. Fremdländische Arten mit auffallenden Formen und buntem Laub bringen Unruhe und gehören nicht in einen solchen Garten. Farben und Abwechslung können verschiedene Rosen in den Gartenraum bringen. Direkt am Gebäude wird sich zumeist eine Terrasse bzw. ein kleiner Vorplatz zum Sitzen und Sonnen befinden. Hier wäre, der Größe des Sitzplatzes entsprechend, eine Pflanzung mit robusten Beetrosen zu empfehlen, wobei man die Farben individuell nach seinen eigenen Wünschen auswählen kann. Kleine Nadelgehölze, immergrüne Berberitzen und passende Staudengräser könnten das Rosenbeet auflockern und abwechslungsreich gestalten. Aber auch in weiterer Entfernung möchte sich das Auge an Farben erfreuen. Da öfterblühende Strauchrosen nicht viel mehr Pflege erfordern als andere Ziergehölze, kann man sie in lockeren Gruppen in den Rasen vor die das Grundstück umfassende Gehölzkulisse pflanzen. Breitwachsende Sorten mit überhängenden Zweigen sehen auch gut in Einzelstellung aus. Für eine Gruppe – meistens wird es sich um 3 bis höchstens 5 Exemplare handeln – sollte immer nur eine Sorte gewählt werden. Neuere Züchtungen mit großen, edelrosenartigen Einzelblüten sind nicht zu empfehlen. Besonders wirken Strauchrosen vor höheren Nadelgehölzen, wie z. B. Eibe *(Taxus baccata)*, Säulenwacholder *(Juniperus communis)*, Omorikafichte *(Picea omorika)*, Douglasie (*Pseudotsuga menziesii* 'Caesia') oder Hemlockstanne *(Tsuga canadensis)*. Auch der bis 4 m hoch werdende Schneeball *(Viburnum rhytidophyllum)*, der dieselbe Höhe erreichende Feuerdorn (*Pyracantha coccinea* 'Kasan'), die Stechpalme *(Ilex aquifolium)*, die Lorbeerkirsche *(Prunus laurocerasus)* und Mahonien *(Mahonia aquifolium)* eignen sich durch ihr schönes, immergrünes Laub ausgezeichnet zur Pflanzung in die Nähe von Strauchrosen. Die leuchtenden Blüten der Rosen heben sich gut vom dunkelgrünen Hintergrund und ihrer Umgebung ab. Niemals dürfen die Rosenbüsche unmittelbar in die Gehölzgruppen hineingepflanzt werden oder zu dicht vor den Nadelgehölzen stehen. In ein paar Jahren sind sie von diesen überwachsen und bedrängt worden. Mit der strauchartig- und bis zu 1 m hoch wachsenden Polyantha-Hybride 'Schneewittchen' könnte man ebenfalls eine lockere Vorpflanzung wagen. Der Kontrast ihrer vielen weißen Blüten zu den immergrünen Gehölzen ist beeindruckend. Für einen zeitigen Rosenflor – er beginnt manchmal schon ab Mitte Mai – sorgen im Wochenendgarten verschiedene Sorten der Bibernellrosen *(Rosa pimpinellifolia)*. Da sie sich mit der Zeit zu recht großen Büschen entwickeln, sollten sie einzeln gepflanzt werden. Wegen ihrer Formenmannigfaltigkeit und Blütenschönheit kommen auch verschiedene Wildrosen in Einzelstellung besonders gut zur Geltung; denken wir nur an eine so imposante Erscheinung wie *Rosa moyesii* mit überhängendem Wuchs, schöner Laubfärbung und zierenden Hagebutten im Herbst. Im übrigen könnten nicht nur zur Zierde, sondern auch zum Schutz vor Überklettern zahlreiche andere Wildrosen entlang der Grundstücksgrenze stehen. Damit schaffen wir vielen heimischen Singvögeln Nistgelegenheiten und durch die Früchte eine Nahrungsquelle im Winter. Eignen sich die Bodenverhältnisse nicht für die Anpflanzung von Rosen, ist für die Rosenstandorte der Boden auszuwechseln. Denken wir aber daran, daß es auch Rosen gibt, die keine großen Ansprüche an den Boden stellen. Die Kartoffelrose *(Rosa rugosa)*, die neben schon reifen, sehr großen Hagebutten immer noch Blüten hervorbringt, wächst auch auf leichtesten Sandböden; selbst im Dünensand am Meer behauptet sie sich.

Einige empfehlenswerte Rosen

Robuste Beetrosen zur Pflanzung am Bungalow und Sitzplatz

'Allgold' (Floribunda). Leuchtend goldgelb, reichblühend, glänzend grünes Laub, buschig wachsend.

'Erna Grootendorst' (Polyantha-Hybride). Blutrot, aufrecht wachsend, 40 bis 60 cm hoch, ältere, sehr winterharte Sorte.

'Europeana' (Floribunda). Leuchtend blutrot, breitbuschig wachsend, mit herrlichem, kerngesundem Laub.

'Feuertaufe' (Polyantha-Hybride). Orangefarben blühend, nur 30 bis 60 cm hoch werdend, schönes, dunkelgrünes Laub.

'Frau Astrid Späth' (Polyantha-Hybride) Korallenrosa, reichblühende, alte, bestens bewährte Sorte.

'Lilli Marleen' (Floribunda). Wohl die schönste aller dunkelroten Beetrosen.

'Paprika' (Polyantha-Hybride), Leuchtend rot, breitbuschig wachsend, schöne dunkelgrüne Belaubung, sehr winterhart.

'Responso' (Floribunda). Gelborange mit aprikosenfarbener Rückseite, gleichmäßig buschig wachsend, gesundes, dunkelgrünes Laub.

'Rosa Sinfonie' (Floribunda). Azaleenrosa, kräftig und buschig wachsend.

Strauchrosen zum Pflanzen vor Ziergehölze, Nadelbäume und in die Nachbarschaft von immergrünen Gehölzen
Lambertiana-Hybriden

'Arabella'. Karminrot, zur Mitte hellgelb, große Blütenstände bildend, dichtes dunkelgrünes Laub, 1,50 bis 2,00 m hoch.

'Bastei'. Kleine zinnober- bis karminrote gefüllte Blüten in großen Blütenständen, 0,90 bis 1,30 m hoch.

'Bergers Morgenröte'. Weiß mit Rot, unermüdlich blühend, gesundes, glänzendes Laub, sehr winterhart, 1,50 bis 2,00 m hoch.

'Berlin'. Orangerot mit gelber Mitte, Einzelblüten an großen Dolden, frei stehend, 1,50 m hoch und 1,00 m breit.

'Bischofsstadt Paderborn'. Blüten orangerot, weithin leuchtend, einfach schalenförmig, gut verzweigter Wuchs, 1,00 bis 1,50 m hoch.

'Buisman's Triumph'. Altrosa bis hellrot, unverwüstliche Strauchrose mit aufrechtem Wuchs, 1,30 m hoch.

'Dirigent'. Blutrote Blüten an großen Dolden, ununterbrochen von Juni bis in den Spätherbst blühend, breite Büsche, bis zu 2 m hoch werdend.

'Elmshorn'. Rosa mit Lachs, 1,50 bis 2,00 m hoch, bis zum ersten strengeren Frost blühend.

'Erfurt'. Schalenförmige, gelblichweiße Blüten mit breitem rötlichem Rand, überhängender Wuchs, 0,80 bis 1,00 m hoch, bis zu 1,50 m breit.

'Eyepaint'. Kleine, scharlachrote Blüten mit weißem Auge, in Dolden blühend, 1,00 bis 1,50 m hoch.

'Firlefanz'. Eine aparte Strauchrose, die anfangs gelben Blüten gehen in Rot über, gesundes Laub, 1,20 bis 1,50 m hoch.

'Sparrieshoop'. Perlmutterrosa, sehr kräftig wachsend, starke Bestachelung, 1,50 bis 2,00 m hoch.

Rugosa-Hybriden

'Conrad Ferdinand Meyer'. Silbrigrosa Blüten, duftend, kräftiger Wuchs, stark bestachelte Triebe, 2 bis 3 m hoch.

'F. J. Grootendorst'. Karminrote, kleine gefüllte Blüten, die an eine Nelke erinnern (Nelkenrose), kleines runzeliges Laub, 1,00 bis 1,50 m hoch. Die Sorte 'Pink Grootendorst' ist ähnlich, hat aber rosa Blüten.

Pimpinellifolia-Hybriden

'Frühlingsduft'. Gefüllte gelblichrosa Blüten, duftend, sehr wüchsig, mit überhängenden Zweigen, 1,50 bis 2,00 m hoch und bis 2,00 m breit.

'Frühlingsgold'. Hellgelbe, große einfache Blüten, kräftiger, buschiger Wuchs, leicht überhängend, 2,00 bis 2,50 m hoch.

'Frühlingsmorgen'. Rosa Blüten, fast handtellergroß, mit herrlichen, goldgelben Staubgefäßen, reichblühend, straff aufrecht wachsend, dunkelgrünes Laub, 1,50 bis 2,00 m hoch.

'Frühlingstag'. Gelb mit Rot und orangefarbenen Streifen, zahlreiche Blüten in kleinen Büscheln, duftend, kräftiger Wuchs, stark bestachelte Triebe, 1 m hoch.

'Frühlingszauber'. Rosa, mittelgroße, halbgefüllte Blüten, starker Wuchs, dunkelgrünes Laub, im Herbst mit zahlreichen dunkelroten Hagebutten, 2,00 bis 2,20 m hoch.

'Karl Foerster'. Weiß, sehr früh und reich blühend, breitwachsend, schönes, gesundes Laub, 2 m hoch.

'Maigold'. Leuchtend goldgelbe Blüten mit Kupferschein, duftend, kräftige Büsche, 2,00 bis 2,50 m hoch.

Die Sorten 'Frühlingsduft' und 'Maigold' zeigen, besonders bei feuchter Witterung, auch noch im Spätsommer und Herbst vereinzelte Blüten. Alle anderen Sorten blühen nur einmal, aber sehr reich. Die Blütezeit setzt mitunter schon ab Mitte Mai ein. Über das nur »Einmalblühen« dürfen wir nicht traurig sein. Mandelbäumchen, Spiersträucher, Forsythien, Flieder und viele andere Ziergehölze blühen auch nur einmal. Einmalblühende Rosen, dazu gehören auch die meisten Kletterrosen, blühen über Wochen so üppig und reich, daß uns durch diese Blütenpracht die hohe Zeit der Rosen erst richtig bewußt wird.

Wildrosen

Rosa rugosa Thunb. · Kartoffelrose
Hellrote, große einfache Blüten, dicke, stark bestachelte borstige Triebe, dunkelgrünes, runzeliges Laub mit schöner, gelber Herbstfärbung, große flachkugelige Hagebutten. Die Kartoffelrose blüht den ganzen Sommer. Oft findet man Blüten und Früchte an einer Pflanze. 1 bis 2 m hoch.

– – 'Alba'. Weißblühende Form.

Rosen für den Heidegarten

Auf verschiedene Art und Weise sucht der Mensch die Verbindung zur Natur. Zumeist bringen der Garten und die Beschäftigung mit Pflanzen Befriedigung und Glück. Manche Menschen freuen sich am selbstgezogenen Gemüse und Obst, andere lieben Sommerblumen, Blütenstauden, Zwiebelgewächse oder seltene Gehölze. Es gibt aber auch Naturfreunde, die sich für einen Heidegarten begeistern, denn von ihm geht ein ganz besonderer Reiz aus. Sie fühlen sich in einer naturhaften Umgebung inmitten von Heide- und Moorbeetpflanzen geborgen. Besonders schön läßt sich ein solcher Garten auf einem Waldgrundstück gestalten, aber auch dort, wo bereits aus früheren Pflanzungen einige Kiefern oder andere Nadelgehölze vorhanden sind. Zu ergänzen wäre dann dieser Altbestand durch Birken, Säulen- und breitwachsenden Wacholder, Rhododendron, Ginster, Feuer- und Sanddorn, Ölweide, Tamariske, niedrige und hohe Staudengräser, Fingerhut, Königskerzen, Thymian und andere Heidepflanzen. Anstelle einer Rasenfläche werden Heidekraut *(Calluna vulgaris)* und Schneeheide *(Erica herbacea)* den größten Teil des Bodens bedecken. In einer solchen schlichten und zurückhaltenden Umgebung wären Garten- und Beetrosen fehl am Platz.

Es sind Wildrosen, die sich eignen und einem Heidegarten erst zur Vollkommenheit verhelfen. Nicht nur durch ihren zeitlich verschiedenen Blütenflor, sondern auch durch ihre unterschiedlichen Wuchsformen und ihren Hagebuttenschmuck schaffen sie eine besondere Atmosphäre. Gerade ihre einfachen, zarten Blüten besitzen Anmut und Schönheit. Die ersten bescheidenen weißen Blüten in dieser gestalteten »Heidelandschaft« zeigen sich, mitunter schon Anfang Mai, an den Büschen der Seidenhaar-Rose (*Rosa sericea* Lindl. var. *pteracantha* Franch.), die aus Westchina stammt. Bei ihr zieren auch die seltsamen Flügelstacheln an den Zweigen. Werden die roten Stacheln an den jungen Trieben von der Sonne durchschienen, stellt ihr Anblick eine besondere Augenweide dar. Als weiterer zeitiger Blüher folgt die Chinesische Goldrose (*Rosa hugonis* Hemsl.). Immer wieder beeindruckend ist der Anblick ihrer von hellgelben Schalenblüten überschütteten Zweige zwischen violettblühender Schneeheide, Blauschwingel *(Festuca cinerea)* oder dem mittelgroßen Blaustrahlhafer *(Helictotrichon sempervirens)*. Die Chinesische Goldrose wächst breit, und ihre Büsche werden bis zu 2,50 m hoch. Fast noch schöner ist die als Fuchsrose oder Kapuzinerrose bekannte *Rosa foetida* 'Bicolor' Herrm. Sie hat einfache Blüten, die innen kapuzinerrot und außen gelb gefärbt sind. Besonders zierend wirken auch ihre hellgelben Staubgefäße. Dieses lichtliebende und luftbedürftige Kleinod sollte für sich allein stehen. Dagegen kann man die höchstens 1 m hoch werdende *Rosa nitida* Willd. in kleinen Trupps zusammenpflanzen. Diese interessante, ausläuferbildende Zwergrose stammt aus Neufundland, und ihre einfachen rosa Blüten erscheinen Mitte Juni. Die dunkelgrünen glänzenden Blätter – *Rosa nitida* wird auch als Glanzrose bezeichnet – werden im Herbst auffallend orangerot. Schön sind auch die erbsengroßen Hagebutten.

Weitere für den Heidegarten bestens geeignete Wildrosen

Rosa blanda Ait.

Blütenstände mit 5 bis 6 großen rosa Blüten. An den schlanken, braunen Trieben befinden

»Heidegarten« – weckt Sinn für Poesie:

»Sah ein Knab ein Röslein steh'n, Röslein auf der Heiden...«

Wildrosen oder Rosen mit Wildrosencharakter

sich kaum Stacheln. Im Herbst zieren die kugeligen, roten Früchte und das rötlich gefärbte Laub. Der Strauch wird bis 2 m hoch.

Rosa canina L. · Hunds- oder Heckenrose
Einfache, rosarote Blüten, stark wachsend, etwas überhängende Zweige, bis 3 m hoch werdend, sehr reicher, leuchtend roter Fruchtbehang im Herbst.

Rosa glauca Pourr. · Rotblättrige Rose
Einfache, hellrote Blüten, rote Belaubung, buschig, aufrechtwachsend, 2 bis 3 m hoch.

Rosa moyesii Hemsl. et Wils. · Mandarinrose
Dunkelrote Blüten mit samtiger Tönung. Die einfachen Blüten erreichen einen Durchmesser bis zu 6 cm, die Blätter sind sehr lang und besitzen 11 Fiederblättchen. Kräftiger, überhängender Wuchs bis zu 3 m; besonders schön sind die großen, flaschenförmigen, gelborangefarbenen Hagebutten.

Rosa multiflora Thunb. ex Murr. · Büschel- oder Vielblütige Rose
Die etwa 2 cm großen weißen Blüten, sie erinnern an Brombeerblüten, sitzen an großen Blütenständen. Die Pflanzen entwickeln sich zu riesigen Büschen mit kletterndem Wuchscharakter, werden bis 3 m hoch und zieren im Herbst mit kaum erbsengroßen, roten Hagebutten.

Rosa pimpinellifolia L. · Bibernellrose
Weiße bis hellgelbe Blüten, duftend, reich- und frühblühend, buschig wachsend, bis 1 m hoch werdend.

Rosa roxburghii Tratt. · Kastanienfrüchtige Rose
Einfache, blaßrosa, bis 7 cm große Blüten, erscheinen schon Ende Mai, fein gefiederte, 11- bis 13teilige lange Blätter, aufrechter, sparriger Wuchs bis 2,50 m, runde, regelmäßig bestachelte, grüne Hagebutten.

Rosa rubiginosa L. · Schottische Zaunrose
Einfache rosarote Blüten, stark bestachelte, bis zu 2,50 m hoch werdende Büsche.

Rosa villosa L. · Apfelrose
Einfache, zartrosa Blüten, nach Obst duftend, aufrechter, später überhängender Wuchs, gesunde, mattgrüne Blätter, im Herbst zahlreiche Hagebutten tragend.

Werden am Eingang des Heidegartens oder auch auf einer Böschung Rosen gewünscht, die mit ihren einfachen Blüten die Rangordnung der Heidepflanzen nicht stören, kommen sogenannte »Bodendeckerrosen« in Frage. Mit leuchtenden Farben und ihrem mitunter kriechenden Wuchscharakter bilden sie bezaubernde Blickpunkte.
Auch die beitwachsende, aber bis etwa 60 cm hoch werdende und zu dieser Gruppe zählende 'The Fairy' kann im Heidegarten stehen. Einzeln, zwischen silberwolligen Rosetten von Königskerzen und dem neutralen Grün der Schneeheide, sieht diese Rose mit ihrer Fülle kleiner rosa Blüten an großen Dolden ganz entzückend aus. Gesunde, glänzend grüne Blätter und ein lockerer Wuchs sowie ein ständiges Blühen bis zum Frost machen diese Rose besonders wertvoll.

Weitere Sorten sind:

'Fleurette'. Einfache, karminrosa Blüten mit heller Mitte, leicht duftend. Niedrige, buschige Pflanze, breit ausladend, glänzendes, gesundes Laub. Sehr wertvoll, da sich ständig neue Blüten entwickeln.

'Heideröslein – Nozomi'. Üppiger Flor, zierliche, halbgefüllte, perlmutterrosa Blüten. Robuste, sehr winterharte Pflanze mit kriechendem Wuchscharakter. Die vielen kleinen Zweige tragen schöne, grüne, spitzovale Blättchen.

'Max Graf'. Einfache, mittelgroße, leuchtendrosa Blüten mit goldgelber Mitte. Wüchsige, alte Rugosa-Hybride, die lange Triebe mit glänzendem Laub ausbildet. Sehr winterhart.

'Pink Spray'. Die weithin leuchtenden kräftigrosa Blüten mit hellem Auge sitzen an Dolden. Die Pflanze ist sehr reichblühend, bildet bogenförmige Triebe bis zu einer Länge von 1,00 bis 1,50 m aus, die sich auf den Boden legen. Die zierliche, dunkelgrüne Belaubung glänzt.

'Repens Alba'. Mittelgroße, reinweiße Blüten an Büscheln. Alte Sorte, hervorragend geeignet zum Beranken von Böschungen. Die Pflanzen wachsen sehr schnell und entwickeln 5 bis 6 m lange Triebe.

'Rote Max Graf'. Die leuchtend roten Schalenblüten mit heller Mitte sitzen an Dolden und blühen am zweijährigen Holz. Leicht duftend. Die sich niederlegenden Triebe werden bis zu 2 m lang.

'Smarty'. Gelblichweiße, etwa 7 cm große Blüten mit rosa Schein, in Dolden blühend. Die bis zu 1,50 m langen Triebe liegen auf dem Erdboden und bringen laufend neue Blüten. Glänzende hellgrüne Belaubung.

'White Spray'. Eine weißblühende Form von 'Pink Spray'.

Rosen für den Balkon

Viele Menschen, die Rosen lieben, in großen Wohnblocks oder Hochhäusern wohnen und keinen eigenen Garten besitzen, brauchen nicht auf ihre Lieblingsblumen zu verzichten. Versuche haben ergeben, daß die Kultur von Rosen in Balkonkästen, Kübeln und großen Töpfen möglich ist und viel Freude bereiten kann. Ideale Standorte sind Balkone, die sich an der Ost- oder Südostseite der Gebäude befinden. Bei einer direkten Südlage müßte im Hochsommer während der Mittagshitze die Möglichkeit einer leichten Beschattung durch eine Markise gegeben sein. Blumenkästen, Kübel oder Schalen aus Ton oder Eternit sollten mindestens eine Tiefe von 20 cm aufweisen. Die Erde – lehmhaltige Kompost- oder Mistbeeterde – besorgt man sich am besten beim Gärtner. Im Boden der Gefäße müssen Löcher sein, die, mit Tonscherben und grobem Sand bedeckt, für den Abzug überschüssigen Wassers sorgen. Die von den Baumschulen in Töpfen kultivierten stecklingsvermehrten Rosen werden im Frühjahr ausgepflanzt und während des Sommers ähnlich wie andere Balkonpflanzen behandelt. Spätestens Ende Juli stellt man das Düngen ein, damit die Triebe bis zum Spätherbst ausreifen. Den Winter überdauern die Balkonrosen am Kellerfenster oder an einem anderen kühlen, aber frostfreien Ort. Gegossen wird während dieser Zeit sehr sparsam, damit die Erde nicht vollkommen austrocknet. Das Überwintern kann natürlich auch auf dem Balkon selbst erfolgen. Dazu werden die Gefäße dicht aneinander auf eine etwa 20 cm hohe Lage trockenes Laub, Stroh oder Holzwolle gestellt und seitlich sowie von oben mit ähnlichem Material eingepackt. Die Schicht zwischen den Pflanzen und an den Seiten sollte wiederum 20 cm stark sein. Vorher sind alle noch vorhandenen Blätter und Triebe von den Rosen zu entfernen, und die Erde ist gut anzufeuchten. Ein leichtes Bedecken mit Kiefern- oder Fichtenreisig schließt den Winterschutz ab, der in der Regel, je nach Witterung, Mitte März wieder entfernt wird. Auf keinen Fall dürfen die Pflanzen während des Winters ungeschützt auf dem Balkon stehen bleiben. Während im Freiland der Frost langsam von oben nach unten in das Erdreich eindringt, an diesen Vorgang haben sich alle Pflanzen gewöhnt und nehmen keinen Schaden, würde die Kälte bei frei stehenden Pflanzgefäßen plötzlich von allen Seiten einwirken und unweigerlich zum Erfrieren der Rosenwurzeln führen.

Im Frühjahr, vor dem Austrieb, erfolgt ein leichter Rückschnitt, und anschließend setzt man die Pflanzen mit ihrem noch vorhandenen Topfballen in neue, kräftige Erde. Ohne Umpflanzen, aber mit entsprechender, regelmäßiger Düngung können auch im zweiten Jahr nach der Pflanzung die Rosen wachsen, blühen und Freude bringen.

Für Balkonkästen, Kübel und Schalen eignen sich am besten die niedrig und buschig wachsenden Zwergrosen, die höchstens 35 cm hoch werden.

Rosen auf dem Balkon:
Zwergkönigin
Zwergrose

Dazu zählen die bewährten:

'Baby Maskerade'. Schönes Farbenspiel, Knospen gelb mit rotem Rand, gelb aufblühend und im Verblühen rot werdend.

'Para Ti'. Halbgefüllte, kleine, weiße Blüten, am Grund gelblich.

Rosa roulettii (*Rosa chinensis* 'Minima'). Kleine, gefüllte, karminrosa Blüten.

'Rosina'. Kleine, edelgeformte, sonnengelbe Blüten.

'Zwergkönig'. Blüten gefüllt, dunkelkarmesin.

'Zwergkönigin'. Sport von 'Zwergkönig', mit rosa Blüten.

Auch auf kleine Stämmchen veredelte Zwergrosen sehen in Kästen und Kübeln ganz entzückend aus.
Außer den Zwergrosen eignen sich für die Topfkultur noch die sogenannten »Koster-Sorten« (benannt nach dem Züchter D. A. Koster), deren Wuchs ebenfalls niedrig und gedrungen ist, sowie einige niedrigbleibende Floribunda-Sorten.

Koster-Sorten

'Dick Koster'. Kugelige, hellrote Blüten, kleines, glänzendes Laub. 30 bis 40 cm hoch.

'Dick Koster fulgens'. Sport von 'Dick Koster' mit roten Blüten. 30 bis 40 cm hoch.

'Margo Koster'. Kugelige, halbgefüllte, lachsorangefarbene Blüten. 30 bis 40 cm hoch.

'Muttertag'. In Rispen zusammenstehende, leuchtendrote, gefüllte, kugelige Blüten. 30 bis 40 cm hoch.

'Vatertag'. Kugelige, orangerote Blüten. 30 bis 40 cm hoch.

Floribunda-Sorten

'Allgold'. Leuchtend goldgelbe, mittelgroße, edelrosengleiche Blüten.

'Garnette'. Granatrote, mittelgroße Blüten.

'Marlena'. Mittelgroße, leuchtend dunkelrote Blüten. Eine niedrigbleibende 'Lilli Marleen'.

'Rumba'. Blumen in Büscheln, rein goldgelb, braunrot überhaucht.

'Sonne der Freundschaft'. Leuchtend gelb, nicht verblassend.

Rosenbegleitpflanzen

Früher war es üblich, Rosen für sich allein, auf streng abgezirkelte Beete zu pflanzen. Zumeist wurden Gartenrosen (Teehybriden) im Handel angeboten. In den letzten Jahrzehnten sind die Gartengestalter dazu übergegangen, Rosen ungezwungener, naturhafter zu verwenden und sie in ein harmonisches Verhältnis zu anderen Pflanzen zu bringen. Besonders eignen sich die immer zahlreicher werdenden vielblütigen Beetrosen (Polyantha-Hybriden und Floribunda-Rosen) mit ihrem lang anhaltenden Blütenflor und ihren unterschiedlichen Wuchsformen für neue Wege der Rosenverwendung. So wie die Wildrosen in Gemeinschaft mit Gräsern, Feldblumen und Gehölzen wachsen und eigentlich erst dadurch zur Entfaltung ihrer vollen Schönheit gelangen, können auch Rosen im Garten und auf Anlagen durch Beiordnung passender Begleitpflanzen zu einer besonders reizvollen Gestaltung führen. Wirkungsvoll wird zunächst immer das die Rose umgebende Grün sein. In der freien Landschaft sind es Wildgräser und Feldgehölze wie Ginster, Schlehe, Weißdorn, Pfaffenhütchen u. a. Im Garten schaffen Rasen sowie Laub- und Nadelgehölze die notwendige grüne Umrahmung. Rosen, die nicht an Grün angrenzen, die zwischen Beton- und Plattenflächen stehen, können ihre Schönheit nur bedingt entfalten. Außer der grundlegenden gestalterischen Voraussetzung, Rosen vor einen grünen Rahmen zu pflanzen und sie möglichst an Rasen angrenzen zu lassen, gibt es bei der Auswahl der Pflanzen, die in der Nähe der Rosen stehen können, bestimmte Gesichtspunkte zu beachten. Ziersträucher, die im Frühjahr blühen – es sind die meisten –, sowie Nadelgehölze eignen sich immer für eine grüne Kulisse. Blühen Gehölze im Sommer – auch bei einigen Kleingehölzen ist dieses der Fall –, können sie, in lockeren Gruppen gepflanzt, durch farblichen Kontrast wirken. Die Verwendung von Stauden, Lilien, Sommerblumen und niedrigen Nadelgehölzen in unmittelbarer Nachbarschaft von Rosen hat mit Bedacht zu erfolgen. Alle Begleitpflanzen müssen dem Wuchs, der Farbe und der Anordnung der Rosen entsprechen. Die Rose muß immer dominieren, sie ist die »Königin«, alles andere lebt in Distanz zu ihr. Vor allem darf nicht zuviel Gleichwertiges zwischen den Rosen oder in ihrer Nähe stehen. Beschränken sollten wir uns auf die Auswahl nur weniger Rosenbegleiter. Versuchen wir lieber an anderer Stelle, wo z. B. starkwachsende Beet- oder Strauchrosen einzeln oder in Gruppen uns erfreuen sollen, eine harmonische Pflanzengemeinschaft und ein lebendiges Gartenbild zu schaffen.

Nadelgehölze

Die verschiedenen Grüntöne der Nadelgehölze wirken immer gut zu den Farben der Rosen. Besonders vor dem dunklen Grün der Eibe heben sich die Rosenfarben klar und sauber ab. Sehr gut wirken auch Rosen vor den lockeren Zweigen der kleinnadeligen Hemlockstannen oder vor einem in die Höhe gewachsenen Chinesischen Wacholder (*Juniperus chinensis* 'Pfitzeriana'). Bei starkwachsenden Nadelgehölzen ist immer auf genügenden Abstand zu achten, damit die Rosen nach ein paar Jahren nicht unterdrückt werden. Auch mögliche Wurzelkonkurrenz ist oft Anlaß für schlechtes Gedeihen. Tannen, Fichten, Kiefern und Lärchen kommen nur für große Gärten in Betracht. Sie sehen zwar sehr schön aus, solange sie klein sind und die Äste bis auf den Boden reichen, später aber brauchen sie zu ihrer Entfaltung viel Raum. Deshalb sollte die Verwendung hochwerdender Nadelgehölze bedacht werden, denn Gehölze geben den Gartenräumen das Gerüst.

Hochwerdende Nadelgehölze zur Schaffung eines geeigneten Hintergrundes

Abies-Arten · Tannen

Abies amabilis · Purpurtanne
Sehr schöner, bis zum Boden beasteter Baum mit kegelförmigem Wuchs. Dichte, glänzende, dunkelgrüne Nadeln. Gedeiht in jeder nicht zu lufttrockenen Lage.

Abies balsamea · Balsamtanne
Bei lockerer Pflanzung kegelförmiger Aufbau und bis zum Erdboden beastet. Hat dunkelgrüne Nadeln, die zerrieben angenehm riechen. Verlangt hohe Luftfeuchtigkeit, wächst daher gut in der Nähe von Seen, Teichen oder Flüssen. Erreicht nur eine Höhe von 10 bis höchstens 15 m.

Abies concolor · Koloradotanne
Breitpyramidal aufgebauter Baum mit sehr großen graugrünen oder bläulich-silbrigen Nadeln. Stark wachsend. Gedeiht auch auf trockenen Standorten.
Abies concolor compacta wächst mehr strauchartig und hat kurze, sichelförmige Nadeln, die wunderschön blau bereift sind.

Abies homolepis · Nikkotanne
Auch im Alter behält diese Tanne ihren kegelförmigen Wuchs und bleibt bei freiem Stand bis zum Boden beastet. Die dichten, glänzend hellgrünen, wie mit Lack überzogenen Nadeln besitzen einen großen Zierwert. Benötigt unbedingt einen feuchten Untergrund und in der Jugend Schattenlage. Unempfindlich gegen Ruß und Staub.

Abies koreana · Koreanische Tanne
Eine verhältnismäßig nicht hoch werdende, kaum 10 m erreichende Tanne, die einige Jahre zwergförmig und breit kegelförmig wächst. Besonders auch wertvoll durch die frühe Zapfenbildung. Dichte, oberseits glänzend grüne Nadeln. Stellt nur geringe Ansprüche an Boden und Lage, gut rauch- und frosthart.

Abies nordmanniana · Nordmannstanne
Ein sehr dekorativer, bis 30 m hoch werdender Baum, der besonders in der Jugend eine dichte, dunkelgrüne, breite Pyramide hat. Die Nadeln sind glänzend dunkelgrün und ziemlich breit. Die schöne Tanne verträgt keine rauchige und staubige Stadtluft.

Abies procera · Edel- oder Silbertanne
Pflanzen aus Samen wachsen schlank und kegelförmig, während Veredlungspflanzen breit wachsen und erst nach vielen Jahren einen Leittrieb ausbilden. Bei den dichten, säbelförmig nach oben gebogenen Nadeln sieht man die weiße Unterseite. Die Edeltanne gehört zu den schönsten Tannen und erreicht in Mitteleuropa selten 20 m Höhe. Verträgt keinen Kalk und keine stagnierende Nässe.

Larix-Arten · Lärchen

Bekannt und meist ausschließlich verwendet sind die Europäische *(Larix decidua)* und die Japanische Lärche *(Larix kaempferi)*. In unseren Gärten lieben wir sie wegen ihres wunderschönen, hellgrünen Austriebes im zeitigen Frühjahr und wegen der leuchtend gelben Herbstfärbung ihrer Nadeln. Auch niedrig bleibende und Hängeformen dieser Lärchenarten lassen sich gut verwenden. Strauchrosen als Vorpflanzung kommen gut zur Geltung.

Larix decidua · Europäische Lärche
In der Jugend schnell wachsendes Nadelgehölz, dabei zuerst aufstrebend, später breiter. Der kegelförmige Wuchs wird auch im Alter beibehalten und kann bis 25 m hoch werden. Die Nadeln sind beiderseits hellgrün und im Herbst gelb gefärbt. Sie fallen ab. Darf nicht bedrängt stehen, da hohes Lichtbedürfnis. Läßt sich durch rechtzeitigen Schnitt in der Höhe begrenzen.

Larix kaempferi · Japanische Lärche
Ebenfalls raschwüchsiger, im Alter bis 30 m hoher Baum, der später ausgeprägt breit kegelförmig wächst. Äste und Zweige sind waagerecht abstehend. Die Nadeln wirken durch zwei blauweiße Spaltöffnungen blaugrün. Im Herbst verfärben sich die Nadeln in ein wirkungsvolles Goldgelb. Besonders für größere Gärten geeignet.

Picea-Arten · Fichten

Picea brewerana · Siskiyoufichte
Breit kegelförmig aufgebauter Baum. Schöne Benadelung, wertvoll durch seine hängenden Zweige. Leider nicht industriehart.

Picea mariana · Schwarzfichte
Auf trockenen Böden niedrig bleibender Baum, der breit und unregelmäßig wächst.

Durch das langsame Wachstum hat man jahrelang Freude an dieser Fichte. Die Nadeln sind blaugrün und haben einen hellen Schimmer. Der Boden kann feucht und kühl sein. Verschiedene Formen dieser Art besitzen noch einen größeren Zierwert. Als Hintergrund für Rosen sind alle gut geeignet.

Picea omorika · Serbische Fichte
Eine sehr schöne, ganz schlanke Fichte mit kurzen, waagerecht abstehenden Ästen, die zuerst leicht nach unten wachsen und sich dann wieder in einem eleganten Bogen nach oben richten. Die Benadelung ist dunkelgrün, unterseits silbrigweiß. Dieser Baum verträgt gut Industrieabgase und Staub. Da die Omorikafichte durch ihre Wuchsform wenig Platz beansprucht, eignet sie sich auch gut für einen kleinen Garten. Sie erreicht im hohen Alter am günstigen Standort eine Höhe von 30 m. In Verbindung mit Strauchrosen sehr wirkungsvoll.

Picea orientalis · Kaukasusfichte
Im Jugendstadium langsam wachsende, bis zum Boden beastete Pyramide. Die meist horizontal abstehenden und allmählich leicht aufwärts gerichteten Äste haben kleine, dicke, dunkelgrüne, wie lackiert aussehende Nadeln. Stellt keine besonderen Ansprüche, wächst auch im Schatten. Kann auch als Hecke geschnitten werden.

Picea pungens · Stechfichte
Aus Sämlingen entwickeln sich schöne, gleichmäßig wachsende, bis zum Erdboden garnierte Bäume. Die Nadeln haben eine scharfe, stechende Spitze, sind selten ganz grün, manchmal graubläulichgrün bis silbrigweiß. Unempfindlich gegen Staub und Rauch; sie stellen an Boden und Lage keine großen Ansprüche. Da sie durch ihren Wuchs etwas steif und starr wirken, lassen sich manchmal nicht gut Verbindungen zu anderen Pflanzungen herstellen. Die Farbtöne harmonieren aber gut zu den Farben der Rosen.
Die veredelte *P. pungens* 'Glauca Koster' wird irrtümlich als »Blautanne« bezeichnet.

Picea sitchensis · Sitkafichte
Auf feuchten, nassen Sandböden entwickelt sich diese Fichte sehr dekorativ. Schöne, dunkelgrüne Nadeln, die oberseits silberweiße Stomalinien aufweisen. Die Äste sind in den unteren Partien waagerecht abstehend, in den oberen aufstrebend.

Pinus-Arten · Kiefern

Pinus cembra · Zirbelkiefer
Der Wuchs junger Pflanzen ist säulenförmig oder pyramidal, im Alter zu breiten, dichten Pyramiden werdend. Langsames Wachstum zeichnet diese schöne Kiefer aus. Bei freiem Stand gehen auch an älteren Bäumen die kurzen, dicht verzweigten Äste bis auf den Boden. Die tiefgrünen, beiderseits mit bläulich-silbernen Längsstreifen versehenen Nadeln an den zumeist waagerecht bleibenden Zweigen passen ausgezeichnet zu höheren Polyantha-Hybriden. Zirbelkiefern wachsen selbst auf magerem, steinigem Boden und werden kaum höher als 25 m.

Pinus flexilis · Nevada-Zirbelkiefer
Auf einem kurzen, dicken Stamm bildet sich eine breite, pyramidale Krone. Die Nadeln sind silbrig, später mehr blaugrün und stehen an den Triebenden eigenartig zusammen. Ein anspruchsloser, widerstandsfähiger Baum, der höchstens 20 m hoch wird. Da die Krone sehr breit wird, ist diese Kiefer, die einen großen Zierwert besitzt, nicht für kleine Gärten geeignet.

Pinus nigra · Schwarzkiefer
Bildet eine breite, schirmförmige Krone aus. Die Nadeln sind dunkelgrün und lang. In heller Umgebung malerisch und sehr dekorativ. Wächst auch gut auf mageren Böden und erreicht bei günstigem Stand bis 40 m Höhe. Deshalb nicht für kleine Gärten geeignet.

Pinus parviflora · Mädchenkiefer
Eine lange, kleinbleibende Kiefer, die im Alter eine ausgebreitete Krone bekommt und nur selten bis 20 m hoch wird. Die Nadeln sind dunkelgrün.
Es gibt aber auch eine Varietät 'Glauca' mit blaugrünen Nadeln. Außer der feinen, dichtstehenden Benadelung fällt sie durch reichen Zapfenbesatz, bereits an jungen Exemplaren, auf. *P. parviflora* und ihre Varietät lieben lehmigen Boden.

Pinus peuce · Mazedonische Weymouthskiefer
Ein schmal aufgebautes, sehr gesundes, zierendes Nadelgehölz, das freistehend bis zum Boden beastet und raschwüchsig ist. Sehr dekorativ sind die graugrünen Nadeln. Stellt keine besonderen Ansprüche an Standort und Boden. Eine ideale Kiefer für den Garten, denn sie erreicht nur 15 m Höhe.

Pinus strobus · Weymouthskiefer oder Strobe
Bekanntes raschwüchsiges und bis 50 m hoch werdendes Nadelgehölz mit sehr dünnen, weichen und pinselartig gehäuften blaugrünen Nadeln. Unempfindlich gegen Industrieabgase und Staub. Liebt tiefgründigen, etwas feuchten Boden. Einzelnstehend sehr malerisch und nur für sehr große Gärten geeignet. Ausgezeichnet in Verbindung mit hohen Strauchrosen.

Pinus sylvestris · Gemeine Kiefer
Bekannter Waldbaum, mit blaugrau oder silbergrau bereiften Nadeln. Sehr anspruchslose Kiefer, die noch auf magersten Sandböden gedeiht. Alleinstehend entwickelt sie sich mitunter zu einem prächtigen, mehrstämmigen Baum. Kiefern und Wildrosen passen ausgezeichnet zusammen.

Pseudotsuga-Arten · Douglasie

Pseudotsuga menziesii · Douglasie
Sie wächst breit, locker und kann an zusagenden Standorten bis 40 m hoch werden. Die dunkelgrünen, bei einigen Formen auch mehr oder weniger blaugrünen Nadeln stehen in schönem Kontrast zu den Farben davorgepflanzter Beet- und Strauchrosen. Douglasien vertragen auch Rückschnitt und treiben aus schlafenden Knospen wieder aus. Auch Wipfeltriebe werden ersetzt!
Zahlreiche Wuchsformen eignen sich auch für kleinere Gärten.

Mittelhohe Nadelgehölze, die einen schönen Hintergrund bilden, aber auch einzeln oder in Gruppen als Rosennachbarn gut zur Geltung kommen

Chamaecyparis-Arten · Scheinzypresse

Von den Scheinzypressen gibt es sehr viele Gartenformen. Auch sie eignen sich gut für Pflanzungen in Verbindung mit Rosen.

Chamaecyparis lawsoniana 'Alumii'
Bekanntes und gern gepflanztes Nadelgehölz, beliebt wegen des säulenförmigen Wuchses und der stahlblauen Färbung. Im Alter graublau werdend, erreichen die Säulen eine Höhe bis zu 10 m.
'Argentea' ist eine weitere empfehlenswerte Sorte von *Chamaecyparis lawsoniana*. Ihr Wuchs ist kegelförmig. Die Nadeln sowie die fein überhängende, zierliche Bezweigung sind silbergrau. Im Handel gibt es eine ganze Anzahl ähnlicher Formen unter dieser Bezeichnung.

Chamaecyparis nootkatensis 'Pendula' · Nutka-Scheinzypresse
Einmalig schönes, bis 15 m hohes Solitärnadelgehölz mit geradem Stamm und bogig wachsenden Ästen. Wunderbare Hängeform mit dunkelgrünen Nadeln und oft mit zahlreichen gelben, männlichen Blüten an den jungen Zweigen. Obwohl die Nutka-Scheinzypresse schmal bleibt, muß sie unbedingt frei stehen, um durch ihren Wuchs und die bis zum Boden reichenden Äste zur vollen Geltung zu kommen.
Auch die gewöhnliche, nicht hängende Form besitzt einen großen Zierwert. Höhe: 5 m.

Chamaecyparis pisifera · Erbsenfrüchtige Scheinzypresse
Sie wächst schlank pyramidal und wird im Alter breiter und kegelförmig, bis 30 m hoch werdend. Die glänzendgrünen Nadeln haben unterseits weiße Flecken.
Sehr schön wirkt der graugrüne, breit kegelförmige Busch der Kulturform 'Filifera', dessen fadenförmige graugrünen Zweige nach unten hängen. Als Einzelpflanze für unbedingt freien Stand zwischen größeren Rosenpflanzungen sehr gut geeignet. 'Squarrosa' wächst breit, locker und pyramidal, kann bis 10 m hoch werden. Die silbergrauen, weichen Nadeln an den leicht überhängenden Zweigen mit der braunroten Rinde bieten einen schönen Anblick.

Juniperus-Arten · Wacholder

Wacholder sind von sehr verschiedenartigem, oft malerischem Wuchs. Säulenförmige Formen werden besonders gern in Heidegärten verwendet. Alle, auch die breitwachsenden Arten und Formen wirken hervorragend in der Rosennachbarschaft.

Juniperus chinensis 'Blaauws Varietät'
Diese einseitig flach, langsam wachsende Sorte erreicht eine Höhe von ungefähr 2 m. Auch die blaugrüne Färbung der Nadeln und die fast gleichmäßig leicht aufwärtsstrebenden Äste zeichnen diese Kulturform aus.
Als weitere Kulturformen von *Juniperus chinensis* werden empfohlen:

'Hetzii', eine etwa 2 m hoch werdende Sorte, mit schräg aufwärts strebenden Zweigen. Der blaugrüne Farbton ist von besonderem Reiz.
'Pfitzeriana', breitpyramidal wachsend, trichterförmig, kann sie bis 4 m hoch werden. Äußerst raschwüchsig, mit weitausladenden Ästen, wirkt sie durch ihren eigenwilligen Wuchs nie steif. Die Nadeln sind stechend, an den äußeren Zweigspitzen sind sie hellgrün. Aufgebundene Pflanzen entwickeln sich zu breiten, ganz dichten Hecken.
'Pfitzeriana Aurea' bleibt im Wuchs etwas niedriger und hat im Sommer goldgelbe, im Winter bronzegelbe Nadeln.
'Plumosa' hat einen breiten Wuchs und eignet sich gut zur Einzelstellung. Nur bis zu 2 m hoch werdend mit leicht aufstrebenden Zweigen, besitzt diese Konifere mit ihren dunkelgrünen, schuppigen Nadeln einen großen Zierwert.

Juniperus communis 'Dresdener Heide'
Diese neue Sorte wächst gleichmäßig breitsäulenförmig und kann bis zu 3 m hoch werden. Durch die überhängenden Zweigspitzen und dunkelgrünen Nadeln mit weißem Band wirken die Pflanzen vor allem in Einzelstellung gut. Für Heidegärten besonders geeignet. Die Säulen neigen nicht zum Auseinanderfallen.
Der Sortenname ist irreführend, da es keine Selektion aus der Dresdener Heide, d. h. vom natürlichen Standort ist.
Als weitere Kulturformen von *Juniperus communis* werden empfohlen: 'Stricta', Irischer Säulenwacholder, dicht wachsend, steil aufwärtsstrebend, säulenförmig, silberblau und bis 4,00 m hoch werdend. Die Triebspitzen hängen nicht über. Für Heidegärten sehr geschätzt.
'Suecica', Schwedischer Säulenwacholder, hat mehr einen steif aufwärtsstrebenden, säulenförmigen Wuchs mit überhängenden Zweigspitzen und gröberen Nadeln. Er kann bis 10 m hoch werden.

Juniperus squamata 'Meyeri' · Blauzederwacholder
Gern verwendet wegen der oberseits und unterseits auffallenden blauweißen Benadelung und seines langsamen Wachstumes. In der Jugend sehr dicht durch die zahlreichen Seitenzweige. Er kann eine Höhe bis zu 2,50 m erreichen.

Juniperus virginiana 'Skyrocket'
Ganz schmal aufrechtwachsender Wacholder mit säuligem Wuchs und straff anliegenden Seitenzweigen. Die Nadeln sind von intensiv blaugrüner Färbung. Eine sehr interessante Erscheinung. Höhe 5 bis 6 m.

Taxus-Arten · Eibe

Taxus baccata · Gemeine Eibe
Verschiedene grüne Formen dieser Eibe lassen die Rosenfarben ganz besonders gut zur Geltung kommen. Taxusgrün gilt allgemein als Begriff für die Rosenverwendung. Eiben stellen keine besonderen Ansprüche an den Boden, sind als Einzelpflanzen verwendbar, können aber auch als Hecke gepflanzt werden. Sie lassen sich beliebig schneiden und treiben freudig wieder aus. Besonders schöne Solitärpflanzen sind die nachfolgend genannten Kultivare.
Auch die im Handel erhältlichen kegeligen, buschigen und zierlichen Zwergformen passen gut zu Rosen.
'Erecta', buschig, aufwärtsstrebende Sorte mit dunkel- bis graugrüner Benadelung.
'Fastigiata', Irländische Säuleneibe, dichter, säulenförmiger Wuchs, auch für den Heidegarten geeignet. Glänzende, dunkelgrüne Nadeln, nach unten gebogen. Fällt häufig durch Schneedruck auseinander.
'Imperialis', entwickelt sich zu dichtverzweigten, schlanken Säulen, die nicht so steif wirken wie die Irländische Säuleneibe. Nadeln klein, oberseits auffallend grün, unterseits hellgrün, nicht gebogen.
'Overeynderi', dichte, breite, aufstrebende Pyramiden, die auch im Alter geschlossen bleiben. Auch für Hecken geeignet. Kurze, dunkelgrüne Nadeln.

Thuja-Arten · Lebensbaum

Thuja occidentalis · Abendländischer Lebensbaum
Anspruchsloses, industriehartes, raschwachsendes Nadelgehölz, das geeignet ist zum Abdecken von Zäunen, unschönen Wänden usw. sowie für Hecken in den verschiedensten Höhen. Es kann bis 20 m hoch werden. Die Krone hat einen schmalen bis kegelförmigen Wuchs. Die oberseits dunkelgrünen, unterseits deutlich helleren Nadeln

sind in Schuppenblättern dicht dachziegelartig angeordnet. Für Rosen ein guter Hintergrund.
Auch Formen, die schlanke Säulen und lokkere, aufstehende, schlanke Kegel bilden, kommen gut zur Wirkung.

Tsuga-Arten · Hemlockstanne

Hemlockstannen gelten als hervorragende, elegante Rosenbegleiter. Sowohl als Einzelpflanzen als auch in Gruppen in der Nähe von starkwachsenden Polyantha-Hybriden, Strauch- und frei wachsenden Kletterrosen sind sie immer richtig am Platz. Wegen ihres unregelmäßigen, aber malerischen Aufbaus wirken sie überall sehr dekorativ. An den zierlichen, leicht hängenden Zweigen zieren mitunter mehrere Jahre entzückende Zäpfchen. Hemlockstannen gedeihen auch im Halbschatten, stellen keine besonderen Ansprüche an den Boden und lassen sich auch schneiden oder verjüngen.

Tsuga canadensis · Kanadische Hemlockstanne
Im Alter hochwerdender Baum, bei uns oft mehrstämmig, mit waagerecht bis schräg aufwärts stehenden Ästen. Die Nadeln sind regelmäßig gescheitelt, sehr kurz (5 bis 15 mm lang), nicht ausgerandet und am Rand fein gesägt. Oberseits sind sie glänzend grün, und unterseits weisen sie weißliche Spaltöffnungslinien auf.

Tsuga caroliniana · Karolinische Hemlockstanne
In Mitteleuropa häufig mittelhoher Nadelbaum von dichtem, kegelförmigem Wuchs, mit ausgebreiteten Ästen. Die Zweige sind dünn und herabhängend. Die Nadeln sind größer und breiter als bei *T. canadensis,* 8 bis 18 mm lang, ganzrandig stumpf. Oberseits sind sie glänzend dunkelgrün, unterseits mit zwei breiten weißen Spaltöffnungslinien und schmalen grünen Rändern.

Tsuga sieboldii · Japanische Hemlockstanne
Diese Art wächst bei uns nur zum Busch oder als kleiner Baum aus. Meist mehrtriebiger Wuchs, weil aus Stecklingsvermehrung stammend. Die Äste sind waagerecht abstehend und unregelmäßig gestellt. Zweige leicht überhängend, mit oberseits rinnig glänzendgrünen, ganzrandigen Nadeln. Unterseits zwei blasse Spaltöffnungslinien. Sie sind bis 23 mm lang.

Niedrige Nadelgehölze, die direkt zwischen die Rosen zur Auflockerung und als Bodenbedecker gepflanzt werden können

Chamaecyparis-Arten · Scheinzypressen

Chamaecyparis obtusa 'Nana Gracilis'
Wunderschönes, weitverzweigtes Zwergnadelgehölz mit fächerartiger, dunkelgrüner Bezweigung, das nach Jahrzehnten etwa 2 m hoch wird. Der Wuchs ist anfangs kugel-, später kegelförmig. Als Solitärpflanze zwischen Rosen gut geeignet.

Chamaecyparis pisifera 'Intermedia Dwarf Blue'
Langsamwachsende, blaugraue Konifere mit fadenförmigen Zweigen. Läßt sich durch Schnitt etwas in Form halten. Wunderbar zu Rosen passend.

'Squarrosa Boulevard', eine weitere empfehlenswerte Form von *Ch. pisifera,* wirkt mit der stahlblauen Benadelung einmalig schön neben Rosen mit gelben und roten Farbtönen. Langsam, pyramidal und aufrecht wachsend, erreicht sie nur 1,50 m Höhe.

Juniperus-Arten · Wacholder

Juniperus communis subsp. *alpina* (syn. J. communis var. saxatilis) · Zwergwacholder
Wird nur bis 30 cm hoch. Niederliegender, oft dichter Wuchs und kurze, dicke Zweige mit oberseits kreidigweiß-gestreiften Nadeln. Dadurch sehr zierend.

Juniperus horizontalis 'Glauca'
Ein kriechender Wacholder mit schuppenförmigen, blauen Nadeln, der nur etwa 30 cm hoch wird. Er ist gut als Bodenbedekker verwendbar.
Ähnlich der Form 'Glauca' ist die Sorte 'Humilis', aber mit grünen Nadeln. Sie kann eine Breite bis zu 2 m erreichen.

'Plumosa', eine weitere Kulturform von *Juniperus horizontalis,* ist ebenfalls ein mattenbildender Wacholder mit graugrünen Nadeln, die sich im Herbst purpurrot färben.

Juniperus sabina 'Tamariscifolia'
Breitwachsende, bis 50 cm hoch werdende

Zwergform mit bläulichgrüner Benadelung. Die Äste breiten sich nach allen Seiten aus.

Picea-Arten · Fichten

Picea abies 'Echiniformis' · Igelfichte
Feine, sehr dichte hellgrüne Benadelung und von kugeligem Wuchs. Wird erst nach vielen Jahren etwa 60 cm hoch.
Die folgenden Formen von *Picea abies* sind ebenfalls empfehlenswert:
'Maxwellii', dichte, flachkugelige Zwergfichte mit hellgrünen, abstehenden Zweigen, bildet einen stumpf kugeligen Busch und kann 1 m hoch werden.
'Nidiformis', die Nestfichte, ist eine breit-, dicht- und gleichmäßig rund wachsende, kissenbildende Zwergform mit hellgrüner Benadelung. Die Mitte (Name!) ist stets nestartig vertieft.
'Ohlendorffii', eine zuerst kugelig, später breitkegelförmig, regelmäßig und dicht wachsende Zwergfichte, die ziemlich hoch wird. Die kurzen, dichten, fächerförmigen, abstehenden Zweige tragen hell-gelbgrüne Nadeln.
'Repens' ist eine schwachwachsende Zwergform mit am Boden völlig aufliegenden Zweigen. Feine, grüne, dichtgestellte Nadeln.

Picea glauca 'Conica' · Zuckerhutfichte
Bildet dichte, vollkommen regelmäßige, geschlossene, bis 3 m hohe, spitze Kegel. Oft erreicht sie nur 1,50 m Höhe. Weiche, hellgrüne, rundum gestellte Nadeln. Sie zählt zu den langsamwachsenden Klein-Koniferen. Bei Trockenheit besteht die Gefahr, daß sie von der Roten Spinne befallen wird. Einzelnstehend zwischen Rosen kann sie neben einem niedrigen *Cotoneaster* gut zur Wirkung kommen.

Pinus-Arten · Kiefern

Pinus mugo subsp. *pumilio*
Eine Zwergkiefer mit dichtstehenden, aufrechten Zweigen und häufig schlangenartig ausgebreitet. Der Wuchs ist gedrungen und niederliegend. Ganz kurze, dunkelgrüne Nadeln.

Pinus mugo 'Slavinii'
Eine sehr schöne Zwergform mit geringem jährlichem Zuwachs, die sich mit zahlreichen, ganz kurznadeligen Trieben kissenförmig ausbreitet. Die Nadeln sind bläulich.

Pinus nigra 'Nana'
Eine sehr schöne, zwergige, aufrecht- und breitwachsende Zwergform der Schwarzkiefer, die bis 3 m hoch wird, mit ganz minimalem Jahreszuwachs von etwa 4 bis 5 cm. Die Nadeln sind dunkelgrün. Die Knospen dagegen sind hell.

Tsuga-Arten · Hemlockstanne

Tsuga canadensis 'Nana'
Zwergige Wildform der Hemlockstanne. Ausgebreitete, waagerechte Äste, ohne Mitteltrieb. Später hängen die Zweige kaskadenartig über und geben der Pflanze einen eigentümlichen Reiz. Inmitten von Rosen, einzelnstehend, ein wunderbarer Anblick.

Laubgehölze

Nicht nur mit Nadelgehölzen lassen sich grüne Kulissen schaffen, Kontraste erzielen und Abwechslungen in Rosenpflanzungen bringen, auch zahlreiche Laubgehölze, vor allem immergrüne, kommen als Nachbarn für Rosen in Betracht. Zunächst sollen aus der Vielfalt des Sortimentes einige niedrige und mittelhohe Gehölze mit Zierwert und solche, die sich als Heckenpflanzen eignen, aufgezählt werden.

Laubabwerfende Ziergehölze und Heckenpflanzen

Abeliophyllum distichum · Rosenforsythie
Ein Kleinstrauch mit etwas überhängenden Zweigen, der 1 bis 1,50 m hoch wird. Die sehr zartrosafarbenen, duftenden, kleinen Trichterblüten erscheinen schon im April und stellen eine ganz besondere Augenweide dar. Die dicht mit Knospen besetzten Zweige lassen sich bereits im Januar in einer Vase bei Zimmertemperatur zur Blüte bringen.

Acanthopanax sieboldianus · Stachelkraftwurz
Bis höchstens 3 m hoch werdender, locker verzweigter Strauch mit glänzendgrüner,

fünfteiliger Belaubung. Die grünlichweißen Blüten erscheinen im Juni/Juli und sitzen an kleinen Dolden.

Acer campestre · Feldahorn
Eine ausgezeichnete Heckenpflanze, die sich auch für schmale Hecken eignet und in beliebiger Höhe geschnitten werden kann. Anspruchsloses, bis 10 m hohes, dichtes Gehölz mit schöner, dunkelgrüner Belaubung, die sich im Herbst gelb färbt.

Amorpha fruticosa · Bastardindigo
Ein 2 bis 3 m hoch werdender Strauch mit 11 bis 25 oberseits frischgrünen, unterseits hellgraugrünen Fiederblättchen und violettblauen, kleinen Blüten, an 15 cm langen, aufrechten Trauben. Auch für trockene Standorte geeignet. Nicht für Unterpflanzungen verwenden.

Berberis thunbergii
Dieser 1,50 m hoch werdende, bedornte Zierstrauch hat hellgrünes Laub, das sich im Herbst prächtig gelbrot bis scharlach färbt. Die gelben Blüten, einzeln oder in Büscheln, erscheinen schon im Mai. Besonders zierend wirken die glänzend korallenroten, langelliptischen Früchte, die mitunter bis zum Frühjahr an den Zweigen hängen.

Berberis wilsoniae
Nur 1 m hoch werdender, sehr schöner, breitbuschiger, feinverzweigter, bedornter Zierstrauch. Schöne, hellgelbe Blüten in Büscheln schmücken ihn von Mai bis Juni. Die Blättchen färben sich rot und zieren, genau wie die korallenroten, durchsichtigen, kugeligen Früchte. Diese reich fruchtende Berberitze behält ihren Fruchtschmuck lange bis in den Winter hinein.

Buddleja-Arten · Sommerflieder

Einer der wenigen Spätsommerblüher unter den Ziersträuchern. Die langen Rispen sind dicht mit Blüten besetzt, die ständig von Schmetterlingen umflogen werden. Die Blütezeit dauert von Juli bis September. Einzeln oder in kleinen, lockeren Gruppen stehend, kommen die 2 bis 3 m hoch werdenden Sträucher gut zur Geltung. In die Nachbarschaft von Rosen gehören dunkelviolett- und weißblühende Sorten.

Buddleja alternifolia
Diese winterharte, etwa 3 m hohe Art mit wechselständigen, stumpf dunkelgrünen, lanzettlichen Blättern verträgt auch trockene Lagen. An den vorjährigen Langtrieben erscheinen die lavendelpurpurnen Blütenrispen in dichten Büschen schon im Juni. Im Gegensatz zur nachfolgenden Art mit ihren Züchtungen verträgt *B. alternifolia* nur einen Auslichtungsschnitt.

Buddleja davidii
Die *B. davidii*-Züchtungen sind besonders schön. Damit die im Juli bis Oktober zahlreich erscheinenden Blütenrispen recht groß werden, sollten alle *B. davidii*-Sorten regelmäßig im Frühjahr zurückgeschnitten werden. Außerdem empfiehlt sich in ungünstigen Lagen vor Einbruch des Winters eine leichte Bodendecke aus Laub als Winterschutz.
Empfehlenswert sind die Neuheiten
'Havelschwan', weiß,
'Kalypso', purpurviolett,
'Nike', violett,
'Niobe', violettpurpurn.

Callicarpa japonica · Schönfrucht
Der große Zierwert dieses Gehölzes sind die vielen kleinen, violetten Früchte und das einzigartige violette Laub im Herbst. Der Strauch trägt unscheinbare weiße Blüten und erreicht eine Höhe bis zu 1,50 m. In den ersten Jahren nach der Pflanzung ist die Wurzelscheibe mit strohigem Material als Winterschutz abzudecken.

Calycanthus floridus · Gewürzstrauch
Ein interessantes, 1,50 bis 2 m hohes Ziergehölz, das glänzende, dunkelgrüne Blätter und dunkelrotbraune Blüten hat. Die Blütezeit ist Juni bis Juli. Blüten und Rinde duften aromatisch nach Gewürznelken.

Caragana arborescens · Erbsenstrauch
Ein hoher, bis 6 m wachsender, anspruchsloser Strauch mit hellgelben Schmetterlingsblüten im Mai. Sie sind einzeln oder zu viert angeordnet. Er steht mit anderen größeren Zier- und Decksträuchern gut im Hintergrund von Rosen.

Carpinus betulus · Hainbuche
Im Garten wird sie hauptsächlich als Heckenpflanze verwendet. Die Hainbuche besitzt ein ausgezeichnetes Regenerationsvermögen, denn selbst ältere, stark zurückgesetzte Stämme treiben wieder gut durch.

Caryopteris × clandonensis · Bartblume
Im Spätsommer von August bis September

wirkt dieses etwa 1 m hoch und ebenso breit werdende, vieltriebige Gehölz mit seinem graugrünen Laub besonders gut zwischen Rosen und trägt zur Auflockerung der Pflanzung bei. Im Winter ist etwas Schutz angebracht.
'Heavenly Blue', leuchtend tiefdunkelblau, reichblühend, ebenfalls 1 m hoch.

Ceanothus americanus · Säckelblume
Erreicht eine Höhe von 1 m und blüht in endständigen weißen Rispen. Die dunkelblau blühende Sorte 'Gloire de Versailles' ist besonders schön, aber verlangt einen Winterschutz. Zur Blütezeit, die von Juli bis zu den Frühfrösten dauert, hat man den Eindruck, daß der aufrechte Strauch von einem zartblauen Schleier überzogen ist.

Chaenomeles · Scheinquitte
Die auch als Japanische Quitten bezeichneten Ziersträucher werden etwa 1 m hoch und zieren durch prachtvolle Blüten in roten Farbtönen. Das Laub ist auffallend glänzend. Zierend wirken auch die quittenartigen, duftenden Früchte.
Die Sorten werden meist als *Chaenomeles-Hybriden* geführt. Darüber geben die Kataloge von einschlägigen Baumschulen Auskunft.
Nur die Sorte 'Nivalis' hat reinweiße Blüten.

Colutea arborescens · Blasenstrauch
Ein robuster, bis 4 m hoch werdender Strauch mit gelben Schmetterlingsblüten von Juni bis August. Bemerkenswert sind die eigenartigen, aufgeblasenen, grünlichroten Fruchthülsen, die den Strauch über und über bedecken und ihm den Namen gaben.

Cornus-Arten · Hartriegel

Anspruchslose, sowohl Sonne als auch Schatten vertragende Sträucher, die sich hauptsächlich für Anpflanzungen im Hintergrund von Rosen eignen.

Cornus mas · Kornelkirsche
Diese Art wird bis 6 m hoch und ist ein vorzügliches Sichtschutzgehölz. Gedeiht auch noch im Schatten. Allerdings bringt es dann weniger Blüten. Besonders zierend wirken die vielen kleinen, gelben Blüten, die vor Austrieb des Laubes mitunter schon Ende Februar erscheinen. Im Spätwinter geschnittene Zweige blühen schnell im warmen Zimmer auf.

C. alba 'Sibirica' zeichnet sich im Winter durch karminrote und *C. sericea* 'Flaviramea' (syn. C. stolonifera) durch hellgelbgrüne Zweige aus.

Cotinus coggygria · Perückenstrauch
Ein wunderschöner, bei uns 2 bis 3 m hoch werdender Strauch, der für sich allein stehen muß und unbedingt vollsonnige Lage braucht. Die bis 20 cm langen, gelblichen Blütenrispen bilden sich nach der Blüte zu auffallend perückenähnlichen, rötlichen Fruchtständen um. Die Herbstfärbung des Laubes ist lebhaft gelb und rot.
Bei *C. coggygria* var. *atropurpurea* sind Austrieb und Fruchtstände purpurn. Der Strauch wird bis 3 m hoch, läßt sich aber auch zurückschneiden.

Cotoneaster-Arten · Zwergmispel

Alle *Cotoneaster*-Arten sind wertvolle Ziergehölze mit großem Schmuckwert. Die schöne Belaubung, die effektvolle Herbstfärbung und der mitunter reiche Fruchtbehang – die roten Beeren leuchten bis in den Winter – sowie die Vielgestaltigkeit der Wuchsformen ermöglichen eine breite Palette der Verwendung.
Während die höherwachsenden, wie z. B. *C. bullatus, C. dielsianus* und *C. multiflorus*, in Einzelstellung gut zur Wirkung kommen, lassen sich niedrigbleibende *Cotoneaster* als Bodenbedecker zwischen Strauchrosen und niederliegende, schwachwachsende zur Auflockerung in Rosenbeeten verwenden.
Besonders beachtenswert ist *C. lucidus*. Er wird ein aufrechtwachsender, buschiger, 3 m hoher Strauch. Auch gilt er als ein ausgezeichneter Heckenstrauch, trägt schwarze Früchte, hat eine leuchtend braunrote Herbstfärbung und verträgt Schatten.
Empfehlenswerte niedrigbleibende *Cotoneaster*:

Cotoneaster dammeri 'Skogsholmen'
Sehr wüchsiger, niedriger, 30 bis 60 cm hoher, kleinblättriger, absolut winterharter Strauch mit bogig überhängenden Zweigen und dichtem Wuchs. Die überall wurzelbildenden Zweige müssen, wenn sie zu dicht an die Strauchrosen kommen, im Umkreis von 40 cm abgestochen werden.

Cotoneaster horizontalis
Niedrig bleibendes, etwa 1 m hohes Kleingehölz. An den waagerecht fischgrätenartig gestellten Zweigen befinden sich kleine, lederige, dunkelgrüne, glänzende Blättchen, die sich im Herbst lebhaft braun färben. Die korallenroten Früchte sind bis in den Winter eine große Zierde.

Cotoneaster microphyllus 'Ruby'
Mit seinem sperrigen, ausgebreiteten, 1 m hohen Wuchs und sehr zierlichen Blattwerk wirkt er als Einzelpflanze im Rosenbeet.

Cotoneaster praecox
Die Zweige dieses kräftig und dicht wachsenden, nur bis 50 cm hohen Strauches kriechen bis zu 1 m weit. Außer der schönen dunkelgrünen Belaubung zieren verhältnismäßig große, dunkelrosa Blüten und zahlreiche auffallend rote Früchte.

Cotoneaster salicifolius 'Gnom'
Schwachwachsender, dicht verzweigter Bodenbedecker von mattenförmigem Wuchs, mit etwa 2 cm langen, glänzenden Blättern.

Daphne mezereum · Seidelbast
Sehr zeitiger, bekannter Frühjahrsblüher vor dem Laubaustrieb, der 1 m hoch wird. Die rosaroten Blüten verbreiten einen starken Duft. Im Juni sind die Triebe dicht mit knallroten, giftigen Beeren besetzt. Schönes Gehölz für die Einzelstellung, besonders im Heidegarten zwischen Wildrosen schön.

Deutzia gracilis
Diese niedrige Art wird kaum meterhoch. Sie eignet sich mit ihren weißen Blüten in aufrechter Rispe im Mai bis Juli gut für die Benachbarung mit Rosen. Wegen des niedrigen Wuchses kommt sie auch in kleinen Gruppen ausgezeichnet zur Geltung.

Deutzia × magnifica
Ein stark- und aufrechtwachsender Strauch mit braunen Trieben und großen, weißen, weit offenen Blüten in dichten Rispen im Mai bis Juli.

Deutzia scabra
Steif aufrechtwachsender, 2 m hoher, dicht verzweigter Strauch. Blüten groß, weiß, in aufrechten Rispen im Mai bis Juli.

Elaeagnus angustifolia · Ölweide
Anspruchsloser, dorniger, meist bis 4 m hoher, selten höherer Strauch, der mit seinen silbrigen Trieben und silbriggrüner Belaubung in keinem Heidegarten fehlen sollte. Die Blüten sind glockig, innen gelb, außen silbrig und duften stark. Sie erscheinen im Mai bis Juni. Auch in anderen Gärten, hinter rotblühenden Strauchrosen, verfehlt die Ölweide nicht ihre Wirkung.

Euonymus phellomanus · Korkwüchsiger Spindelbaum
Interessantes, 2 bis 3 m hohes Solitärgehölz. An den Trieben befinden sich auffallende Korkleisten. Gelbliche Blüten im Mai bis Juni in Trugdolden. Im August zieren zahlreiche rosarote Früchte mit rotem Samenmantel und im Herbst eine wunderschöne, brennendrote Laubfärbung.

Forsythia · Goldglöckchen
Die Forsythien gehören zu den bekanntesten und beliebtesten Frühlingsblühern. Sie werden 2 bis 3 m hoch und erfreuen vor Austrieb der Blätter mit einem sehr reichen Blütenflor.

F. suspensa var. *fortunei*, mit bogig überhängenden Zweigen, entwickelt sich nach Jahren zu einer imposanten Erscheinung. Heute gibt es einmalig schöne Neuzüchtungen, die unter *F.* × *intermedia* geführt werden. Sie haben meistens einen mehr aufrechten Wuchs. Da im Sommer nur das neutrale Grün vom Goldglöckchen zu sehen ist, kann es in der Umgebung von Rosen stehen. Wie bei der Kornelkirsche lassen sich die Blütenzweige ohne Schwierigkeiten im Winter bei Zimmertemperaturen zur Blüte bringen.

Hamamelis-Arten · Zaubernuß

Die ungewöhnlichen Blütezeiten der Zaubernüsse zeigen die Vielfalt der Natur. Wer sie kennt, möchte sie nicht mehr missen. Die haselnußähnlichen Sträucher müssen für sich allein stehen.
Auch die rot oder rötlichorange blühenden Sorten sind beachtenswert.

Hamamelis japonica
Sie blüht, je nach Witterung, von Februar bis April. Die Blüten erscheinen alljährlich recht zahlreich. Sie sind lebhaft goldgelb und am Grund rötlich. Auch die intensive gelbe oder scharlachrote Herbstfärbung ist bezaubernd.

Hamamelis mollis
Bei mildem Wetter zeigt diese Art schon zu Weihnachten goldgelbe Blüten. Sie kann im Alter bis 5 m hoch werden. Ein blühender Zweig von *H. mollis*, im Winter geschnitten, verbreitet im Zimmer einen angenehmen Duft.

Hamamelis virginiana
Sie blüht hellgelb mit dem Laubfall im Oktober.

Hippophae rhamnoides · Sanddorn
Ähnlich schönes Gehölz mit gleicher Verwendungsmöglichkeit wie die Ölweide. Besonders zierend ab Spätsommer mit einer Fülle orangegelber Früchte, die wie Korallen an den Zweigen sitzen. Sehr dekorativ auch in der Vase. Der Sanddorn ist zweihäusig, d. h., nur weibliche Sträucher fruchten. Deshalb nur Fruchtansatz, wenn männliche und weibliche Exemplare gepflanzt werden. Einen Nachteil für den Garten hat der Sanddorn, er treibt Ausläufer.

Hydrangea arborescens · Baumartige Hortensie
Die meterhohen Büsche dieser Hortensie tragen im Juli und August weiße Doldenrispen. Zu roten Farbtönen von Rosen und grünem Rasen stehen die weißen Blüten in schönem Kontrast.

Hypericum-Arten · Johanniskraut
Für freie Rosenpflanzungen ganz hervorragend geeignet. Das hellgrüne Laub und das reine Gelb der einfachen Blüten harmonieren hervorragend zu den Rosen. Wertvoll werden die *Hypericum*-Arten auch durch ihre lange Blütezeit, die bis in den Spätherbst reicht. Zu empfehlen sind die harten Arten:
H. androsaemum, H. calycinum und *H. patulum* 'Hidcote Gold'.

Kerria japonica · Ranunkelstrauch
Der etwa 1,50 m hoch werdende Strauch ziert sehr durch die auch im Winter grünbleibenden Zweige. Die einfachen, goldgelben Blüten erscheinen von Mai bis Juni. Der Wuchs ist dichtbuschig.

Kolkwitzia amabilis · Kolkwitzie
Ein locker aufrechtwachsender Blütenstrauch, der bis 2 m hoch wird und im Alter überhängende Zweige bekommt. Von Mai bis Juni ist er überreich mit glockenförmigen, rosa Blüten bedeckt, deren Schlund gelb ist. Vorzüglich zur Einzelstellung geeignet. Paßt besonders in die Nachbarschaft von roten Rosen.

Ligustrum vulgare · Liguster
Ein bekannter Heckenstrauch, der, weil er Schatten verträgt, auch als Deckstrauch im Hintergrund unserer Gärten zu verwenden ist und dann frei wachsend bis 6 m hoch werden kann. Nicht geschnitten, blüht er im Sommer mit weißen Blütenrispen und schmückt sich im Herbst mit glänzenden, schwarzen Beeren.
'Lodense' ist eine niedrig bleibende, dichtbuschige Zwergform, die 0,50 bis 1,00 m hoch wird. Das Laub bleibt im Normalwinter an den Zweigen und färbt sich bronzebraun.

Lonicera pileata
Ein nur 40 cm hohes, verzweigtes, niederliegendes, breitwachsendes Kleingehölz, das sich als Bodenbedecker zwischen Rosenpflanzungen, aber auch für niedrige Einfassungen eignet. Es hat eine schöne, lichtgrüne, glänzende Belaubung. Jedoch nicht für zugige Standorte geeignet. Die immergrünen Blätter erfrieren im strengen Winter. Sie werden jedoch stets im Frühjahr ersetzt.

Philadelphus-Arten · Falscher Jasmin

Die auch als Pfeifensträucher bekannten, weißblühenden und stark duftenden Ziergehölze werden allgemein gern in die Gärten gepflanzt. In Verbindung mit Rosen sollten nur niedrige und mittelstarke Sorten gepflanzt werden, während die hohen und sehr dicht werdenden dagegen an den Rand des Gartens gehören. Wegen des mitunter etwas aufdringlichen Duftes dürfen sie nicht in die Nähe duftender Rosen gepflanzt werden. In Gemeinschaft mit Strauch- und Kletterrosen ergeben sich geeignete farbliche Kombinationen.

Philadelphus Lemoinei 'Dame Blanche'
Die Sorte erreicht nur eine Höhe bis zu 1 m, blüht milchweiß mit gefransten Blumenblättern und kann, genau wie *Deutzia gracilis*, zu roten Polyantha-Hybriden in Verbindung gebracht werden.

Philadelphus Lemoinei 'Silberregen' wird 1,50 m hoch, blüht überreich mit einfachen, kleinen Blumen, paßt auch gut zu Wildrosen.

Potentilla-Arten · Fingerkraut

Die zur Familie der Rosengewächse gehörenden Potentillen sind kleine, buschige Sträucher, die den ganzen Sommer hindurch leuchtend gelbe oder weiße Blüten tragen. Sie gelten als ausgezeichnete Rosenbegleiter. Aus der Fülle der Sorten werden folgende als Rosenbegleitpflanzen ausgewählt.

Potentilla fruticosa 'Elfenbein'
Schwachwachsender, buschiger Wuchs, bis 80 cm Höhe. Große, elfenbeinfarbige Blüten, die im Verblühen weiß werden. Sehr schönes, silberweiß behaartes Laub.
'Farreri', zierliche Belaubung und elegante Zweige, knapp 1 m hoch werdend. Ununterbrochen mit lebhaft goldgelben Blüten von Juni bis Oktober erfreuend.

Potentilla fruticosa var. *rigida*
Erreicht nur eine Höhe von etwa 30 cm. Als Einzelpflanze sehr schön, aber auch für eine flächige Begrünung geeignet, da sie sich unregelmäßig, flachwachsend ausbreitet. Diese Varietät hat dichtstehendes, graugrünes Laub und blüht sehr reich mit großen, hellgelben Blüten bis Oktober.

Prunus-Arten · Kirsche
Von dieser artenreichen Gattung kommen besonders die kleinbleibenden Sträucher wegen ihres großen Zierwertes in Betracht. In Einzelstellung erfreuen sie bereits im Mai mit einem zumeist überreichen Blütenflor, der dann zur Zeit der Rosenblüte längst verklungen ist. Besonders beliebt ist das »Mandelbäumchen«, die gefüllte Form von *Prunus triloba*. Es gedeiht sogar auf Sandböden. Die breiten Sträucher können bis zu 2 m hoch werden und sind manchmal schon im April in ein Meer von dicht gefüllten rosa Blüten eingehüllt. Ein Rückschnitt der Triebe nach der Blüte ist besonders bei Stammveredelungen, um den Moniliabefall zu verhindern, ratsam.

Rhodotypos scandens · Scheinkerrie
Breit aufrechtwachsender Strauch von 1,50 bis 2 m Höhe, der zur Familie der Rosengewächse gehört. Er eignet sich wegen seines dichten Wuchses und seiner Anspruchslosigkeit gut als Deckstrauch. An den Enden der Triebe erscheinen im Mai reinweiße, 4 bis 5 cm breite Blüten.

Spiraea-Arten · Spierstrauch

Die meistens im April und Mai blühenden niedrigen und mittelhohen Ziersträucher stellen nur geringe Ansprüche an den Boden. Außer den im Sommer blühenden Sorten, mit zumeist rötlichen Farbtönen, können die weißblühenden Spiraeen von unterschiedlicher Wuchshöhe als Einzelsträucher in der Nachbarschaft von Rosen stehen.

Spiraea × *arguta* · Spitzblättriger Spierstrauch
Sehr schön durch die dünnen, überhängenden Zweige mit den zierlichen, schmalen Blättern. Die reinweißen Blüten sitzen in vielblütigen Doldentrauben längs der Zweige von April bis Mai. 1,50 bis 2 m hoch.
'Graciosa' wird nur etwa 1 m hoch.

Spiraea prunifolia 'Plena'
Locker aufrechtwachsender, bis 2 m hoher Strauch mit dichtgefüllten weißen Blüten. Hervorragend in Einzelstellung, auch wegen der wundervollen leuchtend orange bis braunroten Herbstfärbung.

Spiraea × *vanhouttei*
Ein bis 2 m hoch werdender Blütenstrauch, der zunächst dicht aufrecht wächst und später schöne, überhängende Zweige hat. Wie Kaskaden fallen die mit weißen Blüten in flachen Doldentrauben dicht besetzten Triebe bis fast zum Erdboden.

Tamarix-Arten · Tamariske

In Einzelstellung gut zur Wirkung kommende Ziergehölze. Ihre zierliche, nadel- bis schuppenförmige Belaubung, die überhängenden, rutenförmigen Zweige und nicht zuletzt die Fülle von an Heidekraut erinnernden rosa Blüten in Rispen oder Trauben beeindrucken immer wieder aufs neue. Tamarisken werden gern in die Nachbarschaft von Rosen gepflanzt.

Tamarix pentandra
Die Blütezeit dieser hellrosa blühenden Tamariske liegt Ende Juni und dauert bis August. Die purpurroten bis rotbraunen, dünnen Zweige erstrecken sich weitausladend bis zu einer Höhe von 5 m.

Tamarix ramosissima
Die hellrosa Blüten in zierlich überhängenden Trauben erscheinen auch Ende Juni und bleiben bis August an den grünen und im

Chinaschilf *(Miscanthus floridulus)* und auch Sorten von *Miscanthus sinensis* bilden, besonders für rotblühende Beet- oder Strauchrosen, immer einen schönen Hintergrund.

Oben: 'Schneewittchen', 1,50 m hoch, und blauer Rittersporn vor Eibenbüschen *(Taxus)*. Hinter der im Vordergrund stehenden Lorbeerkirsche, neben anderen Rosen, die dunkelste aller Strauchrosen 'Oskar Scheerer'. Unten: *Salvia x superba* 'Mainacht' ist ein vorzüglicher Rosenbegleiter.

Neben blauen und silbergrauen Farbtönen, die immer die Schönheit der Rosen noch steigern, kann auch mit gelb- oder weißblühenden Stauden zwischen roten Rosen ein beeindruckender Farbeffekt erzielt werden.

Oben: Das leuchtende Rot der Beetrosen wird durch den angrenzenden Rasen sehr günstig hervorgehoben. Unten: Rosenbeete links und rechts des Zugangsweges zur Haustür oder unmittelbar neben dem Treppenaufgang schenken nicht nur den dort Wohnenden Freude.

Oben: Rosen und Schleierkraut passen nicht nur im Strauß hervorragend zueinander. Unten: Hier könnte durch geschickte Zwischenpflanzungen von kleinbleibenden Gehölzen, Polsterstauden oder passenden Gräsern die Wirkung der Rosen wesentlich gesteigert werden.

Oben: Immer wieder schön wirken breitbuschige Beetrosen mit leuchtendroten, einfachen Blüten, besonders wenn sie an Rasen grenzen. Unten: Im Vordergrund *Juniperus sabina* 'Tamariscifolia', dahinter die roten Blüten von 'Lilli Marleen' und die großen weißen Blütensterne der Clematis 'Marie Boisselot'.

Oben: Strauchrosen vor Nadelgehölzen und in Nachbarschaft mit geeigneten Ziersträuchern und Stauden besitzen auch nach der Hauptblüte, ja sogar in der Zeit des Nichtblühens, eine gewisse Ausstrahlungskraft. Unten: Frohsinn ausstrahlend die entzückende, bunte Polyantha-Hybride 'Masquerade'.

'Minirosa' (Zw)

'Rosmarin' (Zw)

'Baby Maskerade' (Zw)

'Little Flirt' (Zw)

Großer Beliebtheit erfreuen sich Zwergrosen. Durch Stecklinge lassen sie sich leicht vermehren. Als Topfrosen werden sie gern zur Bepflanzung von Balkonkästen und Schalen verwendet. Wunderschön sehen Zwergrosen aus, wenn sie auf kleine Stämmchen veredelt werden.

Rosa foetida 'Persian Yellow' ist die gefüllte Form der seit dem Mittelalter bekannten Fuchsrose. Sie war Ausgangspunkt der gelben und orangefarbigen Edelrosen. Weithin leuchten die rein goldgelben Blüten an den etwas herabhängenden Zweigen der bis zu 1,5 m hoch werdenden Büsche.

Rosa foetida 'Bicolor', das Kapuzinerröschen, auch Fuchsrose genannt, war bereits vor 1590 in Kultur. Ihr besonderer Reiz liegt in den einfachen, schalenförmigen, innen kapuzinerrot und außen gelb gefärbten Blütenblättern.

Rosa rugosa

Rosa moyesii 'Geranium'

Rosa rugosa entwickelt auch auf sandigen Böden erstaunliche Wachstumskräfte und blüht den ganzen Sommer. Immer wieder imposant ist der Anblick von Blüten neben reifen, rotglänzenden Hagebutten. *Rosa moyesii* 'Geranium' ist eine liebenswerte Erscheinung mit tiefblutroten, einfachen Blüten.

'Eyepaint' (Str)

'Pink Grootendorst' (Str)

'F.J. Grootendorst' (Str)

'La Louise' (Str)

Strauchrosen, ob remontierend oder nur einmalblühend, benötigen zur vollen Entfaltung ihrer Schönheit viel Raum. Wie wäre eine Bepflanzung entlang der Grenze Ihres Grundstückes?

'Omul' (Str)

'Frühlingsduft' (Str)

'Abraxas' (Str)

'Fortissimo' (Str)

Außer 'Frühlingsduft', die nach der Hauptblüte Mitte bis Ende Mai nur noch vereinzelt Blüten hervorbringt, blühen alle auf dieser Seite abgebildeten Strauchrosen bis zum ersten strengeren Frost, 'Fortissimo' mit riesigen Einzelblüten.

Bei Rosenpflanzungen vor modernen Wohnbauten gilt es, unter Beachtung der Wuchshöhen farbliche Zwischenklänge zu schaffen. Sehr schön wirkt die rotblühende Kletterrose 'Paul's Scarlet Climber' vor dem hellen Hintergrund der Balkone und dem davor befindlichen frischgrünen Rasen.

Jungen Menschen die Schönheiten der Natur zu vermitteln ist eine lohnende Aufgabe. Ein buntes Beet vielblütiger Rosen schenkt besonders Kindern viel Freude!

Rosa × *damascena* (Str)

Rosa centifolia 'Muscosa'

Rosa chinensis 'Viridiflora'.

In den Rosengärten sind Kuriositäten und alte Rosen, wie die Moosrose oder die Grüne Rose, gern aufgesuchte Objekte. Auch mancher Rosenfreund möchte auf Besonderheiten nicht verzichten.

'Maiden's Blush' (Str)

'Amboßfunken'(TH)

Rosa gallica'Versicolor' (Str)

'York & Lancaster' (Str)

'Amboßfunken' kam erst 1961 in den Handel. Die korallenroten Blüten mit den gelben Streifen machen diese Teehybride interessant. Die anderen hier abgebildeten Rosen gehören zu den »historischen« Rosen, für die es auch Verehrer gibt.

Chlorose

Verbrennungsschäden

Gelbmosaik

Rosentriebbohrer

Rosenzikade

Knospenstecher

Krankheiten und Schädlinge an Rosen sollte man kennen, damit eine entsprechende Bekämpfung erfolgen kann. Gegen Schäden durch zu starke Sonneneinstrahlung, Sturm, Regen und Hagel ist der Mensch aber machtlos.

Sternrußtau (Anfang)

Sternrußtau (fortgeschritten)

Rosenrost (Blattoberseite)

Rosenrost (Blattunterseite)

Echter Mehltau

Echter Mehltau

Gegen die gefürchteten Pilzkrankheiten helfen nur vorbeugende Spritzungen. Bei Anwendung von Fungiziden (Mittel gegen pilzliche Krankheitserreger) an bereits befallenen Pflanzen kann die Krankheit nur eingedämmt werden.

Rosa wichuraiana (Str)

Rosa multiflora 'Nana'

Rosa multiflora (Str)

Rosa arvensis (Str)

Wer sich mit Wildrosen befaßt, betritt einen Bereich, der immer wieder neue Schönheiten erkennen läßt. Gerade im Einfachen und Unkomplizierten dieser Naturgeschöpfe liegt ein besonderer Reiz, und der Gedanke, daß der Mensch daraus die »Königin der Blumen« geschaffen hat, ist überwältigend.

Rosa canina (Str)

Rosa foetida (Str)

Rosa gallica (Str)

Rosa rugosa (Str)

Außer *Rosa rugosa* blühen die hier abgebildeten Wildrosen nur einmal. Je nach Witterung, Ende Mai oder Anfang Juni, beginnen die »Frühlingssorten« *(Rosa pimpinellifolia)* zu blühen und eröffnen das Rosenjahr, welches immer ein besonderes Erlebnis wird.

Rosa setipoda

Rosa tuschetica

Rosa palustris

Rosa macrophylla 'Doncasteri'

Vielfältig sind die Formen und Farben der Hagebutten! Oft sieht ein über und über mit Früchten behangener Strauch fast genau so schön aus wie zur Zeit der Blüte.

Rosa pimpinellifolia var. *flava*

Rosa rugosa 'Rubra'

Rosa × *micrugosa*

Rosa × *rugotida*

Zum Verwerten in der Küche sollte man nicht die besonders zierenden Hagebutten nehmen. Das meiste Fruchtfleisch besitzen die großen Hagebutten der Kartoffelrose. Aber auch die oft dicht beieinander hängenden Hagebutten der heimischen Hecken- oder Hundsrosen bieten eine lohnende Ernte.

Die schöngeformten, rotglänzenden Hagebutten der großblättrigen Rose *Rosa macrophylla* tragen wenig Drüsenborsten, und die langen Kelchblätter sind nach vorn gerichtet.

Winter gelblichen Zweigen. Diese Tamariske wird mit ihrem aufstrebenden Wuchs nur 2 m hoch.

Tamarix tetrandra
Sehr schöne, bis 3 m hohe und breite, empfehlenswerte Art mit bräunlichen bis schwärzlichen, dünnen Zweigen, die schon im Frühjahr von Ende April bis Mai hellrot blüht.

Viburnum × burkwoodii
Lockerwachsender Strauch, der bis zu 2 m hoch wird. Die 4 cm langen, wintergrünen Blätter sind tiefgrün, glänzend und rauh, an der Unterseite filzig und graugrün. Die duftenden, rosa Blüten, die sich später reinweiß färben, erscheinen in dichten Ständen Ende April. Einzeln gepflanzt sehr wirkungsvoll!

Viburnum carlesii
Breitrunder, langsamwachsender Strauch, der nur eine Höhe von maximal 1,50 m erreicht. Ziert ungemein durch die schönen, bis 10 cm langen, sommergrünen Blätter, die unterseits dicht behaart sind, und durch die stark duftenden, großen, rosaweißen Blütendoldenrispen im Mai. Herrliche Laubfärbung im Herbst. Schönes Solitärgehölz in Rosenpflanzungen.

Viburnum farreri · Märzschlinge
Braunzweigiger, bis 3 m hoch werdender, stark verzweigter Zierstrauch, dessen zartrosa, später in Weiß übergehende, röhrenförmige Blüten mitunter schon im Dezember zu sehen sind. Abgeschnittene Blütenzweige verbreiten im Zimmer einen herrlichen Duft. Verwendbar als Einzelstrauch, besonders für den Heidegarten in Nachbarschaft zu Wildrosen.

Weigela-Arten · Weigelie
Von den reichblühenden Weigelien mit den glockenförmigen Blüten – sie werden zumeist 1,50 bis 2 m hoch – kommt nur die reinweiß blühende Hybride 'Candida' für die Nachbarschaft von Rosen in Frage.

Immergrüne Laubgehölze

Neutrales, verbindendes Grün ist für Rosenpflanzungen besonders wertvoll. Während die höheren und mittelhohen unter den immergrünen Ziergehölzen durch ihre unterschiedlichen Wuchseigenschaften Bewegung und Kontraste zwischen Rosenpflanzungen bringen, erzielt man mit den niedrigen Arten als Bodenbedecker ebenfalls erstaunliche Effekte. Durch die Verwendung von Immergrünen werden auch während des Winters, besonders wenn Schnee liegt, jeder Garten und jedes Rosenbeet schön.

Mittelhohe und höher wachsende Immergrüne

Berberis candidula
Diese immergrüne Berberitze wird nur bis 50 cm hoch und hat glänzendgrüne, unterseits weiße Blättchen. Die kleinen goldgelben Blüten erscheinen einzeln, fast unter dem Laub verborgen, im Mai bis Juni. Aufgrund ihres langsamen und geschlossenen Wuchses hervorragend auch für kleinere Rosenbeete als Zwischenpflanzung geeignet.

Berberis × hybridogagnepainii
Bis 1,50 m hoch werdender Strauch. Dunkelgrünglänzende, unterseits grauweiße Blätter, verträgt auch einen Rückschnitt.

Berberis julianae
Da dieser Strauch bis 2 m hoch werden kann, kommt er besser im Hintergrund von Rosen zur Wirkung. Die Zweige sind zuerst gelblich, später orangegelb und tragen bis 3 cm lange Dornen. Die reingelben Blüten erscheinen im Mai bis Juni in Büscheln. Zierend sind auch die blauschwarzen, bläulich bereiften Früchte.

Berberis verruculosa
50 bis 80 cm hoch wachsender, dichtgeschlossener Busch mit scharf stachligen, kleinen, glänzendgrünen Blättchen. Die Zweige sind anfangs gelb, später verfärben sie sich braungelb. Die großen goldgelben Blüten erscheinen einzeln oder zu zweit im Mai bis Juni. Auch die eiförmigen, erst purpurvioletten, später schwarzen Früchte unterstreichen den Wert dieser immergrünen Berberitze.

Buxus sempervirens · Buchsbaum
Aufrechtwachsender Busch bis kleiner Baum – bei uns nur strauchartig – mit oberseits glänzenden, grünen Blättern von 1 bis 3 cm Länge. Anspruchslos und Schatten vertragend. Die Form 'Suffruticosa' des Buchsbaumes kann auch für Einfassungen verwendet werden. Früher war es üblich, Rosenbeete mit einer kleinen Buchsbaumhecke

einzufassen. Wer Zeit zum Schneiden hat, kann auch heute noch seine Rosenbeete, wenn sie eine rechteckige Form haben, mit einer Zierhecke umgeben. Buxbaum und Rosen paßten schon immer gut zusammen.

Cotoneaster congestus 'Jürgl'
Immergrüne *Cotoneaster*-Art mit flachem, bogig überhängendem Wuchs und elliptischen, ausgeprägt dunkelgrünen Blättern. Als Einzelpflanze und zur Bedeckung von Flächen geeignet, da ziemlich stark wachsend. Diese Auslese bringt viele scharlachrote, bis teilweise in den Frühling haftende Früchte.

Cotoneaster conspicuus
Ein meist nur 1, selten bis 2 m hoch werdender immergrüner, etwas sparriger Strauch mit dünnen, überhängenden Trieben, der im Mai mit zahlreichen kleinen Blüten bedeckt ist. Ältere Pflanzen sind bisweilen mit sehr vielen hellorangeroten Früchten im Frühherbst geschmückt.

Cotoneaster microphyllus var. *melanotrichus*
Diese Varietät mit bogig wachsenden Zweigen und dichtem Wuchs kann bis 50 cm hoch werden, aber sie bleibt häufig niedriger. Das zierliche, glänzende Laub, die weißen Blüten und die langen, an den Zweigen haftenden kugeligen, roten Früchte machen diesen *Cotoneaster* zu einem gern verwendeten Gehölz.

Cytisus × *praecox* · Elfenbeinginster
Bestens für den Heidegarten geeignet und zu Wildrosen passend. Ein bis 2 m hoher Strauch mit dünnen, grünen, überhängenden Zweigen, der ab Mitte April bis Mai mit cremegelben Blüten überschüttet ist. Verträgt trockene Böden, sollte aber unbedingt sonnig stehen.
Auch andere Ginsterformen, besonders die winterharten Züchtungen des *Cytisus scoparius*, des Besenginsters, mit purpurroten, zitronengelben und gelb-dunkelkarminbraunen Farben sind sehr effektvoll und wie der Elfenbeinginster zu verwenden.

Jasminum nudiflorum · Winterjasmin
Ein Spreizklimmer mit schlanken, kantigen, grünen Zweigen, den man am besten durch Anheften am Spalier zieht. Die goldgelben Blüten erscheinen in Fülle bei mildem Wetter schon im Dezember, aber die normale Blütezeit dauert von Februar bis April. Rote Rosen vor einer durch das dunkle Grün und den eleganten Wuchs des Winterjasmin bedeckten Wand bieten ein schönes Bild.

Mahonia aquifolium
Winterharter, robuster, aufrechtwachsender, bis 1 m hoch werdender Strauch. Die Blätter sind dunkelgrün, glänzend und färben sich im Herbst und Winter etwas rotbraun. Die großen gelben Blütenbüschel erscheinen im April bis Mai. Auch die schwarzpurpurnen, blaubereiften Früchte sind eine Zierde. Diese Mahonie verträgt auch einen ziemlich starken Rückschnitt.

Prunus laurocerasus 'Schipkaensis'
Eine hochwerdende, breitwachsende Wildform der Lorbeerkirsche, die aus Bulgarien 1889 eingeführt wurde. Sie wird bis 2 m hoch und hat herrlich glänzende, lanzettförmige, dunkelgrüne Blätter. Interessant sind auch die aufrechten, weißen Blütentrauben im Mai. Bevorzugt für schattige Gartenplätze geeignet, sonst auch auf frischen Böden für sonnige Lage.

Pyracantha coccinea · Feuerdorn
Immergrüner, bedornter Strauch, der bis 3 m hoch wird. Die weißdornähnlichen Blütenstände erscheinen ab Mitte Mai. Der leuchtend orangerote Fruchtbehang ziert, wenn er nicht von Finkenvögeln oder Drosseln abgefressen wird, bis in den Winter hinein. Wirkt durch seinen Wuchs sehr schön im Heidegarten, aber auch in Verbindung mit Strauch- und höher wachsenden vielblütigen Rosen.

Rhododendron · Alpenrose
Auch die bekannten immergrünen *Rhododendron* und ihre Hybriden – in Rosenbüchern finden sie zwar kaum Erwähnung – passen durch ihre Laubfarbe zu allen Rosenfarben. Rosen vor *Rhododendron* wirken immer, da sie sich, ähnlich wie vor *Taxus baccata*, gut vom dunklen Hintergrund abheben. Die Rhododendronblüte in Rosa, Rot, Purpur, Weiß oder Lila ist dann längst vorüber, wenn die Rosenblüte einsetzt.

Viburnum rhytidophyllum
Ein immergrüner, vom Wuchs mehr breiter, bis 4 m hoher Schneeball. Seine Blätter erreichen eine Länge bis zu 25 cm, sind oberseits dunkelgrün und unterseits graufilzig. Weiße, bis handtellergroße Doldenrispen

schmücken den Strauch von Mitte Mai bis Juni. Die Früchte im Juli bis Oktober sind zuerst rot und werden später glänzend schwarz. Ein sehr dekoratives Solitärgehölz.

Immergrüne Gehölze zur Bodenbedeckung

Calluna · Besenheide, Heidekraut
Sie kommt nur für Heidegartenpartien in Verbindung zu Wildrosen, Ginster, Gräsern usw. in Betracht. Die Besenheide gibt es in weißen, rosafarbenen, purpurnen und roten sowie gefüllten Sorten, die sich besonders in der Wuchsform, der Farbe der Triebe und der Blütezeit unterscheiden. Manche werden nur wenige Zentimeter hoch, andere dagegen bis 70 cm. Sie lieben kalkfreien, ungedüngten Sandboden in sonniger Lage. Nach der Blüte ist ein Rückschnitt ratsam.

Cotoneaster dammeri
Schmiegt sich noch dichter an den Boden an als *C. adpressus*, da er ganz niedrig ist. Die Blätter sind deutlich zweizeilig und bis 4 cm lang, fest lederartig, oberseits glänzendfrischgrün, unterseits deutlich heller und stumpfer. Ausgezeichneter Bodenbegrüner, der auch trittfest ist. Kommt er zu dicht an die Rosen heran, sticht man mit dem Spaten ringsherum ab.

Cotoneaster dammeri var. *radicans*
Diese Varietät gilt zu Recht als wertvoller Bodenbedecker, da die dicht über den Boden kriechenden Triebe rasch wurzeln. Blätter dunkelgrün, aber deutlich kleiner als die der Art.

Erica-Arten · Heiden

Sie werden gern in Verbindung mit Polyantha-Hybriden gebracht, aber sie passen auch gut zu Strauch- und Wildrosen in freier Pflanzung und im Heidegarten. Setzt die Rosenblüte ein, ist der Flor der *Erica* längst verklungen, so daß nur noch das schöne, dunkle Grün vorherrscht. Von diesen Grüntönen heben sich ausgezeichnet die Rosenfarben, besonders rosa blühende Sorten, ab.

Erica herbacea (syn. E. carnea) · Schneeheide
Bekannte und beliebte, 20 bis 30 cm hoch werdende Kleinsträucher. Je nach Sorte blühen sie weiß, rosa, dunkelrot und karminrot von Februar bis April. Die zahlreichen weißen Knöspchen zwischen dem zarten, frischen Grün erfreuen aber schon ab Spätherbst.

Erica vagans 'Lyonesse'
Eine dichtwachsende, dunkelgrüne, 30 cm hohe Sorte der Sommerheide. Sie blüht von Juli bis September mit weißen Blütenglöckchen. *Erica vagans* und ihre Sorten verlangen einen etwas geschützten Standort.

Euonymus fortunei 'Coloratus'
Eine meist niederliegende, dichtwachsende, zuweilen leicht kletternde, 30 bis 50 cm hohe Sorte mit grünen Blättchen, die sich im Herbst tief purpurrot färben.

Euonymus fortunei var. *radicans* 'Minimus' (syn. E. radicans)
Kriecht direkt dicht mattenartig 10 cm hoch auf dem Boden. Ganz reizend, wenn die winzigen Blättchen zwischen niedrigbleibenden Rosen den Erdboden bedecken.

Euonymus fortunei var. *vegetus*
Diese Varietät des Spindelbaumes wächst breitbuschig, und die unteren Zweige liegen dem Erdboden auf. Sie kann jedoch mit ihren Haftwurzeln bis 2 m hoch klettern. Die oberseits grüne, glänzende und unterseits hellgrüne Belaubung und der teilweise niederliegende Wuchs machen diese Varietät zu einem schönen Bodenbedecker.

Pachysandra terminalis · Ysander
Immergrüner Halbstrauch mit derben, oberseits glänzenden, dunkelgrünen, unterseits graugrünen, am Rand grob gesägten Blättern, der bei günstigen Bodenverhältnissen – frischer Boden und halbschattige Lage – dichte grüne Teppiche bildet. Die grünlichen, ährenartigen Blütenstände sind unscheinbar. Für sonnige Lagen nicht geeignet.

Kletterpflanzen

Als wertvolle Bereicherung für Kletterrosenpflanzungen, aber auch für Wände, Gitter oder Spaliere hinter höheren Strauchrosen gelten vor allem *Clematis*-Arten und ihre Züchtungen. Bevorzugen wird man blaublühende und weiße Sorten der *Jackmanii-Hybriden*. Sie eröffnen den Blütenflor, je nach Witterung, manchmal schon Ende Juni, der dann bis Anfang September anhält. Vereinzelte Blüten zeigen sich mitunter noch im Oktober/November, wenn nicht ein strenger Frost allem Blühen ein Ende bereitet hat.

Clematis × jackmanii · Waldrebe
Überreich blühend, violettblau.
Sorten von *Clematis × jackmanii* mit guter Wuchskraft sind:
'Marie Boisselot', die schönste weiße Clematis mit riesengroßen Blütensternen. Starkwachsend.
'Nelly Moser', zarte lilarosa Sterne mit roten Streifen.
'Prinz Hendrik', leichtgewellte, azurblaue Blüten.
'Schneeglanz', sehr schöne und wertvolle weißblühende Neuzüchtung (seit 1982 im Handel). Absolut hart. Treibt auch nach schärfstem Rückschnitt willig wieder aus!
'The Präsident', dunkelblaue, große Sterne.
Strauchrosen, besonders gelbblühende Sorten, kommen auch ausgezeichnet zur Wirkung, wenn sie vor grünen Kletterpflanzen stehen, die imposantes Laubwerk tragen.

Actinidia chinensis · Chinesischer Strahlengriffel
Sehr schöne, wechselständige, eirunde und zugespitzte, dunkelgrüne, unterseits filzige Blätter. Die cremegelblichen, duftenden Blüten, mit zahlreichen Staubblättern und Griffeln, erreichen einen Durchmesser bis 4 cm. Sie erscheinen im Juni. Auch schön sind die jungen, rötlichbehaarten Triebe. Der Chinesische Strahlengriffel schlingt sich bis 8 m hoch.

Aristolochia durior · Osterluzei, Pfeifenwinde
Schnellwachsend, mit großen, bis 30 cm langen, nierenförmigen, zugespitzten Blättern. Die sattgrünen Blätter werden enorm groß, wenn man die jungen Triebspitzen abschneidet. Der Schlinger windet sich an Spalieren und Gehölzen bis 10 m hoch!

Lonicera henryi · Immergrünes Geisblatt
Raschwachsend und bis 6 m Höhe erreichend, mit großem Zierwert, besonders durch das Laub. Erfriert dieses in strengen Wintern, wird es im Frühjahr schnell erneuert.

Blütenstauden

Eine ganze Anzahl winterharter Blütenstauden können ebenfalls in Gemeinschaft mit Rosen gepflanzt werden. Sicherlich wird es nicht immer leicht sein, die richtige Staude an den Platz zu bringen, wo sie durch Wuchsform sowie Farbe und Gestalt ihrer Blüten eine beabsichtigte Auflockerung der Rosenpflanzung und, vor allem, Harmonien schafft. Aus nach Blütenfarben geordneten Stauden soll der Rosenfreund, vorausgesetzt, er wünscht sich Rosen in Gemeinschaft mit anderen Pflanzen, eine Auswahl treffen und Mut zu neuen Wegen der Gestaltung mit Rosen finden.

Blaublühende Stauden

Aster amellus · Bergaster
Der Flor dieser Astern beginnt schon im August und dauert bis September. Die Wuchshöhe beträgt je nach Sorte 40 bis 60 cm. Für die Nachbarschaft mit Rosen stehen Züchtungen mit tiefvioletten, lila und fast blauen Blüten zur Verfügung.

Aster-Dumosus-Hybriden · Kissenaster
Bewährte Herbstblüher zwischen Rosen. Sie wachsen geschlossenflächig bis kugelig und erreichen Höhen zwischen 25 cm und 50 cm. Ältere und neuere Züchtungen blühen weiß, lavendelblau, amethystblau, fliederfarben, leuchtend blauviolett und silbrigblau. Darüber informiere man sich in einschlägigen Staudenkatalogen.

Campanula carpatica var. *turbinata*
Sie wirkt mit violetten, aufrechten, schalenförmigen Blüten im Juni bis August in kleinen Gruppen zwischen polsterbildenden Stauden bezaubernd. Fällt nicht auseinander, wird nur etwa 15 cm hoch!

Campanula persicifolia · Pfirsichblättrige Glockenblume
Immer wieder schön ist das Zusammenspiel dieser hellblauen Glockenblume, die von Juni bis Juli blüht und 80 cm hoch wird, mit nicht so hohen Polyantha-Hybriden. Rückschnitt der abgeblühten, unschön wirkenden Stengel erforderlich. Auch wird dadurch das in manchen Jahren zu beobachtende starke Versamen unterbunden.

Delphinium · Rittersporn
Geeignet sind nur die langlebigen und blau-

blühenden Sorten der Belladonna- und Elatum-Gruppe. Sie sind nicht in großen Mengen zwischen Rosen zu pflanzen und nur einzeln oder in kleinen Gruppen zur Wirkung kommen zu lassen. Damit bei Regen und Sturm die mitunter riesigen Blütenrispen nicht umbrechen, empfiehlt sich ein lockeres, aber frühes Zusammenbinden. Bei Sorten, die einen festen, gedrungenen Wuchs haben, kann man sich die Arbeit sparen. Ein rechtzeitiges Zurückschneiden der verblühten Rispen noch vor beginnendem Samenansatz bewirkt eine zweite, wenn auch bescheidenere Blüte im September.
Sehr viele Sorten, mit einer unglaublichen Fülle von Blautönen, stammen aus Bornim vom weltberühmten Staudenzüchter Karl Foerster. Es gibt sie in Himmelblau, Enzianblau, Kornblumenblau, Nachtblau, Meergrünblau und in vielen Übergangstönen zu Lila, Violett und Amethyst. Mitunter zieren in manchen Blüten noch weiße, weißgelbe, braune oder schwarze Augen. Über die Eigenschaften der Sorten informiere man sich in den Katalogen führender Gärtnereien.

Echinops humilis · Kugeldistel
Schon die Wuchsform der kantig gefurchten, wollig behaarten Stengel mit den spitzigen, graugrünen Blättern kommt zwischen vielblütigen Rosen gut zur Wirkung. Die stahlblauen Kugelblüten im Juni bis September auf 1 m hohen Stielen wirken ausgezeichnet zu roten und rosa blühenden Rosen.

Erigeron-Hybriden · Feinstrahl
In Frage kommen standfeste Sorten, die blau, dunkellila oder violett blühen. Etwas in den Vordergrund auf Rosenbeete gesetzt, ergeben die asterähnlichen, meist feinstrahligen Blüten einen schönen Anblick. Ein Rückschnitt sofort nach der Blüte bis kurz über dem Erdboden ist unerläßlich.

Eryngium-Alpinum-Hybride 'Juwel'
Die ornamentalen amethystblauen Blüten mit stahlblauem Strahlenkranz harmonieren gut zu den Farben der Rosen im Juli bis August. Diese anspruchslose Edeldistel wird etwa 80 cm hoch.

Eryngium planum 'Blauer Zwerg'
Die Sorte hat tiefblaue Blütenköpfe im Juni bis September, bleibt niedrig, denn sie wird nur 50 cm hoch. Sie wirkt im Wuchs zierlicher. Die Stengel sind stärker verzweigt.

Geranium platypetalum · Kaukasus-Storchschnabel
Leuchtend blauviolette, einfache Blüten an mehrblütigen Blütenständen, die über den unregelmäßig tief eingeschnittenen, 5- bis 7teiligen, behaarten Blättern sehr zahlreich zu sehen sind. Diese anspruchslose Pflanze wird 50 cm hoch und blüht den ganzen Sommer von Juli bis August.

Lavandula angustifolia (syn. L. officinalis) · Lavendel
Die blauen Blütenähren und die silbergraue Belaubung harmonieren ausgezeichnet zu Rosen. Auch für Einfassungen und niedrige Hecken geeignet. Nach der Blüte zurückschneiden. Es gibt unterschiedlich hoch wachsende Sorten. Empfehlenswert sind:
'Hidcote Blue', Wuchs kompakt, etwa 30 cm hoch, tief violettblau.
'Munstead', etwa 40 cm hoch, tiefblau.

Liatris spicata · Prachtscharte
Gut zu verwenden für freie Rosenpflanzungen und im Wildrosengarten als kleine Gruppen zwischen Bodendeckern. Die dichten, ährenartigen Blüten, bis 25 cm lang werdend, sind violett bis purpurlila gefärbt. Ein dankbarer Sommerblüher von Juli bis September, der etwa 80 cm hoch wird.
'Kobold'. Eine gedrungen wachsende Sorte mit dichten, leuchtend violettroten Blütenähren. Sie wird nur 40 cm hoch.

Nepeta × faassenii · Katzenminze
Zwischen Rosenpflanzungen zu empfehlen, jedoch nicht zu großflächig pflanzen. Lila Blüten in Quirlen, lange von Juni bis September blühend und 30 cm hoch, graugrünes, ovales Laub. Nach der Blüte zurückschneiden.

Salvia × superba · Sommersalbei
Ein äußerst wertvoller und gern verwendeter Rosenbegleiter. Die leuchtend violetten Blüten lassen vor allem Rosen in gelben Farbtönen besonders schön erscheinen. Ein rechtzeitiger Rückschnitt nach der ersten Blüte führt zu einem zweiten Flor.

Scabiosa caucasica · Skabiose
Eine von Juni bis September blühende blaue Staude, harmonierend mit Gräsern und einfachen Polyantharosen, die 80 cm hoch wird. Der Flor wird durch ständiges Ausschneiden verlängert.

Veronica latifolia 'Knallblau'
Tiefenzianblaue Büschelveronika, sehr reich-

blütig, etwa 30 cm hoch, im Mai bis Juni blühend. Leider nicht überall standfest. Nicht für zu nährstoffreiche, feuchte Standorte. Trotzdem noch eine unübertroffene Züchtung von Karl Foerster.

Veronica spicata subsp. *spicata* · Ehrenpreis
Blauviolette Blüten an schmalen, spitzen, ährigen Trauben von etwa 40 cm Höhe. Die Blütezeit geht von Ende Juni bis in den August.
'BS-Spitzentraum' ist eine neue wüchsige Sorte von 50 cm Höhe, standfest, hellblau.

Viola-Cornuta-Hybriden · Hornveilchen
Einige blau- oder violettblühende Sorten kann man in lockerer Pflanzung vor Rosen setzen. Sie werden 15 bis 20 cm hoch und ähneln sehr den Stiefmütterchen. Ihre Hauptblüte haben sie von Mai bis Juni. Die Nachblüte, die nicht mehr so reich ist und nicht so geschlossen wirkt, dauert bis Ende September.

Gelbblühende halbhohe und hohe Stauden

Achillea filipendulina 'Coronation Gold' · Goldgarbe
Mit breiten Blütenköpfen und fast grauem Laub gilt sie als Dauerblüher von Juni bis September. 60 bis 80 cm hoch werdend.

Asphodeline lutea · Junkerlilie
Eine hervorragende Rosenbegleitpflanze, die auch ohne ihre schönen, gelben Blütentrauben, die an reichlich beblätterten Schäften im Mai bis Juni dicht beisammenstehen, durch das schmale, grünlichblaue, lauchähnliche Laub gut zur Wirkung kommt. Sie wird 80 cm hoch.

Coreopsis verticillata 'Grandiflora' · Netzblättriges Mädchenauge
Die gelben, sternförmigen, feinstrahligen Blüten dieses Langeblühers erscheinen zwischen ganz feinen, nadelartigen, grünen Blättchen. Die Blütezeit dieser schönen, etwa 40 cm hoch werdenden Staude mit geschlossenem Wuchs beginnt Ende Juni und dauert bis in den September hinein. Wirkungsvoll neben roten Polyantharosen.

Inula ensifolia 'Compacta' · Zwergalant
Die nur 20 cm hoch werdende Staude mit lanzettlichen, rauhbehaarten Blättern eignet sich für kleinere Flächen. Während des Sommers von Juli bis August erscheinen die zarten, klargelben Blüten an den Kugelbüschen. Man setzt sie am besten in den Vordergrund.

Oenothera-Arten · Nachtkerzen
Die Nachtkerzen wirken mit ihren leuchtenden, gelben Trichterblüten besonders eindrucksvoll, wenn sie neben blauen Gräsern oder violettblühenden Salvien in Verbindung zu roten Polyantha-Hybriden gebracht werden können. Ihre Verwendung sollte nicht nur im Heidegarten geschehen.

Oenothera missouriensis · Missouri-Nachtkerze
Der Wuchs ist niederliegend mit langen Trieben, jedoch nicht dicht bodenbedeckend, 15 cm hoch. Blüten groß, schalenförmig, hellgelb. Reich und lange blühend von Juni bis Anfang Oktober.

Oenothera tetragona · Bronzeblatt-Nachtkerze
Bronzefarbene Blätter in Rosetten lanzettlich angeordnet. Gelbe Blüten doldig an straffen Stielen, etwa 60 cm hoch, von Juni bis Juli.

Potentilla recta var. *warrenii* · Fingerkraut
Diese Varietät hat 2 cm breite, leuchtendgelbe Blüten. Sie sitzen in unbeschreiblicher Fülle an 50 bis 60 cm hohen, reichlich verzweigten Stengeln in Doldenrispen. Die Blütezeit beginnt im Juni und hält den ganzen Sommer an.

Verbascum-Arten · Königskerzen
Sehr dekorative Pflanzen. In Heidegartenpartien zwischen Wildrosen ergeben sich prächtige Anblicke, wenn die hohen, graufilzigen Rispen mit den weithin leuchtenden gelben Blüten sich über Erica-, Calluna- oder Thymianflächen erheben. Auch ohne Blüten sind die grundständigen, graubefilzten Rosetten sehr schön anzusehen. Königskerzen sind meistens zweijährig, jedoch braucht man sie kaum neu zu pflanzen. Einmal vorhanden, samen sie sich selbst aus.

Verbascum nigrum
Die Blätter sind herzförmig, lang gestielt und in einer flachen, dem Boden aufliegenden Rosette angeordnet. Schöne hellgelbe Blüten, am Grunde blutrot gefleckt, an langem, ährigem Blütenstand, 120 cm hoch und von Juni bis September blühend.

Verbascum olympicum
Bildet eine große Rosette mit breitlanzettli-

chen, zugespitzten, grauweißen Blättern. Blütenstand verzweigt, bis 200 cm hoch. Blüht von Juni bis August gelb.

Weißblühende Stauden

Die weiße Farbe sollte recht sparsam zwischen Rosen erscheinen. Mit ihr lassen sich ausgewogene Kontraste schaffen, sie leistet aber auch bei den vielen abgestuften Rosenfarben im roten Bereich neutrale Hilfe.

Achillea ptarmica · Bertramschafgarbe
'Nana Compacta' ist eine gedrungen wachsende Sorte, nur 50 cm hoch, mit dicht gefüllten, weißen Blütenköpfchen. Ein Langeblüher von Juni bis Juli, häufig bis in den August.
Dagegen wird 'Schneeball' etwa 60 cm hoch. Schmale, graugrüne, gezähnte, feingeteilte Blätter, weiße, gefüllte Blütenköpfchen im Juni bis Juli. Durch Rückschnitt erneuter Blütenflor.

Aruncus dioicus (syn. A. sylvestris) · Geißbart
Eine üppigwachsende Staude, die 100 bis 200 cm hoch wird. Ihre langen, sich reichlich verzweigenden Blütenrispen sind zur Zeit der Rosenblüte im Juni mit unzähligen, dichtsitzenden, weißen Blüten übersät. Der Geißbart bildet einen ganz hervorragenden Hintergrund für starkwachsende rote Rosen. Auch zu blaublühendem hohem Rittersporn paßt er gut. Alle paar Jahre macht sich ein Abstechen des immer größer werdenden Wurzelstockes erforderlich. Für jeden Standort bestens geeignet.

Aster-Dumosus-Hybride 'Kristina'
Von September bis Oktober reich blühende, reinweiße Kissenaster, 40 cm hoch. Bisher widerstandsfähig gegen Pilzkrankheiten.

Chrysanthemum-Koreanum-Hybriden · Gartenchrysantheme
Die 60 bis 100 cm hoch werdenden Pflanzen blühen in Abhängigkeit von der Sorte von Anfang September bis Mitte Oktober. Sie sind absolut winterhart. Ihr üppiger Wuchs und der reiche Blütenflor sind immer wieder beeindruckend. Es gibt halbgefüllte und gefüllte Züchtungen. Über die bekannten weißblühenden Sorten informiere man sich in einschlägigen Staudenkatalogen.

Gypsophila paniculata · Schleierkraut
Als duftige, lockere Nachbarn zu Rosen besonders für Randbepflanzungen sowie an Treppen und Mauern geeignet. Empfehlenswert sind:
'Bristol Fairy' mit großen, glitzernden, gefüllten weißen Blüten im Juni bis August, 100 cm hoch.
'Bristol Perfekt' mit größeren Blüten.
Aber auch die recht breit werdende, einfachblühende Art und niedrigbleibende Sorten lassen sich gut verwenden. Schleierkraut paßt sich hervorragend allen Rosenfarben, außer Weiß, an.

Phlox paniculata · Flammenblume
Hoher, weißer Sommerphlox könnte am Rand einer Rosenpflanzung stehen. Ein eigenartiger Duft entsteht, wenn sich der unverkennbare Phloxgeruch mit Rosenduft vermengt. In Frage kommen:
'Pax', reinweiß, ab Mitte August blühend, 90 cm hoch, dicht mittelhoch wachsend.
'Schneeferner', 120 cm hoch, mitunter ganz zart rosa angehaucht, besonders widerstandsfähig gegen Unbilden des Wetters, bereits ab Mitte Juli blühend.
'Schneerausch', bis 120 cm hoch, gelegentlich leicht lila getönt.

Polsterbildende Stauden

Es ist sehr schön, wenn sich aus bodenbedeckenden Stauden Rosen und zu Rosen harmonierende höhere Stauden und Gräser erheben. Diese Bodenbedecker sollten einige Jahre dauerhafte, feste Polster bilden. Unruhig wirkt, wenn viele Arten auf kleinen Flächen angepflanzt sind. Man bevorzuge silbergraue und blaugraue Polsterstauden zu Rosen.

Graue, silbergraue und blaugraue Stauden

Acaena buchananii · Stachelnüßchen
Bildet einen dichten, 5 cm hohen Teppich und wirkt durch die leicht behaarten, bläulich-silbergrauen Blättchen. Auf gutem Boden sind die Rosen bald umwachsen. Unkraut kommt kaum auf. Manche Rosenfreunde ersparen sich damit das Anhäufeln im Herbst. Während des Sommers kann man gut zwischen die Rosen treten. Im Frühjahr müssen aber unbedingt die Rosen im

Umkreis von ungefähr 30 cm freigestochen werden, damit man sie besser schneiden, düngen und lockern kann.

Achillea serbica · Serbische Silbergarbe
Flott wachsendes, nur 15 cm hohes Polster mit gekerbten, silbrigen Blättchen. Weiß und großblumig im Juni blühend. Remontiert stark.

Alyssum saxatile · Felsensteinkraut
Die goldgelben, leuchtenden Blüten sind mit die schönste Zierde im Frühlingsflor. Im Sommer wirken die 20 cm hohen Büsche mit ihrem silbrig-graugrünen Laub gut zwischen roten Polyantha-Hybriden.

Anaphalis triplinervis · Perlkörbchen
Das weißfilzige Laub kommt gut zur Geltung. Bei zu feuchtem oder schattigem Standort vergrünen die Blätter. Die etwa 15 cm hohen Blütenstiele mit den weißen Blütenkörbchen – die Blüten haben papierartige Hüllblättchen – erscheinen von Ende Juni bis September.

Antennaria dioica · Katzenpfötchen
Bodenbedeckende Staude mit silbergrauen Blättchen, nur 15 cm hoch, weiß oder rosa blühend. Bildet in sonnigen Lagen dichte Matten.

Artemisia schmidtiana 'Nana'
Blätter seidig-filzig behaart und fein geteilt, nur 25 cm hoch. In trockener Lage dauerhafter Bodenbedecker.

Santolina chamaecyparissus subsp. *tomentosa* · Heiligenkraut
Die silbriggrau-behaarten, feinen Blättchen verleihen diesem immergrünen, bis 30 cm hoch werdenden, kompakte rundliche Büsche bildenden Halbstrauch ein schönes Aussehen. Die einzeln über dem Laub stehenden, flachrunden Blütenköpfchen sind gelb und erscheinen im Juli bis August. In kleinen Gruppen zwischen Rosen zu verwenden!

Stachys byzantina (syn. St. lanata) · Silberwollziest
Eine Staude mit weißwollig-behaarten Blättern. Schnell wachsend, bilden sie stattliche Polster, die den Boden völlig bedecken. Die unauffälligen Blütenstände mit den rosa Blüten zerstören etwas die Geschlossenheit des Wuchses. Wer Zeit hat, schneidet sie am besten ab.

Thymus villosus · Portugal-Thymian
Bis 8 cm hohe, graugrüne Polster bildend, trittfest, eignet sich auch gut im Heidegarten. Blüht mit lilarosafarbenen Blütchen von Juli bis September.

Veronica spicata subsp. *incana* · Silberlaubveronika
Grausilbrige bis silberweiße Blätter in Rosetten. Auch die kleinen, aber zahlreichen dunkelblauen, ährenförmigen, aufrechten, etwa 30 cm hohen Blütenkerzen führen im Juni bis Juli zu einem schönen Nebeneinander mit Rosen. Auch gut für Einfassungen geeignet.

Grüne, feste Polster bildende Stauden

Arabis procurrens · Schaumkresse
Festes immer- und dunkelgrünes, etwa 15 cm hohes Polster. Blüht im April bis Mai überreich weiß. Ab zweitem Jahr bildet die Schaumkresse eine dichtschließende Bodendecke.

Azorella trifurcata · Rosettenpolster
Auch diese immergrüne, dichte Polster bildende Staude von 10 cm Höhe, die steife, stachelige Rosetten entwickelt, ist ein freundlicher Rosenbegleiter. Die grünlichweißen Blüten von Mai bis Juni sind nicht sehr auffallend.

Dryas octopetala · Silberwurz
Eigentlich ein Gehölz. Bildet ausgezeichnete immergrüne, etwa 10 cm hohe Polster. Die länglich-elliptischen Blätter sind oberseits dunkelgrün, unterseits dicht silbrig behaart. Die anemonenartigen weißen Blüten erscheinen von Mai bis Juni. Schmückend sind auch die fedrigen Fruchtstände. Rote Rosen, umgeben von Silberwurz, sind eine Augenweide.

Hernaria glabra · Bruchkraut
Kriecht auf dem Boden entlang und bildet dichte, 2 bis 7 cm hohe, frischgrüne Polster. Sehr anspruchslos, trittfest. Die grünliche Blüte ist unscheinbar.

Hutchinsia auerswaldii · Spanische Gemskresse
Flache, 8 cm hohe, dunkelgrüne Polster. Mit den kleinen, fiederteiligen Blättchen und weißen Blütchen im Mai bis Juni sieht die Pflanze gar nicht so robust aus, hat sich aber gut bewährt. Obwohl Feuchtigkeit liebend, wächst sie auch gut in der Sonne.

Iberis sempervirens · Immergrüne Schleifenblume

Immergrüner Halbstrauch, der etwa 20 cm hoch wird. Die blendendweißen Blüten erscheinen zeitig im Frühjahr von April bis Mai so dicht, daß kein Blattwerk mehr zu sehen ist. Im Sommer ein sehr schöner Bodenbedecker.

Sedum album · Moossedum
Dichte Polster bildend. Die Blättchen sind grasgrün, oft rötlich angelaufen. Im Juni bis Juli weiß blühend.
'Coral Carpet', das Rotmoossedum, ist nur 5 cm hoch. Es erhält im Herbst eine korallenrosa Farbe, die bis tief in den Winter anhält, wozu vollsonniger Standort die Voraussetzung ist.

Sedum hybridum 'Immergrünchen' · Immergrünes Mongolensedum
Eine ausgezeichnete, 15 cm hohe Polsterstaude, die auch im Winter grün bleibt. Die gelben Blüten in breiten Dolden erscheinen von Juni bis August.

Sedum kamtschaticum var. *middendorffianum* · Grünes Amursedum
Hat sich bestens bewährt, weil jahrelang aushaltend. Die braungrünen Blätter und die gelben Blüten im Juli bis August wirken sehr angenehm. Etwa 20 cm hoch.

Veronica armena · Moosveronika
Dunkelgrünes, fast immergrünes, 6 bis 10 cm hohes Polster. Schönes, zierliches Laub. Die blauvioletten Blüten mit dunklen Adern erscheinen schon im Mai. Die Blütezeit dauert bis Juni.

Gräser

Besonders im Heidegarten, zwischen Wildrosen, üben verschiedene horstbildende Staudengräser einen großen Reiz aus. Aber auch in Verbindung zu Polyantha-Hybriden und Strauchrosen lassen sie sich hervorragend verwenden. Mit unterschiedlichen Farbabstufungen und Wuchsformen können eindrucksvolle Kombinationen geschaffen werden. Besonders gut wirken Gräser in blauen Farbtönen. Niedrigbleibende sind schöne Bodenbedecker, während höherwachsende in Einzelstellung oder in kleinen Gruppen sich bestens zur Auflockerung größerer Rosenpflanzungen eignen.

Carex grayii · Morgensternsegge
Beeindruckend ist der seltsam geformte dunkelbraune Fruchtstand, der wie ein Morgenstern der mittelalterlichen Waffe aussieht. Auch die von Juni bis August erscheinenden grünen Blüten sehen interessant aus. Ein schöner Anblick zwischen passenden Bodenbedeckern, besonders im Heidegarten, ist der fast wintergrüne, mindestens 60 cm hohe Horst.

Festuca amethystina · Regenbogenschwingel
Bläulichgrünes, flach wirkendes, etwa 30 cm hohes Polster, das nach ein paar Jahren bis einen Quadratmeter breit wird. Sollten die gelblichen Blütenstiele stören, so sind sie wegzuschneiden.

Festuca cinerea (syn. F. glauca) · Blauschwingel
Blaugrün bereiften, halbkugeligen Horst bildend, 20 cm hoch. Es gibt einige schöne Auslesen, die als Sorten im Handel sind.

Festuca ovina · Schafschwingel
Horst von graugrüner Farbe, etwa 20 cm hoch. In Gartenkultur sind einige bewährte, in der Farbe variierende Auslesen als Sorten bekannt. Besonders schön ist 'Solling', flachwachsend und 20 cm hoch, bläulichgraugrüner Horst. Der Vorteil dieser Sorte besteht darin, daß sie fast nicht blüht.

Festuca scoparia · Bärenfellschwingel
Bildet sammetgrüne, flache, nur 10 cm hohe Polster und bedeckt in mehreren Jahren einen Quadratmeter Fläche. Besonders ist der Bärenfellschwingel für absonnige Lagen geeignet.

Helictotrichon sempervirens (syn. Avena sempervirens) · Blaustrahlhafer
Schöner Horst von blaugrüner Farbe, etwa 50 cm hoch. Im Frühjahr sind die trocken gewordenen Halme stark zurückzuschneiden und mit der Eisenharke durchzukämmen.

Miscanthus sinensis 'Gracillimus' · Eulalia-Gras
Feinhalmiges, etwas überhängendes, bis 1,50 m hoch werdendes Horstgras, das im Winter einen herrlichen Bronzeton annimmt. Erst im März die Halme abschneiden.

Molinia caerulea subsp. *altissima* · Riesenpfeifengras
Besonders für den Heidegarten eine imposante Erscheinung während der Blüte. Die graziösen Blütenhalme werden bis zu 1,80 m hoch und nehmen im Oktober ebenso wie der Horst eine tiefe Goldfärbung an.

Panicum virgatum 'Strictum' · Steife Rutenhirse
Alte bekannte Sorte von Karl Foerster, die straff aufgebaut und sturmsicher ist. Sie wird bis 1,50 m hoch und bildet hellbräunliche, schleierartige Blütenstände im Spätsommer.

Pennisetum alopecuroides (syn. P. compressum) · Australisches Lampenputzergras
Benötigt etwa einen Quadratmeter Pflanzfläche. Es treibt spät aus und wird 60 bis 80 cm hoch. Die bräunlichen, etwas rosig behauchten Blütenähren sind eine besondere Zierde im August.

Spodiopogon sibiricus · Zotten-Rauhgras
Vom Frühling bis zum Herbst ein immer gut aussehendes, schilfartiges Horstgras. Auch die aufrechtstehenden bräunlichgelben Blütenähren passen gut zu Rosen. Das Zotten-Rauhgras blüht von Juli bis September und wird dabei bis 1,60 m hoch.

Stipa barbata · Reiherfedergras
Es bildet auch wie andere verwandte *Stipa*-Arten die feinstrahligen, überhängenden, graugrünen, 80 cm hohen Gräserbüschel. Ein besonderer Schmuck sind die eleganten Rispen mit den silbrigen, langen Grannen im Juli bis August.

Zwiebelgewächse

Sicherlich wäre es schön, wenn man sich vor der Rosenblüte an der Farbenpracht der Tulpen zwischen Rosenpflanzungen erfreuen könnte. Die Tulpenzwiebeln würden jedoch durch das An- und Abhäufeln Schaden erleiden. Außerdem ginge das gepflegte Aussehen der Rosenbeete durch die verwelkten und gelb gewordenen Blätter und Blütenstiele verloren. Das alljährliche Herausnehmen der Blumenzwiebeln wäre sehr mühsam und bekäme auch den Rosen nicht. Gut wirken können Kleinblumenzwiebeln wie Krokus, Schneeglöckchen, Scilla, Schneestolz und viele andere, ebenso der schon Ende Februar blühende Winterling, wenn sie in der Nähe der Rosen, zwischen polsterbildenden Stauden oder vor kleinen immergrünen Gehölzen gepflanzt wurden.

In freie Polyantharosen-Pflanzungen oder auch in die Nähe von Strauchrosen passen einige der nachfolgend aufgeführten Arten von *Allium* (Blumenlauch).

Allium caeruleum · Enzianlauch
Himmelblaue Blüten in dichten, halbrunden bis runden Dolden im Juni bis Juli und etwa 50 cm hoch.

Allium christophii (syn. A. albopilosum) · Sternkugellauch
Die Blüten erscheinen Juni bis Juli. Sie sind blauviolett und glänzen metallisch. In den kugeligen Dolden sitzen mitunter bis zu 80 Blüten. Die 45 cm langen, blaugrünen Blätter trocknen nach der Blüte schnell ein.

Allium jesdianum (syn. A. rosenbachianum)
Lilarosa bis purpurviolette Blüten von Ende Mai bis Mitte Juni. Die Schäfte mit den Blütenbällen erreichen eine Höhe von 1 m. Ein Winterschutz ist angebracht.
Bekannt ist der Dreiklang Rosen-Lilien-Rittersporn. Besonders beeindruckend, in kleinen Gruppen (höchstens 5!) zusammengepflanzt, sind:

Lilium candidum · Madonnenlilie
Der Blütenschaft wird 70 bis 150 cm hoch und trägt immer mehrere reinweiße Blüten im Juni bis Juli. Die beste Verpflanzzeit für diese Lilienart ist Ende August.

Lilium regale · Königslilie
Mehrere trichterförmige weiße Blüten an 50 bis 100 cm hohen Schäften im Juli bis August. Die Blüten sind reinweiß, in der Tiefe des Trichters gelblich, an der Außenseite rosa bis purpurn überlaufen.
Inmitten von Blauschwingel, vor Nadelgehölzen oder immergrünen Ziergehölzen könnte auch der Versuch, Lilienschweif mit rotblühenden Strauch- oder starkwachsenden Polyantha-Hybriden in Nachbarschaft zu bringen, einmalige Farbzusammenstellungen ergeben.

Eremurus stenophyllus var. *bungei* · Lilienschweif
Die ca. 60 bis 80 cm langen Blütenschäfte tragen breitglockige gelbe Blüten an langen, aufrechten Trauben im Juni bis Juli.

Sommerblumen

Wie bereits im Kapitel »Rosenverwendung im Haus- und Kleingarten« erwähnt, sind die weithin leuchtenden Farben der Einjahrsblumen, mit nur wenigen Ausnahmen, nicht als Rosenbegleitpflanzen geeignet. Zur Bodenbedeckung oder auch für kleinere Gruppen in Rosenpflanzungen kommen weiße und blaue Farbtöne bei Blüten und silbrigweiße bei Blättern in Frage. Mit nachfolgend empfohlenen Sommerblumen können Rosen bedenkenlos unterpflanzt bzw. in Nachbarschaft gebracht werden.

Ageratum houstonianum (syn. A. mexicanum) · Leberbalsam
Bekannte blaublühende Gruppenpflanze von unterschiedlichem Wuchs, je nach Sorte. Die Anzucht muß unter Glas erfolgen. Die Pflanzen können erst nach dem 15. Mai, wenn keine Fröste mehr zu erwarten sind, an ihren Platz kommen. Deshalb ist Zukauf am sichersten.

Felicia amelloides · Kapaster
Sie trägt grünes, zierliches Laub und den ganzen Sommer hindurch viele kleine, hellblaue Asternblütchen mit gelber Mitte. Sehr ansprechend neben roten Polyantharosen oder unter Stammrosen. Die Kapaster ist mehrjährig und muß deshalb in einer Gärtnerei überwintert und durch Stecklinge vermehrt werden. Der Rosenfreund kann aber auch selbst eine Pflanze im Spätherbst eintopfen, zurückschneiden und wie Fuchsien oder Pelargonien frostfrei an einem hellen Standort überwintern. Fingerlange Stecklinge am Knoten geschnitten und in ein Wasserglas gesteckt, bilden im Frühjahr bald Wurzeln und werden in kleine Töpfe gepflanzt. Gestutzt entwickeln sich buschige Pflänzchen, die Ende Mai an den gewünschten Platz kommen.

Gypsophila elegans · Einjähriges Schleierkraut
Die Sorte 'Pariser Markt' mit vielen reinweißen Blüten in Rispen wird etwa 30 bis 50 cm hoch und bildet duftige, aufrechte Büsche. Die Aussaat erfolgt an Ort und Stelle von Anfang März bis Ende April und sollte vereinzelt werden. Wirkt sehr schön unter Stammrosen!

Lobularia maritima · Duftsteinrich
Prächtige Einjahrsblume zum Bodenbedecken. Erreicht eine Höhe von 12 bis 15 cm, blüht weiß und duftet nach Honig. Die Sorte 'Violettkönigin' hat violettblaue Blüten. Für den Hochsommerflor kann Mitte April direkt an Ort und Stelle ausgesät werden, denn der Duftsteinrich blüht schon nach 7 bis 8 Wochen.

Salvia farinacea · Mehlige Salvie
Ein 50 bis 80 cm hoher, grauweißfilzig-flaumig behaarter Busch mit dunkelvioletten, ährigen Blütenquirlen, der von Juni bis Oktober blüht. Bewährt haben sich die Sorten 'Gruppenblau' und 'Blaugruppe'.

Salvia viridis (syn S. horminum) · Buntschopfsalvie
Wirkungsvoll durch die oberen violettblauen Schopfblätter und die Blütenstandblätter, die entweder violettbräunlich bis karminrot oder weißlich gefärbt sind. Die Sorten 'Königsblau' und 'Oxford-Blau' besitzen leuchtend blaue Schopfblätter. Der Flor beginnt Ende Juli und dauert bis zum Frost. Die Buntschopfsalvie wird 50 bis 70 cm hoch.

Senecio cineraria · Greiskraut
Die fiederteiligen, beiderseits filzig silbergrauen Blätter harmonieren zu den meisten Rosenfarben. Die Sorten werden 15 bis 35 cm hoch. Die gelben Blüten sind von keiner Bedeutung, da das Greiskraut als ausgesprochene Blattschmuckpflanze gilt. Nicht zu großflächig verwenden!

Verbena rigida · Steife Verbene
Schöne violettblaue, doldenartige Blüten in Ähren im Juni bis September. Erreicht eine Höhe von 25 bis 45 cm. Kann auch zeitig an die gewünschten Plätze ausgesät werden, blüht dann allerdings später.

Niedrige Hecken für Roseneinfassungen

Mitunter möchte der Rosenfreund, wenn es sich um rechteckige Beete oder um Rabatten mit Stammrosen handelt, diese mit einer Zierhecke umgeben. Solche Hecken aus Gehölzen sollten recht niedrig, nach Möglichkeit nicht höher als 20 cm, gehalten werden. Die Heckenpflanzen müssen auf alle Fälle winterhart sein, damit keine Lücken entstehen. Da während der Vegetationszeit mindestens zweimal mit der Heckenschere geschnitten werden muß, ist der Pflegeaufwand erheblich. Der letzte Schnitt sollte Ende Juli erfolgen, damit der Austrieb bis zum Frosteinbruch noch ausreifen kann.

Buxus sempervirens 'Suffruticosa' · Einfassungsbuchsbaum
Anspruchslose, dichte Form mit immergrünen, 1 bis 3 cm langen, eiförmigen, oberseits ausgerandeten, glänzendgrünen Blättchen.

Lavandula angustifolia (syn. L. officinalis) · Lavendel
Bei regelmäßigem Schnitt ergeben sich wirkungsvolle, graugrüne Zierhecken. Wegen der Gefahr des Auswinterns keinen Schnitt im Spätherbst und im Winter. Wirkt aber auch ungeschnitten durch das matte Blau seiner Blüten. Empfehlenswert ist auch die kompaktwachsende, nur 30 cm hohe Sorte 'Hidcote Blue' mit tiefvioletten Blütenähren.

Lonicera pileata · Heckenkirsche
Dicht verzweigtes, niederliegendes, breitwachsendes Kleingehölz, oberseits mit dunkelgrüner glänzender Belaubung und unterseits deutlich heller. Nicht für zugige Standorte. Die immergrünen Blätter erfrieren im strengen Winter. Sie werden dann stets im Frühjahr ersetzt.

Teucrium chamaedrys · Gamander
Durch Schnitt zu einer dichten Zierhecke werdend. Schöne, glänzend dunkelgrüne, unterseits graue Blättchen zeichnen diese immergrüne, nur 30 cm hohe, rosapurpurn blühende Pflanze aus.

Wie vergrößere ich meinen Rosenbestand?

Ein richtiger Rosenfreund und Hobbygärtner hat nicht eher Ruhe, bis er selbst die Fertigkeiten beherrscht, um Rosen für seinen Garten zu vermehren. Mit wieviel Freude wird er dann verkünden, daß er diese und jene Rose nicht gekauft, sondern mit eigenen Händen veredelt oder durch Stecklinge, Absenker oder Samen herangezogen hat. Jeder, der einmal mit Spannung darauf wartete, ob das von ihm eingesetzte Auge am Wurzelhals des Wildlinges oder an einem Wildtrieb auch angewachsen ist, der beobachtete, wie es austrieb und schließlich die erste Blüte brachte, wird immer wieder zum Okuliermesser greifen. Genausoviel Freude bereitet die Wurzelbildung bei Stecklingen, Steckholz oder Absenkern. Die Möglichkeit, selbst Rosen zu vermehren, hat noch den Vorteil, daß sich der Rosenfreund auch Sorten pflanzen kann, die im Handel nicht mehr oder nur sehr schwer erhältlich sind. So kann z. B. ein Verehrer von historischen und seltenen Rosen durch eigene Anzucht sein Sortiment ständig erweitern, denn niemand wird ihm den Wunsch abschlagen, wenn er sich von einer bestimmten Sorte ein Edelreis mit zwei bis drei Augen schneiden möchte.

Rosen selbst zu vermehren ist möglich durch:

Veredlung, Stecklinge, Steckholz, Ausläufer, Absenker und Aussaat.

Veredlung

Die gebräuchlichste Methode, Rosen zu vermehren, ist die Veredlung durch Okulieren. Okulieren bedeutet das Einsetzen eines Edelauges auf die Unterlage. Das Wort oculus stammt aus dem Lateinischen und heißt Auge. Wie aus einer »Wildrose« durch Veredlung eine Garten-, Beet-, Strauch- oder Kletterrose entsteht, konnte den Ausführungen im Abschnitt »Wissenswertes von der Anzucht der Rosen« entnommen werden. Beschrieben wurde die baumschulmäßige Anzucht. Nachfolgende Hinweise und Erläuterungen sind speziell für den Rosenfreund gedacht und sollen ihn vor Enttäuschungen bewahren. Zunächst besteht für ihn die Aufgabe, sich Unterlagen zu besorgen. Hat er Glück, überläßt ihm eine Baumschule 10 oder 20 Stück. Für den Anfänger sollten es auch nicht mehr sein. Eine eigene Anzucht von Veredlungsunterlagen ist ebenfalls möglich, und zwar entweder durch Aussaat oder durch Steckholz. Zur Gewinnung von Saatgut sind im Oktober Hagebutten einer möglichst nicht so stark bestachelten, aber gesund und kräftig gewachsenen Hecken- oder Hundsrose (*Rosa canina* L.) oder von einer Vielblütigen Rose (*Rosa multiflora* Thunb. ex Murr.) zu sammeln. Der richtige Reifegrad der Samen ist erreicht, wenn die Hagebutten rot, aber noch nicht weich sind. Die Hagebutten werden aufgeschnitten, die haarigen Körner entnommen und in einen Blumentopf oder in eine Tonschale in feuchten, sauberen Sand eingeschichtet. Das Gefäß wird während der Wintermonate in den Keller gestellt. Ab und zu feuchtet man den Sand wieder an. Da der Samen von *Rosa multiflora* schon im folgenden Jahr keimt, das Saatgut von *Rosa canina* dagegen ein Jahr überliegt, muß der Samen stets getrennt aufbewahrt und später auch getrennt ausgesät werden. Die Aussaat des mit Sand vermischten Saatgutes erfolgt im Frühjahr in leichten, lockeren Boden. Die Rillen sollen 2 bis 5 cm tief sein. Gut ist eine leichte Abdeckung mit unkrautsamenfreier Kompost- oder gut verrotteter Lauberde. Das Aussaatbeet darf nie trocken werden. *Rosa multiflora* geht bereits Ende April auf. Leider müssen wir bei *Rosa canina* noch ein Jahr warten. Während des Sommers erhalten die

Rosenanzucht als Hobby

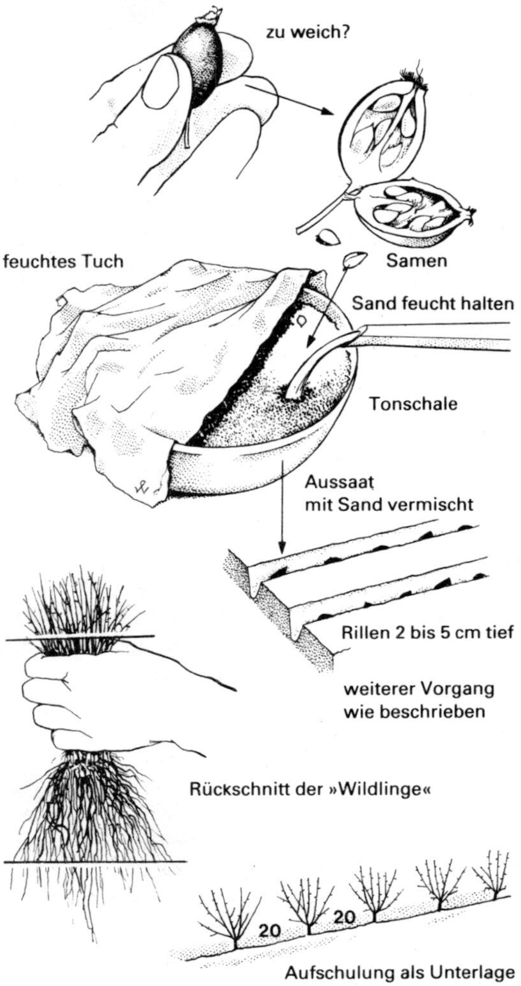

Steckholz von *Rosa multiflora* (etwa 20 cm)

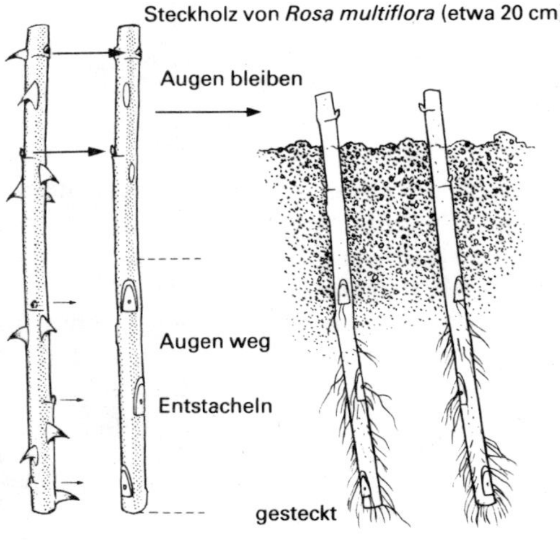

Rosenpflänzchen eine gute Pflege durch öfteres Hacken, Jäten von Unkraut, Wässern und evtl. notwendige Pflanzenschutzmaßnahmen. Wer Zeit hat und besonders kräftige Wildlinge mit einem guten Wurzelsystem heranziehen möchte, pikiert (vereinzelt) die Pflänzchen im Mai. Der Abstand in der Reihe beträgt 5 bis 8 cm. Das Pikieren ist möglichst bei trübem Wetter vorzunehmen. Gutes Angießen und bei Sonnenschein ein leichtes Schattieren in den ersten Tagen fördern das Anwachsen. Bis zum Herbst haben sich die Rosensämlinge gekräftigt und werden herausgenommen. Die schwachen und krummen Jungpflanzen sortiert man aus. Bei den guten erfolgt ein Rückschnitt der Triebe um ein Drittel ihrer Länge. Auch die Wurzeln werden eingekürzt. Sie brauchen nicht länger als eine Handbreite zu sein. Anschließend kommen diese angezogenen Unterlagen in einen Einschlag. Im Frühjahr werden sie dann im Abstand von 20 cm ausgepflanzt. Dabei ist darauf zu achten, daß der Wurzelhals etwas über der Erdoberfläche steht, damit sich das Abhäufeln vor der Veredlung leichter durchführen läßt und später nicht die Gefahr besteht, daß die Veredlung zu tief in den Boden kommt. Nach dem Pflanzen wird wieder angehäufelt. Ist diese Arbeit getan, gilt es, bei Trockenheit zu wässern, ansonsten läßt man in Ruhe die Veredlungszeit herankommen.

Veredelungsunterlagen kann man auch durch Steckholz gewinnen. Für den Rosenfreund ist diese Art viel einfacher, und er spart Zeit. Geeignet sind gerade Triebe von *Rosa multiflora*, die im Herbst etwa 20 cm lang geschnitten und in nicht so leichten, aber tiefgründigen Boden gesteckt werden, wobei die Augen nach oben zeigen müssen. Um unerwünschte Austriebe zu vermeiden, schneidet man alle Augen, mit Ausnahme der obersten, vorsichtig vor dem Stecken heraus. Die Bewurzelung erfolgt bis zum Sommer des nächsten Jahres, so daß ab Mitte Juli veredelt werden kann.

Die Veredelungszeit dauert von Mitte Juli bis Anfang September. Vor dem Veredeln wird, wie schon erwähnt, abgehäufelt und anschließend der Wurzelhals mit einem weichen Tuch sauber abgerieben. Wie das Einsetzen des Edelauges erfolgt, wurde bereits im Abschnitt »Wissenswertes von der Anzucht der Rose« beschrieben. Die Zeichnungen vertiefen die einzelnen Vorgänge noch besser. Voraussetzung für ein gutes Gelingen der Veredlung ist ein sauberes Herausschneiden des Auges aus dem Trieb und ein mit Gefühl ausgeführter T-Schnitt, der nur durch die Rinde, aber nicht bis ins Holz gehen darf. Nur ein rasierklingenscharfes Okuliermesser, das vor dem Veredeln durch Abziehen auf einem Ölstein und danach auf einem Lederabziehriemen die richtige Schärfe erhält, ermöglicht ein einwandfreies Arbeiten. Zum Schutz gegen die Okuliermade, gegen Austrocknung und vorzeitigen Austrieb wird unbedingt erneut bis über den Wurzelhals angehäufelt.

Die im Juli bis September veredelten Rosen sind, wie der Fachmann sagt, auf das »schlafende Auge« veredelt. Das Auge treibt erst im nächsten Frühjahr nach dem Abhäufeln und Abwerfen der Wildkrone aus. Möchte aber der Rosenfreund nicht bis zum nächsten Jahr warten, muß er auf das »treibende Auge« veredeln, und zwar bereits im Juni. Dazu benötigt er zeitig »reife Augen«. Aus diesen Augen entwickeln sich dann noch im gleichen Jahr beblätterte und manchmal Knospen tragende Triebe. Leider reifen solche Triebe nicht immer bis zum Herbst genügend aus und können einem strengen Winter zum Opfer fallen.

Wer sich Stammrosen heranziehen möchte, muß sich erst Stämmchen besorgen. Große Büsche der Hundsrose *(Rosa canina)* mit zahlreichen Ausläufern bietet zumeist die nähere Umgebung des Heimatortes an. An Waldrändern, Gräben oder Hängen stehen diese Rosensträucher, von denen die Wildstämme gewonnen und im Garten ausgepflanzt werden. Zum Ausgraben, das ziemlich mühsam sein kann, benötigt man einen guten Spaten und oftmals sogar eine Kreuzhacke; denn nicht immer haben die ausgewählten geraden Triebe gutes Wurzelwerk. Am besten bewährt hat sich ein Ausgraben im Herbst. Dann werden die Triebe der Länge nach in mit Kompost oder Torf vermischten Boden eingeschlagen. Durch diese Methode haben sich bis zum Aufpflanzen im Frühjahr genügend Faserwurzeln gebildet, die ein besseres Anwachsen der Stämme ermöglichen. Man kann aber auch Wildtriebe, die sich ab und zu zwischen den Buschrosen

Stammgewinnung

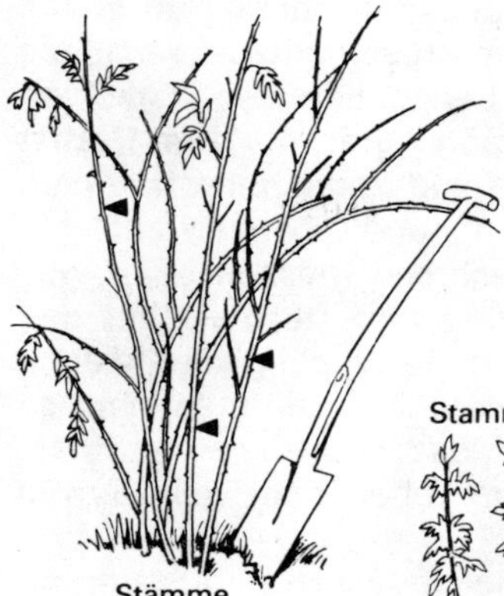

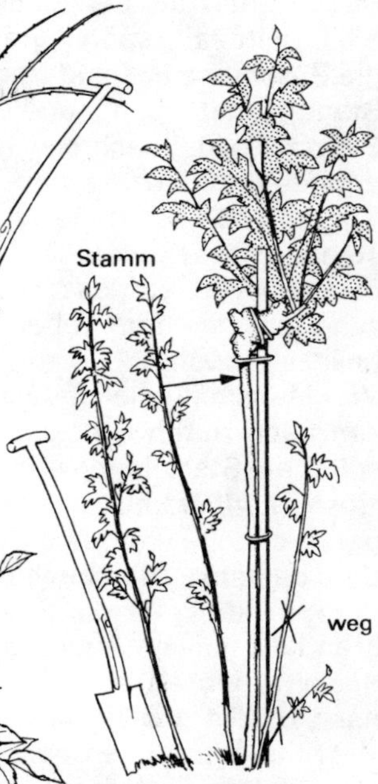

Ersatzstamm für überalterte Veredlung

Nur eine Veredlung: schiefe Krone – wenig schön

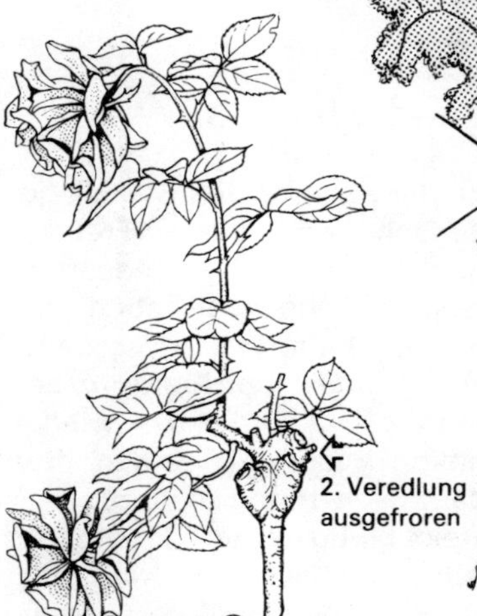

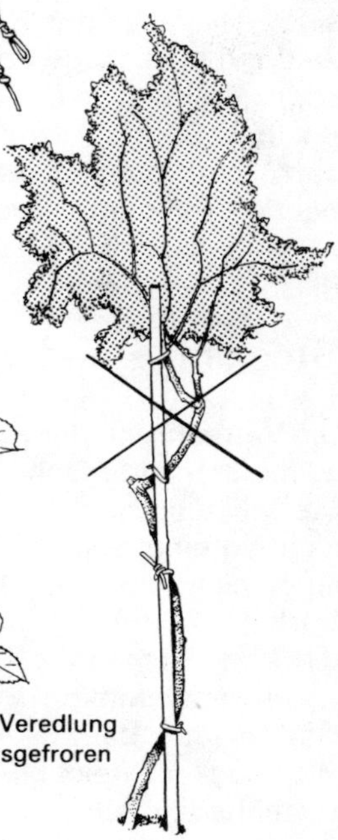

So sollte der Stamm nicht aussehen!

oder auch in einiger Entfernung von schon vorhandenen Stammrosen entwickeln, in die Höhe ziehen und bei genügender Stärke veredeln. Ein Jahr später gräbt man im Herbst die Buschrose aus und trennt den veredelten Stamm mit genügend Wurzelwerk ab. Stamm- und Buschrose müssen dann wieder neu gepflanzt werden. Der zwischen den Stammrosen veredelte Wildling könnte auch stehengelassen werden, wenn man nicht so großen Wert auf das Aussehen der Pflanzung legt, sondern lieber recht viele Sorten besitzen möchte.

Verhältnismäßig leicht lassen sich Stammrosen auch durch Steckholz (siehe auch Abschnitt »Stecklinge und Steckholz«) von *Rosa multiflora* heranziehen. Schon längere, gerade Triebe werden im Oktober in den Boden gesteckt. Sie bewurzeln genauso wie das Steckholz für die Buschrosenunterlage. Man läßt nur ein Auge austreiben und zieht diesen Trieb an einem Pfählchen hoch. Je nach Stärke des Triebes, läßt sich dann die Veredlung im ersten oder zweiten Jahr ausführen. Das Einsetzen der Augen erfolgt in der gewünschten Höhe.

Bei Stammrosen werden zwei Augen eingesetzt. Hat aber der Rosenfreund genügend Zeit und auch Augen zur Verfügung, kann er sogar drei einsetzen, und zwar spiralförmig um den Stamm. Wird nur ein Auge eingesetzt, kann sich nur schwierig eine gutaussehende Krone entwickeln.

Stecklinge und Steckholz

Die Vermehrung der Rosen durch Stecklinge ist einfach und macht immer wieder Freude. Die Meinung, daß wurzelechte Rosensorten nicht so eine lange Lebensdauer haben und auch nicht so reich blühen wie veredelte Sorten, konnte zumindest bei Kletterrosen, die von *Rosa multiflora* und *Rosa wichuraiana* abstammen, widerlegt werden. Bei Garten- und Beetrosen treten in bezug auf Wüchsigkeit, Reichblütigkeit und Frosthärte sortenbedingte Unterschiede auf. Nicht alle durch Stecklinge vermehrte Sorten erreichen im Freiland die Trieblänge und Blühleistung veredelter Pflanzen. Im ersten Jahr sind wurzelechte Rosen auch recht frostempfindlich, so daß eine frostgeschützte Überwinterung notwendig ist. Zwergrosen sollten grundsätzlich nur durch Stecklinge vermehrt werden, weil sie anderenfalls durch den starkwüchsigen Charakter der Unterlage ihren reizvollen, typeigenen zwergigen Wuchs einbüßen.

Es gibt verschiedene Methoden der Stecklingsvermehrung. Einmal besteht die Möglichkeit, bei Kletterrosen so zu verfahren, wie wir es bei der Anzucht von Veredlungsunterlagen durch Steckholz von *Rosa multiflora* kennengelernt haben. Gut bewurzelt aber auch Steckholz von Kletterrosen, das schon im Spätsommer geschnitten und gesteckt wird. Man nimmt dazu in der Sonne ausgereifte, etwa 20 cm lange Triebe, die direkt unter einem Auge abgeschnitten werden. Am oberen Ende sollte der Schnitt ½ cm schräg über dem Auge verlaufen. Gesteckt wird so, daß nur das oberste Auge den Boden überragt. Durch ständiges Feuchthalten des Bodens sind bis zum Frühjahr des nächsten Jahres die Hölzer bewurzelt, und aus dem obersten Auge erfolgt der Austrieb.

Beliebt ist die Methode, Triebe, d. h. Stecklinge, von Zwergbengalrosen gleich in kleine Töpfe zu stecken. Man schneidet im Sommer etwa 10 cm lange Triebe dicht unter einem Auge, entfernt die untersten Blättchen, steckt die Triebe in ein Komposterde-Sand-Gemisch, gießt gut an und deckt eine Plastikhaube darüber. Der Standort muß warm und hell sein, aber nicht sonnig. Wird stets für feuchte Luft gesorgt, nur wenig gegossen, aber die Blätter benetzt, werden sich nach 3 bis 4 Wochen Wurzeln gebildet haben. Jetzt erübrigt sich die Plastikhaube, und schon bald erscheinen die ersten kleinen Blüten. Die aufgewendete Mühe hat sich gelohnt. Diese Rosentöpfchen sehen ganz entzückend aus und eignen sich als Geschenk für einen Gartenfreund, der die kleinen Rosen nach ein paar Tagen in kräftige Erde auspflanzen sollte.

Beet- und Gartenrosen können im Sommer auch wie folgt vermehrt werden.

Von der gewünschten Sorte schneidet man einen Trieb mit 2 bis 3 entwickelten Blättern. Der günstigste Zeitpunkt ist kurz vor dem Aufblühen der Knospe. Über dem obersten Auge bleibt, wie beim Steckholz der Kletter-

Stecklinge

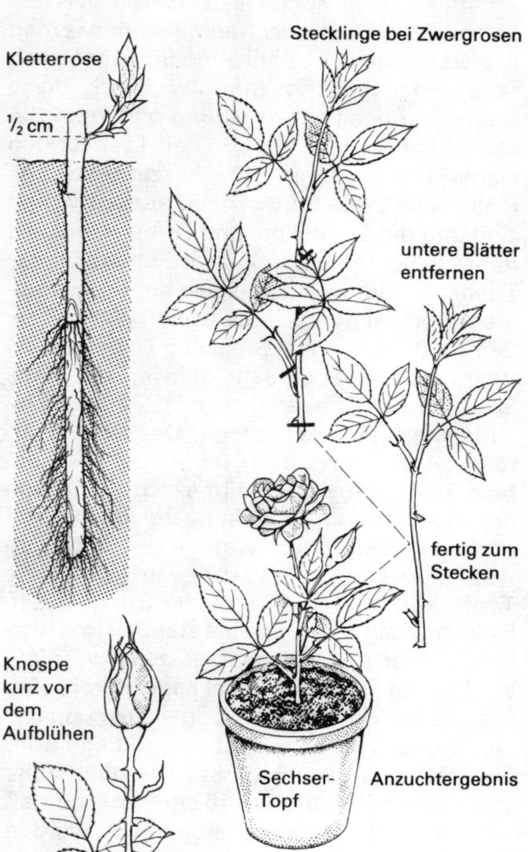

rosen, ½ cm Trieb stehen, während am unteren Ende der Triebteil unter dem Blatt, das vor dem Stecken entfernt wird, etwas länger sein kann. Um die Verdunstung einzuschränken, werden große Blätter leicht eingekürzt. Das Stecken erfolgt etwa 2 cm tief in ein vorher angefeuchtetes Substrat, ein Gemisch aus Torf und Sand zu gleichen Teilen. Auch ein Kompost-Sand-Gemisch erfüllt den gleichen Zweck. Bei Verwendung von Kompost kommt aber nur abgelagerte und gesiebte Erde in Frage. Manche Rosenfreunde stekken ihr Rosenholz auch direkt in die Gartenerde und haben Erfolg. Zur Erzeugung von sogenannter gespannter, d. h. feuchtwarmer Luft, die für den Bewurzelungsvorgang wichtig ist, stülpt man eine Glasglocke oder Plastikhaube über die Stecklinge. Meistens sind die Pflanzen nach 4 bis 6 Wochen bewurzelt, und die Hauben können entfernt werden. Ist noch keine Bewurzelung erfolgt, läßt man die Hauben bis zum Frühjahr des nächsten Jahres stehen, deckt aber vor Frostbeginn seitlich und oben gut mit strohigem Material und Reisig ab. Auch die bereits bewurzelten Stecklinge müssen einen Winterschutz erhalten. In wärmeren Ländern, z. B. Brasilien, ist das Stecken von Garten- und Beetrosen unmittelbar in den Gartenboden die allein übliche Methode der Anzucht.

Noch wenig bekannt dürfte die Vermehrung durch Einaugenstecklinge sein. Mit der An-

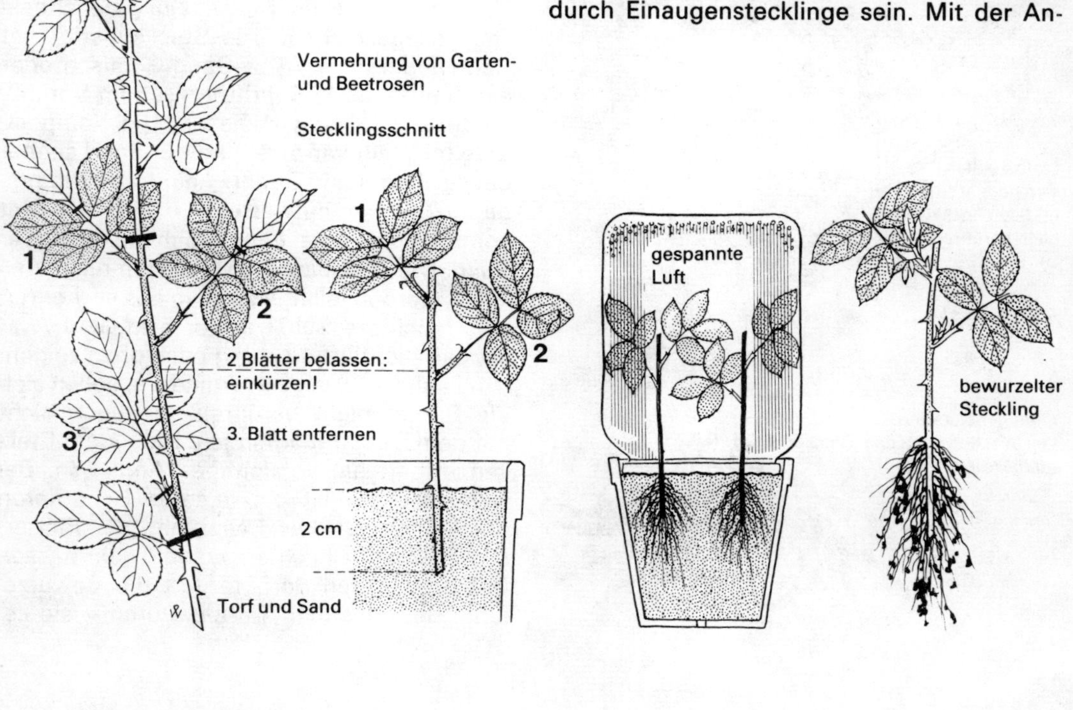

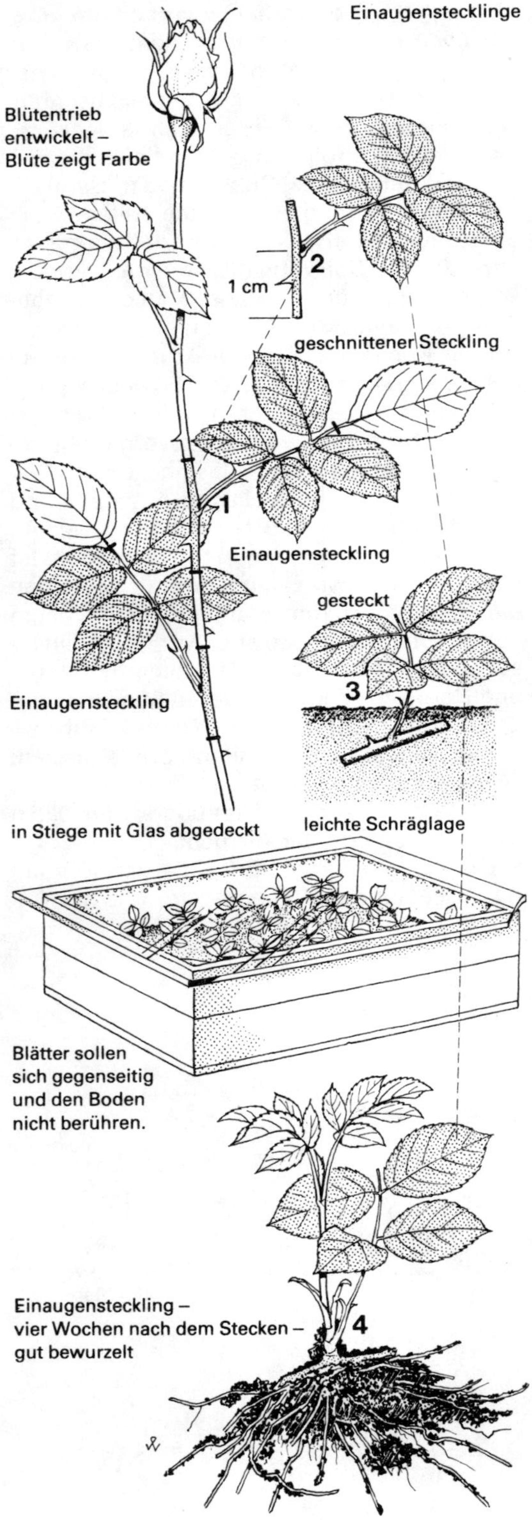

zucht und Kultur wurzelechter Rosen beschäftigen sich schon seit Jahren Wissenschaftler und Gärtner. Nach Bekanntwerden der ersten erfolgreichen Versuche hat auch schon mancher Rosenfreund durch diese Methode Rosen vermehrt und eine gute Bewurzelung erzielt. Selbst bei Teehybriden waren die Ergebnisse recht zufriedenstellend. Sobald die Blütentriebe gut entwickelt sind und die Blütenknospen Farbe zeigen, ist der günstigste Zeitpunkt zum Schneiden der Triebe für die Stecklingsgewinnung gekommen. Auch schon aus etwas verholzten Trieben entnommene Stecklinge bewurzeln zwar, treiben aber sehr schwer aus. Aus 50 cm langen Trieben lassen sich 4 bis 5 Einaugenstecklinge schneiden. Der Schnitt erfolgt jeweils etwa 1 cm unterhalb des Knotens. Über dem Blatt bleibt ein Stummel von der gleichen Länge stehen. Bei Sorten mit großen Fiederblättern werden die Blätter etwas eingekürzt. Gesteckt wird in kleine Töpfe, die man in eine flache Stiege stellt. Es kann auch direkt in eine Handkiste, Obststiege oder ins Frühbeet gesteckt werden. Wichtig ist, daß die Stecklinge durch eine Glas- oder Plasteabdeckung in gespannter Luft stehen. Bleibt z. B. in einer Stiege oder flachen Kiste zwischen Substratoberfläche und oberem Rand etwa 10 cm Platz, so daß mit einer Glasscheibe abgedeckt werden kann, ist das für die Bewurzelung der Stecklinge ausgezeichnet. Als Stecksubstrat hat sich wiederum ein Torf-Sand-Gemisch oder ein Komposterde-Sand-Gemisch im Verhältnis 3:1 als günstig erwiesen. Die Komposterde muß gut verrottet und der Sand sauber gewaschen sein. Er darf keine abschlämmbaren Teilchen aufweisen. Auf das Substrat kommt noch eine dünne Schicht sauberer Sand. Die Stecklinge – sie dürfen nicht welken – werden leicht schräg in das vorher gut angefeuchtete Substrat gesteckt, und zwar so, daß die Blätter schräg nach oben zeigen. Um Fäulnisbildung zu verhindern, sollen sich die Blätter nicht berühren und auch nicht auf dem Substrat aufliegen. Nach dem Stekken erfolgt ein vorsichtiges Angießen. Bei Sonnenschein ist ein leichtes Schattieren unerläßlich. Öfteres Besprühen der Blätter, das aber nicht zu einem ständig sehr nassen Substrat führen darf, fördert die Bewurzelung. Bei günstigen Temperaturen – sie lie-

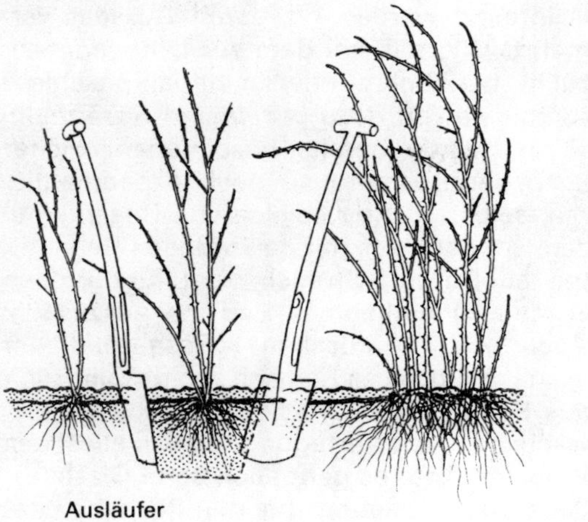

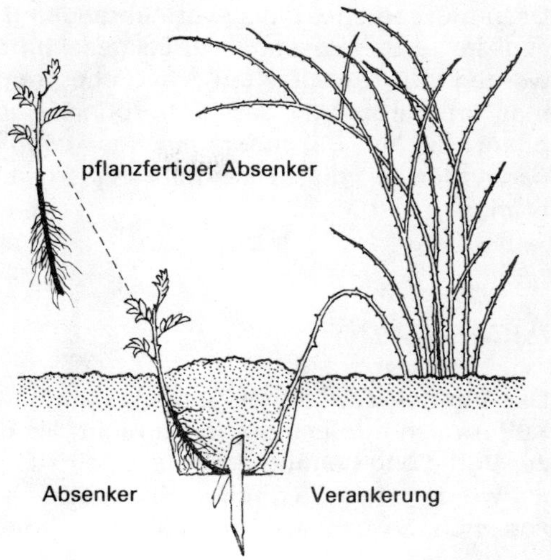

gen zwischen +22 °C und +25 °C – vergehen bis zur Wurzelbildung 3 bis 4 Wochen. Die Bewurzelung ist nicht bei allen Sorten gleich. Schwierigkeiten bereiten gelbe Sorten. Das Anwuchsergebnis schwankt zwischen 90 % und 97 %. Sind die Töpfchen gut durchwurzelt oder besitzen die direkt in das Frühbeet bzw. in die Stiege gesteckten Pflanzen genügend Wurzelwerk, können die Rosenpflänzchen an ihren endgültigen Standort gepflanzt werden. Kommt man nicht gleich zum Auspflanzen, empfiehlt sich eine leichte flüssige Düngung.

Ausläufer

Rosen, die unterirdische Ausläufer bilden – am bekanntesten dafür ist die Kartoffelrose *(Rosa rugosa)* –, lassen sich durch Abstechen von Trieben vermehren. Ähnlich wie bei der Brombeere und Himbeere oder beim Essigbaum treiben aus flach unter der Erdoberfläche liegenden Wurzeln neue Triebe. Nach Abtrennung von der Mutterpflanze mit einem scharfen Spaten können solche Triebe, die eigentlich immer ausreichendes Wurzelwerk besitzen, im Herbst oder Frühjahr an die gewünschte Stelle gepflanzt werden. Außer bei der Kartoffelrose läßt sich diese Art der Vermehrung noch bei anderen Wildrosen anwenden. Dafür geeignet sind: *Rosa gallica, Rosa canina, Rosa pimpinellifolia, Rosa nitida, Rosa virginiana.*
Auch bei den ausläuferbildenden Sorten der in letzter Zeit häufig verwendeten »Bodendeckerrosen« ist diese Vermehrungsart möglich.

Absenker

Bekannt ist, daß hinuntergebogene und mit Erde bedeckte Triebe von der Weinrebe, von Beerensträuchern, von Rhododendron und vielen anderen Gehölzen Wurzeln bilden. Warum sollte dieses Verfahren nicht auch bei Rosen möglich sein? Es ist möglich und läßt sich leicht verwirklichen.
So können alle Rosen, deren Zweige sich biegen lassen, durch Absenker vermehrt werden. Am besten eignen sich Kletterrosen. Ein Trieb wird hinuntergelegt, mit einer Astgabel befestigt und mit Erde so angehäufelt, daß nur die Triebspitze herausschaut. Damit es zu einer guten Wurzelbildung kommen kann, sollte die neue Rose erst nach einem Jahr von der Mutterpflanze abgeschnitten und herausgenommen werden.
Durch Anhäufeln von Busch- und Strauchrosen mit Torf vermischter Erde läßt sich ebenfalls eine Wurzelbildung herbeiführen.

Dazu müssen aber die zu vermehrenden Rosen im Frühjahr stark zurückgeschnitten werden. Die bewurzelten Neutriebe trennt man im Herbst von der Mutterpflanze und pflanzt sie auf. Besonders bei *Rosa centifolia* wurden mit dieser Vermehrungsart gute Erfolge erzielt.

Aussaat

Die Vermehrung durch Samen kommt für Kulturrosen nur insofern in Betracht, als die zur Veredlung benötigten Unterlagen ausgesät werden. Aus allen reifen Hagebutten lassen sich Samen zur Aussaat entnehmen. Wildrosen werden oft durch Aussaat vermehrt. Wie das bei dem zur Unterlagenanzucht benötigten Pflanzmaterial geschieht (Sämlinge von *Rosa canina* und *Rosa multiflora*), wurde bereits beschrieben. Sicher kann der Rosenfreund auch experimentieren, selbst Züchter spielen und Rosen kreuzen, um dann aus reif gewordenen Hagebutten an Busch-, Strauch- und Kletterrosen Samen zu entnehmen und ihn auszusäen. Auch das »Kußröschen« (*Rosa multiflora* 'Nana') wird, da es ziemlich »echt« fällt, auch aus Samen vermehrt. Steht ein kleines Gewächshaus zur Verfügung, ist das alles kein Problem. Aber es geht auch ohne Glashaus. Jede Beschäftigung mit der Rose bereitet Freude und schafft Naturerlebnisse.

Rosen für den Schnitt

Jeder Rosenfreund hat in seinem Garten, zumeist auf einem gesonderten Beet, Sorten gepflanzt, die sich besonders für den Schnitt eignen. In erster Linie wird es sich um Gartenrosen (Teehybriden) handeln, die sich durch lange, kräftige Stiele, schöne, schlanke Blumen und gute Haltbarkeit in der Vase auszeichnen. Auch ansprechende Farben und der Duft werden dabei eine Rolle spielen. Wer recht lange an den Blumen in der Vase Freude haben möchte, sollte bestimmte Richtlinien beachten.

Zunächst, wann ist der richtige Zeitpunkt zum Schneiden? Aufgeblühte Rosen schneidet man nicht. Nur kurz wäre die Freude, denn die Blütenblätter würden bald abfallen, und vor allem, das immer wieder schöne Erleben, die sich langsam entfaltende Knospe zu beobachten, ginge verloren. Wird aber die Rose geschnitten, wenn die Knospe noch von den Kelchblättern umhüllt ist, blüht sie in der Vase nicht auf. Es muß abgewartet werden, bis sich die Spitzen der Kelchblätter nach unten neigen und sich das erste Blütenblatt zu lösen beginnt. Bei einigen Rosensorten – gewisse Erfahrungen wird man mit der Zeit sammeln – müssen sich die Knospen noch weiter öffnen, damit sie sich in der Vase langsam entfalten. Auch auf das Wetter sollte man achten und danach die Blumen mehr oder weniger knospig schneiden. Bei kühlem, feuchtem Wetter erfolgt der Schnitt, wenn sich die Blüten schon ein wenig öffnen, während sie dagegen an heißen Tagen knospiger sein können. Ungefüllte Sorten blühen in der Vase leichter auf. Über die günstigste Tageszeit zum Rosenschnitt gibt es verschiedene Meinungen. Einerseits soll das Schneiden am frühen Morgen am besten sein, da sich die Pflanzen in der nächtlichen Kühle Wasservorrat schaffen konnten. Andererseits gilt der Abend als günstigste Zeit des Blumenschneidens. Neuerdings ist man der Meinung, die beste Tageszeit wäre der frühe Nachmittag, weil die Pflanzen zu dieser Zeit einen guten Nährstoffvorrat aufweisen. Sicherlich ist der Nährstoffvorrat nachmittags am größten, aber Untersuchungen ergaben keinen Vorteil hinsichtlich längerer Haltbarkeit. Außerdem ist zu bedenken, daß dadurch der Pflanze die am Tage produzierten Stoffe entzogen werden, die sie nachts abtransportiert und zum weiteren Aufbau benötigt. Vom kalten Regen naß gewordene Blumen halten sich nicht gut.

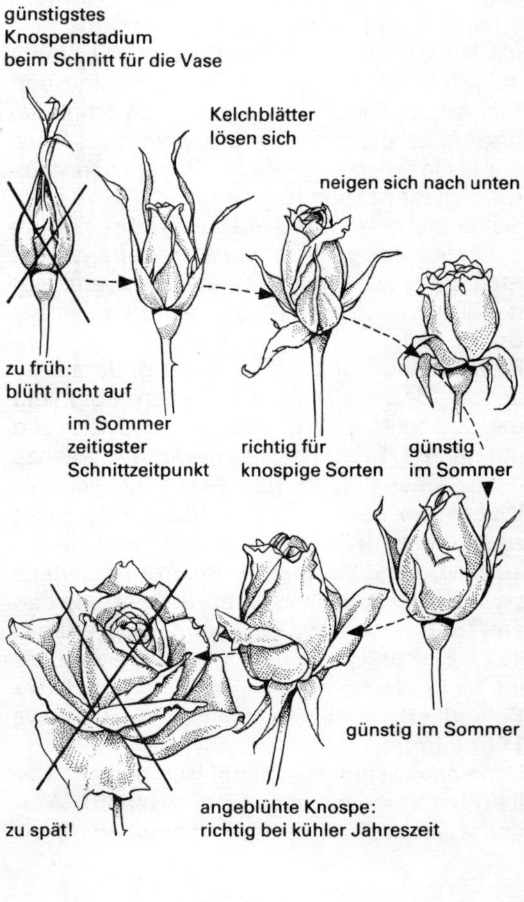

Nach dem Schneiden gehören die Rosen sofort in die Vase. Vorher müssen alle Blätter und Stacheln am unteren Teil des Stieles, so weit er ins Wasser reicht, entfernt und die Stiele schräg angeschnitten werden. Besonders beschädigte Blätter sollen die Haltbarkeit negativ beeinflussen. Die Lebensdauer der Schnittrosen läßt sich wesentlich verlängern, wenn die Blumen nach dem Abschneiden in 30 bis 40 °C warmes Wasser gestellt werden und man sie darin an einem kühlen Ort ein bis zwei Stunden abkühlen läßt. Um recht lange Freude an den Rosen zu haben, dürfen sie nicht in der Zugluft oder in der Sonne stehen. Täglicher Wasserwechsel, verbunden mit erneutem langem Anschneiden der Stielenden, oder auch die Verwendung von im Handel angebotenen Frischhaltetabletten verlängern die Haltbarkeit der Schnittrosen. Bakterien und Pilzen, die die Gefäßbahnen in den Stengeln verstopfen und die Blüten zum Welken bringen, wird es bei solcher Behandlung schwergemacht, sich zu vermehren. Lassen Rosen trotzdem einmal die Köpfchen hängen, so werden sie ins Wasser gelegt, unter Wasser mit einem scharfen Messer schräg angeschnitten und bleiben so lange darin, bis sie sich erholt haben. Auch durch Einstellen in warmes Wasser lassen sich angewelkte Rosenschnittblumen wieder frisch machen.

Schneidet man Rosen abends, um sie am nächsten Morgen zu verschenken, wickelt man sie in feuchtes Zeitungspapier und legt das Bündel in den Keller auf den Fußboden.

Beim Rosenschnitt ist es wichtig, darauf zu achten, daß die Stiele nicht übermäßig lang geschnitten werden. Mit jedem Trieb und mit jedem Blatt entziehen wir der Pflanze Assimilationsfläche, die sie für ihr weiteres Wachstum braucht. Damit die Rosen nicht zu sehr geschwächt werden und bald wieder austreiben, sollte man je Pflanze höchstens zwei Stiele schneiden, aber immer so, daß am Trieb noch zwei bis drei normal entwickelte Blätter verbleiben. Ein Schneiden bis ins alte Holz wäre grundverkehrt. Der Schnitt erfolgt dicht über dem Auge, etwa 1 cm darüber.

Interessant sind die Ergebnisse eines mehrjährigen Versuches beim Rosenschnitt. Werden 2 Laubblätter entfernt, vergehen 18 bis

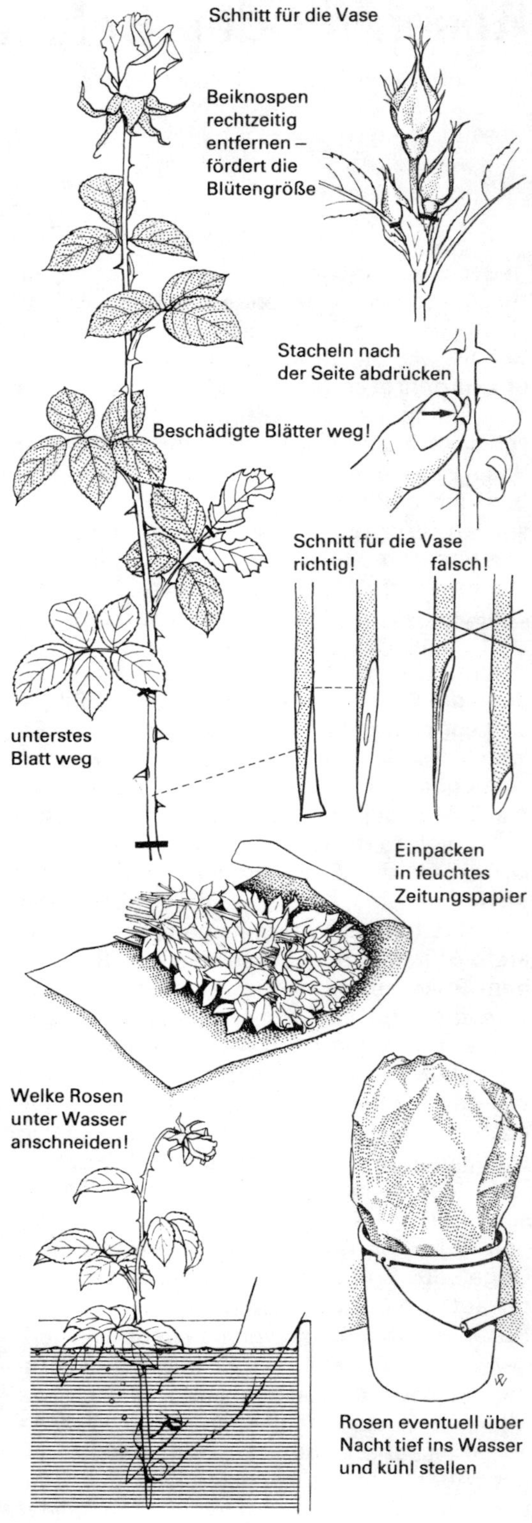

21 Tage bis zur neuen Blüte, bei der Entfernung von 3 Laubblättern 28 bis 30 Tage, bei 4 Laubblättern 41 bis 45 Tage und bei 5 Laubblättern 53 bis 60 Tage.
Zum Abschluß dieses Kapitels noch ein paar Hinweise zur Vase und deren Füllung:
1. Entscheidend für die Wirkung des Straußes ist die Vase. Sie muß den Blütenformen und den Farben der Rosen entsprechen.
2. Immer wieder gut sehen formschöne Vasen aus Glas oder Keramik aus. Vasen in den Farbtönungen Weiß, Schwarz, Braun und Grün eignen sich für alle Rosenfarben, nur sollten grelle und bunte Farben vermieden werden.
3. Die Blüten müssen immer locker in der Vase stehen, damit sie sich zu voller Schönheit entfalten können. Schlanke, aufwärtsstrebende Vasen eignen sich nicht für eine runde, üppige Füllung, sie sind langstieligen Rosen vorbehalten.
4. Besonders schön geformte Rosenblumen, auch solche mit nicht alltäglichen Farbtönen (violette, mehrfarbige), kommen für sich allein besonders gut zur Geltung.
5. Farben beeinflussen das Empfinden des Menschen. Soll ein Rosenstrauß froh und heiter stimmen, kann dieses durch violette und blaue Farbtöne geschehen. Wie schön, wenn z. B. zwischen kurzstieligen rosa Rosen in einem schalenförmigen Gefäß einzelne Stiele Lavendel, Veronica, Salvien, lichtblaue Scabiosen, hohe blaue Glockenblumen oder feinstrahliger zartblauer Erigeron stehen.
6. Beliebt sind Rosensträuße mit Schleierkraut. Aber auch einzelne Gräserhalme mit zierlichen, graziösen Ähren lockern auf und passen in einen Strauß kleinblütiger Rosen.
7. Empfehlungen für große Bodenvasen sind als Beispiele lange Blütenzweige von Kletter- oder Strauchrosen mit Rittersporn in blauen Farbtönen und weißen Lilien. Auch *Eremurus* (Steppenkerze, Lilienschweif), *Aruncus* (Geißbart) und *Cimicifuga* (Silberkerzen) harmonieren gut zu Rosenzweigen.
Die Vasenfüllung muß immer ganz locker sein.

Neue und ältere Rosensorten, die gern zum Schnitt genommen werden

Rot
'American Home' (TH) Duft!
'Baccara' (TH)
'Bonjour' (TH)
'Charles Mallerin' (TH) Duft!
'Diamant' (Flor-Grandifl.)
'Duftzauber' (TH) Duft!
'Effekt' (Flor)
'Henkell Royal' (TH) Duft!
'Josephine Bruce' (TH)
'Juliska' (Flor) Duft!
'Karl Herbst' (TH)
'Komet' (TH)
'Mercedes' (Flor-Grandifl.)
'Mister Lincoln' (TH) Duft!
'New Yorker' (TH)
'Peter Frankenfeld' (TH) Duft!
'Roter Stern' (TH)

Gelb
'Aalsmeer Gold' (TH)
'Adolf Horstmann' (TH) Duft!
'Gloria Dei' (TH)
'King's Ransom' (TH) Duft!
'Mabella' (TH) Duft!
'Salzagold' (TH) Duft!
'Sutters Gold' (TH) Duft!

Rosa
'Abu' (TH)
'Ballett' (TH)
'Basilika' (TH) Duft!
'Capistrano' (TH) Duft!
'Carina' (TH)
'Comtesse Vandal' (TH) Duft!
'Elysium' (Flor)
'Gretel Greul' (TH)
'Jubel' (TH) Duft!
'Junge Liebe' (TH) – für Kleingewächshaus
'Königliche Hoheit' (TH) Duft!
'Michéle Meilland' (TH) Duft!
'Salzaperle' (TH) Duft!
'The Queen Elizabeth Rose' (Flor-Grandifl.)

Verschiedenfarbig
'Alte Liebe' (TH)
'Königin der Rosen' (TH) Duft!
'Kontrast' (TH)

'Marina' (Flor)
'Montezuma' (TH)
'Neue Revue' (TH) Duft!
'Permoser' (TH) Duft!
'President H. Hoover' (TH) Duft!
'Prominent' (Flor)
'Responso' (Flor)
'Super Star' (TH) Duft!
'Texas Centennial' (TH) Duft!
'Träumerei' (Flor) Duft!
'Uwe Seeler' (Flor) Duft!

Blaue Farbtöne
'Shocking Blue' (Flor) Duft!
'Silver Star' (TH) Duft!

Weiß
'Dezent' (TH)
'Virgo' (TH)

Kleine Tricks mit Rosen

1. Möchte ein Rosenfreund zu einem besonderen Anlaß, vielleicht für eine Ausstellung, zum Geburtstag oder zu einem Jubiläum, recht große Rosenblüten erzielen, muß er rechtzeitig alle an einem Trieb entstandenen Nebenknospen entfernen.
2. Um auch nach dem Hauptflor fortlaufend blühende Rosen im Garten zu haben, können die Rosen »pinziert« werden. Pinzieren bedeutet das Entfernen der Triebspitze. Sobald sich die ersten Blütenknospenansätze zeigen – zumeist wird es über dem 4. bis 5. Blatt sein –, wird die Spitze abgeschnitten. Da die Triebe in diesem Stadium noch sehr weich sind, kann das Abkneifen auch mit den Fingernägeln erfolgen. Die Rose treibt dann neu durch, und die Blütezeit ist verschoben.
3. Nach dem Blumenschnitt wünscht sich jeder Rosenfreund einen recht schnellen Neuaustrieb. Trotz eines wohlüberlegten Schnittes, bei dem noch genügend Blätter am Trieb geblieben sind, dauert es eine geraume Zeit, bis das oberste, schon manchmal gut entwickelte Auge austreibt. Da nachgewiesen wurde, daß sich in den Blättern ein Hemmstoff befindet, der das Austreiben verzögert, sollte beim Schnitt das oberste Blatt gleich mit entfernt werden. Wird diese kleine Mühe nicht gescheut, geht der Austrieb wesentlich schneller vonstatten. Da auch der Blattstiel diese Hemmwirkung besitzt, ist er mit zu entfernen.

Ein Sortiment schöner Rosen

Die Aufstellung enthält auch einige ältere, nicht mehr im Handel befindliche Sorten, die aber vom Rosenliebhaber immer noch gern gepflanzt werden.

Gartenrosen (Teehybriden)

'Aalsmeer Gold' (W. Kordes' Söhne, 1978)
Kräftige gelbe Blütenfarbe mit leicht rötlichem Anflug auf den Blütenspitzen. Sehr wüchsig, mit großer, glänzend dunkelgrüner Belaubung. 60 bis 80 cm hoch.

'Abu' (VEG Saatzucht-Baumschulen Dresden, 1973)
Große, gut gefüllte, reinrosa Blüten auf langen, geraden Stielen. Stark duftend. 60 bis 80 cm hoch.

'Adagio' (GPG »Roter Oktober«, 1979)
Samtig dunkelrote Blütenfarbe, Außenseite hell. Zumeist einzelne, große, gefüllte Blüten, leicht duftend. Gesundes, matt dunkelgrünes Laub. 75 bis 90 cm hoch.

'Adolf Horstmann' (W. Kordes' Söhne, 1971)
Große, starkgefüllte, goldgelbe Blüten mit Kupferschein. Stark duftend! Robuste, aufrecht wachsende Rose mit schöner Belaubung. Sehr winterhart. 60 bis 80 cm hoch.

'Agnes Lucke' (F. J. Armbrust-Langbekker & Sons, 1959)
Innenseiten der Blütenblätter kirschrot bis dunkelrosa, Außenseiten heller. Schwach duftend! 60 bis 80 cm hoch.

'Alaska' (F. Meilland, 1949)
Edelgeformte, elfenbeinweiße Blüten, die sich zum Grunde hin hell zitronengelb färben. Mäßig duftend! 60 bis 80 cm hoch.

'Alec's Red' (Cocker, 1970)
Starkgefüllte, edle, kirschrote Blumen. Sehr guter Duft! Gesunde, starktriebige Pflanze, die ständig neue Triebe bringt. 60 bis 80 cm hoch.

'Alexandra' (W. Kordes' Söhne, 1973)
Mittelgroße, gefüllte und sehr schön geformte kupfergelbe Blüten. Duftend! Reiche, glänzend dunkelgrüne Belaubung. Kräftiger Wuchs. Auch im Herbst noch sehr reich blühend. 60 bis 80 cm hoch.

'Alte Liebe' (GPG »Roter Oktober«, 1974)
Sehr schöne Farbenrose. Lachsrote, zur Mitte heller werdende Blüten. Kräftig aufrecht wachsende Pflanzen mit dunklem, glänzendem Laub. 60 bis 80 cm hoch.

'Amboßfunken' (E. Meyer, Südafrika, 1961)
Interessante Rose für den Liebhaber. Leuchtend korallenrote Blüten, die mit goldgelben Streifen und Punkten durchwirkt sind. Duftend! Sattgrünes Laub. 60 bis 70 cm hoch.

'American Home' (Jackson & Perkins, 1962)
Blutrote Blüten mit samtartigem Hauch. Guter Duft! Aufrechtwachsende, starke Triebe mit sattgrüner Belaubung. 60 bis 80 cm hoch.

'Angelique' (W. Kordes' Söhne, 1980)
Leuchtend lachsorange Blüten von sehr edler Form. Gut duftend! Langstielige Freilandschnittrose, in der Vase bis 14 Tage haltbar. Frischgrüne Belaubung. 80 bis 100 cm hoch.

'Apart' (GPG »Roter Oktober«, 1975)
Eine Rose von auffallender Farbenpracht. Edelgeformte Blüten in gelben und roten Farbtönen. Lederartiges, glänzendes, dunkelgrünes Laub. 60 bis 80 cm hoch.

'Apollo' (Armstrong, 1971)
Die kanariengelben Blüten haben eine sehr schöne Form. Die Triebe tragen dunkelgrünes, gesundes Laub und sind gering bestachelt. 80 bis 100 cm hoch.

'Ave Maria' (W. Kordes' Söhne, 1981)
Große Blüten von edler Form und kräftig lachsroter Farbe. Stark duftend! Kräftiger,

buschiger Wuchs mit langen Stielen. Große, dunkelgrüne Belaubung. Gute Schnittsorte. 60 bis 80 cm hoch.

'Baccara' (F. Meilland, 1954)
Große, eiförmige, ziegelrote Blüten mit schwärzlichen Schattierungen. Die Pflanze entwickelt lange Stiele. Gute Schnittsorte. 60 bis 80 cm hoch.

'Ballett' (W. Kordes' Söhne. 1958)
Große, edelgeformte Knospen, reinrosa aufblühend. Zeitiger Blüher. Gut haltbare Schnittrose. Gesundes, dunkelgrünes Laub. 50 bis 70 cm hoch.

'Basilika' (VEG Saatzucht Baumschulen Dresden, 1981)
Spitze Knospe, die sich zu einer großen, gut gefüllten Blüte von lachsroter Farbe entfaltet. Duftend! Aufrecht, buschig wachsend, hat sie gesundes, dunkelgrünes Laub, das kaum von Pilzkrankheiten befallen wird. 75 bis 95 cm hoch.

'Beauté' (Ch. Mallerin, 1953)
Blüten orange mit roten Schattierungen. Etwas duftend. Aufrechter Wuchs und dunkelgrünes, glänzendes Laub. 60 bis 80 cm hoch.

'Bellevue' (D. T. Poulsen, 1977)
Schlanke Knospen, mittelgroße Blüten, gelbrot bis rosa. Stark duftend! Kräftige Pflanze mit starken Trieben, gut verzweigt. Dichte, glänzende Belaubung. Ausgezeichnete Beetsorte. 50 bis 70 cm hoch.

'Bergers Rose Goldenes Prag' (W. Berger, 1966)
Dunkelgelbe Blüte mit etwas rötlichem Anflug. Duftend! Schönes, glänzendes, dunkelgrünes Laub. Gut nachblühend. Auch als Beetrose geeignet. 60 bis 80 cm hoch.

'Better Times' (Catron – Hill, 1934)
Kirschrote Blütenfarbe. Schwacher Duft. Für ein Kleingewächshaus gut geeignet. 40 bis 60 cm hoch.

'Bonjour' (VEB Saatzucht Baumschulen Dresden, 1979)
Große, gutgefüllte Blüten von leuchtend roter Farbe. Häufig mehrblütig, und sehr reich blühend. Schnittblumen in der Vase lange haltbar. Duftend! Kräftig, buschig, aufrecht wachsend mit großem, dunkelgrün glänzendem Laub. 80 bis 120 cm hoch.

'Burgund 81' (W. Kordes' Söhne, 1981)
Große, fast schwarzrote Knospen. Blüten leuchtend blutrot mit Samtschein. Duftend! Wüchsige, stark verzweigte Pflanze, die willig nachtreibt. Blüht bis spät in den Herbst. 50 bis 70 cm hoch.

'Capistrano' (Th. Morris – Germain's, 1949)
Gut gefüllte Blüten von kräftiger rosa Farbe, die auf straffen, langen Stielen sitzen. Stark duftend. Großes, etwas glänzendes Laub. 80 bis 100 cm hoch.

'Caribia' (H. Wheatcroft, 1973)
Lange, spitze Knospen. Die aufgeblühten Blüten sind an der Unterseite goldgelb, und die Oberseite ist leuchtendrot mit gelben Streifen. Etwas duftend! 50 bis 70 cm hoch.

'Carina' (Meilland, 1963)
Schöne, langgestreckte Knospen, wohlgeformte silbrigrosa Blüten. Pflanze aufrecht, buschig wachsend. Gute Schnittsorte. 60 bis 80 cm hoch.

'Carola' (Institut für Zierpflanzen Berlin-Köpenick, 1964)
Mittelgroße Blüten, deren kräftig rote Farbe sich bis zum Abfallen der Blütenblätter nicht verändert. Wenig duftend. Die Sorte hat einen kräftigen, buschigen Wuchs, das Laub ist dunkelgrün. 60 bis 80 cm hoch.

'Charles Mallerin' (F. Meilland, 1951)
Schöne, gut gefüllte, samtigrote Blüten. Guter Duft! 60 bis 80 cm hoch.

'Chrysler Imperial' (Dr. W. E. Lammerts – Germain's, 1952)
Gefüllte, dunkelrote Blüten von sehr gefälliger Form. Duftend! Kräftiger, aufrechter Wuchs, lange Stiele bildend. Das große Laub ist rötlich bis dunkelgrün, etwas glänzend. 80 bis 100 cm hoch.

'Citrina' (VEG Saatzucht Baumschulen Dresden. 1981)
Intensiv gelbe Blüten, einzeln und zu mehreren, reichblühend. Angenehm duftend! Mittelgroße, glänzend dunkelgrüne Belaubung. 70 bis 120 cm hoch.

'Clivia' (W. Kordes' Söhne, 1979)
Spitze, sich langsam öffnende Knospen. Große, edelgeformte Blüten von lachsroter Farbe. Duftend! Gut verzweigt, mit straffen, starken Stielen. Dichte Belaubung. Als ausgezeichnete Schnittrose, aber auch als Beetrose geeignet. 60 bis 80 cm hoch.

'Comtesse Vandal' (M. Leenders, 1930)
Trotz ihres Alters eine immer noch gern gepflanzte Sorte. Die Farbe der meistens einzeln stehenden, gut gefüllten Blüten ist ein Rosa mit lachsfarbenen Schattierungen.

Duftend! Aufrechter Wuchs und breites, dichtes Laub. 40 bis 60 cm hoch.

'Coronado' (G. J. v. Abrams – Peterson & Dering, 1961)
Schöne Farbrose. Innenseite der Blütenblätter rot, außen gelb. Große, gefüllte Blumen. Mäßig duftend! Kräftig, aufrecht wachsend. Großes, glänzendes Laub. 80 bis 100 cm hoch.

'Crimson Glory' (W. Kordes, 1935)
Große, gefüllte, dunkelrote Blüten mit hervorragendem Duft. Buschiger Wuchs, schönes dunkelgrünes Laub. 40 bis 60 cm hoch.

'Delphin' (VEG Saatzucht Baumschulen Dresden, 1980)
Interessante, pastellila Farbe. Blüten mittelgroß, gefüllt, sehr früh blühend. Starker Duft! Niedrig bleibende, buschige Pflanze mit mittelgroßen, mattgrünen Blättern. 40 bis 65 cm hoch.

'Desi' (Institut für Zierpflanzenbau Berlin-Köpenick, 1964)
Sport von der bekannten 'Gloria Dei', jedoch mit eleganterer Knospe. Goldgelbe Blütenfarbe, rötlich überhaucht. Kerngesundes, schönes Laub. 60 bis 80 cm hoch.

'Dezent' (VEG Saatzucht Baumschulen Dresden, 1975)
Die gut gefüllten, reinweißen Blüten stehen auf langen Stielen. Stark wachsende Pflanzen mit gesundem, dunkelgrünem Laub. 80 bis 100 cm hoch.

'Diamond Jubilee' (Boerner-Jackson & Perkins, 1947)
Den riesigen, goldgelben, zart orangerosa überhauchten Blüten entströmt ein starker Duft. Die kräftig und buschig wachsende Gartenrose trägt gesundes Laub und blüht unermüdlich. 50 bis 80 cm hoch.

'Die Welt' (W. Kordes' Söhne, 1976)
Edelgeformte Blüten, gelblachsorange mit lichtgelber Unterseite und rötlicher Berandung. Leicht duftend! Die Pflanze wächst kräftig mit dicken Trieben und langen Stielen. Große glänzendgrüne Blätter. 80 cm hoch.

'Dr. F. Debat' (F. Meilland, 1948)
Sehr große, rosafarbene Blüten auf langen Stielen. Mäßiger Duft! Ledriges, dunkelgrünes Laub. 60 bis 80 cm hoch.

'Duftgold' (M. Tantau, 1981)
Mittelgroße, becherförmige, goldgelbe Blüten. Starker, angenehmer Duft! Kräftiger Wuchs, buschig und gut verzweigt. Große dunkelgrüne Blätter, leicht glänzend. 60 bis 80 cm hoch.

'Duftwolke' (M. Tantau, 1963)
Blüten gefüllt, von reinem Blutorange. Sehr gute Duftrose! Pflanze kräftig wachsend mit üppigem, gesundem Laub. Als Beetrose hervorragend geeignet. 60 cm hoch.

'Duftzauber' (W. Kordes' Söhne, 1969)
Dunkelblutrote Schnittsorte mit schöngeformten Blütenknospen, die bei jedem Wetter aufblühen. Stark duftend! Reichblühend, aufrechtwachsend und gut verzweigt. 60 bis 80 cm hoch.

'Elektron' (Sam. McGredy, 1970)
Große rosarote Blüten. Starker, wundervoller Duft. Kräftige, gesunde Pflanze. Die dichte Belaubung macht sie auch zu einer guten Beetsorte. 60 bis 80 cm hoch.

'Ena Harkness' (A. Norman-Harkness, 1946)
Bewährte, feurig-scharlachrote Sorte. Gute Haltbarkeit der großen, gefüllten Blüten. Duftend! Buschige Pflanzen mit dunkelgrünem, gesundem Laub. 40 bis 60 cm hoch.

'Ernest Morse' (W. Kordes' Söhne, 1968)
Große, edelgeformte, blutrote Blüten, lange haltbar. Starker Duft! Pflanze aufrechtwachsend mit dicken Trieben und schöner Belaubung. 60 bis 80 cm hoch.

'Erotika' (M. Tantau, 1968)
Blüten dunkelrot mit orange Schein. Starker Duft. Reichblühend. Buschiger Wuchs mit glänzender grüner Belaubung. 50 bis 70 cm hoch.

'Esmeralda' (W. Kordes' Söhne, 1980)
Große, edelgeformte Blüten von herrlicher rosa Farbe. Lieblicher, starker Duft! Pflanze kräftig wachsend, lange Stiele ausbildend. Glänzendes, grünes Laub. Sehr schön auch der rote Austrieb. Hervorragende Schnitt- und Beetrose. 60 bis 100 cm hoch.

'Evening Star' (Jackson & Perkins, 1974)
Leuchtend reinweiße Blüten von edler Form. Gute Duftrose! Pflanze aufrechtwachsend, gut verzweigt, immer wieder nachtreibend. Großes, glänzendes Laub. 60 bis 80 cm hoch.

'Festival' (VEG Saatzucht Baumschulen Dresden, 1984)
Die großen, scharlachroten Blüten, in der Sonne bis signalrot nachdunkelnd, stehen einzeln und auch bis zu fünft an kräftigen,

aufrechten Trieben. Das im Austrieb rote Laub wird dunkelgrün und etwas glänzend. Es bleibt bis zum Herbst sehr gesund. 70 bis 90 cm hoch.

'Feuerzauber' (W. Kordes' Söhne, 1974)
Dunkelorangerote, lange Knospen. Gut gefüllte Blüten, einzeln und zu mehreren, mit großer Leuchtkraft. Leicht duftend! Kräftig wachsend mit dichter dunkelgrüner Belaubung. 60 bis 80 cm hoch.

'First Love' (Swim-Armstrong, 1951)
Mittelgroße rosa Blüten, zumeist einzelnstehend, leicht duftend. Hellgrünes Laub. 60 bis 80 cm hoch.

'Flamingo' (W. Kordes' Söhne, 1979)
Zartrosa Blüten von eleganter Form, auf festen Stielen stehend. Pflanze üppig wachsend, mit dunkelgrüner, lederartiger Belaubung. Gute Schnittsorte. 60 bis 80 cm hoch.

'Folklore' (W. Kordes' Söhne, 1977)
Große sternförmige Blüten, leuchtend lachsrosa mit gelblichem Ton. Leicht duftend! Gute Schnittrose, sehr lange in der Vase haltbar. Pflanze kräftig wachsend, große dunkelgrüne Belaubung. 60 bis 80 cm hoch.

'Fortuna' (W. Kordes' Söhne, 1977)
Edelgeformte, schöne Blüten, deren Innenseiten leuchtend lachsrot sind und deren Außenseiten einen zarten Lachston haben. Frischgrüne Belaubung. 60 bis 80 cm hoch.

'Frau Karl Druschki', Remontantrose (Lambert, 1901)
Uralte, immer noch beliebte Rose. Knospe karminrosa, Blüten weiß, sehr groß und gefüllt. Kräftiger Wuchs. 100 bis 150 cm hoch.

'Freude' (W. Kordes' Söhne, 1975)
Große lachsorange Knospen. Elegante, lachsfarbene Blüten mit hellgelber Unterseite. Duftend! Witterungsbeständig. Starkwachsend, mit sattgrüner, gesunder Belaubung. Gute Schnittsorte. Sehr winterhart. 60 bis 80 cm hoch.

'Fritz Thiedemann' (M. Tantau, 1959)
Blüten gut gefüllt, rein orangerot. Mäßig duftend. Niedrig und breit wachsend, auch für Gruppenpflanzungen geeignet. 40 bis 60 cm hoch.

'Gail Borden' (W. Kordes' Söhne, 1957)
Orangegelbe Knospe. Große, sehr schöne rosarote Blüte mit chromgelben Blütenblättern. Duftend! Kräftiger Wuchs. Ledrige, dunkelglänzende Blätter. Ausgezeichnete Schnittrose. 50 bis 75 cm hoch.

'Geheimrat Duisberg' (W. Kordes, 1933)
Immer noch eine der brauchbarsten goldgelben Rosen, besonders für das Gewächshaus. Knospe und Blüte sind edel geformt. Guter Duft! Etwas nachteilig wirken sich mitunter hell- bis weißrandige Blüten aus. Kräftige, stark bestachelte Triebe mit glänzendgrünem, manchmal auch stumpferem Laubwerk. 60 bis 80 cm hoch.

'Gloria Dei' (F. Meilland, 1941)
Noch immer eine der beliebtesten Rosen der Welt. Sehr große, gefüllte Blüten, rundlich, goldgelb, rosarot gerandet. Reichblühend, mit kerngesundem, glänzendgrünem Laub. Sie entwickelt sich, wenn sie nicht stark zurückgeschnitten wird, zu einem großen Busch, der über 100 cm hoch wird. Winterharte Schnittrose.

'Golden Gate' (Jackson & Perkins, 1972)
Aus langen, spitzen, lichtgelben Knospen entwickelt sich eine sehr schöne goldgelbe Blüte. Starker Duft! Pflanze robust, kräftig wachsend und gut verzweigt. Große, glänzend dunkelgrüne Belaubung. 60 bis 80 cm hoch.

'Grande Amore' (W. Kordes' Söhne, 1968)
Leuchtend blutrote Blüten. Stark duftend! Regenbeständig, Pflanzen starktriebig, buschig, mit dunkelgrüner, glänzender Belaubung. Gute Beet- und Schnittsorte. 50 bis 70 cm hoch.

'Grand Gala' (F. Meilland, 1954)
Große, zweifarbige, rosarote Blüten. Die Unterseite der Blütenblätter ist weiß und zartrosa schattiert. Wenig Duft. Ledrige, grüne Blätter. 60 cm hoch.

'Grand-mère Jenny' (F. Meilland, 1955)
Große gefüllte Blüten, aprikosengelb, rosa schattiert. Schwach duftend. Kräftiger, buschiger Wuchs. Glänzende dunkelgrüne Blätter. 60 bis 80 cm hoch.

'Gretel Greul' (Greul, 1939)
Edelgeformte hellrote Knospen. Mittelgroße, gut gefüllte, dunkelrosa Blüten. Duftend! Buschiger Wuchs. Auch für Pflanzungen im Gewächshaus. 40 bis 60 cm hoch.

'Harmonie' (W. Kordes' Söhne, 1981)
Edelgeformte, spitze Knospen. Blüten kräftig rosa mit lachsfarbenem Schein. Lieblicher Duft! Stark aufrecht wachsend, gut verzweigt. Große, leicht glänzende Blätter. Guter Herbstblüher. 60 bis 80 cm hoch.

'Hawaii' (Boerner, 1960)
Riesengroße, gefüllte Blüten, orangefarbig mit korallenroter Schattierung. Duftend! Kräftiger Wuchs. Gesunde, ledrig grüne Blätter. 70 bis 90 cm hoch.

'Henkell Royal' (W. Kordes' Söhne. 1964)
Langgestreckte, spitze Knospen, die sich zu großen, leuchtenden, blutroten, gefüllten Blüten öffnen. Sehr guter Duft! Pflanze kräftig wachsend und gut durchtreibend. Dunkelgrüne Belaubung. 60 bis 80 cm hoch.

'Hermann Berger' (GPG »Roter Oktober«, 1982)
Eine hervorragende Teehybride mit leuchtenden, lachsroten Blüten. Leichter Duft! Die Blütenblätter behalten ihren Schmuckwert auch nach längeren Regenperioden. Kräftiger Wuchs, gesundes, mittelgrünes Laub und sehr frosthart. Gute Haltbarkeit in der Vase. 40 bis 60 cm hoch.

'Herzog von Windsor' (M. Tantau, 1969)
Blüten mittelgroß, gut gefüllt. Die Farbe ist ein weithin leuchtendes Lachsrot. Sehr starker Duft! Buschig wachsend, gut verzweigt, glänzend grüne Belaubung. Ausgezeichnete Sorte für Stammrosen. 50 bis 70 cm hoch.

'Ilona' (G. Verbeek, 1973)
Rundlichspitze Knospen. Große, lange in der Vase haltbare blutorangefarbene Blüten. Kräftig wachsend, reiche dunkelgrüne Belaubung. Geeignet für Anbau unter Glas. 60 bis 80 cm hoch.

'Izetka Spreeathen' (Institut für Zierpflanzenbau Berlin-Köpenick, 1968)
Leuchtend rote Blüten auf zahlreichen, kräftigen Stielen. Wenig duftend. Aufrechter Wuchs mit gesunden dunkelgrünen Blättern. 80 bis 100 cm hoch.

'Josephine Bruce' (Bees, 1949)
Hervorragende dunkelrote Sorte. Große gefüllte Blüten von dunkel- bis schwarzroter Farbe mit samtartigem Überzug. Wenig duftend. Gesunde, wüchsige Pflanzen. Großes dunkelgrünes Laub. 60 bis 80 cm hoch.

'Jubel' (GPG »Roter Oktober«, 1980)
Große, edelgeformte, dunkellachsrosa Blüten auf langen, kräftigen Stielen. Zart duftend! Gesundes dunkelgrünes Blattwerk. Sehr schöne Schnittrose für Anbau unter Glas.

'Junge Liebe' (GPG »Roter Oktober«, 1980)
Sehr schöne, zartrosa Teehybride mit gelblichem Schein. Ausgezeichnete Schnittrose von langer Haltbarkeit. Gesundes, glänzendes Laub. Für Anbau unter Glas und Plaste.

'Kardinal' (W. Kordes' Söhne, 1967)
Große Knospen, edelgeformte dunkelrote Blüten mit samtigem Schimmer. Guter Duft! Starkwüchsig, dichte, schöne grüne Belaubung. 60 bis 80 cm hoch.

'Karl Herbst' (W. Kordes' Söhne, 1950)
Leuchtend karminrote Blüten. Ausgezeichnete Gruppen- und Schnittrose. Kräftiger, gesunder Wuchs. 60 bis 80 cm hoch.

'Karneol-Rose' (Institut für Zierpflanzenbau Berlin-Köpenick, 1964)
Die Knospen zwischen den Kelchblättern sind schwarz. Große, gutgefüllte, samtigschwarzrote Blüten von langer Haltbarkeit. Kräftige Pflanzen mit großem, gesundem Laub. 60 bis 80 cm hoch.

'Kasbek' (VEG Saatzucht Baumschulen Dresden, 1976)
Große, gut gefüllte, weiße bis cremeweiße Blüten, zumeist einzeln, auf geraden, mittellangen Stielen. Kaum empfindlich gegenüber Witterungseinflüssen. Dunkelgrünes, gesundes Laub. 70 bis 90 cm hoch.

'Kathrin' (GPG »Roter Oktober«, 1972)
Mittelgroße, gefüllte, schalenförmige, lachsrosa Blüten auf langen, geraden Stielen. Kräftiger, buschiger Wuchs. Das Blattwerk ist dunkelgrün und wird kaum von Pilzkrankheiten befallen. 60 bis 80 cm hoch.

'King's Ransom' (Jackson & Perkins, 1962)
Schöngeformte, mittelgroße, gefüllte, goldgelbe Blüten. Starker Duft! Kräftiger Wuchs und glänzendgrüne Blätter. Sehr gute Schnittrose. 70 bis 90 cm hoch.

'Kleopatra' (W. Kordes' Söhne, 1955)
Schöngeformte, scharlachrote Blüten mit goldgelben Unterseiten. Blätter dunkelglänzend. Interessante Farbenrose, die nur bis 50 cm hoch wird.

'Komet' (VEG Saatzucht Baumschulen Dresden, 1977)
Blüten fast immer einzelnstehend, groß, gefüllt und von zinnoberroter Farbe. Schwacher Duft. Kräftig wachsend, gut verzweigt und mittelgroßes dunkelgrünes Laub. 65 bis 85 cm hoch.

'Königin der Rosen' (W. Kordes' Söhne, 1964)
Feste, eiförmige Blüten, lachsorange mit goldgelben Außenseiten. Wunderbarer Duft.

Als Schnittrose lange haltbar. Dicke, starkbestachelte Triebe mit dunkelgrünem, lederartigem Laub. 60 bis 80 cm hoch.

'Königliche Hoheit' (Swim & Weeks, 1962).
Edelgeformte, große, gefüllte, zart hellrosa Blüten. Duftend! Gute Schnittrose auf langen Stielen. Kräftiger Wuchs, dunkelgrünes, lederartiges Laub. 75 cm hoch.

'Kontrast' (VEG Saatzucht Baumschulen Dresden, 1981)
Schöne Farbenrose. Mittelgroße, halbgefüllte Blüten, innen leuchtend signalrot, außen kräftig gelb. Einzeln oder zu dritt im Blütenstand. Buschiger Wuchs mit kräftigem Durchtrieb, mittelgroßes, glänzend dunkelgrünes Laub. 50 bis 95 cm hoch.

'Kordes Perfekta' (W. Kordes' Söhne. 1957)
Beliebte Farbenrose. Hellrosa Blüten, bei denen sich die Blütenblätter etwas nach außen rollen. Creme- und karminrot schattierte Spitzen. Duftend! Guter Herbstblüher. Kräftiger Wuchs, bis 75 cm hoch. Schönes, gesundes, glänzendes Laub.

'Lady Rose' (W. Kordes' Söhne, 1979)
Sehr große, lachsrote Blüten, edelgeformt und wunderbar duftend. Buschiger, vielverzweigter Wuchs, laufend neue Blütentriebe bildend. Große, gesunde Belaubung. Gute Beet- und Schnittrose. 70 cm hoch.

'Lady X' (M. L. Meilland, 1966)
Große, gefüllte, hellviolette oder mauvefarbige Blüten mit leichtem Duft. Liebhabersorte. 50 bis 80 cm hoch.

'Landora' (M. Tantau, 1970)
Große, schlanke, dunkelgelbe Knospen. Blüten gut gefüllt, kanariengelb. Duftend! Blüten meist zu mehreren zusammensitzend. Gesundes, dunkelgrünes Laub. 60 bis 80 cm hoch.

'Las Vegas' (W. Kordes' Söhne, 1981)
Wundervolle, zweifarbige Teehybride. Edel geformte, orangerote Blüten mit gelber Unterseite. Kräftiger Wuchs, vielverzweigt, schönes, grünes Laub. 60 bis 80 cm hoch.

'Lebensfreude' (GPG »Roter Oktober«, 1979)
Die Farbe der sehr gut gefüllten Blüten ist ein leuchtendes Orange. Kräftige Triebe, gesundes Laub und lange Haltbarkeit in der Vase zeichnen diese Sorte aus und machen sie zu einer hervorragenden Schnittrose für den Anbau unter Glas und Plaste.

'Liebesglut' (W. Kordes' Söhne, 1942)
Gutgefüllte, dunkelrote Blüten mit schwärzlichen Schattierungen. Duftend! Buschig breiter Wuchs. Dunkelgrünes Laub. 40 bis 60 cm hoch.

'Lolita' (W. Kordes' Söhne, 1972)
Starkgefüllte Blüten von leuchtendem Kupferlachs, das von einem Goldton überhaucht ist. Stark duftend! Robuste, starkwüchsige Sorte mit dicken, kräftigen Stielen. Gesunde, hellgrüne Belaubung. 60 bis 80 cm hoch.

'Lustige' (W. Kordes' Söhne, 1973)
Edelgeformte, langgestreckte Knospe. Die gefüllten Blüten sind lichtrot mit hellgelber Unterseite. Ausgesprochen starker Duft! Pflanze kräftig aufrecht wachsend, gut verzweigt, frischgrüne Belaubung. 70 bis 90 cm hoch.

'Mabella' (W. Kordes' Söhne, 1972)
Ausgezeichnete gelbe Schnittrose für Freiland und unter Glas. Langgestreckte, becherförmige Knospen, die zu großen, edelgeformten, zitronengelben Blüten werden. Starker Teerosenduft! Pflanze vielverzweigt mit kräftigen Stielen. Gesundes Laub. 70 bis 90 cm hoch.

'Mainauperle' (W. Kordes' Söhne, 1969)
Gut gefüllte Blüten, dunkelrot mit Orangeschein. Stark duftend! Kräftige Büsche mit schönem, gesundem Laubwerk. Gute Beet- und Schnittrose. 60 bis 80 cm hoch.

'Mainzer Fastnacht' (M. Tantau, 1965)
Gehört zu den sogenannten »Blauen Rosen«. Edelgeformte, gutgefüllte Blüten von hellila Farbe. Starker Duft! Kräftiger Wuchs, dunkelgrüne Belaubung. 80 cm hoch.

'Marcelle Gret' (F. Meilland, 1947)
Große, rundliche, goldgelbe Blüten. Duftend. Kräftiger, aufrechter Wuchs. Dunkelgrünes Laub. 60 bis 80 cm hoch.

'Marella' (F. Meilland, 1962)
Schön geformte, gefüllte Blüten, korallenrot mit etwas Goldgelb aufgehellt. Schwach duftend. Kräftiger Wuchs, glänzend dunkelgrüne Belaubung. 75 cm hoch.

'Margaret' (Dickson, 1954)
Edelgeformte, gefüllte Blüten, hellrosa mit silbrigrosafarbener Unterseite. Etwas duftend. Wuchs kräftig, aufrecht. Die Blüten sitzen an langen Stielen. Gute Garten- und Schnittrose. 75 cm hoch.

'Marjorie le Grice' (Le Grice, 1949)
Mehrfarbige Rose. Blütenblätter orange, Unterseite gelb. Große, gefüllte, duftende Blüten. Kräftiger Wuchs, Triebe recht stachlig mit glänzenden Blättern. 75 cm hoch.

'McGredy's Yellow' (McGredy, 1929)
Große, becherförmige, hellgelbe Blüten. Etwas duftend. Reicher zweiter Flor. Nur 40 bis 60 cm hoch.

'Michèle Meilland' (F. Meilland, 1949)
Sehr beliebte Garten- und Schnittrose. Große, gefüllte, edelgeformte zartrosa Blüten. Etwas duftend. Reichblühend, schlanke, straffe Blütenstiele. Kräftiger Wuchs. Gesunde, dunkelgrüne Blätter. 60 bis 80 cm hoch.

'Mister Lincoln' (Conard Pyle Comp., 1964)
Langgestreckte, edle Knospen. Große, gefüllte, dunkelrote Blüten mit Samtschimmer. Stark duftend. Kräftiger, aufrechter Wuchs, gut verzweigt. Große, dunkelgrüne Belaubung. Ausgezeichnete Schnittsorte. 60 bis 80 cm hoch.

'Mistica' (Dot-Minier, 1966)
Die großen und gut gefüllten Blüten von interessanter violetter Farbe duften wunderbar. Eine buschig wachsende Teehybride für den Rosenfreund. 50 bis 80 cm hoch.

'Mme. Dieudonné' (F. Meilland, 1949)
Herrliche mehrfarbige Teehybride. Große Blüten, Außenseiten leuchtend gelb, Innenseiten feurig rot. Duftend. Kräftiger, buschiger Wuchs. Glänzende Blätter. 60 cm hoch.

'Montezuma' (H. C. Swim – Armstrong, 1955)
Schöngeformte lachsrote Blüten. Sehr reich blühend. Wenig duftend. Kräftiger, aufrechter Wuchs. Gesundes, dunkelgrünes Laub. Beliebte Schnittrose, auch für Anbau unter Glas geeignet. 80 bis 100 cm hoch.

'Motiv' (VEG Saatzucht Baumschulen Dresden, 1983)
Sehr große, zart azaleenrosa Blüten, schalenförmig, gefüllt, fast immer einzeln auf sehr langen Stielen. Duftend. Dichter, aufrechter und gleichmäßiger Wuchs. Ziemlich große, dunkelgrüne, etwas glänzende Blätter, mit guter Krankheitsresistenz. 80 bis 100 cm hoch.

'Nadja' (Institut für Zierpflanzenbau Berlin-Köpenick – DSG, 1964)
Gut gefüllte Blüten von leuchtendroter Farbe, die sich bis zum Verblühen nicht verändert. Wenig duftend. Wüchsig und reichblühend, mit dichtem, dunkelgrünem Laub. Auch als Gruppensorte geeignet. 60 bis 80 cm hoch.

'Neue Revue' (W. Kordes' Söhne, 1969)
Herrliches Farbenspiel. Beim Aufblühen erhalten die gelblichweißen, gut gefüllten Blüten einen kräftigen roten Überzug. Stark duftend. Eine robuste, reichblühende Rose mit dunkelgrünen, lederartigen Blättern. 60 bis 80 cm hoch.

'New Yorker' (E. S. Boerner – Jackson & Perkins, 1947)
Leuchtend dunkelrote, große und gut gefüllte Blüten. Mäßig duftend. Sehr beliebte Schnittrose, die auch für Kultur unter Glas verwendet werden kann. 80 bis 100 cm hoch.

'Norita' (Combe – Verbreiter: Vilmorin, 1966)
Zählt zu den »Schwarzen Rosen«! Die wohlgeformten, gut gefüllten Blüten haben eine samtartige, schwarzrote Farbe. Etwas duftend. Aufrechter Wuchs, gut verzweigt, mit dunkelgrüner Belaubung. 60 bis 80 cm hoch.

'Operettenrose' (Delbard-Chabert, 1967)
Große, leicht gefüllte, hellrosa blühende Teehybride mit etwas Duft. Buschiger Wuchs. Dunkelgrünes, glänzendes Laub. 50 bis 80 cm hoch.

'Ovation' (VEG Saatzucht Baumschulen Dresden, 1977)
Reichblühende Teehybride mit mittelgroßen, gefüllten, dunkelrosa bis hellkarminroten Blüten. Intensiver Duft. Kräftiger, buschiger Wuchs und glänzende dunkelgrüne Blätter. 65 bis 75 cm hoch.

'Pariser Charme' (M. Tantau, 1965)
Große, wohlgeformte Blüten, reinrosa. Stark duftend. Die Pflanze wächst buschig, breit und hat hellgrüne, glänzende Belaubung. Gut für Stammrosen geeignet. 60 bis 80 cm hoch.

'Pascali' (L. Lens, 1963)
Eine hervorragende blendend weiße Rose. Sehr reich blühend. Gesunder Wuchs, schöne Belaubung. 60 bis 80 cm hoch.

'Peer Gynt' (W. Kordes' Söhne, 1968)
Die starkgefüllten, rundlichen Knospen haben eine dunkel- bis goldgelbe Farbe. Stark duftend! Kräftiger Wuchs und gesunde, dunkelgrüne Belaubung. Für Stammrosen gut geeignet. 50 bis 70 cm hoch.

'Permoser' (Institut für Obstbau Dresden–Pillnitz – DSG, 1969)
Schöne Farbenrose. Große, gefüllte Blumen, deren Blütenblätter am Rande eine dunkelrosa bis rote Färbung aufweisen und zur Mitte hellrosa und weiß werden. Duftend. Wüchsig, mit gesundem Laubwerk. 60 bis 80 cm hoch.

'Peter Frankenfeld' (W. Kordes' Söhne, 1966)
Riesengroße, wundervolle Blüten. Die Farbe ist ein kräftiges Karminrot. Duftend. Starkwachsend und vieltriebig, mit schöner Belaubung. 60 bis 80 cm hoch.

'Piccadilly' (Sam. McGredy, 1960)
Wunderschöne, große Blüten von kupferroter und goldgelber Farbe. Sehr gut duftend. Kräftig im Wuchs, mit reicher, kerngesunder Belaubung. Auch eine ausgezeichnete Beetrose. 50 bis 70 cm hoch.

'Piroschka' (M. Tantau, 1972)
Edelgeformte, reinrosa Blüten mit ausgeprägtem Duft. Lang anhaltender Flor. Kräftiger, gesunder Wuchs, gut verzweigt und buschig. 50 bis 70 cm hoch.

'Poesie' (Jackson & Perkins, 1977)
Schöne, spitze, tiefrosafarbene Knospen, die sich zu großen, leuchtend rosafarbenen Blüten öffnen. Etwas duftend. Robuste, buschig wachsende Pflanze, gut verzweigt, mit dunkelgrüner Belaubung. 60 bis 80 cm hoch.

'Poinsettia' (Howard & Smith, 1938)
Eine alte, immer noch sehr beliebte Rose. Die Knospen verändern sich beim Aufblühen vom Dunkelrot zum Scharlachrot. Große, gefüllte, meistens einzelnstehende Blüten an langen Stielen. Duftend. Kräftiger Wuchs, großes, gesundes Laub. 60 bis 80 cm hoch.

'President Herbert Hoover' (Coddington, 1929)
Altbekannte, noch in vielen Gärten anzutreffende schöne Gartenrose. Die locker gefüllten Blüten sind goldgelb und haben einen kupferrosafarbenen Schein. Duftend. Kräftiger Wuchs, lange Stiele, wenig belaubt. 80 bis 100 cm hoch.

'Princesse Liliana' (Buyl Frères, 1953)
Edelgeformte, meistens einzelnstehende, große, gefüllte, dunkelrote Blüten. Etwas Duft. Gesunder, aufrechter Wuchs, große, dunkelgrüne Blätter. 60 bis 80 cm hoch.

'Pristine' (Jackson & Perkins, 1978)
Sehr große Blumen auf kräftigen, starken Stielen. Die Blüten sind leuchtend weiß und haben eine zartrosa Berandung. Starker Duft. Schöner Kontrast zwischen den weißen Blüten und der reichen dunkelgrünen Belaubung. 50 bis 70 cm hoch.

'Professor Knöll' (W. Berger, 1964)
Außergewöhnliche große, gut gefüllte Blüten in leuchtender, karmesinroter Farbe. Gut duftend. Kräftiger, buschiger Wuchs und dunkelgrünes, gesundes Laub. 70 bis 90 cm hoch.

'Rakete' (GPG »Roter Oktober«, 1972)
Leuchtendrote Blüten, einzeln, auf sehr kräftigen Stielen. Der kräftige Wuchs und der laufende Durchtrieb sorgen für ein ständiges Blühen bis zum Herbst. Dunkelgrüne, gesunde Belaubung. 100 bis 150 cm hoch.

'Red Queen' (W. Kordes' Söhne, 1968)
Die auch unter dem Namen 'Liebestraum' mitunter zu findende Rose hat große, gefüllte, rote Blüten. Eine buschigwachsende Rose mit gesundem dunkelgrünem Laub. 50 bis 80 cm hoch.

'Rosella' (GPG »Roter Oktober«, 1982)
Aus schlanken, eleganten, rosa Knospen öffnen sich stark gefüllte, schalenförmige Blüten. Schwacher Duft. Gerade, kräftige Stiele mit geringer Bestachelung. Gesundes, mittelgrünes Laub. Ständig neue Blütentriebe bildende, gute Schnittrose für Pflanzungen unter Glas und Plaste.

'Roter Stern' (Meilland, 1959?)
Ähnlich wie die Sorte 'Baccara', aber die geraniumroten Blüten sind schlanker. Hervorragende Schnittrose, sehr lange in der Vase haltbar. Kräftige, lange Stiele, schönes, glänzendes Laub. 60 bis 80 cm hoch.

'Royal Dane' (D. T. Poulsen, 1972)
Braunrote, große, edelgeformte Knospen, die beim Aufblühen bronze-kupfrig werden. Starker Duft. Kräftiger Wuchs, gut verzweigt, willig durchtreibend. Glänzendes Laub. 60 bis 80 cm hoch.

'Sabrina' (M. L. Meilland, 1960)
Große, gefüllte, rote Blüten, deren Rückseiten gelb leuchten. Hervorragender Duft! Gesundes Laubwerk. 80 bis 100 cm hoch.

'Sacramento' (GPG »Roter Oktober«, 1981)
Eine sehr reich blühende Freilandrose mit gut gefüllten, samtroten Blüten. Hellgrünes, glänzendes Laub, das gegenüber Sternruß- und Mehltau kaum anfällig ist. An den kräfti-

gen Trieben befinden sich nur kleine Stacheln. Als Schnitt- und Rabattenrose geeignet. 50 bis 60 cm hoch.

'Salzagold' (GPG »Roter Oktober«, 1981)
Große, edelgeformte, gelbe Blüten mit starkem Teerosenduft! Kräftiger, buschiger Wuchs und glänzendes, dunkelgrünes, gesundes Laub. Reicher Blütenflor bis in den Spätherbst. Bestens geeignet zur Veredlung auf Stämmen. 40 bis 60 cm hoch.

'Salzaperle' (GPG »Roter Oktober«, 1977)
Mittelgroße bis große, gefüllte, rosafarbene Blüte. Etwas duftend. Pflanze sehr kräftig aufrecht wachsend, gesunde, dunkelgrüne Blätter. 85 bis 120 cm hoch.

'Salzaquelle' (GPG »Roter Oktober«, 1977).
Eine im bläulichen Farbbereich liegende Rose. Starkgefüllte, rein lavendelblaue Blumen von edler Form. Etwas Duft. Gute Blühwilligkeit, der buschige Wuchs und die schöne, grüne Belaubung zeichnen diese Rose aus. 50 cm hoch.

'Sandra' (W. Kordes' Söhne, 1981)
Gutgefüllte, lachsrosa Blüten von langer Haltbarkeit. Starkwachsende Pflanze mit langen, dicken Trieben und dunkelgrüner, mittelgroßer Belaubung. 80 cm hoch.

'Schweizer Gold' (W. Kordes' Söhne, 1974)
Riesige, starkgefüllte Blüten, die leuchtenden, hellgelben Blütenbällen ähneln. Duftend. Starkwachsende, blühwillige Sorte mit großer, glänzender Belaubung. 80 bis 100 cm hoch.

'Serenade' (E. S. Boerner – Jackson & Perkins, 1949)
Knospen orangefarben, Blütenblätter korallen- bis orangerot. Die schalenförmigen Blüten haben bis zu 30 Blütenblätter. Schwacher Duft. Gesunder, buschiger Wuchs, glänzende, ledrige Blätter. 60 bis 80 cm hoch.

'Shannon' (Sam. McGredy, 1965)
Edelgeformte Blüten, gutgefüllt, rosa Farbe. Duftend. In der Vase lange haltbar. Gut verzweigte, üppige Büsche mit frischgrüner Belaubung. 60 bis 80 cm hoch.

'Silver Jubilee' (Cocker, 1978)
Spitze Knospen, edelgeformte, lange haltbare Blüten von lachsrosa Farbe. An den Rändern sind die Blüten stärker rosa getönt. Robuste, breitbuschige Pflanze mit großer, glänzender Belaubung. 60 bis 80 cm hoch.

'Silver Star' (W. Kordes' Söhne, 1966)
Für Rosenfreunde, die ausgefallene Farben lieben. Edelgeformte Blüten in strahlendem Silberblau. Stark duftend. Auch für Stammrosen zu empfehlen. Wuchs buschig, Belaubung glänzend sattgrün. 50 bis 70 cm hoch.

'Soliman' (VEG Saatzucht Baumschulen Dresden, 1975)
Sehr schöne, edelgeformte, starkgefüllte, dunkelrote Blumen. Auf langen Stielen meist einzelnstehende Blüten. Die robust und buschig wachsenden Pflanzen haben eine gesunde, dunkelgrüne Belaubung. 60 bis 80 cm hoch.

'Souvenir de Jacques Verschuren' (J. Verschuren-Verschuren Pechthold, 1950)
Mittelgroße, gut gefüllte, meist einzelnstehende, kupfriggelbe Blüten. Mäßig duftend. Aufrechter Wuchs, kleines dunkelgrünes, ledriges Laub. 60 bis 80 cm hoch.

'Speks' Yellow' (J. Verschuren – Pechthold – Spek, 1947)
Mittelgroße, lange, spitze Knospen öffnen sich zu kräftig gelben Blumen. Blüten zu mehreren am Stiel, besonders beim zweiten Flor. Wenig Duft. Die Pflanzen sind recht wüchsig, blühen unermüdlich und haben großes, dunkelgrünes, ledriges Laub. 60 bis 80 cm hoch.

'Sultane' (F. Meilland, 1946)
Vom Rosenfreund immer wieder gern gepflanzte Farbenrose. Innenseits der Blütenblätter kräftig rot, Außenseite goldgelb. Blüten mittelgroß bis groß. Leicht duftend. Kräftiger, aufrechter Wuchs, das Laub ist bronzegrün, ledrig. 60 bis 80 cm hoch.

'Super Star' (M. Tantau, 1960)
Diese Teehybride erregte mit ihrer einmalig schönen Farbe Aufsehen. Ein zinnoberroter, auch als salmorange bezeichneter Farbton. Gut geformte, gefüllte Blüten, einzeln oder in Büscheln stehend, von sehr langer Haltbarkeit in der Vase. Einmalig schöner Duft. Stark aufrecht wachsende Pflanze mit glänzenden, dunkelgrünen Blättern. Beliebte Schnittrose, auch für Kultur unter Glas gut geeignet. 60 bis 80 cm hoch.

'Sutter's Gold' (H. C. Swim – Armstrong, 1950)
Immer wieder gern zum Schnitt verwendete Rose mit langem Stiel und auffallend wenig

Stacheln. Die langen, schmalen Knospen sind gelb mit roten Streifen. Goldgelbe, sehr stark duftende Blüten. Kräftiger, aufrechter Wuchs, gesundes, glänzendes, dunkelgrünes Laub. 80 bis 100 cm hoch.

'Symphonie' (F. Meilland, 1951)
Große, runde, wie aus Wachs geformte Blüten, herrlich rosa, mit karminrosafarbenen Adern in den Blütenblättern. Starker Duft. Buschiger Wuchs, glänzend grüne Blätter. 50 bis 60 cm hoch.

'Taifun' (W. Kordes' Söhne, 1973)
Edelgeformte, gut gefüllte Blüten, lachsrot mit Kupferschein. Stark duftend. Aufrecht wachsend, gut verzweigt, mit mattgrünem Laub. Laufend nachblühend. 60 bis 80 cm hoch.

'Tallyho' (H.C. Swim – Armstrong, 1948)
Blüten mittelgroß, gut gefüllt, innen karmesinrot, Außenseiten kardinalrot. Duftend. Stark aufrechtwachsend mit dunkelgrünem, ledrigem Laub. 80 bis 100 cm hoch.

'Tatjana' (W. Kordes' Söhne, 1970)
Schwarzrote, länglichspitze Knospen. Die gut gefüllten, edlen Blüten sind von samtigem, feurigem Blutrot. Intensiver Duft. Aufrecht wachsend, dicke Triebe ausbildend, dunkelgrünes, glänzendes Laub. 60 bis 80 cm hoch.

'Texas Centennial' (A. F. Watkins – Dixi Rose Nurs., 1935)
Altbekannte, noch oft anzutreffende Schnittrose. Die schön geformten und gefüllten Blüten haben eine kupferrote Farbe, die langsam etwas heller wird und beim Verblühen einen dunkelrosafarbenen Ton annimmt. Die Blüten stehen auf langen, kräftigen Stielen. Duftend. Starker, aufrechter Wuchs, dunkelgrünes Laub. 80 bis 100 cm hoch.

'Trend' (VEG Saatzucht Baumschulen Dresden, 1983)
Die Farbe dieser kelchförmigen, edlen, mittelgroßen und gut gefüllten Blüte ist orange. Meist einzeln, auch zu 3 bis 5, entwickeln sich die leuchtenden Blumen an kräftigen, mittellangen Stielen. Etwas Duft. Gut selbstreinigend. Kräftiger, buschiger Wuchs. Dunkelgrünes, etwas glänzendes Laub. 60 bis 80 cm hoch.

'Tzigane' (F. Meilland, 1956)
Beliebte zweifarbige Teehybride. Die Unterseite der großen, runden, gefüllten, roten Blüten ist leuchtend gelb. Gesunder, buschiger Wuchs. Glänzend grüne, ledrige Blätter. 50 bis 60 cm hoch.

'Velvet Times' (L. u. N. Peters – Jackson & Perkins, 1959)
Große, gut gefüllte, samtig rote Blüten. Duftend. Kräftiger Wuchs und gesundes, lederartiges Laubwerk. Sehr schön zum Anbau unter Glas. 60 bis 80 cm hoch.

'Versailles' (Delbard-Chabert, 1967)
Eine vom Rosenliebhaber sehr geschätzte Teehybride mit großen, wohlgeformten, etwas duftenden, zartrosa Blüten. Kräftiger Wuchs. Gesundes Laub. 80 bis 100 cm hoch.

'Via Mala' (W. Kordes' Söhne, 1977)
Sehr große, leuchtend weiße Blüten, edelgeformt und von langer Haltbarkeit. Die Blüten sitzen einzeln oder zu mehreren zusammen. Starkwüchsig, aufrecht wachsend, mit dikken Trieben. Dichte, große, dunkelgrüne Belaubung. 80 bis 100 cm hoch.

'Virgo' (Mallerin, 1947)
Wohl die schönste weiße Schnittrose. Lange, spitze Knospen öffnen sich zu wohlgeformten, großen Blüten, deren Weiß einen leichten grünen Einschlag hat. Wenig Duft. Wüchsige, reichblühende Pflanzen mit dunkelgrünem, ledrigem Laub. 60 bis 80 cm hoch.

'Vive la France' (Mallerin – Meilland, 1944)
Auffallende zweifarbige Rose. Die großen, gefüllten Blüten sind innen rot und außen gelb. Etwas Duft. Mittelstarker Wuchs, glänzende Blätter. 60 bis 80 cm hoch.

'Volcano' (L. Moro, 1952)
Große, gut gefüllte, kirschrote Blüten. Duftend. Aufrechter Wuchs, buschig, gut durchtreibend, mit gesunder, dunkelgrüner Belaubung. 60 bis 80 cm hoch.

'Vulkan' (VEG Saatzucht Baumschulen Dresden, 1981)
Samtig dunkelrote Blüte. Die großen, halbgefüllten, schlanken Blüten, oft zu mehreren zusammen, besitzen eine hervorragende Leuchtkraft. Etwas Duft. Aufrecht wachsende Pflanze. Dunkelgrünes, etwas glänzendes Laub. 75 bis 95 cm hoch.

'Westminster' (Robinson, 1959)
Zweifarbige, große, längliche, gefüllte Blüten. Die Blütenblätter sind innen kirschrot und außen hellrot mit gelben Schattierungen. Sehr guter Duft. Kräftiger, ausbreiten-

der Wuchs. Dunkelgrüne Blätter. Beliebte Schnittrose. 60 bis 80 cm hoch.

'Whisky' (M. Tantau, 1967)
Langgestreckte Knospen entwickeln sich zu großen, edelgeformten, bronzegelben Blüten. Starker Duft. Pflanze buschig wachsend, gut verzweigt und willig durchtreibend. Dunkelgrüne, schöne Belaubung. Beliebte Schnittrose. 60 bis 80 cm hoch.

'Wiener Charme' (W. Kordes' Söhne, 1963)
Blüten enorm groß, leuchtend orangebraun. Duftend. Üppiger, kräftiger Wuchs. Dunkelgrüne Belaubung. 60 bis 80 cm hoch.

Beetrosen (Polyantha, Polyantha-Hybriden, Floribunda, Floribunda-Grandiflora)

'Abendrot' (H. Klein, 1980) – Flor.
Große, halbgefüllte, kräftig lachsrosa blühende Beetrose. Sehr reich blühend. Schöner, buschiger Wuchs. Gesundes, mittelgrünes Laubwerk. 40 bis 50 cm hoch.

'Aladin' (VEG Saatzucht Baumschulen Dresden, 1975) – Flor.
Mittelgroße, gefüllte, leuchtend ziegelrote Blüten, die in Büscheln zusammenstehen. Breitbuschiger Wuchs. 60 bis 80 cm hoch.

'Alain' (F. Meilland, 1946) – Pol-H.
Eine sehr reich blühende Sorte mit halbgefüllten, blutroten Blüten in großen Rispen. Dunkelgrüne, glänzende Blätter. 60 bis 80 cm hoch.

'Allgold' (Le Grice, 1957) – Flor.
Leuchtend goldgelbe, mittelgroße Blüten. Der buschige Wuchs und das glänzende Laubwerk machen diese Rose zu einer ausgezeichneten Beetsorte. Auch für Stammrosen gut geeignet. 40 cm hoch.

'Ama' (W. Kordes' Söhne, 1955) – Pol.-H.
Große, orange bis scharlachrote Blüten, die bis zu 20 Stück zusammenstehen. Das gesunde, glänzendgrüne, ledrige Laubwerk wird kaum von Pilzkrankheiten befallen. 60 bis 80 cm hoch.

'Anabell' (W. Kordes' Söhne. 1972) – Flor.
Eine reichblühende Floribunda mit edelgeformten, duftenden, lachsorange Blüten. Selbstreinigend. Buschiger, vielverzweigter Wuchs, willig nachtreibend, dunkelgrünes Laub. 50 cm hoch.

'Andalusien' (W. Kordes' Söhne, 1977) – Flor.
Leuchtend blutrote, weithin auffallende, schalenförmige Blüten. Kräftig und buschig wachsende Pflanze mit glänzender, dunkelgrüner Belaubung. Sehr gute und winterharte Beetsorte. 60 cm hoch.

'Aspekt' (VEG Saatzucht Baumschulen Dresden, 1973) – Pol.-H.
Leuchtend dunkelrote, mittelgroße, schwachgefüllte Blüten. Auffallende Beetrose. Die Farbe bleibt unverändert bis zum Abfallen der Blütenblätter. Breitbuschiger Wuchs. 60 bis 80 cm hoch.

'August Seebauer' (W. Kordes, 1944) – Flor.
Edelgeformte, reinrosa Blüten mit etwas Duft. Eine reichblühende Sorte. Starke, straff aufrecht wachsende Triebe mit glänzenden Blättern. 60 bis 80 cm hoch.

'Bad Füssing' (W. Kordes' Söhne, 1980) – Flor.
Große, leuchtend blutrote Blüten mit Wildrosenduft. Sauber verblühend. Gleichmäßiger, buschiger Wuchs. Dichte, leicht glänzende Belaubung. Sehr winterhart. 50 cm hoch.

'Bad Wörishofen' (W. Kordes' Söhne, 1972) – Flor.
Ausgezeichnete niedrige Beetsorte mit kräftig roten Blüten. Selbstreinigend. Breitbuschiger Wuchs. Dunkelgrüne Belaubung. 40 cm hoch.

'Ballerina' (Bentall, 1937) – Pol.-H.
Eine Vielzahl, manchmal bis zu 100, kleine, zartrosa Blüten mit weißem Auge sitzen an riesigen Dolden. Die buschig wachsende und gut verzweigte Sorte hat eine schöne, dunkelgrüne Belaubung und blüht bis zum Frost. 80 cm hoch.

'Baltik' (VEG Saatzucht Baumschulen Dresden, 1984) – Flor.
Mittelgroße bis große, gut gefüllte, rötlichlila Blüten, in Rispen zu drei bis zehn zusammenstehend. Durch Sonnenstrahlung wird die Farbe intensiver. Zeitiger Blühbeginn. Etwas glänzendes, mittelgrünes Laub mit guter Krankheitsresistenz. Breitbuschiger, kräftiger Wuchs. 50 bis 60 cm hoch.

'Bengali'(W.Kordes'Söhne,1966)–Flor.
Eine apfelsinenfarbige Beetrose. Die gutgefüllten, leicht duftenden Blüten haben einen

Orangeton auf goldigem Grund. Unermüdlich blühend. Hellgrüne Belaubung. 50 cm hoch.

'Bernstein' (VEG Saatzucht Baumschulen Dresden, 1972) – Pol.-H.
Die nicht alltägliche Farbe, zart bräunlichgelb, der reiche Blütenflor und das glänzend dunkelgrüne, gesunde Laub machen diese Sorte zu einer gern verwendeten Beetrose. 40 bis 60 cm hoch.

'Blickfang' (VEG Saatzucht Baumschulen Dresden, 1972) – Flor.
Edle, gutgefüllte, ziegelrote Blüten, weithin leuchtend. Große Blütenstände. Auffallend das schöne, dichte, rötlichgrüne Laubwerk. Kräftiger, buschiger Wuchs. 50 bis 70 cm hoch.

'Brigth Smile' (A. Dickson, 1981) – Flor.
Schalenförmige, immer in Dolden blühende, leuchtend goldgelbe Beetrose. Leichter Duft. Ganz niedrig wachsend. Frischgrüne, glänzende und dichte Belaubung. 30 cm hoch.

'Carol' (C. M. Amling, 1953) – Flor.
Edelgeformte, reinrosa Blüten. Wird auch als »Babyrose« bezeichnet. Etwas duftend. Als Topfrose geeignet. 40 bis 60 cm hoch.

'Charme' (Institut für Zierpflanzenbau Berlin-Köpenick, 1964) – Pol-H.
Sehr schöne, leuchtend lachsrosa Beetrose mit halbgefüllten, offenen Blüten. Selbstreinigend. Kräftiger, buschiger Wuchs, mit dunkelgrünem Laub. Unermüdlich und reich blühend. 60 bis 80 cm hoch.

'Chatter' (E. S. Boerner – Jackson & Perkins, 1947) – Pol.-H.
Die dunkelroten, halbgefüllten, offenen Blüten stehen in großen Büscheln zusammen. Niedriger, gleichmäßiger Wuchs. Kleine, gesunde, mattgrüne Blätter. Ausgezeichnete Beetrose. 40 bis 60 cm hoch.

'Chorus' (Meilland, 1975) – Flor.
Edelrosengleiche, zinnoberrote Knospen. Die großen, offenen, schalenförmigen Blüten sind sehr wetterbeständig. Die gut verzweigten Pflanzen bleiben niedrig und haben glänzendes Laub. 50 bis 60 cm hoch.

'City of Belfast' (Sam McGredy, 1968) – Flor.
Leuchtende, orangerote, gefüllte Blüten, die sich schalenförmig öffnen. Buschig, breitwachsend. Große, glänzende Belaubung. 50 cm hoch.

'Cordula' (W. Kordes' Söhne, 1972) – Flor.
Eine der schönsten niedrigbleibenden Beetrosen. Mittelgroße, starkgefüllte, blutrote Blüten mit großer Leuchtkraft. Etwas duftend. Witterungsbeständig. Kompakter Wuchs, vielverzweigt. Schöner, rötlicher Austrieb, der später glänzend dunkelgrün wird. 35 cm hoch.

'Csárdás' (W. Berger, 1956) – Flor.
Gute Beetrose mit orangeroten, weithin leuchtenden Blüten. Etwas duftend. Kräftiger, aufrechter Wuchs und gesunde, dunkelgrüne Belaubung. 60 bis 80 cm hoch.

'Dagmar Späth' (Wirtz und Eicke – Späth, 1936) – Pol.-H.
Halbgefüllte, weiße Blüten in Büscheln. Mitunter erscheinen rotblühende Triebe, Blüten halb rot, halb weiß, manchmal ist auch ein einzelnes Blütenblatt zweifarbig. Zurückzuführen sind diese interessanten Erscheinungen auf die Abstammung von der alten rotblühenden 'Josef Guy'. Gesunder Wuchs, schönes, glänzendes Laub. Unermüdlich blühend. 40 bis 60 cm hoch.

'Daniela' (W. Berger, 1972) – Flor.
Große, fast edelrosengleiche, reinrosa Blüten. Reichblühend mit kräftigem Wuchs und gesunder Belaubung. 50 cm hoch.

'De Ruiter's Herald' (De Ruiter, 1948) – Pol.-H.
An riesigen Rispen sitzen eine Vielzahl kleiner, einfacher, scharlachroter Blüten. Kräftiger, buschiger Wuchs. Sehr schönes glänzendes Laub. Äußerst winterhart. 60 bis 80 cm hoch.

'Diamant' (W. Kordes' Söhne, 1962) – Flor.-Grandifl.
Hervorragende und starkwachsende Schnittrose. Edelrosengleiche, zinnoberrote Blüten. Lange in der Vase haltbar. Sattgrüne Belaubung. 70 cm hoch.

'Dick Koster' (D. A. Koster, 1929) – Pol.
Alte, immer noch bewährte Sorte für niedrige Beete oder für Töpfe. Hübsche, hellrote, kugelförmige Blüten. Kleines, glänzendes Laub. 30 bis 40 cm hoch.

'Dick Koster fulgens' (D. A. Koster, 1940) –Pol.
Sport von 'Dick Koster', aber mit kräftig roten Blüten. 30 bis 40 cm hoch.

'Dolly' (W. Berger, 1959) – Flor.
Erst gelb gefärbte, später rot werdende, mit-

telgroße Blüten. Die an Büscheln stehenden Blüten ähneln einer Pompondahlie. Buschiger Wuchs, gesundes Laub. 70 cm hoch.

'Donald Prior' (D. Prior, 1934) – Pol.-H.
Eine ganz früh blühende Beetrose. Die einfachen feuerroten Blüten erscheinen in großen Mengen. Starke Hagebuttenbildung. Gesunder, kräftiger Wuchs. 40 bis 60 cm hoch.

'Edelweiß' (D. T. Poulsen, 1969) – Flor.
Eine weißblühende Floribunda mit niedrigem Wuchs. Die offenen, mittelgroßen Blüten stehen in großen Büscheln zusammen. Glänzende, dunkelgrüne Belaubung. 40 cm hoch.

'Effekt' (GPG »Roter Oktober«, 1975) – Flor.
Edelgeformte, gutgefüllte, dunkelblutrote Blüten mit schwärzlicher Zeichnung. Eine breitbuschig wachsende, hervorragende Beetrose. Gesundes, dunkelgrünes Laub. 60 bis 80 cm hoch.

'Elbeglut' (Dr. J. Schmadlak-GPG »Im Lockwitztal«, 1978) – Pol.-H.
Mittelgroße, halbgefüllte, dunkelrote Blüten an großen Blütenständen. Selbstreinigend. Starker Hagebuttenansatz. Niedriger, gedrungener Wuchs, dunkelgrünes, sehr gesund bleibendes Laub. 45 bis 50 cm hoch.

'Elbegold' (Dr. J. Schmadlak-GPG »Im Lockwitztal«, 1973) – Pol.-H.
Wunderbare gelbe Blüten, die zur Mitte heller werden. Beim zweiten Flor bilden sich große Blütentriebe. Sehr gesund und winterhart. 60 bis 80 cm hoch.

'Elbfreude' (Dr. J. Schmadlak, 1983) – Flor.
Die leuchtend roten, schalenförmigen Blüten behalten ihre Leuchtkraft bis zum Verblühen. Blütenstände mit fünf bis zehn Blüten. Gute Selbstreinigung. Gesundes, mittelgroßes, rötlichgrün glänzendes Laub. Wenig bestachelt. Frosthart. Buschige Wuchsform. Ausgezeichnete Beetrose. 40 bis 50 cm hoch.

'Elysium' (W. Kordes' Söhne, 1961) – Flor.
Edelrosenartige, zartrosa Blüten an langen Stielen. Duftend. Wuchs straff aufrecht, buschig. Kerngesundes, dunkelgrünes Laub. 60 bis 80 cm hoch.

'Erna Grootendorst' (R. Grootendorst, 1938) – Pol.-H.
Halbgefüllte, mittelgroße, dunkelrote Blüten. Die Pflanzen wachsen buschig und bleiben gleichmäßig hoch. Gesundes Laub. Sehr winterhart. 40 bis 60 cm hoch.

'Esther Ofarim' (W. Kordes' Söhne, 1970) – Flor.
Leuchtend orangenrote Blüten auf goldenem Grund. Niedrigbleibende, wunderschöne Farbenrosen. Blüten in der Vase lange haltbar. Gesunde Belaubung. 40 bis 50 cm hoch.

'Europeana' (de Ruiter, 1964) – Flor.
Leuchtend blutrote Beetrose. Duftend. Einmalig schönes Laubwerk, vollkommen krankheitsresistent. Immer wieder willig und rötlich austreibend. 40 cm hoch.

'Eva Teschendorff' (Grunewald – Teschendorff, 1923) – Pol.-H.
Diese alte, reinweiße Beetrose erfreut immer wieder aufs neue. Die vielen Blüten sitzen in großen Büscheln über kleinem, hellgrünem, gesundem Laubwerk. Gedrungener Wuchs, wenig Stacheln. 40 bis 60 cm hoch.

'Fanal' (M. Tantau, 1946) – Pol.-H.
Große, halbgefüllte, offene, rote Blüten. Eine sehr reich und lange blühende Beetrose von gleichmäßigem Wuchs. Oft angepflanzte Gruppensorte, die gut den Boden deckt. Sehr winterhart. 60 bis 80 cm hoch.

'Fantasia' (W. Kordes' Söhne, 1977) – Flor.
Die gutgefüllten Blüten sind leuchtend hellrot und stehen in schönem Kontrast zu den weißen Unterseiten der Petalen. Gedrungener und gut verzweigter Wuchs. Willig nachtreibend. Auch für Anbau unter Glas geeignete Sorte. 60 cm hoch.

'Fashion' (E. S. Boerner – Jackson & Perkins, 1949) – Pol.-H.
Halbgefüllte, lachsrote Blüten, in der Mitte etwas gelblich. Etwas duftend. Sehr angenehmer Farbton. Kräftiger, buschiger Wuchs. 40 bis 60 cm hoch.

'Feudor' (Croix, 1963) – Flor.
Leuchtende, orangerote, mittelgroße, etwas duftende Blüten. Schönes, glänzendes, dunkelgrünes Laub. Dankbare Beetrose. 80 bis 100 cm hoch.

'Feuertaufe' (GPG »Roter Oktober«, 1980) – Pol.-H.
Sehr schöne Rose für kleine Beete und Einfassungen. Die orangeroten Blüten mit gelber Mitte besitzen eine hervorragende Leuchtkraft. Selbstreinigend. Überaus reich

und unermüdlich bis zum Frost blühend. Buschiger Wuchs, gesundes mittelgrünes Laub. 30 bis 50 cm hoch.

'Feurio' (R. Kordes – W. Kordes' Söhne, 1956) – Flor.
Wirkungsvolle Floribunda für niedrige Beete. Mittelgroße, gefüllte, orangescharlachrote Blüten. Buschiger, gedrungener Wuchs und glänzendes, gesundes Laub. 40 bis 50 cm hoch

'Fiametta' (A. Berger, 1970) – Flor.
Große, edelgeformte, gefüllte, orangerote Blüten. Breiter, buschiger Wuchs. Glänzendgrünes, gesundes Laub. 40 bis 60 cm hoch.

'Flamenco' (S. McGredy – McGredy, 1960) – Flor.
Edelgeformte, halbgefüllte, lachsrosa Blüten. Kräftig wachsend, mit großem, glänzendgrünem Laub. 60 bis 80 cm hoch.

'Florett' (GPG »Roter Oktober«, 1984) – Flor.
Die edelgeformten, leicht gefüllten Blüten sind silberrosa und gehen nach innen in lachs über. Stark duftend! Am Blütenstand 1 bis 4 Blumen. Sehr schöne, unermüdlich blühende Beetrose, auch für den Freilandschnitt geeignet. Buschiger, aufrechter Wuchs mit dunkelgrünen, glänzenden Blättern. Das im Austrieb rötliche Laub ist weitgehend krankheitsresistent. 60 bis 70 cm hoch.

'Frau Astrid Späth' (Wirtz und Eicke-Späth, 1930) – Pol.-H.
Eine immer wieder zufriedenstellende, bis in den Winter hinein blühende Beetrose. Die halbgefüllten Blüten sind leuchtend rosa. Stark verzweigter, buschiger Wuchs, mit hellgrünem Laub. 40 bis 60 cm hoch.

'Frensham' (A. Norman – Harkness, 1946) – Pol.-H.
Starkwachsende Beetrose, die jahrzehntelang am gleichen Standort stehen kann und unermüdlich blüht. Die dunkelroten, halbgefüllten Blüten stehen in Büscheln zusammen. 80 bis 100 cm hoch.

'Friesia' (W. Kordes' Söhne, 1973) – Flor.
Eine goldfarbene Floribunda. Lange, spitze Knospen in Dolden. Sehr gut duftend. Aufrechter, buschiger Wuchs, gut nachtreibend; hellgrüne, glänzende Belaubung. 65 cm hoch.

'Gabriele Privat' (Privat, 1931) – Pol.
Diese sehr niedrig bleibende Sorte ist über und über mit kleinen, gefüllten, karminrosa Blüten bedeckt. Der dichte Wuchs macht sie auch für die Topfkultur brauchbar. 30 bis 40 cm hoch.

'Garnette' (M. Tantau, 1947) – Flor.
Durch ständigen Durchtrieb kommt es zu einem fast ununterbrochenen Blütenflor dieser entzückenden Beet- und Topfrose. Die mittelgroßen, gefüllten Blüten haben eine granatrote Farbe. Schönes, dunkles, rötlichgrünes Laub. 40 bis 60 cm hoch.

'Gelbe Holstein' (W. Kordes' Söhne, 1949) – Pol.-H.
Knospen goldgelb mit zarten, roten Schattierungen. Beim Aufblühen geht die Farbe in Hellgelb über. Weniggefüllte, offene Blüten, die zu mehreren an großen Trieben sitzen. Großes, glänzendes, gesundes Laub. Anspruchslos und sehr winterhart. Diese starkwachsende Rose läßt sich auch als Strauchrose verwenden. 80 bis 100 cm hoch.

'Golden Times' (W. Kordes' Söhne, 1976) – Flor.
Die starkgefüllten, becherförmigen, gelben Knospen öffnen sich auf mittellangen, kräftigen Stielen zu schönen, wunderbar duftenden Blüten. Gute Schnittrose von langer Haltbarkeit. Buschiger, gesunder Wuchs. 60 cm hoch.

'Goldene Aue' (W. Berger, 1965) – Flor.
Edelgeformte, zartgelbe Blüten, die nach außen etwas in Elfenbeinweiß übergehen. Die Blumen stehen in großen Sträußen über der dunkelgrünen Belaubung. Der gleichmäßige Wuchs und ein langanhaltender Blütenflor machen diese Sorte zu einer schönen Beetrose. 50 cm hoch.

'Goldener Reiter' (VEG Saatzucht Baumschulen Dresden, 1969) – Flor.
Die großen, schöngeformten, reingelben Blüten stehen zu mehreren auf starken Trieben. Intensiver Wohlgeruch. Kräftiger, aufrechter Wuchs, mattes, mittelgrünes Laubwerk. 80 bis 100 cm hoch.

'Goldilocks' (E. S. Boerner – Jackson & Perkins, 1945) – Pol.-H.
Mittelgroße, runde, gefüllte, tiefgelbe Blüten, die später hellgelb werden. Kräftiger, sehr buschiger Wuchs. Glänzend ledriges Laub. Für kleine, niedrige Beete geeignet. 40 bis 60 cm hoch.

'Goldmarie' (Kordes' Söhne, 1958) – Flor.
Sehr große, halbgefüllte, orangegoldene

Blüten in Dolden. Starker Duft. Kräftiger, gutverzweigter Wuchs, glänzende Blätter. 50 cm hoch.

'Goldrausch-Golden Giant' (W. Kordes' Söhne, 1961) – Flor.-Grandifl.
Leuchtend goldgelbe, edelrosengleiche, große Blüten, die an kräftigen, langen Stielen sitzen. Duftend. Starkwachsend, mit dunkelgrüner Belaubung. 70 cm hoch.

'Goldteppich' (VEG Saatzucht Baumschulen Dresden, 1972) – Pol.-H.
Leuchtend goldgelbe, schöngeformte Blüten. Ausgezeichnete Beetrose. Buschiger, gedrungener Wuchs. Unermüdlich blühend und witterungsbeständig. 40 bis 60 cm hoch.

'Goldtopas' (W. Kordes' Söhne, 1963) – Flor.
Eine niedrigbleibende Beetrose mit bernsteinbraunen und hell bernsteingelben Blüten. Duftend. Buschiger, kräftiger Wuchs und glänzendgrüne Belaubung. 40 cm hoch.

'Grit' (GPG »Roter Oktober«, 1984) – Flor.
Eine sehr schöne Schnittrose für den Anbau unter Glas und Plaste. Die mittelgroßen, cremeweißen Knospen öffnen sich zu edelgeformten, sternförmigen, duftenden Blüten. Lange Haltbarkeit in der Vase. Glänzendgrünes Laub, mit guter Widerstandsfähigkeit gegenüber Pilzkrankheiten. Die Sorte verträgt Temperaturschwankungen.

'Gruß an Bayern' (W. Kordes' Söhne, 1971) – Flor.
Mittelgroße, halbgefüllte Blüten, die an Dolden sitzen. Die Farbe ist ein leuchtendes, samtiges Blutrot. Angenehmer Wildrosenduft. Unermüdlich bis zum Frost blühend. Aufrechter, stark verzweigter Wuchs. Dunkelgrünes Laub. 65 cm hoch.

'Hansestadt Bremen' (W. Kordes' Söhne, 1958) – Flor.
Große, gefüllte, lachsrosa Blüten. Wenig duftend. Kräftiger, buschiger Wuchs. Ledriges Laubwerk. Den ganzen Sommer hindurch blühend. 70 cm hoch.

'Heinerle' (A. Berger, 1972) – Pol.
Große, einfache, rote Blüten, innen gelb, mit sichtbaren Staubgefäßen. Der Wuchs ist niedrig und gedrungen. Die dichte Belaubung sorgt für eine gute Bodenbedeckung. 40 cm hoch.

'Heinz Erhardt' (W. Kordes' Söhne, 1962) – Flor.
Samtartige, schwarzrote, große, vollgefüllte Blüten von enormer Leuchtkraft. Der gleichmäßige Wuchs und das schöne, gesunde Laubwerk machen diese Floribunda zu einer ausgezeichneten Beetrose. 50 cm hoch.

'Highlight' (Robinson, 1957) – Flor.
Die mittelgroßen, gefüllten Blüten sind orange bis scharlachrot gefärbt. Eine intensiv leuchtende Beetrose mit etwas Duft. Kräftiger Wuchs und kerngesundes, glänzendes Laub. 40 bis 50 cm hoch.

'Hurrikan' (VEG Saatzucht Baumschulen Dresden, 1982) – Flor.
Reicher Blütenflor bereits ab Mitte Juni. Signalrote, mittelgroße, gefüllte Blüten, bis zu fünf in einem Blütenstand. Selbstreinigend. Buschiger Wuchs. Dunkelgrünes, glänzendes Laub, gesundbleibend. 60 bis 80 cm hoch.

'iga-Erfurt' (W. Berger, 1966) – Pol.-H.
Die intensiv lachsrosafarbenen Blüten stehen in großen Rispen. Sie sind halbgefüllt, und in den aufgeblühten Blumen leuchten die goldgelben Staubgefäße. Die buschig wachsenden Pflanzen mit glänzendgrünem Laub eignen sich ausgezeichnet für Beetbepflanzungen. 60 cm hoch.

'Ingrid Weibull' (M. Tantau, 1981) – Flor.
Die gefüllten, orangeroten Blüten sitzen an Rispen. Die kompaktwachsenden Pflanzen sind sehr reichblühend und treiben laufend nach. Dichte Belaubung. 40 bis 50 cm hoch.

'Insel Mainau' (W. Kordes' Söhne, 1959) – Flor.
Rein blutrote, starkgefüllte Blüten, die trotz Sonne und Regen ihre schöne Farbe nicht verändern. Buschig und breitwachsend, eignet sich diese Sorte gut für niedrige Beete. 35 cm hoch.

'Irene' (S. Poulsen, 1948) – Pol.-H.
Eine reichblühende, reinweiße Beetrose. Die großen, gutgefüllten Blüten haben etwas Duft. Kräftiger, buschiger Wuchs und gesundes, frischgrünes Laub. 40 bis 60 cm hoch.

'Irish Wonder' (Sam McGredy, 1962) – Flor.
Eine üppig wachsende und unermüdlich blühende Beetrose mit mittelgroßen Blüten, die eine leuchtende blutorange Farbe haben. 50 cm hoch.

'Izetka Köpenicker Sommer' (Institut für Zierpflanzenbau Berlin-Köpenick – DSG, 1968) – Flor.

Gutgefüllte, edelrosenartige, reingelbe Blüten, die auch bei Sonne nicht verblassen. Die Sorte ist sehr reichblühend, wüchsig und hat glänzendes, gesundes Laub. 60 bis 80 cm hoch.

'Janos' (VEG Saatzucht Baumschulen Dresden, 1980) – Pol.-H.
In großen Blütenständen stehen die mittelgroßen, gefüllten, orangeroten Blumen. Eine sehr früh- und reichblühende Sorte, die sich selbst reinigt. Niedriger, buschiger Wuchs und glänzende, dunkelgrüne Blätter. Starke Bestachelung. 50 bis 60 cm hoch.

'Joseph Guy' (Nonin, 1921) – Pol.-H.
Eine der ersten vielblütigen Rosen, unverwüstlich und robust. Die leuchtend scharlachroten, halbgefüllten Blüten werden leider im Verblühen etwas bläulich. Eine unermüdlich blühende Beetrose mit gesundem Laub. Sehr winterhart. 40 bis 50 cm hoch.

'Juliska' (VEG Saatzucht Baumschulen Dresden, 1978) – Flor.
Fast edelrosenartige, leuchtend scharlachrote Blüten, immer zu mehreren in Blütenständen. Etwas duftend. Kräftiger, buschiger Wuchs. Das etwas glänzende, sehr dunkle Laub wird kaum von Pilzkrankheiten befallen. 65 bis 70 cm hoch.

'Karl Weinhausen' (M. Tantau, 1942) – Pol.-H.
Halbgefüllte, dunkelrote Blüten in großer Anzahl an starken, aufrechten Rispen. Großes, dunkelgrünes Laub, das nie von Pilzkrankheiten befallen wird. Auch als Strauchrose zu verwenden. 80 bis 100 cm hoch.

'Käthe Duvigneau' (M. Tantau, 1942) – Pol.-H.
Leuchtend feurigrote Blüten, halbgefüllt, offen. Aufrechter, kräftiger Wuchs, gut verzweigt. Kerngesundes, glänzendes, dunkelgrünes Laub. Sehr schön auch als Einzelpflanze oder in kleinen Gruppen. 80 bis 100 cm hoch.

'Kombination' (VEG Saatzucht Baumschulen Dresden, 1982) – Flor.
Hervorragende Beetrose. Blüten am Rand kräftig lachsrosa, zur Mitte in Gelb übergehend. Reicher Blütenflor im Juni/Juli, dann abklingend und im Herbst erneut reich blühend. Die großen, gut gefüllten Blumen sind witterungsbeständig und reinigen sich selbst. Starker Duft! Sparriger Wuchs. Gesundes, dunkelgrünes, glänzendes Laub. 60 bis 80 cm hoch.

'Konrad Glocker' (W. Kordes' Söhne, 1962) – Flor.
Große, gefüllte Blüten, die samtig-dunkelrot leuchten. Unermüdlicher Flor bis zum Herbst. Der Wuchs ist buschig, breit, kompakt. 40 cm hoch.

'Kordes' Rose Gabriella' (Berggren – Verbreiter Kordes, 1977) – Flor.
Spitze, edelgeformte, leuchtendrote Knospen. Hervorragende Schnittrose. Kräftiger, vielverzweigter Wuchs. Dichte, frischgrüne Belaubung. 60 cm hoch.

'Kordes Sondermeldung' (W. Kordes' Söhne, 1951) – Flor.
Edelgeformte, ziegelmennigrote Blüten an großen Rispen. Die äußeren Blütenblätter haben einen schwärzlichen Hauch. Kräftiger Wuchs, gesundes Laub. 60 cm hoch.

'Korona' (W. Kordes' Söhne, 1955) – Flor.
Gefüllte, orangescharlachrote Blumen in Büscheln. Sehr dankbarer Dauerblüher. Robuster, buschiger Wuchs. Winterhart. 70 cm hoch.

'Kristall' (GPG »Roter Oktober«, 1979) – Pol.-H.
Zahlreiche weiße, zur Mitte cremefarbene, mittelgroße, gefüllte Blüten in großen Blütenständen. Gesunder, kräftiger Wuchs, in gleichmäßiger Größe bleibend. Dichtes, mittelgrünes, glänzendes Laub. 60 bis 65 cm hoch.

'Laminuette' (Lammerts, 1972) – Flor.
Weißlichrosa, gutgefüllte Blüten mit hellroter Berandung. Beeindruckende Farbwirkung. Die Pflanze hat einen kräftigen und buschigen Wuchs. Schöne, dunkelgrüne Belaubung. Auch gut für Kultur unter Glas. 60 cm hoch.

'Lapponia' (M. Tantau, 1978) – Flor.
Stark duftende, edelrosenartige, lachsrosa Blüten. Sehr witterungsbeständig. Buschig und gedrungen wachsend. Hellgrüne Belaubung. 50 cm hoch.

'Lavaglut' (W. Kordes' Söhne, 1979) – Flor.
In Dolden blühende, rundliche, ganz gefüllte, dunkelblutrote Blüten. Die Knospen sind schwarzrot. Wildrosenduft. Sauber verblühend. Hervorragende Beetrose. Dunkelgrünes Laub. 60 cm hoch.

'Lavender Girl' (Meilland, 1958) – Flor.
Ausgefallene, eigenartige Farbe. Die mittelgroßen, vollen Blüten sind magentarot, das nach Lavendel wechselt. Duftend. 60 cm hoch.

'Lilli Marleen' (W. Kordes' Söhne, 1959) – Flor.
Wohl die beste aller dunkelrot blühenden Beetrosen. Die großen, gefüllten Blüten haben eine samtig-feuerrote Farbe, die sich bis zum Abfallen der Blütenblätter nicht verändert. Die Blumen stehen zu mehreren in Blütenständen zusammen. Unermüdlich blühend. Buschiger, gleichmäßiger Wuchs, mit tiefgrüner, glänzender Belaubung. 50 bis 70 cm hoch.

'Living Fire' (Gregory, 1972) – Flor.
Eine beachtenswerte Beetrose, deren orangefarbenen Blüten in der Mitte gelb leuchten. Leichter Duft! Das Laub ist glänzend dunkelgrün und wird kaum von Pilzkrankheiten befallen. 50 bis 80 cm hoch.

'Ludwigshafen am Rhein' (W. Kordes' Söhne, 1975) – Flor.-Grandifl.
In lockeren Dolden stehen die sehr großen, edelgeformten, karminrosa Blüten zusammen. Starker Duft. Ununterbrochen bis zum Frost blühend. Buschiger, vielverzweigter Wuchs und dichte, sattgrüne Belaubung. 50 bis 70 cm hoch.

'Mädi' (A. Berger, 1969) – Pol.-H.
Reizende, ganz niedrig bleibende Beetrose. In dichten Rispen sitzen die zahlreichen, grellroten Blüten, die mitunter einen kleinen, weißen Streifen haben. Buschiger Wuchs, dunkelgrünes Laub. 40 bis 50 cm hoch.

'Magnet' (VEG Saatzucht Baumschulen Dresden, 1982) – Flor.
Eine leuchtendrote Beetrose. Mittelgroße bis große, gefüllte Blumen, teilweise bis zu 11 im Blütenstand, entfalten sich auch bei regnerischem Wetter. Selbstreinigend. Sparrige Wuchsform. Großes, dunkelgrünes, glänzendes Laub. 60 bis 80 cm hoch.

'Märchenland' (M. Tantau, 1946) – Flor.
Große, halbgefüllte Blüten. Sehr reich und unermüdlich blühend. Kräftiger, aufrechter Wuchs. Gesundes, glänzendgrünes Laub. Auch als Strauchrose zu verwenden. 80 bis 100 cm hoch.

'Margo Koster' (D. A. Koster, 1931) – Pol.
Kugelige, halbgefüllte, lachsorange Blüten. Buschiger, gedrungener Wuchs, kleines, hellgrünes Laubwerk. Geeignet für Töpfe, Balkonkästen, niedrige Beete und für Grabbepflanzungen. 30 bis 40 cm hoch.

'Marina' (W. Kordes' Söhne, 1974) – Flor.
Edelrosenartige Blüten auf festen Stielen. Der Farbton ist ein reines Lachsorange mit gelblichem Schimmer. Buschiger Wuchs, ständig neu treibend. Die Blumen halten lange in der Vase. 60 cm hoch.

'Marlena' (W. Kordes' Söhne, 1964) – Flor.
Eine ganz niedrig bleibende, dunkelrote Beetrose. Witterungsbeständig, selbstreinigend. Der Wuchs ist niedrig und stark verzweigt. 35 cm hoch.

'Masquerade' (E. S. Boerner – Jackson & Perkins, 1949) – Pol.-H.
Sehr beliebte Rose. Gelb aufblühend, verfärben sich die Blüten über Rosa zu Rot. Kräftiger, buschiger Wuchs und lederartiges, gesundes Laub. 60 bis 80 cm hoch.

'Mercedes' (W. Kordes' Söhne, 1975) – Flor.
Eine ganz hervorragende, leuchtendrote Schnittrose, die unwahrscheinlich lange in der Vase hält. Spitze, starkgefüllte Knospen, edelgeformte Blüten. Etwas duftend. Kräftiger Wuchs, reichliche, frischgrüne Belaubung. 60 cm hoch.

'Meteor' (W. Kordes' Söhne, 1959) – Flor.
Große, edelrosengleiche, scharlach-zinnoberrote Blüten. Eine sehr reichblühende, niedrige Beetrose mit enormer Leuchtkraft. Kompakter, gleichmäßiger Wuchs. Großes, dunkelgrünes, glänzendes Laub. 30 bis 40 cm hoch.

'Molde' (M. Tantau, 1964) – Flor.
Die mittelgroßen, gefüllten Blüten sind blutorangerot und sitzen an großen Rispen. Kräftiger Wuchs. Die anfangs rötlichen Blätter bekommen später eine schöne dunkelgrüne Farbe. 50 cm hoch.

'Montana' (M. Tantau, 1974) – Flor.
Die an Rispen sitzenden großen, gefüllten Blüten leuchten blutorange und verströmen einen zarten Wildrosenduft. Sehr reich blühend. Straffer, aufrechter Wuchs, großes, gesundes Laubwerk. Gute Beetsorte. 60 bis 65 cm hoch.

'Mosaik' (VEB Saatzucht Baumschulen Dresden, 1978) – Pol.-H.
Die kugeligen, gutgefüllten Blüten sind rot,

zur Mitte in Gelb übergehend. Etwas Duft. Sauber verblühend; die großen Blütenstände setzen keine Hagebutten an. Gesunde, glänzend dunkelgrüne Belaubung. 50 bis 60 cm hoch.

'Muttertag' (F. J. Grootendorst, 1949) – Pol.
Kugelige, gefüllte, leuchtend rote Blüten. Buschiger, gedrungener Wuchs, kleines, hellgrünes, gesundes, glänzendes Laub. Bekannte Topfrose, die auch für niedrige Rabatten und zur Grabbepflanzung verwendet werden kann. 30 bis 40 cm hoch.

'Natalie' (A. Berger, 1972) – Pol.-H.
Sehr schöne, sich in der Farbe verändernde Beetrose. Die goldgelben Blüten werden unter dem Einfluß der Sonne zunächst rosa und später leuchtend grellrot. Der Wuchs ist gedrungen, gut verzweigt. Gesundes Laub. 40 cm hoch.

'Neues Europa' (W. Kordes' Söhne, 1965) – Flor.
In großen Büscheln edelrosengleiche, feurigrotorange Blüten. Kompakter, buschiger Wuchs und gesundes, lederartiges Laub. 50 cm hoch.

'Nina Weibull' (D. T. Poulsen, 1961) – Flor.
Die Blüten dieser breitbuschigen, sehr frostharten Beetrose sind blutrot und haben einen Orangeton. Buschiger, gut verzweigter Wuchs. Gesunde Belaubung. 50 cm hoch.

'N. L. Chrestensen' (W. Berger, 1968) – Pol.-H.
Die zahlreichen, eigenartig lachsorangefarbigen, weithin leuchtenden Blüten stehen in großen Rispen. Dauerblühend vom Frühsommer bis zum Spätherbst. Die Pflanze wächst kräftig, ist buschig und hat gesunde Belaubung. Gute Beetrose. 60 cm hoch.

'Oberbürgermeister Boock' (W. Berger, 1964) – Pol.-H.
Große Büschel dunkelroter Blüten. Sehr reich blühend. Durch den kompakten, gleichmäßigen Wuchs eignet sich diese Sorte gut für niedrige Beete. Schönes, dunkelgrünes Laub. 40 bis 50 cm hoch.

'Odette' (GPG »Roter Oktober«, 1972) – Flor.
Die gutgefüllten, leuchtend rosa Blüten entfalten sich in großen Rispen. Eine ausgezeichnete, unermüdlich blühende Beetrose. Der dichte, buschige Wuchs und das reiche Laubwerk sorgen bald für eine gute Bodenbedeckung. 60 bis 80 cm hoch.

'Olala' (M. Tantau, 1956) – Pol.-H.
Große, halbgefüllte, blutrote Blüten, in der Mitte heller. Überall gut gedeihende, starkwachsende Beetrose, sehr reich blühend und ständig nachtreibend. Gesundes, dichtes Laub. Überaus winterhart. 60 bis 80 cm hoch.

'Opus' (VEG Saatzucht Baumschulen Dresden, 1977) – Pol.-H.
Die halbgefüllten, offenen Blüten sind rein paprikarot. Auch im Verblühen ändert sich die Farbe nicht. Zeitiger Blütenflor und reiche Blüte bis zum Frost. Schwacher Duft. Selbstreinigend. Dunkelgrünes, gesundes Laub. 50 bis 55 cm hoch.

'Orange Sensation' (de Ruiter, 1961) – Flor.
Halbgefüllte, leuchtend orangerote Blüten, zinnoberrot schattiert. Duftend. Kräftiger, sich ausbreitender Wuchs. Reichliche, tiefgrüne Belaubung. Gute Beetrose. 50 cm hoch.

'Orange Triumph' (W. Kordes' Söhne, 1937) – Pol.
Eine immer wieder gern gepflanzte Beetrose, die bei guter Pflege jahrzehntelang erfreuen kann. Die kleinen haltbaren Blumen sind orange-scharlachrot und stehen in großen Rispen. Setzt spät mit der Blüte ein, blüht aber überreich bis zum Frost. Starker, kräftiger Wuchs, gesundes, glänzendes Laub. 60 bis 80 cm hoch.

'Papagena' (VEG Saatzucht Baumschulen Dresden, 1975) – Flor.
Interessante, mehrfarbige Floribunda. Die großen, gutgefüllten Blüten haben einen breiten, hellroten Rand, der zur Mitte in ein zartes Gelb übergeht. Früh- und reichblühend. Buschiger Wuchs und gesundes, dichtes Laub. 50 bis 70 cm hoch.

'Paprika' (M. Tantau, 1958) – Pol.-H.
Die Blüten haben ein weithin leuchtendes Paprikarot. Der breitbuschige Wuchs und das gesunde, dunkelgrüne Laub machen diese Sorte zu einer beliebten Beetrose. 50 cm hoch.

'Petito' (VEG Saatzucht Baumschulen Dresden, 1973) – Pol.-H.
Eine ganz niedrig und gleichmäßig wachsende Rose. Die kleinen, gefüllten, dotter-

gelben Blüten sind am Rande mehr oder weniger rot gefärbt. Zierend ist auch das schöne, dunkelgrün glänzende Laub. 40 bis 60 cm hoch.

'Pillnitzer Marcellina' (Institut für Obstbau Dresden-Pillnitz – DSG, 1964) – Pol.-H.
Große Blütenrispen mit leuchtend dunkelroten Blüten. Kräftiger Wuchs, immer wieder stark durchtreibend. Dunkelgrünes, gesundes Laub. 80 bis 100 cm hoch.

'Pilurett' (Institut für Obstbau Dresden-Pillnitz – DSG, 1964) – Flor.
Eine niedrigbleibende, für Gruppenpflanzungen geeignete Rose mit großen, edelgeformten, ziegelroten Blüten. Breitwüchsige Pflanzen. Das Laub ist glänzend, mittelgrün. 40 bis 60 cm hoch.

'Pinal' (Institut für Obstbau Dresden-Pillnitz – DSG, 1969) – Pol.-H.
Eine sehr reich blühende Sorte mit leuchtendroten, halbgefüllten Blüten. Buschiger Wuchs mit gesundem Laub. 40 bis 60 cm hoch.

'Ponderosa' (W. Kordes' Söhne, 1970) – Flor.
Gutgefüllte Blüten, leuchtend blutorange. Wildrosenduft. Selbstreinigend. Reicher und langanhaltender Blütenflor. Kräftiger, breitbuschiger Wuchs, bald den Boden bedekkend. 50 cm hoch.

'Präsent' (Dr. E. Haenchen – Victor Teschendorff KG, 1969) – Flor.
Eine beliebte Beetrose, die nichtalltägliche Farben hat. Die edelrosenähnlichen Blüten, einzeln und in großen Büscheln, sind apfelsinenfarbig und die Außenseiten der Petalen goldgelb. Duftend. Sehr reich blühende Sorte, die willig durchtreibt. Kräftiger, buschiger Wuchs, gesundes, dunkelgrünes Laub. 50 bis 70 cm hoch.

'Prominent' (W. Kordes' Söhne, 1971) – Flor.
Die Farbe der edelgeformten Blüten ist ein reines Orange auf gelbem Grund. Duftend. Sehr reich blühend und selbstreinigend. Kräftiger, buschiger Wuchs, immer wieder nachtreibend. 70 bis 80 cm hoch.

'Raduga' (Dr. J. Schmadlak, 1983) – Pol.-H.
Schlanke, strohgelbe Knospen. Beim Aufblühen verfärben sie sich am Rand über Zartrosa bis zu einem kräftigen Rosa. Reicher Blütenflor, bis 12 Blüten je Blütenstand. Selbstreinigend. Gesundes, hellgrünes Laub. Durch die dekorative Farbe und den niedrigen, buschigen Wuchs besonders gute Eignung für Rabattenbepflanzungen. 50 bis 60 cm hoch.

'Referenz' (VEG Saatzucht Baumschulen Dresden, 1983) – Flor.
Empirerosafarbene, nicht verblassende Beetrose. Die großen, gutgefüllten und edelgeformten Blüten stehen bis zu sechs an einem Trieb. Etwas Duft. Gut selbstreinigend. Kräftiger, buschiger Wuchs. Das dunkelgrüne, etwas glänzende Laub wird kaum von Pilzkrankheiten befallen. 70 bis 80 cm hoch.

'Regensberg' (W. Kordes' Söhne, 1971) – Flor.
Eine ganz niedrige Beetrose, ähnlich der Sorte 'Marlena', aber rosa blühend. Die Außenseiten sind zart rosa, innen kräftig rosa mit hellem Auge. Wildrosenduft. Buschige Pflanzen mit glänzend dunkelgrüner Belaubung. 35 cm hoch.

'Reigen' (GPG »Roter Oktober«, 1984) – Flor.
Eine Beetrose, deren aprikosenfarbige Blüten nach außen heller sind und im Verblühen eine rosa Farbe annehmen. Die Stiele tragen bis zu 6 Einzelblüten, die sich zu Schalen öffnen. Reicher Blütenflor bis zum Spätherbst. Dunkelgrünes, glänzendes, gesundbleibendes Laub. 60 bis 80 cm hoch.

'Responso' (GPG »Roter Oktober«, 1981) – Flor.
In Blütenständen, dicht beieinander, mittelgroße, gefüllte, gelborange Blumen, deren Rückseite aprikosenfarbig ist. Gleichmäßiger, buschiger, gutverzweigter Wuchs, glänzendes, dunkelgrünes Laub. 60 bis 70 cm hoch.

'Revolution' (GPG »Roter Oktober«, 1972) – Pol.-H.
Sehr auffallende, leuchtend grellrote Farbe. Die schalenförmigen Blüten sind mittelgroß, halbgefüllt und sitzen an langen, kräftigen Stielen. Dunkelgrünes, gesundes Laub. 50 bis 70 cm hoch.

'Rodeo' (R. Kordes' – W. Kordes' Söhne, 1960) – Flor.
Blüten mittelgroß, gefüllt, leuchtend zinnoberrot. Kompakter, buschiger Wuchs, gut verzweigt. Hellgrüne, gesunde Blätter. Sehr blühwillige Beetrose für farbensprühende Rabatten. 40 bis 60 cm hoch.

'Roko-Rose Altenburg' (GPG »Roter Oktober«, 1977) – Flor.
Hell zinnoberrote Blüten mit karminroter Rückseite. Die großen, edelgeformten Blumen vereinigen sich in Blütenrispen auf langen, kräftigen Trieben. Sauber verblühend. Starkwachsend, mit etwas glänzender, dunkelgrüner Belaubung. 80 bis 135 cm hoch.

'Roletta' (GPG »Roter Oktober«, 1983) – Flor.
Große, kelchförmige, lachsrosafarbene Blüten, die nicht verblauen, aber etwas regen- und sonnenempfindlich sind. Von Mitte Juni bis Mitte Oktober unermüdlich blühend. Gesundes, glänzend dunkelgrünes Laub. Buschige Wuchsform. Für eine Gruppenpflanzung im Haus- und Kleingarten bestens geeignet. 50 bis 80 cm hoch.

'Romanze' (VEG Saatzucht Baumschulen Dresden, 1972) – Pol.-H.
Überreich blühende, ganz reizende und niedrigbleibende Beetrose. Die halbgefüllten Blüten sind kräftig rosa, zur Mitte heller werdend. Ein gleichmäßiger Wuchs und schönes, gesundes, dichtes Laub stellen weitere gute Eigenschaften dieser bis zum Spätherbst blühenden Rose dar. 30 bis 40 cm hoch.

'Rosamunde' (W. Kordes' Söhne, 1975) – Flor.
Die starkgefüllten, mittelgroßen Blüten, die immer zu mehreren zusammensitzen, haben eine kräftigrosa Farbe. Leicht duftend. Sehr reich blühend. Selbstreinigend. Buschig, breitwachsend, gesundes Laub. 50 cm hoch.

'Rosa Sinfonie' (VEG Saatzucht Baumschulen Dresden, 1979) – Flor.
Eine sehr früh und reich blühende Beetrose. Die großen, gefüllten Blüten leuchten azaleenrosa. Selbstreinigend. Kräftiger, buschiger, gleichmäßiger Wuchs und schöne, gesunde, dunkelgrüne Belaubung. 65 bis 70 cm hoch.

'Rosa Vollendung' (W. Kordes' Söhne, 1943) – Flor.
Die edelrosenartigen Blüten sitzen an großen Trieben immer zu mehreren zusammen. Die Blumen sind außen dunkelrosa, die Innenseiten etwas heller. Kräftiger Wuchs, gut verzweigt, dunkelgrünes, ledriges Laub. 60 bis 80 cm hoch.

'Rosenelfe' (W. Kordes' Söhne, 1936) – Flor.
Eine ältere, immer wieder gern gepflanzte, rosa blühende Beetrose. Die gutgefüllten Blüten sind außen zartrosa und innen hellrosa. Der Wuchs ist gleichmäßig kräftig, das Laub hellgrün und ledrig. 40 bis 60 cm hoch.

'Rosenfee' (Boerner-Jackson & Perkins, 1967) – Flor.
Große, gefüllte, edelrosengleiche Blüten, die eine leuchtende, silbrigrosa Farbe haben. Leicht duftend. Sehr reicher Blütenflor. Gedrungener Wuchs, gut verzweigt, dunkelgrüne Belaubung. 50 cm hoch.

'Rosenmärchen' (W. Kordes' Söhne, 1940) – Pol.-H.
Die gefüllten, mittelgroßen, zart gelblichrosa Blüten stehen in Rispen zusammen. Etwas duftend. Der Wuchs ist buschig, aufrecht. Gesundes, dunkelgrünes, ledriges Laub. 40 bis 60 cm hoch.

'Rote Csárdás' (W. Berger, 1965) – Flor.
Leuchtend rote Knospen mit schwärzlicher Zeichnung. Die roten Blüten stehen teils einzeln, teils in großen Rispen über der kerngesunden, dunkelgrünen Belaubung. Kräftiger, gleichmäßiger Wuchs. 60 bis 80 cm hoch.

'Rumba' (D. T. Poulsen, 1960) – Flor.
Eine ganz reizende, niedrige Beetrose. Die gefüllten, braunroten Knospen in Büscheln entwickeln sich zu rein goldgelben Blüten mit roten Rändern. Buschiger, gleichmäßiger Wuchs, gesundes, glänzendes Laub. 40 bis 60 cm hoch.

'Salmon Perfection' (G. de Ruiter, 1952) – Pol.-H.
Die mittelgroßen, gefüllten Blüten haben eine scharlachorangerote Farbe mit Lachsschein und stehen in großen Rispen zusammen. Kräftiger, buschiger Wuchs, gut verzweigt, gesundes, dunkelgrünes Laub. 60 bis 80 cm hoch.

'Salzajubiläum' (GPG »Roter Oktober«, 1982) – Flor.
Lachsrote, edelgeformte Knospen. Die leichtgefüllten, schalenförmigen Blüten stehen in Büscheln auf langen Trieben. Etwas Duft! Breiter, leicht überhängender Wuchs. Mittelgrünes, gesundes Laub. Auch für lokkere Gruppenpflanzungen zu empfehlen. 50 bis 80 cm hoch.

'Samba' (W. Kordes' Söhne, 1964) – Flor.
Die kompaktwachsende Beetrose bietet ein farbenfrohes Bild. Die rundlichen, goldgelb und leicht rotgestreiften Knospen erblühen

goldgelb und werden später leuchtend rot. Buschiger Wuchs, glänzendes Laub. 40 bis 50 cm hoch.

'Samptosa' (Institut für Obstbau Dresden-Pillnitz – DSG, 1969) – Flor.
Eine sehr reich blühende, dunkelrote Beetrose. Die großen, gefüllten Blüten haben einen samtigen Schimmer. Bis zum Abfallen der Blütenblätter verändert sich die Farbe nicht. Kräftiger, gleichmäßiger Wuchs. 60 bis 80 cm hoch.

'Sarabande' (Meilland, 1957) – Pol.-H.
Die einfachen, schalenförmigen, geranienroten Blüten besitzen eine unwahrscheinliche Leuchtkraft. Reich- und dauerblühend. Breiter, buschiger Wuchs und gesunde Belaubung. 50 bis 60 cm hoch.

'Schloß Mannheim' (W. Kordes' Söhne, 1975) – Flor.
In lockeren Rispen stehen eine Vielzahl starkgefüllter Knospen und Blüten, die eine leuchtende, blutorange Farbe haben. Selbstreinigend. Breitbuschiger, vielverzweigter Wuchs mit dichter Belaubung. 60 cm hoch.

'Schneewittchen' (W. Kordes' Söhne, 1958) – Flor.
Viele schneeweiße Blüten, edelrosengleich, große Blütenstände. Leicht duftend. Kräftiger Wuchs, wenig Stacheln, gesunde, hellgrüne Belaubung. Ausgezeichnete Beetrose, die auch als Strauchrose verwendet werden kann. Sehr schön wirkt 'Schneewittchen' als Hecke. 80 bis 150 cm hoch.

'Schweizer Gruß' (M. Tantau, 1952) – Flor.
Samtartige, dunkelrote, halbgefüllte Blüten. Trotz Sonne und Regen verändert sich die Farbe nicht. Kräftiger Wuchs, buschig, immer wieder gut durchtreibend. Blätter dunkel, ledrigglänzend. 40 bis 50 cm hoch.

'Shocking Blue' (W. Kordes' Söhne, 1975) – Flor.
Eine Farbe, die den Rosenfreund begeistert: Magentalila! Die edelgeformten Blüten haben einen ausgeprägten Duft. Die Pflanze wächst buschig und bringt laufend neue Triebe. Große, glänzendgrüne Belaubung. 65 cm hoch.

'Sommerlachen' (A. Berger, 1972) – Flor.
Schöne, niedrige Beetrose mit gelborangefarbenen, edelgeformten Blüten. Die Pflanzen sind wüchsig, gut verzweigt und haben dichtes, gesundes Laub. 40 cm hoch.

'Sonne der Freundschaft' (GPG »Roter Oktober«, 1978) – Flor.
Eine leuchtendgelbe, nicht verblassende Beetrose für ganz niedrige Rabatten oder Einfassungen. Die großen, halbgefüllten Blüten stehen zu mehreren zusammen. Selbstreinigend. Zeitiger Flor. Gedrungener, buschiger Wuchs. Dunkelgrüne Belaubung. 40 cm hoch.

'Sonnengold' (VEG Saatzucht Baumschulen Dresden, 1982) – Flor.
Mittelgroße, chromgelbe, gutgefüllte Blüten sitzen einzeln bis zu fünf im Blütenstand. Das leuchtende Gelb bleibt trotz Sonne und Regen unverändert. Selbstreinigend. Einheitlicher, sehr früher Flor, mitunter schon Anfang Juni. Gleichmäßiger, buschiger Wuchs. Mittelgrünes, glänzendes, gesundes Laub. 50 bis 60 cm hoch.

'Sonnenröschen' (W. Kordes' Söhne, 1978) – Flor.
Große, gefüllte, leuchtendgelbe Blüten, einzeln oder zu mehreren am Trieb. Leichter Duft. Lange Blütendauer. Aufrechter, gut verzweigter Wuchs, stark durchtreibend. Dichte, dunkelgrüne Belaubung. 70 cm hoch.

'Spartan' (E. S. Boerner-Jackson & Perkins, 1955) – Flor.
Edelgeformte Knospen, große, gefüllte Blüten von orangeroter Farbe. Meist zu mehreren in Büscheln. Duftend. Kräftiger, buschiger Wuchs. Glänzende, dunkelledrige Blätter. 60 bis 80 cm hoch.

'Späth's Jubiläum – Späth 250' (W. Kordes' Söhne, 1970) – Flor.
Lachsorangerote, edelgeformte Blüten, die eine große Leuchtkraft besitzen. Kräftiger, geschlossener Wuchs und gesunde, dunkelgrüne Belaubung. 60 bis 70 cm hoch.

'Spreezauber' (Institut für Zierpflanzenbau Berlin-Köpenick – DSG, 1972) – Pol.-H.
Halbgefüllte, offene Blüten, leuchtendrot. Eine sehr reich blühende und sich selbst reinigende Beetrose. Gleichmäßiger, niedriger Wuchs, immer wieder gut durchtreibend. Dichte, gesunde Belaubung. 40 bis 50 cm hoch.

'Start' (VEG Saatzucht Baumschulen Dresden, 1978) – Pol.-H.
Eine leuchtend orange Farbe, die zur Mitte in Gelb übergeht. Die mittelgroßen, offenen Blüten sind halbgefüllt und stehen immer zu

mehreren am Stiel. Sauber verblühend. Zeitiger Blütenflor. Mittelstarker, aufrechter Wuchs und dunkelgrünes Laub. 40 bis 70 cm hoch.

'Suleika' (Zickler – N. L. Chrestensen, 1970) – Pol.-H.
Hellrote, halbgefüllte, mittelgroße Blüten. Die Pflanzen wachsen aufrecht, buschig, gut verzweigt. Gesundes, dunkelgrünes Laub. 60 bis 80 cm hoch.

'Tantaus Überraschung' (M. Tantau, 1943) – Pol.-H.
Samtige, schwarzrot gefüllte Blüten mit auffallend eigenartig gedrehten Blütenblättern. Straffer, aufrechter Wuchs, ständig nachtreibend. Gesundes, dunkelgrünes Laub. 60 bis 80 cm hoch.

'Taora' (M. Tantau, 1968) – Flor.
Die leuchtenden, orangeroten Blüten stehen in Büscheln über gesundem, frischgrünem Laub. Kompakter, niedriger, buschiger Wuchs. Ausgezeichnet für kleine Beete und Gruppen geeignet. 50 cm hoch.

'The Fairy' (Bentall, 1932) – Flor.
Kleine, gefüllte, zartrosa Blüten an großen Rispen. Unermüdlicher Blütenflor bis zum Frost. Pflanzen kräftig breitwachsend, gut den Boden bedeckend. Kleine, glänzende, dunkelgrüne Blätter, die kerngesund bleiben. Sehr schön auch als Stammrosen. 50 bis 70 cm hoch.

'The Queen Elizabeth Rose' (Germain's Seed & Plant Co., 1955) – Flor.-Grandifl.
Bekannte und sehr beliebte Beetrose. Edelrosengleiche Knospen und später gutgefüllte, silbrigrosa Blüten, manchmal einzeln oder auch drei bis fünf an einem kräftigen Stiel. Reich und bis weit in den Spätherbst blühend. Großes, gesundes Laub. Verträgt auch Halbschatten. Für freie Pflanzungen, Blütenhecken und als Schnittrose geeignet. 80 bis 100 cm hoch.

'Tip Top' (M. Tantau, 1963) – Flor.
Halbgefüllte, reinrosa Blüten mit Lachsschein. Etwas duftend. Niedriger, breiter, gleichmäßiger Wuchs. Glänzend dunkelgrüne Belaubung. 40 cm hoch.

'Titian' (F. Riethmüller, 1950) – Flor.
Die großen, gefüllten, hellroten Blüten stehen zu mehreren an langen, starken Trieben. Kräftiger, aufrechter Wuchs, hellgrünes, gesundes Laub. Sehr schön für kleine und größere Gruppen. 100 bis 120 cm hoch.

'Toni Lander' (Poulsen, 1959) – Flor.
Gefüllte, lachsrosa Blüten in Büschen, die an den Rändern scharlachrot werden. Reichblühende Sorte. Kräftiger, gleichmäßiger Wuchs. 50 bis 60 cm hoch.

'Topsi' (M. Tantau, 1971) – Flor.
Schalenförmige, leuchtend orangerote Blüten, jeweils zu mehreren am Trieb. Der Wuchs ist gedrungen, niedrig und gut verzweigt. Zeitiger Blütenflor und reich bis zum Frost blühend. Schöne dunkelgrüne Belaubung. 40 cm hoch.

'Tornado' (W. Kordes' Söhne, 1973) – Flor.
Hervorragende, niedrigbleibende Beetrose mit leuchtenden, blutroten, halbgefüllten Blüten. Regen und Sonne verändern die Farbe nicht. Buschiger Wuchs, dichtes, sattgrünes Laub. 55 cm hoch.

'Transit' (VEG Saatzucht Baumschulen Dresden, 1984) – Flor.
Eine sehr reich blühende Beetrose mit großen, gutgefüllten, kräftigrosa Blüten, die zu mehreren in Blütenständen zusammenstehen. Gesundbleibendes, dichtes, dunkelgrünes Laub. 70 bis 100 cm hoch.

'Träumerei' (W. Kordes' Söhne, 1974) – Flor.
Edelrosenähnliche, lange, spitze Knospen öffnen sich zu großen Blüten, die eine leuchtende lachsorange Farbe haben. Duftend. Selbstreinigend. Breitbuschig und starkverzweigt, es kommen immer wieder neue Triebe mit Blüten. Die große, dichte und dunkelgrüne Belaubung ergänzt den guten Eindruck. Auch als Schnittrose geeignet. 60 bis 80 cm hoch.

'Travemünde' (W. Kordes' Söhne, 1968) – Flor.
Die edelgeformten, dunkelroten Blüten erscheinen zu mehreren an einem Trieb. Wirkungsvolle Beetrose. Sehr schöner, rötlicher Neuaustrieb. Kräftiger, starkverzweigter Wuchs und dichtes Laubwerk. 50 cm hoch.

'Trix' (VEG Saatzucht Baumschulen Dresden, 1980) – Pol.-H.
Gern verwendete Beetrose mit orangegelben, außen bernsteingelben, mittelgroßen Blüten. Die gefüllten Blumen sitzen immer zu mehreren an einem Stiel. Eine frühblühende und sich reinigende Sorte. Breiter Wuchs, gesundes, glänzend dunkelgrünes Laub. 50 bis 60 cm hoch.

'Trumpf' (GPG »Roter Oktober«, 1982) – Flor.
Eine leuchtend orangerote Sorte für den Anbau unter Glas und Plaste. Die schalenförmigen, starkgefüllten Blumen behalten Form und Farbe bis zum Verblühen. Empfehlenswerte Schnittrose, die sich in der Vase 10 bis 12 Tage hält. Kräftige Stiele mit gesundem, glänzendem, dunkelgrünem Laub.

'Ulrike' (Dr. H. Schmadlak-GPG »Im Lockwitztal«, 1977) – Pol.-H.
Gelblichrosa Blüten, die zur Mitte hellgelb werden. Die mittelgroßen, halbgefüllten Blumen immer in großen Rispen. Etwas duftend. Gedrungener, buschiger Wuchs. 45 bis 70 cm hoch.

'Uwe Seeler' (W. Kordes' Söhne, 1970) – Flor.
Edelrosenähnliche, lachsorangerote Blüten, weithin leuchtend. Duftend. Treibt ständig neue Blüten, die sich lange halten. Gesunde, dunkelgrüne Belaubung. Beliebte Schnittrose. 70 cm hoch.

'Variant' (VEG Saatzucht Baumschulen Dresden, 1973) – Flor.-Grandifl.
Große, gutgefüllte, rote Knospen entfalten sich zu ansehnlichen, cremeweißen Blüten. Interessant, daß sich dann die Blütenfarbe zu einem kräftigen Kirschrot entwickelt. Reichblühende, gern verwendete Beetrose mit kräftigem Wuchs und gesundem Laub. 60 bis 80 cm hoch.

'Vatertag' (M. Tantau, 1959) – Pol.
Die kugeligen, gefüllten Blüten sind lachsorangerot. Sonst dieselben Eigenschaften wie die Sorte 'Muttertag', nur ist der Wuchs noch etwas gedrungener. 30 bis 40 cm hoch.

'Vogue' (Boerner, 1951) – Flor.
Gut geformte, mittelgroße Blüten, in Rispen blühend, kirschrot bis korallenrot. Blumen duften nach Veilchen. Aufrechter, kräftiger Wuchs und gesundes, glänzendes Laub. 40 bis 60 cm hoch.

'Weißes Meer' (VEG Saatzucht Baumschulen Dresden, 1975) – Flor.
Weiße Beetrose mit spitzen Knospen und großen, halbgefüllten Blüten. Eine reichblühende Sorte, wetterfest, kräftig und aufrecht wachsend, mit gesundem, dunkelgrünem Laub. Gut bodenbedeckend. 60 bis 80 cm hoch.

'Wiener Blut' (W. Berger, 1958) – Flor.
Wie eine Edelrose öffnet sich die schwarzrote Knospe zu einer großen, gefüllten, blutroten Blüte. Duftend. Starker, aufrechter Wuchs, glänzendes, dunkelgrünes Laub. Noch nie von Pilzkrankheiten befallen. Sehr winterhart. Auch als Strauchrose verwendbar. 80 bis 100 cm hoch.

'Wiener Walzer' (M. Tantau, 1965) – Flor.
Große, gefüllte, leuchtendrote Blüten mit Sammetschimmer. Blumen sehr haltbar. Kräftiger, gut verzweigter Wuchs, gesundes, hellgrünes Laub. Gut auch für Stammrosen. 50 bis 60 cm hoch.

'Yesterday' (Harkness, 1974) – Flor.
Die zahlreichen, halbgefüllten, offenen Blüten in Rispen sind rosa und werden im Verblühen lavendelfarben. Diese niedrigbleibende Beetrose bildet dichte Büsche und ist gut bodenbedeckend. Zierliche, glänzende Belaubung. 40 bis 50 cm hoch.

'Zambra' (Meilland, 1961) – Flor.
Flache, mittelgroße, halbgefüllte Blüten in Rispen. Die auffallenden, orangefarbenen Blüten haben eine leuchtend gelbe Unterseite. Kräftiger, buschiger Wuchs, gesundes Laub. 60 bis 80 cm hoch.

'Zorina' (Boerner – Jackson & Perkins, 1965) – Flor.
Edelgeformte, langgestreckte Blüten von leuchtendem Salmorange. Eine bemerkenswerte Beetrose, die wegen ihrem buschigen, vielverzweigten Wuchs und dem gesunden Laub gern gepflanzt wird. Auf Stämmchen veredelt, eine Augenweide! 50 cm hoch.

Kletterrosen

'Bantry Bay' (Sam. McGredy, 1967) – Öfterblühend.
Große, halbgefüllte, schalenförmige, reinrosa Blüten in großen Rispen. Etwas duftend. Auch als frei stehender Busch geeignet. 2,00 bis 3,00 m hoch.

'Blaze superior' (Jackson & Perkins, 1954) – Mult.
Feurig-scharlachrote Blüten, überreich blühend und bis zum Herbst immer wieder nachblühend. Stark wachsend und kräftige Triebe bildend. 2,50 bis 3,00 m hoch.

'Casino' (Sam. McGredy, 1963) – Öfterblühend
Dunkelgelbe und edelgeformte Knospen. Große, gefüllte, zitronengelbe Blüten. Reicher Blütenflor. Kräftiger Wuchs, glänzendes Laub. 2,00 bis 2,50 m hoch.

'Climbing Ballett' (W. Kordes' Söhne, 1962) – TH.
Rosenrote, große Blüten. Stark kletternd. Glänzende, dunkelgrüne Belaubung. 3,00 bis 4,00 m hoch.

'Climbing Orange Triumph' (W. Koopmann, 1946) – Pol.
Auf langen Trieben stehen die orange-scharlachroten Blüten in großen Blütenständen. Gesunde, glänzende Belaubung und robust wie die bekannte Polyantharose gleichen Namens. 2,50 bis 3,00 m hoch.

'Climbing Schneewittchen' (W. Kordes' Söhne, 1970)
Weiße Blüten in großen Rispen. Kräftiger Wuchs. 2,00 bis 3,00 m hoch.

'Climbing Spartan' (W. Kordes' Söhne, 1960) – Flor.
Die reinorange Blüten der bekannten Floribunda 'Spartan' erscheinen an langen, kletternden Trieben. Duftend. 3,00 bis 4,00 m hoch.

'Climbing Super Star' (W. Heitmann, 1965) – TH.
Salmorange, duftende Blüten an kräftigen, dicken Trieben. Stark kletternd. 3,00 bis 4,00 m hoch.

'Climbing Sutter's Gold' (Armstrong – Nurseries, 1950) – TH.
Reingelbe, stark duftende Blüten. 3,00 bis 4,00 m hoch.

'Climbing The Queen Elizabeth Rose' (Wheatcroft Bros., 1960) – Flor.-Grandifl.
Zart hellrosa Blüten, einzelnstehend. Stark kletternd. Gesundes, glänzendes Laub. 4,00 bis 5,00 m hoch.

'Coral Dawn' (Boerner – Jackson & Perkins, 1952) – Wich. Öfterblühend.
Große, edelrosenähnliche, korallenrosa Blüten, die einzeln und in Rispen an langen Trieben sitzen. Sehr guter Duft. Stark kletternd. Glänzendes Laub. 2,50 bis 3,00 m hoch.

'Cordon Rouge' (Vilmorin, 1970) – Öfterblühend
Große, gefüllte, orangerote Blüten in lockeren Rispen. Kräftiger, aufrechter Wuchs, stark verzweigt. Rötlicher Austrieb. Großes, dunkelgrünes Laub. 2,50 bis 3,00 m hoch.

'Dorothy Perkins' (Perkins, 1901) – Wich.
Eine alte, immer noch gern gepflanzte Kletterrose. Die kleinen, kirschrosafarbenen Blüten sitzen sehr zahlreich in großen, überhängenden Rispen. Zur Hauptblütezeit überreich blühend, später etwas nachblühend. Kräftiger Wuchs, aber dünne Triebe bildend. Kleines, glänzendes Laub, leider etwas mehltauanfällig. 4,00 bis 5,00 m hoch.

'Dortmund' (W. Kordes' Söhne, 1955) – *Rosa kordesii* – Öfterblühend.
Einfache, schalenförmige, scharlachrote Blüten mit heller Mitte. Sehr reich blühend. Auch als Strauchrose zu verwenden. 2,00 bis 3,00 m hoch.

'Elegance' (Brownell, 1938) – Wich.
Große, gefüllte, gelbe Blüten, die später blaß werden. Leichter Duft. Nur einmal blühend. Starkwachsend, dunkelgrünes, glänzendes Laub. 4,00 bis 5,00 m hoch.

'Excelsa' (Walsh, 1908) – Wich.
Kleine, dichtgefüllte, blutrote Blüten in großen Büscheln. Sehr reicher, langanhaltender Blütenflor. Kräftiger Wuchs, glänzendes Laub. 4,00 bis 5,00 m hoch.

'Expreß' (VEG Saatzucht Baumschulen Dresden, 1984)
Die duftenden, karminrosa Blüten entsprechen in der Größe, Form und Füllung einer Teehybride und stehen einzeln, aber auch bis zu sieben am Trieb. Kräftig aufrechtwachsend. Das große, glänzend dunkelgrüne Laub bleibt kerngesund. Diese öfterblühende Kletterrose ist sehr frosthart. 2,50 bis 3 m hoch.

'Flammentanz' (W. Kordes' Söhne, 1955)
Feurig blutrote, gefüllte, mittelgroße Blüten, in Büscheln bis zu sechs zusammenstehend. Reicher und langanhaltender Blütenflor. Große, zierende Hagebutten. Kräftiger, breiter Wuchs, reiche, sattgrüne Belaubung. Sehr winterhart. 4,00 bis 5,00 m hoch.

'Fräulein Octavia Hesse' (Herm. A. Hesse, 1910) – Wich.
Edelrosengleiche, gefüllte, reinweiße Blüten mit Duft. Sehr starker Wuchs, glänzende Belaubung. 6,00 bis 8,00 m hoch.

'Golden Climber' (Brownell, 1933) – Wich.

Die goldgelben Knospen sind rot gestreift. An jedem Trieb stehen einzelne große, gelbe Blüten. Reicher Blütenflor mit einer späteren, bescheidenen Nachblüte. Auch in Einzelstellung wirkungsvoll. 3,00 bis 4,00 m hoch.

'Golden Glow' (Brownell, 1937) – Wich.
Die goldgelben Blüten sind edelrosengleich und stehen zu mehreren zusammen. Teerosenduft. Nur einmal, aber reich blühend. Sehr wüchsige Pflanzen mit ledrigem, glänzendem, dunkelgrünem Laub. 3,00 bis 4,00 m hoch.

'Golden Showers' (W. Lammerts – Germain's Seed & Plant Co., 1956) – Öfterblühend
Edelrosengleiche, gefüllte, rein zitronengelbe Blüten. Duftend. Gesunder, kräftiger Wuchs und schönes, tiefgrün glänzendes Laub. Auch als Strauchrose zu empfehlen. 2,00 bis 3,00 m hoch.

'Goldstern' (M. Tantau, 1966)
Eine der wertvollsten, öfterblühenden, gelben Kletterrosen. Rundlichspitze Knospen entfalten sich zu großen, gefüllten, goldgelben Blüten. Aufrechter, gut verzweigter Busch mit reicher, sattgrüner Belaubung. 2,00 bis 3,00 m hoch.

'Gruß an Heidelberg' (W. Kordes' Söhne, 1959) – Öfterblühend
Edelrosenartige, große, gefüllte Blüten, die ihre leuchtende, feurigrote Farbe bis zum Verblühen behalten. Etwas duftend. Auch gut für die Vase geeignet, da sich die Blüten lange halten. Starker, aufrechter Wuchs, ständig neue Triebe bildend. Großes, glänzendgrünes Laub. Wirkt auch in Einzelstellung als Strauchrose. Muß frei und luftig stehen, da bei ungünstiger Witterung die Blätter vom Sternrußtau befallen werden können. 2,00 bis 3,00 m hoch.

'Gruß an Koblenz' (W. Kordes' Söhne, 1963)
Eine öfterblühende *Rubiginosa-Hybride*. – Edelgeformte Knospen, große, halbgefüllte, blutrote Blüten. Aufrechter, vielverzweigter Wuchs, frischgrüne Belaubung. Sehr schön auch als Strauchrose. 2,00 bis 2,50 m hoch.

'Guinée' (Mallerin, 1938) – TH.
Eine das ganze Jahr, aber nicht sehr reich blühende, ganz dunkelscharlachrote Kletterrose. Die schwärzlich überhauchten, wie Edelrosen geformten Blüten duften hervorragend und sitzen einzeln an den Spitzen langer Triebe. Mittelstarker Wuchs, ledrig dunkelgrünes Laub. 2,00 bis 3,00 m hoch.

'Hamburger Phönix' (W. Kordes' Söhne, 1954) – *Rosa kordesii.*
Öfterblühende Kletterrose; große, halbgefüllte, karmesinblutrote Blüten. Kräftiger Wuchs, glänzende Belaubung. Schöner Hagebuttenschmuck im Herbst. 3,00 bis 4,00 m hoch.

'Ilse Krohn superior' (W. Kordes' Söhne, 1964) – *Rosa kordesii.*
Öfterblühende, reinweiße Kletterrose mit Duft. Edelrosenähnliche, starkgefüllte Blüten. Sehr reichblühend. Dunkelgrünes, gesundes Laub. Äußerst winterhart. 2,00 bis 3,00 m hoch.

'Indra' (M. Tantau, 1937) – Mult.
Nur einmal, aber sehr lange und überreich blühende Kletterrose. Die großen, gefüllten, hellrosa Blüten stehen immer zu mehreren zusammen. Etwas duftend. Die langen Triebe haben keine Stacheln, nur die Unterseiten der Blätter sind mit kleinen Stacheln besetzt. 3,00 bis 4,00 m hoch.

'Karlsruhe' (W. Kordes' Söhne, 1957) – *Rosa kordesii.* Öfterblühend
Die sehr großen, starkgefüllten, rosenroten Blüten stehen in Büscheln bis zu zehn an kräftigen Trieben. Sie sind sehr haltbar. Während des ganzen Sommers erscheinen immer wieder neue Blütentriebe. Sehr winterhart und starkwüchsig. 2,00 bis 3,00 m hoch.

'Kassel' (W. Kordes' Söhne, 1956)
Öfterblühende Kletterrosen-Hybride. Die zinnoberroten, großen Blüten sind wie Edelrosen geformt. Aufrechter Wuchs, starke Büsche bildend. Auch als Strauchrose verwendbar. 2,00 bis 3,00 m hoch.

'Lawinia' (M. Tantau, 1980)
Eine öfterblühende, reinrosa Kletterrose. Die edelrosengleichen Blumen haben einen guten Duft und besitzen eine große Leuchtkraft. 2,00 bis 3,00 m hoch.

'Le Rêve' (Pernet – Ducher, 1923) – *Foetida-Hybride*
Eine alte, immer wieder gern gepflanzte reingelbe Kletterrose. Nur einmal, aber sehr reich blühend. Die großen, halbgefüllten, offenen Blüten stehen in lockeren Blütenständen. Kräftiger Wuchs, glänzendes Laub. 3,00 bis 4,00 m hoch.

'Leverkusen' (W. Kordes' Söhne, 1954) – *Rosa kordesii*
Zart reingelbe, öfterblühende Kletterrose. Die gefüllten Blüten stehen in großen Büscheln. Glänzendgrüne Belaubung. Sehr winterhart. 3,00 bis 4,00 m hoch.

'Long John Silver' (Horvath, 1934) – *Setigera-Hybride*
Eine einmalblühende, reinweiße Kletterrose. Die mittelgroßen, gefüllten Blüten sind becherförmig und stehen zu mehreren zusammen. Etwas duftend. Stark wachsend und sehr frosthart. 4,00 bis 5,00 m hoch.

'Maréchal Niel' (Pradel, 1864) – Teerose
Bekannte, sehr alte, öfterblühende Kletterrose mit wundervollen goldgelben, duftenden Blüten. Die großen, edelgeformten Blumen haben nur einen schwachen Stiel, so daß sie etwas überhängen. Leider sehr frostempfindlich und nur für Glashäuser oder Wintergärten geeignet. 2,00 bis 3,00 m hoch.

'Morgengruß' (W. Kordes' Söhne, 1962) – *Rosa kordesii* – Öfterblühend.
Zartrosa und orangegelbe Blüten. Gefüllte, edelrosenähnliche Knospen. Angenehmer Duft nach Wildrosen. Die Pflanzen wachsen kräftig und sind sehr winterhart. 3,00 bis 4,00 m hoch.

'New Dawn' (Sommerset Rose Nursery, 1930) – Wich.
Wohl eine der schönsten und beliebtesten weißlichrosa Kletterrosen. Die edelrosenartigen, gefüllten Blüten stehen einzeln, aber meistens zu mehreren zusammen und verbreiten einen zarten Duft. Gut auch zum Schnitt geeignet, da jede Knospe aufblüht, sofern sie etwas Farbe zwischen den noch geschlossenen Kelchblättern zeigt. Die Pflanze wächst stark und hat glänzendes, dunkelgrünes, gesundbleibendes Laub. Sehr winterhart. 2,00 bis 3,00 m hoch.

'Parkdirektor Riggers' (W. Kordes' Söhne, 1957) – *Rosa kordesii* – Öfterblühend.
Sammetartige, blutrote, halbgefüllte, mittelgroße Blüten von großer Leuchtkraft. Starker, aufrechter Wuchs; glänzende, dunkelgrüne Belaubung.

'Paul's Scarlet Climber' (W. Paul, 1916) – Wich.
Eine außerordentlich reich blühende, leuchtend scharlachrote, oft gepflanzte Kletterrose. Die mittelgroßen, halbgefüllten Blüten stehen zu mehreren in Büscheln und verblühen nur sehr langsam. Stark aufrechtwachsend mit dunkelgrünem, gesundem Laub. 3,00 bis 4,00 m hoch.

'Raymond Chenault' (W. Kordes' Söhne, 1960). *Rosa kordesii.*
Öfterblühende Kletterrose mit großen, gefüllten, feurig scharlachroten Blüten, die in Büscheln zusammenstehen. Wildrosenduft. Kräftiger, aufrechter Wuchs. Winterhart. 3,00 bis 4,00 m hoch.

'Rosarium Uetersen' (W. Kordes' Söhne, 1977) – Öfterblühend.
Sehr große, silbrigrosafarbene Blüten zu mehreren in Büscheln. Lange haltbar, mit Wildrosenduft. Reicher Blütenflor. Robuster, kräftiger Wuchs. Sehr winterhart. Auch als Strauchrose verwendbar. 2,00 bis 3,00 m hoch.

'Rosenfest' (GPG »Roter Oktober«, 1981)
Öfterblühende Kletterrose. Die mittelgroßen, schwachgefüllten, offenen, purpurroten Blüten stehen zahlreich in Büscheln bis zu 27 Stück. Leicht duftend. Sehr wüchsig, mit langen, ausladenden Trieben. Glänzend dunkelgrünes, sehr gesundes Laub. Auch als Einzelpflanze und für Hecken geeignet. 2,00 m hoch.

'Rote Flamme' (W. Kordes' Söhne, 1967) – *Rubiginosa-Hybride*
Edelgeformte, starkgefüllte, dunkelrote Blüten, die in großer Fülle die Pflanze bedekken. Kräftiger, buschiger Wuchs, gesunde, dunkelgrüne Belaubung. Winterhart. 3,00 bis 4,00 m hoch.

'Royal Gold' (Jackson & Perkins, 1958)
Öfterblühende Kletterrosen-Hybride. Edelrosengleiche, längliche Knospen öffnen sich zu gefüllten, sattgelben, duftenden Blüten. Für Schnittzwecke geeignet. Schöne, glänzende Belaubung. Winterschutz erforderlich! 2,00 bis 3,00 m hoch.

'Schloß Dryburg' (W. Berger, 1969) – *Foetida-Hybride.*
Eine öfterblühende, goldgelbe Kletterrose mit edelgeformten, gefüllten Blüten. Große Blütenfülle. Kräftiger Wuchs. 2,00 m hoch.

'Schwanensee' (Sam. McGredy, 1968)
Öfterblühende Kletterrose. Große, gefüllte, edelrosengleiche Blüten, reinweiß, zartrosa überhaucht. Etwas duftend. Die leuchtenden Blumen stehen in Büscheln. Kräftiger, straff aufrechter Wuchs, glänzende, dunkelgrüne Belaubung. 2,00 bis 3,00 m hoch.

'Schwarzer Samt' (VEG Saatzucht Baumschulen Dresden, 1969) – *Rosa kordesii.*
Eine unermüdlich blühende Kletterrose. Die mittelgroßen, halbgefüllten, offenen Blüten sind samtig schwarzrot. Kräftiger, aufrechter Wuchs, sehr schönes, gesundes Laub. Auch in Einzelstellung eine imposante Erscheinung. 2,50 bis 3,00 m hoch.

'Solo' (M. Tantau, 1956) – Öfterblühende Kletterrosen-Hybride
Die Farbe der edelgeformten Blüten ist ein samtiges Dunkelrot. Duftend. Starkwachsend. Die Pflanze bildet laufend neue, üppige Blütenstände. Unermüdlicher Flor bis zum Frost. 2,00 bis 3,00 m hoch.

'Sympathie' (W. Kordes' Söhne, 1964) – *Rosa kordesii*
Große, edelrosengleiche, duftende, dunkelrote Blüten. Es werden laufend neue Blütentriebe gebildet. Sehr kräftiger Wuchs, glänzende, sattgrüne Belaubung. 3,00 bis 4,00 m hoch.

'Tausendschön' (Kiese, 1906) – Mult.
Alte, bekannte, rosablühende Kletterrose. Nur einmal blühend. Reicher Blütenflor. Kräftiger Wuchs. Stachellos. 2,00 bis 3,00 m hoch.

'Veilchenblau' (Kiese, 1909) – Mult.
Viele kleine, violette, offene Blüten in Rispen. Eine Liebhaberrose. Früh- und reichblühend. Fast stachellos. Sehr frosthart. 2,00 bis 3,00 m hoch.

'Weiße New Dawn' (W. Berger, 1959) – Wich.
Diese Kletterrose hat dieselben guten Eigenschaften wie die 'New Dawn', blüht aber cremeweiß. 2,00 m hoch.

'White Dorothy Perkins' (B. Cant, 1909) – Wich.
Einmalblühende Kletterrose, nicht wie die Ausgangssorte rosa blühend, sondern mit reinweißen bis elfenbeinweißen Blüten. 4,00 bis 5,00 m hoch.

Öfterblühende Strauchrosen

'Abraxas' (VEG Saatzucht Baumschulen Dresden, 1973)
Die leuchtend roten Blüten, groß und von edler Form, stehen zu mehreren zusammen. Dichtes, dunkelgrünes, gesundes Laub. 1,20 bis 1,50 m hoch.

'Arabella' (VEG Saatzucht Baumschulen Dresden, 1978)
Eine mehrfarbige Strauchrose. Die karminroten Blütenränder gehen zur Mitte in eine hellgelbe Farbe über und werden später weiß. Die halbgefüllten, offenen Blüten sitzen in großen Büscheln zusammen. Etwas Duft. Große, dunkelgrüne, leicht glänzende Belaubung. 1,50 bis 2,00 m hoch.

'Bastei' (Dr. J. Schmadlak-GPG »Im Lockwitztal«, 1977)
Die großen Blütenstände tragen viele kleine, gefüllte, zinnober- bis karmesinrote Blumen. Gesundes, glänzendes, dunkelgrünes Laub. 0,90 bis 1,30 m hoch.

'Bergers Morgenröte' (W. Berger, 1964)
Halbgefüllte, weiße Blüten mit zart gerötetem Rand, der später in Rot übergeht. Große Blütenrispen. Die Knospen sind edelgeformt. Großes, glänzendes und vollkommen gesundes Laub. 1,50 bis 2,00 m hoch.

'Berlin' (W. Kordes' Söhne, 1949)
An riesigen Dolden sitzen große, einfache, orangerote Blüten mit gelber Mitte. Reiche Blüte bis zum Frost. Vollkommen krankheitsfreie Belaubung. 1,00 bis 1,50 m hoch.

'Bischofsstadt Paderborn' (W. Kordes' Söhne, 1964)
Die einfachen, schalenförmigen, orangeroten, weithin leuchtenden Blüten zieren den Strauch bis zum Spätherbst. Dichtes, gesundes Laub. 1,00 bis 1,50 m hoch.

'Blossomtime' (O'Neal-Bosley Nurs., 1951)
Edelrosenähnliche Blüten, dunkelrosa, innen silbrigweiß. Duftend. Sehr reicher Blütenflor. 1,00 bis 1,50 m hoch.

'Bonn' (W. Kordes' Söhne, 1950)
Große, orangerote Blüten, die an breiten Rispen etwas nach unten hängen. Etwas duftend. Reichblühend und immer wieder neue Blütentriebe bildend. Wächst kaum in die Breite. Gesundes, dunkelgrünes Laub. Sehr winterhart. 1,50 bis 2,00 m hoch.

'Buisman's Triumph' (G. A. H. Buisman & Zn., 1953)
Große, hellrote Blüten an Dolden zusammensitzend. Eine buschigwachsende, sehr robuste Rose, bis zum Frost blühend. Glänzende Belaubung. Gut als blühende Hecke, auch für ungünstige Lagen geeignet. 1,00 bis 1,50 m hoch.

'Centennaire de Lourdes' (G. Delbard, 1958)
Große, halbgefüllte reinrosa Blüten. Aufrechter, leicht überhängender Wuchs. Gesunde, dunkelgrüne Belaubung. 1,50 bis 1,80 m hoch.

'Chinatown' (D. T. Poulsen, 1963)
Rein goldgelbe, edelrosengleiche Blumen, zu mehreren an einem Blütenstiel. Üppiger Wuchs, gesunde, dunkelgrüne Belaubung. 1,00 bis 1,50 m hoch.

'Conrad Ferdinand Meyer' (Dr. Müller, 1899)
Eine sehr alte, immer wieder gern gepflanzte *Rugosa-Hybride*. Große, edle, stark gefüllte, silbrigrosa Blüten. Duftend. Kräftiger Wuchs, mit stark bestachelten Trieben. 2,00 bis 3,00 m hoch.

'Dirigent' (M. Tantau, 1956)
Große Blütenrispen voller halbgefüllter, roter Blumen. Kräftige, breite Büsche, die sich auch für eine Heckenpflanzung eignen. Unermüdlich blühend. 1,50 bis 2,00 m hoch.

'Dornröschen-Acicularis-Hybride' (W. Kordes' Söhne, 1960)
Edelrosenartige, lachsrote Blüten in straff aufrecht stehenden Rispen. Zur Rosenblüte sehr reicher Flor, bis zum Frost leicht nachblühend. Etwas Duft. Üppiger, vielverzweigter Wuchs. Lederartige, hellgrüne Belaubung. 1,50 bis 2,00 m hoch.

'Dr. Eckener' (V. Berger – Teschendorff, 1930)
Halbgefüllte, kupfrigrosa Blüten mit gelbem Grund. Duftend. Starker, aufrechter Wuchs. 1,50 bis 1,80 m hoch.

'Elmshorn' (W. Kordes' Söhne, 1951)
Gefüllte, mittelgroße, hellrote Blüten in großen Rispen. Eine unermüdlich blühende Strauchrose, deren leuchtende Blüten mitunter noch bis in den Dezember erfreuten. Gesundes, glänzend grünes Laub. Sehr winterhart. 1,50 bis 2,00 m hoch.

'Erfurt' (W. Kordes' Söhne, 1939)
Hellrote, halbgefüllte, schalenförmige Blüten mit gelblichweißer Mitte. Blumen immer zu mehreren zusammen. Junge Triebe mit herrlich roten Blättern. Kräftiger, breit ausladender Wuchs, gesundes, glänzendes Laub. Auch für Böschungen geeignet. 0,80 bis 1,00 m hoch. 1,00 bis 1,50 m breit.

'Eyepaint' (Sam. McGredy, 1976)
Eine Augenweide besonderer Art. Die kleinen, offenen Blüten sind scharlachrot mit weißem Auge. Sehr reich blühend. Schöner, buschiger Wuchs, frischgrüne, glänzende Belaubung. 1,00 bis 1,50 m hoch.

'Feuerfunken' (GPG »Roter Oktober«, 1979)
Zinnoberrote, große, gefüllte Blüten, zu mehreren im Blütenstand. Buschiger, breit ausladender Wuchs und große, dunkelgrüne Belaubung. 1,00 bis 1,30 m hoch.

'Feuerwerk' (M. Tantau, 1962)
Die edelrosengleichen Blüten, schalenförmig, halbgefüllt, haben eine leuchtende, feurigorange Farbe. Diese Strauchrose entwikkelt sich zu großen Büschen, die glänzend hellgrüne Belaubung tragen. 1,00 bis 1,50 m hoch.

'Firlefanz' (W. Berger, 1968)
Ähnliches Farbenspiel wie bei der bekannten 'Masquerade'. Die gefüllten Knospen in großen Blütenständen blühen goldgelb auf, sind an den Spitzen rot, gehen dann langsam vollkommen in Rot über. Gesundes, glänzend grünes Laub. 1,20 bis 1,50 m hoch.

'F. J. Grootendorst' (de Goey – Grootendorst, 1918)
Eine öfterblühende *Rugosa-Hybride*, die als Nelkenrose bezeichnet wird. Die kleinen, gefüllten Blüten mit gefransten Petalen sind karminrot und sitzen immer zu mehreren zusammen. Eine anspruchslose, buschig wachsende Rose mit kleinem, runzeligem Laub. 1,00 bis 1,50 m hoch.

'Fontaine' (M. Tantau, 1969)
Samtig dunkelrote Blüten, stark gefüllt, edelrosengleich. Die Pflanze entwickelt sich zu einem großen, dichten Busch und bildet kräftige, dicke Triebe aus. 1,50 bis 2,00 m hoch.

'Fortissimo' (GPG »Roter Oktober«, 1974)
Edelrosenähnliche, stark gefüllte Blüten von einem leuchtenden Scharlachrot. Kräftiger Wuchs, laufend neue Blüten bildende, große Triebe. Herrlicher Herbstflor. Gesunde, dunkelgrüne Belaubung. 1,00 bis 1,50 m hoch.

'Grandhotel' (Sam. McGredy, 1975)
Eine der schönsten, blutrot blühenden Strauchrosen. Große, gutgefüllte, offene Blüten. Buschiger, vielverzweigter Wuchs, glänzendes, dunkelgrünes Laub. 1,50 bis 2,00 m hoch.

'Händel' (Sam. McGredy, 1965)
Immer zu mehreren zusammen, leuchten die

rot und weiß gefärbten Blüten schon aus der Ferne. Aufrechter, gut verzweigter Wuchs, dichte, glänzende Belaubung. Sehr reicher Blütenflor. 1,00 bis 1,50 m hoch.

'Herrenhausen' (W. Kordes' Söhne, 1938)
Eine nicht hoch werdende weißblühende Strauchrose. Im Verblühen geht die weiße Farbe etwas in Rosa über. Mäßig duftend. Kräftiger Wuchs, dunkelgrünes Laub. 1,00 m hoch.

'Ilse Haberland' (W. Kordes' Söhne, 1956)
Riesengroße, karminrosa Blüten, manchmal fünf in einer Rispe, wunderbar duftend. Straff aufrechter Wuchs mit starken Trieben. Reiche, mattgrüne, große Belaubung. Unermüdlich blühend. Setzt große Hagebutten an. 1,50 bis 2,00 m hoch.

'Lausitz' (W. Berger, 1959)
In großen Blütenständen stehen die zartrosa, halbgefüllten Blumen. Etwas duftend. Kräftiger Wuchs, sehr gesundes Laub. 1,50 bis 2,00 m hoch.

'Lichtblick' (VEG Saatzucht Baumschulen Dresden, 1972)
Die edelgeformten, gutgefüllten, rosa bis orangerosa Blumen sitzen in großen Blütenständen. Kräftiger, aufrechter Wuchs mit etwas überhängenden Blütentrieben. Glänzendes, frischgrünes Laub. 1,20 bis 1,50 m hoch.

'Lichtkönigin Lucia' (W. Kordes' Söhne, 1966)
Eine wunderbare, gelbblühende Strauchrose, die besonders vor einem dunkelgrünen Hintergrund sehr gut zur Wirkung kommt. Die großen, gefüllten Blüten duften. Der Wuchs ist kräftig, aufrecht. Lederartiges, glänzendes Laub. 1,20 bis 1,50 m hoch.

'Lydia' (W. Kordes' Söhne, 1973)
Ein rotgelbes Farbenspiel. Die zahlreichen, großen, halbgefüllten Blüten in lockeren Rispen gehen im Verblühen in ein leuchtendes Orange über. Gut selbstreinigend. Duftend! Reich verzweigter, aufrechter Wuchs, große, gesunde Belaubung. 1,50 bis 2,00 m hoch.

'Mannheim' (W. Kordes' Söhne, 1958)
Kirschrote, stark gefüllte Blüten. Langanhaltender Blütenflor. Kräftiger, buschiger Wuchs, dichte, gesunde Belaubung bis zum Erdboden. Sehr winterhart. 1,50 bis 2,00 m hoch.

'Neiße' (W. Berger, 1959)
In großen Rispen stehen bis zu 20 Einzelblüten, deren Rosa eine gute Leuchtkraft besitzt. Gesunder, kräftiger Wuchs. Mittelgrüne Belaubung bis zum Erdboden. 1,50 bis 2,00 m hoch.

'Omul' (GPG »Roter Oktober«, 1973)
Eine Strauchrose mit sonnengelben, edelgeformten, gefüllten Blüten, die einzeln oder zu mehreren an den Spitzen der Triebe sitzen. Reicher Blütenflor bis zum Herbst. Starker, aufrechter Wuchs, großes, gesundes Laub. 1,00 bis 1,50 m hoch.

'Oskar Scheerer' (W. Kordes' Söhne, 1961)
Schwärzlich-dunkelrote Blüten, halbgefüllt und schalenförmig in großen Blütenständen. Straff aufrechter Wuchs; gesundes, glänzendgrünes Laub. 1,50 bis 2,00 m hoch.

'Pink Grootendorst' (Grootendorst, 1923)
Ein Sport der bereits beschriebenen 'F. H. Grootendorst', aber mit rosa Blüten. 1,00 bis 1,50 m hoch.

'Shalom' (D. T. Poulsen, 1972)
Leuchtend ziegelrote Blüten in lockeren Dolden. Duftend. Gut verzweigter, aufrechter Wuchs. Große, glänzendgrüne Belaubung. 1,50 bis 2,00 m hoch.

'Sparrieshoop' (W. Kordes' Söhne, 1952)
Auf starken, mit großen, gelben Stacheln besetzten, langen Trieben leuchten die perlmutterrosa Blüten. Inmitten der einfachen, schalenförmigen Blumen, in großen Blütenständen, kommen die Staubgefäße gut zur Wirkung. Sehr blühwillig und winterhart. 1,50 bis 2,00 m hoch.

'Stadt Rosenheim' (W. Kordes' Söhne, 1961)
Sehr große, gefüllte, edelrosengleiche Blüten von einem leuchtenden Lachsorange. Der Wuchs ist kräftig, aufrecht, die Belaubung reichlich, glänzend und gesund. 1,20 bis 1,50 m hoch.

'Träumerei' (W. Berger, 1968)
Große, flachgebaute Rispen sind mit einer Vielzahl seidenrosafarbener Blüten besetzt. Etwas duftend! Blütenflor bis zum Spätherbst. Aufrechter Wuchs, gesunde Belaubung. Auch für Heckenpflanzung zu empfehlen. 1,40 bis 1,80 m hoch.

'Ufhoven' (W. Berger, 1964)
In großen Rispen sitzen zierliche, fast einer Pompondahlie ähnliche, rosa Blüten. Sehr

reicher Blütenflor bis zum Frost. Buschiger, aufrechter Wuchs und gesunde, sattgrüne Belaubung. 1,20 bis 1,50 m hoch.

'Varna' (GPG »Roter Oktober«, 1979)
Interessantes Farbenspiel. Die mittelgroßen, gefüllten Blüten sind orangescharlach und die Außenseiten gelb. Etwas Duft. Gesunder, buschiger Wuchs, glänzend dunkelgrünes Laub. 1,00 bis 1,40 m hoch.

'Wartburg' (GPG »Roter Oktober«, 1977)
Eine niedrigbleibende Strauchrose, breit ausladend, hellgelb blühend. Die Blüten sind mittelgroß, rundlich, stark gefüllt und stehen zu mehreren zusammen. Gesundes, mittelgroßes, glänzendgrünes Laub. 0,90 bis 1,20 m hoch.

'Wehrinsel' (W. Berger, 1959)
Dunkelscharlachrote oder schwärzlich-samtig überhauchte, rote, halbgefüllte Blüten, mitunter 40 an der Zahl, stehen in sehr großen Blütenständen. Unermüdlicher Blütenflor. Kräftiger Wuchs, immer wieder neue Blütentriebe bildend. Gesundes, gelbgrünes Laub. 1,50 bis 2,00 m hoch.

'Westerland' (W. Kordes' Söhne, 1969)
Auffallende, farbenfrohe Strauchrose. Die rundlichspitzen, gelben Knospen tragen rote Streifen. Die großen, halbgefüllten Blüten sind von einem leuchtenden Lichtgelb mit Orange. Duftend! Früh einsetzender Blütenflor. Starker, buschiger, etwas breit werdender Wuchs. 1,20 bis 1,50 m hoch.

'Wilhelm' (W. Kordes' Söhne, 1934)
Eine alte, immer wieder gern gepflanzte Strauchrose, sehr robust und winterhart. Die halbgefüllten, dunkelroten, offenen Blüten stehen in großen Sträußen an langen, kräftigen Trieben. Duftend! Gesundes, glänzendes Laub. 2,00 bis 2,50 m hoch.

'Wörlitz' (W. Berger, 1964)
An straußartigen Rispen stehen bis zu 20 große, edelgeformte, reingelbe Blüten, die ihre Farbe trotz Sonne und Regen nicht verändern. Starker, aufrechter Wuchs. 1,20 bis 1,50 m hoch.

Einmalblühende Strauchrosen

Rosa × alba L.

'Maiden's Blush' (Kew Garden, 1797)
Mittelgroße, gefüllte, rosaweiße Blüten. Stark duftend! Reich blühend. 1,00 bis 1,50 m hoch.

Rosa centifolia L.

'Muscosa' (Holland 1796)
Beliebte und immer wieder bewunderte Moosrose. Die mittelgroßen, gefüllten, rosa Blüten sind stark bemoost und verströmen einen herrlichen Zentifolienduft. Reicher Blütenflor. Sehr dicht stehende, hellbraune, borstenartige Stacheln. 1,50 m hoch.

Rosa × damascena Mill.

'York and Lancaster' (Monardes 1551)
Eine sehr alte Damaszenerrose. Mittelgroße, weiße oder hellrote, teilweise gestreifte, mäßig duftende Blüten. 1,00 bis 1,50 m hoch.

Rosa foetida J. Herrm.

'Bicolor'
Bekannt unter dem Namen Kapuzinerröschen oder auch Fuchsrose. Nachweislich schon vor 1590 in Kultur. Einfache, schön geformte Blüten, innen kapuzinerrot, außen gelb. Reichblühend. 1,50 bis 2,00 m hoch.

'Persian Yellow' (Willock 1837)
Wird als persische Goldrose bezeichnet. Gefüllte, dottergelbe Blüten. Starkwachsend. Große Büsche mit überhängenden Zweigen. 7 bis 9 feingefiederte, rundliche Blätter. 1,50 bis 2,00 m hoch.

Rosa gallica L.

'La Louise' (Parmentier um 1840)
Bis 1,50 m hohe Strauchrose mit großen, leicht gefüllten, purpurroten Blüten. Sehr reizvoll sind die gelben Staubgefäße.

'Pompon de Bourgogne' (seit 1836 bekannt)
Das sogenannte »Burgunderröschen« hat kleine, gefüllte, fleischrosafarbene Blüten, die am Rande weißlich sind. Duftend. Die Pflanze wächst rundbuschig und wird nur etwa 0,60 m hoch.

'Scharlachglut' (W. Kordes' Söhne, 1952)
Große, einfache, scharlachrote Blüten. Reicher Blütenflor. Birnenförmige Hagebutten. 1,50 bis 2,00 m hoch.

Rosa hugonis Hemsl.
Beginnt mit der Blüte schon manchmal Mitte Mai und ist über und über mit goldgel-

ben, einfachen Schalenblüten bedeckt. Die Pflanze baut sich locker auf und hat hellgrüne, zartgefiederte Blätter. 1,50 bis 2,00 m hoch.

Rosa hybrida bifera 'Wildfeuer' (W. Kordes' Söhne, 1953)
Große, feurigrote, halbgefüllte Blüten. Sehr kräftiger Wuchs. Die stark bestachelten Triebe werden bis zu 3,00 m hoch.

Rosa moyesii Hemsley & Wilson
Stammt aus China und ist seit 1894 in Kultur. Die großen, einfachen Blüten sind tief blutrot und haben goldgelbe Staubgefäße. Sehr reicher Schmuck krugförmiger Hagebutten im Herbst. Breit ausladender Wuchs mit braunroten Trieben. Besonders zierend als Einzelstrauch. 2,00 bis 3,00 m hoch.

Rosa pimpinellifolia L.
'Frühlingsduft' (W. Kordes' Söhne, 1943)
Bereits ab Mitte Mai erscheinen die wie kleine Edelrosen aussehenden gelblichrosa Blüten. Wunderbarer Duft! Sehr reich blühend, im Sommer manchmal schwach remontierend. Entwickelt sich zu sehr großen, weit ausladenden Büschen. 1,50 bis 2,00 m hoch.

'Frühlingsgold' (W. Kordes' Söhne, 1937)
Sehr große, hellgelbe, einfache Blüten. Wie bei allen »Frühlingssorten« beginnt die Blüte schon im Mai. Kräftiger, buschiger Wuchs, etwas überhängend. 2,00 bis 2,50 m hoch.

'Frühlingsmorgen' (W. Kordes' Söhne, 1941)
Große, einfache, rosa Schalenblüten, aus deren Mitte die goldgelben Staubgefäße hervorleuchten. Sehr reicher Blütenflor. Kräftiger Wuchs und dunkelgrünes Laub. 1,50 bis 2,00 m hoch.

'Frühlingstag' (W. Kordes' Söhne, 1949)
Zahlreiche gelbe Blüten mit roten und orangefarbenen Streifen. Die in kleinen Büscheln stehenden Blüten verströmen einen angenehmen Duft. 1,00 m hoch.

'Frühlingszauber' (W. Kordes' Söhne, 1942)
Die großen, einfachen Blüten sind leuchtend rot, die Mitte ist rosa. Etwas duftend. Kräftiger Wuchs, dunkelgrünes Laub. 2,00 bis 2,50 m hoch.

'Karl Foerster' (W. Kordes' Söhne, 1930)
Leicht gefüllte, große, weiße, etwas duftende Blüten. Mitunter schon Mitte Mai blühend. Breit wachsend. Schönes, gesundes Laub. 1,50 bis 2,00 m hoch.

'Maigold' (W. Kordes' Söhne, 1953)
Große, gefüllte, goldgelbe Blüten mit Kupferschein. Stark duftend. Die Blüte beginnt Ende Mai. Im Spätsommer erscheinen manchmal noch vereinzelte Blüten. Kräftiger, buschiger Wuchs. 2,00 bis 2,50 m hoch.

'Maiwunder' (W. Kordes' Söhne, 1966)
Leuchtende, goldgelbe Blüten, wie Edelrosen geformt. Auffallender Duft. Gesunder Wuchs, buschig, gut verzweigt. 1,00 bis 1,50 m hoch.

Rosa rubiginosa L.
'Fritz Nobis' (W. Kordes' Söhne, 1940)
Große, leicht gefüllte, starkduftende, gelblichrosa Blüten. Sehr reicher Blütenflor. Der Wuchs ist stark. 2,00 bis 2,50 m hoch.

'Goldbusch' (W. Kordes' Söhne, 1954)
Schöne, hellgelb blühende Strauchrose. Große, leicht gefüllte Blüten. Reicher Hagebuttenschmuck im Herbst. Robuster, kräftiger Wuchs. 2,00 m hoch.

'Rosendorf Ufhoven' (W. Kordes' Söhne, 1949)
Dunkelrote, große, gefüllte Blüten, duftend. Reicher Blütenflor. Gesunder, kräftiger Wuchs. 2,00 bis 2,50 m hoch.

'Rosenwunder' (W. Kordes' Söhne, 1934)
Der mindestens 2 m hoch werdende Strauch ist zur Hauptrosenblüte mit großen, leicht gefüllten, duftenden, rosaroten Blüten überschüttet.

Bodenbedeckende Rosen

'Fleurette' (Interplant, 1977)
Einfache, karminrosa Blüten mit heller Mitte, leicht duftend. Niedrige, buschige Pflanze, breit ausladend, glänzendes, gesundes Laub. Sehr wertvoll, da sich ständig neue Blüten entwickeln.

'Heideröslein-Nozomi' (Onodera, 1968)
Zierliche, halbgefüllte, perlmutterrosa Blüten, üppiger Flor. Robuste, sehr winterharte Pflanze mit kriechendem Wuchscharakter. Die vielen kleinen Zweige tragen schöne, spitzovale, grüne Blättchen.

'Max Graf' (Bowditch, 1919)
Einfache, mittelgroße, leuchtendrosa Blüten mit goldgelber Mitte. Wüchsige alte *Rugosa-Hybride*, die lange Triebe mit glänzendem Laub ausbildet. Sehr winterhart.

'Pink Spray' (L. Lens, 1980)
Die weithin leuchtenden, kräftigrosa Blüten mit hellem Auge sitzen an Dolden. Die Pflanze ist sehr reich blühend, bildet bogenförmige Triebe bis zu einer Länge von 1 bis 1,50 m aus, die sich auf den Boden legen. Die zierliche, dunkelgrüne Belaubung glänzt.

'Repens Alba' (G. Paul, 1903)
Mittelgroße, reinweiße Blüten an Büscheln. Alte Sorte, hervorragend geeignet zum Beranken von Böschungen. Die Pflanzen wachsen sehr schnell und entwickeln 5 bis 6 m lange Triebe.

'Rote Max Graf' (W. Kordes' Söhne, 1980)
Einfache, leuchtendrote Blüten mit heller Mitte. Leicht duftend. Die stark treibende Pflanze bildet auf den Boden sich niederlegende Triebe bis zu 2 m Länge. Große, im Austrieb rötliche Belaubung.

'Smarty' (Interplant, 1977)
Etwa 7 cm große, gelblichweiße Blüten mit rosa Schein, in Dolden blühend. Die bis zu 1,50 m langen Triebe liegen auf dem Erdboden und bringen laufend neue Blüten. Glänzende, hellgrüne Belaubung.

'The Fairy' siehe unter »Beetrosen«

'White Spray' (L. Lens, 1980)
Eine weißblühende Form von 'Pink Spray'.

Zwergrosen

'Baby Maskerade' (M. Tantau, 1955)
Buntes Farbenspiel, ähnlich wie bei der Polyantha-Hybride 'Masquerade'. Knospen gelb mit rotem Rand, leuchtend goldgelb aufblühend, dann rot werdend. Viele kleine, sternförmige Blüten. Der Wuchs ist buschig aufrecht.

'Bonny' (W. Kordes' Söhne, 1974)
Kleine, starkgefüllte, sternförmige, rosa Blüten. Duftend. Sehr niedriger Wuchs. Laufend nachtreibend.

'Cecile Lens' (L. Lens 1980)
Kleine, gefüllte, silbrigrosa Blüten. Reicher Blütenflor bis zum Herbst. Niedriger Wuchs. Etwas glänzende, dunkelgrüne Belaubung.

'Coralin' (M. Dot, 1954)
Kleine, gefüllte, korallenrote Blüten. Während des Sommers unermüdlich blühend. Aufrecht wachsend.

'Fresh Pink' (R. S. Moore, 1964)
Die leicht duftenden Blüten leuchten zartrosa, ähneln der Floribunda 'The Fairy', sind aber größer. Glänzende, dunkelgrüne Belaubung.

'Granadina' (P. Dot, 1956)
Blutrote, gefüllte, rundliche Blüten. Kleine, aufrecht wachsende Pflanzen mit dunkelgrünem Laub.

'Guletta' (de Ruiter, 1977)
Spitze Knospen, gefüllte Blumen in Dolden von zitronengelber Farbe. Buschiger Wuchs, dichte, zierliche Belaubung.

'Lillan' (de Vink, 1958)
Ganz reizende, hellrote, gefüllte Blumen. Sehr niedriger Wuchs, üppige Belaubung.

'Little Flirt' (Moore-Sequoia Nurs., 1961)
Eine entzückende zweifarbige Zwergrose. Die gelbe Knospe mit orange Spitzen verfärbt sich beim Aufblühen in Orangerot. Leichter Duft. Den ganzen Sommer unermüdlich blühend. Niedriger, buschiger Wuchs.

'Minirosa' (VEG Saatzucht Baumschulen Dresden, 1976)
Rosa Blüten mit weißer Mitte. Die halbgefüllten Blumen stehen zahlreich in dichten, kegelförmigen Blütenständen. Kräftiger, breitbuschiger Wuchs. Gesundes, glänzendes, frischgrünes Laub.

'Minirot' (VEG Saatzucht Baumschulen Dresden, 1976)
Ähnlich wie 'Minirosa', jedoch sind die Blüten rot mit weißer Mitte. Auch ist der Wuchs noch etwas niedriger, nur 25 cm hoch.

'Para Ti' (P. Dot, 1946)
Halbgefüllte, weiße Blüten, am Grunde gelblich getönt. Unermüdlich blühend. Buschiger, ganz niedriger Wuchs. Glänzendgrüne Belaubung.

'Peon' (de Wink, 1935)
Sehr kleine, halbgefüllte, dunkelkarmesin gefärbte Blüten, die in der Mitte weiß sind. Die Pflanzen bleiben sehr niedrig.

'Perla de Alcanada' (P. Dot, 1944)
Kleine, karminrote, halbgefüllte Blüten. Sehr kleines, zierliches, dunkelgrünes Laub. Niedriger, gedrungener Wuchs.

'Perla de Montserrat' (P. Dot, 1945)
Halbgefüllte, zartrosa Blüten, innen etwas dunkler. Sehr niedriger, kompakter Wuchs, glänzendes Laub.

Rosa roulettii (seit 1800)
Eine bekannte, sehr alte Zwergrose, aus China stammend. Überreich mit kleinen, gefüllten, karminrosa Blüten geschmückt, den ganzen Sommer hindurch erfreuend. Buschige Pflanze mit zierlichem Laub.

'Rosina' (P. Dot, 1942)
Die kleinen, halbgefüllten, sonnengelben Blüten sehen wie Mini-Edelrosen aus. Niedriger, buschiger Wuchs, glänzendes, hellgrünes Laub.

'Rosmarin' (W. Kordes' Söhne, 1965)
Sternförmige, gut gefüllte, silbrigrosa Blumen mit hellrotem Auge. Sehr reicher Blütenflor. Kompakter Wuchs, stark verzweigt, zierliche Belaubung.

'Scarlette' (de Ruiter, 1972)
Die edelgeformten Blüten leuchten scharlachrot. Selbstreinigend. Unermüdlicher Blütenflor. Die Pflanzen sind buschig, gedrungen und haben eine üppige, frischgrüne Belaubung.

'Starina' (Meilland, 1965)
Edelgeformte, lachsrote Blüten von großer Haltbarkeit. Buschiger, gut verzweigter Wuchs. Zierliche Belaubung.

'Sunmaid' (J. Spek, 1972)
Die kleinen, gefüllten Blüten leuchten goldgelb-orange und sind später zart rot überhaucht. Kompakter, stark verzweigter Wuchs, dichtes, glänzendes, dunkelgrünes Laub.

'Zwergenfee' (W. Kordes' Söhne, 1979)
Orange bis blutrote ganzgefüllte Blüten. Sauber verblühend. Niedriger, gedrungener Wuchs, laufend durchtreibend. Gesunde, frischgrüne Belaubung.

'Zwergkönig 78' (W. Kordes' Söhne, 1978)
Gefüllte, mittelgroße, leuchtend blutrote Blüten. Sauber verblühend. Buschiger, kugeliger Wuchs, gut nachtreibend. Sehr winterhart. Auch für eine niedrige Hecke oder Einfassung geeignet.

'Zwergkönig' (W. Kordes' Söhne, 1954)
Die sternförmigen, gefüllten Blüten sind karmesinrot. Ganz niedriger, gedrungener Wuchs. Blätter zierlich, glänzend.

'Zwergkönigin' (W. Kordes' Söhne, 1955)
Die Blüten, sehr klein und gefüllt, sich flach öffnend, haben eine rosa Farbe. Zwergiger Wuchs, zierliches, glänzendes Laub.

Literaturverzeichnis

Boerner, F.: Laubgehölze, Rosen und Nadelgehölze, Nordhausen 1938

Eiselt, M. G.: Bodendeckende Pflanzen, Radebeul 1966

Eiselt, M. G./Schröder, R.: Laubgehölze, Leipzig · Radebeul 1977

Eiselt, M. G./Schröder, R.: Nadelgehölze, Leipzig · Radebeul 1976

Encke, F./Buchheim, G./Seybold, S.: Zander, Handwörterbuch der Pflanzennamen, Stuttgart 1980

Gottschalk, W.: Blumenkalender (Rosen), Reichenbach 1979

Gottschalk, W.: Forster Rosengarten, Berlin 1963

Gottschalk, W.: Rosenverwendung im Haus- und Kleingarten, in »Ratschläge für den Rosenfreund«, Kulturbund der DDR, Zentralvorstand der Gesellschaft für Natur und Umwelt, ZAK »Rosen«, Radebeul 1978 und 1981

Gottschalk, W.: Strauchrosen und ihre Verwendung, in »Gehölzkunde in unserer Zeit«, Kulturbund der DDR, ZFA Dendrologie und Gartenarchitektur, 1975

Haenchen, E.: Autovegetativ vermehrte Rosen im Freiland, Arch. Gartenbau, Berlin 30 (1982), H. 1, S. 1-14

Haenchen, E.: Elternsorten in der Rosenzüchtung, Arch. Gartenbau, Berlin 30 (1982), H. 7, S. 313-324

Haenchen, E./Haenchen F.: Das neue Rosenbuch, Berlin 1972

Haenchen, F.: Rosen im Garten, Berlin 1970

Jäger, A.: Das Rosenlexikon, Uftrungen 1936

Jaehner, I.: Das bunte Rosenbuch, Gütersloh 1965

Kordes, W.: Das Rosenbuch, Hannover 1966

Mark, G.: Die Rose, Berlin 1962

Miessner, E.: Der Gartenbau, Berlin 1953

Müller, E. W.: Pflanzenschutz bei Blumen und Zierpflanzen, Berlin 1968

Mütze, W./Schneider, C.: Die Rose in Garten und Park, Berlin - Bern 1936

Quenzer, E.: Koch- und Haushaltsbuch, München 1933

Radke, A.: Rosen aus Stecklingen, Gärtnerpost 16/1980

Rosenbogen, Nr. 2/1979 und 4/1979, VDR, Baden-Baden 1979

Rosenjahrbuch, Jahrgang 1955/XII

Rosenverzeichnis, Rosarium Sangerhausen, 3. Auflage 1978/79, 6. Auflage 1983

Rupprecht, H./Mai, E.: Königin unter den Blumen, in Urania 7/1971

Rupprecht, H.: Rosen unter Glas, 2. Auflage, Radebeul 1976

Saakow, S. G.: Der Ursprung der Gartenrosen und die Arbeitsrichtung in ihrer Züchtung, Moskau - Leningrad 1965

Scheerer, O.: Rosen in unserem Garten, München 1969

Scheerer, O.: Rosen und schöne Gehölze als Begleitpflanzen, Sonderheft, Darmstadt 1963

Woessner, D.: Buch der Rosen, Frauenfeld 1967

Woessner, D.: Gartenrosen, Stuttgart 1978

Zander, R.: Großes Gartenlexikon, Berlin 1934

Bildnachweis

Archiv Neumann Verlag, Leipzig · Radebeul
S. 50 (1 bis 6); S. 51 (2 bis 6); S. 55 (1 und 2); S. 56 (1); S. 60 (1 bis 6); S. 61 (1 bis 6); S. 62 (3 und 4); S. 63 (1 bis 6); S. 64; S. 129; S. 131 (1 und 2); S. 132 (1 und 2); S. 133 (1 und 2); S. 135 (1 und 2); S. 136 (1, 3 und 4); S. 138; S. 141 (1 bis 4); S. 142; S. 143 (2); S. 149 (4); S. 151 (2)

Fritz Dölling, Berlin
S. 148 (2)

Dr. Eckart Haenchen, Cossebaude
S. 51 (1); S. 52 (4 und 6); S. 53 (3); S. 62 (2, 5 und 6); und Titelfoto

Paul Täckelburg, Sangerhausen
S. 49; S. 52 (1, 2, 3 und 5); S. 53 (1, 2, 4, 5 und 6); S. 54 (1 bis 4); S. 56 (2 und 3); S. 62 (1); S. 136 (2); S. 139 (1 und 2); S. 140 (1 bis 4); S. 144 (1 bis 3); S. 145 (1 bis 4); S. 146 (1 bis 6) S. 147 (1 bis 6); S. 148 (1, 3 und 4); S. 149 (1 bis 3); S. 150 (1 bis 4); S. 151 (1, 3 und 4); S. 152

Brigitte Weibrecht, Leipzig
S. 57; S. 58 (1 und 2); S. 59; S. 130 (1 und 2); S. 134 (1 und 2);S. 137; S. 143 (1)

Register

Die gültigen wissenschaftlichen Pflanzennamen sowie die Seitenzahlen der Hauptbeschreibungen sind *kursiv.* Die Seitenzahlen der Farbabbildungen sind mit einem *, die der Zeichnungen mit zwei ** versehen.